北京印刷学院传播学重点建设学科项目

高等学校编辑专业教学参考书

20世纪
中国著名编辑出版家
研究资料汇辑

8

宋应离　袁喜生　刘小敏　编

河南大学出版社

目　录

周振甫

姜椿芳

胡乔木

邓拓

何其芳

金灿然

周振甫

周振甫(1911～2000),学名麟瑞,浙江平湖人。1931年考入无锡国学专修学校。1932年进上海开明书店,做校对工作。帮助宋云彬校对了《辞通》后,又校对了王伯祥主编的《二十五史补编》和《汉书地理志详释》,为编辑工作奠定了良好基础。后陆续编开明版《中学生丛书》中的《班超》、《东汉党锢》,注释了《开明活页文选》,撰写了《严复思想述评》。1948年,担任钱钟书《谈艺录》的责任编辑,为这部书加了提要性小标题,深得钱的好评。出书后,钱曾赠言:"校书者非如观世音之具千手千眼不可。此作蒙振甫兄雠勘,得免于大舛错,得赐多矣。"

新中国建立后,1952年随开明书店进入中国青年出版社,专门从事古典文史哲著作的编辑工作。1971年到中华书局古典文学编辑室作编辑工作,1987年获首届"韬奋出版奖"。

周振甫是一位学者型的编辑,善于古典文献的编辑整理工作。在长达50年的编辑生涯中,他以渊博的学识和丰富的编辑工作经验,编辑的书稿有吕思勉的《中国史》、《先秦史》、《秦汉史》;钱钟书的《谈艺录》、《管锥编》、《管锥编补编》;夏承焘的《唐宋词选》以及《李太白全集》、《乐府诗集》等。此外,还参加了点校本《二十四史》中《明史》的点校工作和新版《鲁迅全集》部分注释和定稿工作。其本人的主要著作有:《文心雕龙今译》、《文心雕龙注释》、《鲁迅诗歌注》、《诗词例话》、《毛主席诗词浅释》等。

对编辑工作的老生常谈

振　甫

1932年秋天,我到上海开明书店编辑所工作。我怎样到开明书店去的呢?原来海宁朱起凤先生著作了《辞通》,这部书是搜集了很多可以相通的或相同的不同写法的辞,把它们汇集起来,说明它们相通的原因。这些辞都是从古书中搜集来的。这部稿子原名《读书通》,投给商务。这是一部大书,当时的商务的总经理是王云五。大概他认为这部大书不能赚钱,拒不接受。这部书就投到开明书店。开明的经理章锡琛看到了这部大书,觉得这书名为《读书通》,销路不会广,怎样改一个能吸引读者的名字,就想到《辞通》。《辞通》的名字既符合书的内容,又好像同《辞源》是相类似的书,而《辞源》是非常畅销的。这样把名字一改,就可能打开销路。再说,这本是有分量的书,即使出这本书要亏本,但它可以提高开明的地位,亏本也是值得的。再说,这部书是商务怕亏本而不肯接受的,以当时国内最大的书店商务不肯接受的稿子,开明竟肯接受,这也是向商务显示力量,就决定接受了。这部书引的全是古书,因此把朱起凤先生的学生宋云彬先生也请进来,负责校对。后来宋先生要给开明函授学校编讲义,又要替开明《中学生》写历史小品像《玄武门之变》,《辞通》的校样就不免积压,因此想找一个人来帮他校对。当时,开明书店的徐调孚就写信给我,问愿不愿意进开明。我那时正在无锡国学专修学校念书,接信后就表示愿意。开明就让我给陆游的《老学庵笔记》断句。他们看了我的断句,认为可以,这样我就进了开明。

在开明,先帮宋先生校对《辞通》。不久,开明要出一套中学生知识读物,拟了一批选题。我担任写《班超》那本小册子。我把《后汉书》全读了,稿子写了,开明审了一下,认为可以,就出版了。后来这套书销路不好,没有出下去。现在看来,由年轻的编辑参加编书,是给予锻炼提高的一个好方法。假如编辑只顾审稿,不参加自己编书,对编书的甘苦缺少体会,审稿水平也不容易提高。经过自己编书,自己找资料,考虑对资料的选择剪裁编排改写。在这方面取得经验,再来审稿时,就会注意到审稿中怎样核对资料,看稿件对资料的取舍组织有没有问题,会提高审稿的水平。现在回想起来,开明在这方面工作是做得不够的,一是指导不够,二是要求不严。让年轻的编辑编书,应该给予指导,指导他从多方面去找有关资料,这样来丰富他的知识,来帮助他学会做研究工作。开明在这方面根本不管。第二,对年轻人写的东西,应该提出严格要求,帮他提高。这方面开明也没有做。后来就连这样的机会也很少了。

《辞通》校对完了。我曾经在王伯祥先生领导下参加《二十五史补编》的校对工作。《补编》的书目是由王先生拟定的。拟定以后就去搜集书稿,多数是旧书,也有少数稿件。搜集后就批好格式付排,没有什么编辑工作可做。只是当时编印了一些《补编》所搜集的书的内容提要,寄到北京,引起了顾颉刚先生的赞赏,那可能符合他的爱好,并不说明这些提要写得好。在校到其中一部吕调阳的《汉书地理志》著作时,发现他对水道有不少胡说,请示王先生,由我写了一篇跋,指出他的胡说,这也许可算做了点编辑工作吧。在给童书业先生校对《春秋史》时,给他提了点意见,他接受了,写了复信。他要求把我的去信和他的回信作附录刊在书后,这也算做了点编辑工作吧。

当时对投稿或无名作家的稿件才审读、提意见。对有名的学者或作家的书是不需要审读就付排的。所以只能在看校样中发现问题向作者提意见。

当时的编辑有两种:一种是专职的,一种是以别的身份来做编辑的。后一种的编辑在社会上的地位比较高。地位高,不由于他是编辑,是由于他不光是编辑,还有另一种身份。比方叶圣陶先生,他是编辑,他在社会上的地位是高的,那是因为他是著名作家,又是著名教育家,又是著名的语文学家。要是光做编辑的,在社会上的地位就比较低。因此,傅彬然先生说:编辑好比裁缝,把各种材料搜集剪接编排。这是对编辑各种资料说的。又说:编辑好比跑龙套。龙套围着主角转,这出戏里替这位主角跑龙套,那出戏里替那位主角跑龙套。编辑围着书稿转,看这本书稿时围着这本书稿转,可能要找和这本书稿有关的材料来核对参考;看那本书稿时又围着那本书稿转。因此,编辑好比清朝章学诚说的书贾的横通,他对他所处理的各种书稿也知道一些,可是这些知识缺乏系统性,不可能对某一方面做专门研究。编辑在社会上的地位也不高。当时稿件的采用权不由编辑决定,由上面决定了交给编辑处理的,不发生编辑扼杀稿子的事。

当时,开明的经济收入主要靠教科书,教科书以外的书当然也要出,但不是主要的,所以出多出少关系不大。因此,不考虑拟定选题,向各方面约稿。

解放后,我转入中国青年出版社工作,那就要定选题、约稿、审稿。在这些工作中,要是对领导的意图体会得不明确,工作就不好做。记得通俗读物出版社有一位编辑来向我约稿,写一本小书。题目定了,他要我拟个提纲;提纲交上去,他也同意了;稿子写好后,他提了意见,做了修改。他准备发稿了,送交领导签字,领导一看说不对,就作废了。原来领导要求是从语文角度来谈,这位编辑没有搞清楚，让我从读文学作品的角度来谈，就不合要求了。还有，一部书稿，从拟定选题、约稿，到稿子写成，经过审稿，有时领导不放心，还要送外审，再退修，复审，批准，发稿，稿子发到出版部还要排队，到送交排字房，还要排队，等排出来又要校对，三校签字，这要经过相当长的时间。有时，等不到发排，一个运动来了，气候变了，稿子就搁起来了；有时，已经排出清样，运动来了，不能印了，只好拆版。有时，书印出来了，运动来了，成了批判的对象。稿子约来了不能出，出来了挨批，这给编辑工作造成困难。没有一个安定的环境，编辑工作也不好做，可见安定的重要。

后来，我到中华书局去参加明史点校工作。明史的点校工作，本来由南开大学郑天挺先生领导几位同志一起搞的。初步点校工作已经完成，只有一些志还没有校完。由于“文化大革命”的关系，这工作中断了。到一九七一年再继续时，在校勘方面提出了新的要求，那时没有请郑天挺先生等参加。等到改写的校勘记排出来以后，再请郑先生和南开其他同志看，他们有意见，要修改。在校样上改，给工人造成很多困难。现在看来，当时在校勘工作上确实存在一些问题。就《明史》的志说，问题多的是《地理志》，《地理志》该用哪几种书来校，事前没有讨论，后来在引用什么书上发生问题。哪些该校，哪些不该校，事前也没有讨论。在这方面要是事前讨论明确了再动手，或者发稿前把稿子交给郑先生审定，也不会引起后来的麻烦。

这样看来，做编辑工作先要体会领导意图，体会得越明确越好，从选题到约稿到审读提纲，最好都能取得领导同意，免得组来的稿子不符合要求。拟定选题时，要了解一下读者对象的需要，不要闭门造车，要出门合辙。适合读者需要的书，才能起到为读者服务的作用。审稿子还是要围绕着稿子转，看看同样性质的书，目前已经达到什么水平。手中的稿子，同目前已经出版的同类性质的书，比较起来怎样，有什么特色。在知识性方面有没有问题，在表达上有没有问题。在看稿前,对稿件内容的有关知识要做初步了解,要是自己对这方面知识掌握不够,要向人请教,在审稿中扩大自己的知识面,提高自己的水平,这样才能做好审稿工作。由于书稿的内容多种多样,对审稿的要求也不一样。但要注意,自己的知识有限,在审稿中要吸取有关知识,找同类性质的书来做比较,在审稿中提高自己的审稿水平,做好审稿工作,这大概是一致的。

审稿是重要的一步,但校对也很重要。有时稿子内容没问题,书印出来有错字,看了很不舒服。校对由校对同志负责,但编辑也有责任。中华书局最近出了一本书,作者姓"范",在封面上印成"範"字,原来这本书用繁体字排,管封面的同志把"范"看作是"範"的简体,要改繁体,给改错了。有一本书,是山东大学教授高亨先生著作的,在版权页上排成高享,虽然版权页的字小,不显著,看了也很不舒服。因此,校对很重要,校对除了由校对同志校正外,编辑也要校;有时很普通的错字,校时会滑过去。所以除了校原稿外,还要通读,通读时会把普通的错字读出来。

对编辑工作,我实在谈不出什么来,只有老生常谈罢了。

原载《编创之友》1981 年第 1 期

编辑·学者·专家

周振甫

一

我在上海开明书店做编辑工作时,同傅彬然先生在一起。记得傅先生曾经讲过,做编辑的围绕着著者的书稿转,今天围绕着这部书稿转,明天围绕着那部书稿转,好比跑龙套,今天围绕着这位主角转，明天围绕着那位主角转。傅先生说这段话，他的含意是说，做编辑的，一般说来，知识比较杂，不像著者对他所著的书稿做过专门研究。编辑对他所审读的书稿，既不像著者那样有专门的研究，要做好编辑工作，就要认识自己的不足，要尊重著者，要向著者经过专门研究的书稿学习。还要提高自己审读书稿的水平，参考有关的书籍。但我国古代的著名编辑，却不是这样。《汉书·艺文志》说：

至成帝时，以书颇散亡，使谒者陈农求遗书于天下。诏光禄大夫刘向校经传、诸子、诗赋，步兵校尉任宏校兵书，太史令尹咸校数术，侍医李柱国校方技。每一书已，向辄条其篇目，撮其指意，录而奏之。会向卒，哀帝复使向子侍中奉车都尉歆卒父业。歆于是总群书而奏其《七略》，故有《辑略》，有《六艺略》，有《诸子略》，有《诗赋略》，有《兵书略》，有《术数略》，有《方技略》。

刘向、刘歆父子做的就是编辑工作，他们应该是古代最大的编辑了。他们是当时第一流学者。当时还请"步兵校尉任宏校兵书，太史令尹咸校数术，侍医李柱国校方技"，是请当时各科专家来校读各科专门著作。清代章学诚著了《校雠通义》，实际上是讲编辑学的书。他在叙里说：

校雠之义，盖自刘向父子部次条别，将以辨章学术，考镜源流，非深明于道术精微、群言得失之故者，不足与此。后世部次甲乙、纪录经史者，代有其人，而求能推阐大义，条别学术异同，使人由委泝源，以想见于文集之初者，千百之中，不十一焉。

又在《原道第一》里说：

> 刘歆《七略》，班固删其《辑略》而存其六，颜师古曰："《辑略》谓诸书之总要。"盖刘氏讨论群书之旨也。此最为明道之要，惜乎其文不传。今可见者，唯总计部目之后，条辨流别数语耳。即此数语窥之，刘歆盖深明乎古人官师合一之道，而有以知乎私门初无著述之故也。何则？其叙六艺，而后次及诸子百家，必云某家者流，盖出古者某官之掌，其流而为某氏之学，失而为某氏之弊。其云某官之掌，即法具于官，官守其书之义也。其云流而为某家之学，即官师失联，而师弟传业之义也。其云失而为某氏之弊，即孟子所谓生心发政，作政害事，辨而别之，盖欲庶几于知言之学者也。

章学诚认为刘向、刘歆的校雠，即编辑，不仅要汇集各种版本，校正脱误，编成定本，写出对各本书的评价，还要研究各书在学术上所处的地位，研究先秦到汉代的学术流变，所谓"辨章学术，考镜源流"，即结合图书目录写出从先秦到汉的学术流变史来，不是深通先秦到汉的学术流变，是写不出这样的著作的。章学诚的《校雠通义》，即编辑学，认为编辑所要做的工作，从版本、校勘、审读加工、定本到学术评价、学术史的演变都包括在内，少了一项就无法完成编辑工作。因此，编辑工作相当于现在的编辑、学术研究工作，离开了学术研究工作，无法做好编辑工作。像刘向做的对每书的叙录，刘歆做的《七略》，都是经过研究所产生的著作，是极有学术价值的著作。这样看来，我在上海开明书店做的编辑工作，只是围绕着著者的书稿转，谈不上研究，谈不上评价，比之古代大编辑刘向、刘歆的编辑工作真是不可同年而语，所以傅先生把它说成跑龙套了。

当时的编辑工作也不光是跑龙套。1934 年，叶圣陶先生写了《十三经索引自序》，说："十二年（1923 年）春，余始业编辑，编辑者，采录注释耳。”叶先生到商务印书馆去做编辑，他做的是采录注释。大概在国文部编注了几种选本，像《苏辛词》、《周姜词》、《荀子选》等。这个工作，相当于文学研究所之选注《诗经选》、《乐府诗选》、《汉魏六朝诗选》。商务的编辑工作，还包括编《辞源》，相当于语言研究所之编《现代汉语辞典》。商务里把这种解放后研究所里做的工作都称为编辑是否合适呢？照刘向、刘歆的编辑工作看，完全合适。他们做的编辑工作，它的“辨章学术，考镜源流”，远远超过编选注本和辞书之上。不过刘向、刘歆的工作当时不称为编辑，就编辑这个词看，顾名思义，把研究所的工作称为编辑是否合适呢？是合适的，把现在编辑室里主要的审读加工工作称为编辑反而显得不够。颜真卿《干禄字书序》：“若总据《说文》，使下笔多碍，当去泰去甚，使轻重合宜。不揆庸虚，久思编辑。”可见编著成书，相当于研究所里的采录注释工作，才是编辑；现在编辑室里的审读加工工作，只是编辑工作的一部分，即在编著成书或采录注释以后的一步工作，把这一步工作称为编辑，反而有以偏概全的不足。

叶先生在商务里做的编辑工作，相当于文学研究所里的编注选本。叶先生在开明书店里做的编辑工作，还包括著作。像叶先生替开明书店编的一套小学教本，这套教本完全是叶先生写作的，即使其中有的课文是有所根据的，也都经叶先生改写过的。再像叶先生编《中学生》，《中学生》需要一部用故事体写的长篇连载的讲写作的书，当时找不到合适的作者，就由叶先生与夏丏尊先生合写，即刊在《中学生》上的《文心》，这也属于叶先生编《中学生》的编辑工作。把这种著作称为编辑是否合适呢？就刘向、刘歆的编辑说，刘歆的著作《七略》是专门著作，这部专门著作是为他的编辑先秦到汉的图书服务的，只有写定《七略》，才完成他的编辑工作，所以《七略》的著作也应该包括在他的编辑工作内。章学诚指出他的校雠，就包括《七略》在内可证。叶先生的著作《文心》，正是编辑《中学生》的需要，所以《文心》的著作也该包括在编辑《中学生》的工作内。抛开《文心》，专就《七略》来说，只有完成了《七略》的著作，才能完成刘歆的编辑工作，《七略》的著作，是包括在刘歆编辑工作之内的，也是他的编辑工作的一部分。

二

现在再来看看跑龙套的编辑工作，围着著者的书稿转，要做好这样的编辑工作，就要认识自己的知识不行，要找有关的参考书来看，来做好编辑工作。这里还有著者没有考虑到的问题，做编辑工作的要替读者着想，要做些补充工作。比方有一部《文史通义校注》，其中有一篇《浙东学术》，开头说：

> 浙东之学，虽出婺源（朱熹），然自三袁之流，多宗江西陆氏（陆九渊），而通经服古，绝不空言德性，故不悖于朱子之教。至阳明王子，揭孟子之良知，复与朱子牴牾。蕺山刘氏，本良知而发明慎独，与朱子不合，亦不相诋也。梨洲黄氏，出蕺山刘氏之门，而开万氏兄弟经史之学；以至全氏祖望辈尚存其意，宗陆而不悖于朱者也。

看了这段叙述，发生几个问题：一，一般认为浙东学术与朱熹、陆九渊不同，朱熹、陆九渊讲性理，浙东学术讲经世致用，这里对这个主要区别为什么不谈？二，浙东学术既与朱熹、陆九渊不同，这里为什么把浙东学术说成出于朱熹、陆九渊？这篇里的浙东学术究竟指什么？对这三个疑问，《校注》里都没有讲。围绕着书稿来做编辑工作，不能不对这三个疑问考虑一下。一般认为朱熹讲“道学问”，陆九渊讲“尊德性”，都是讲性命性理的。金华吕祖谦有中原文献之传，讲明治体；永嘉陈傅良讲政制治法，叶适讲经世济用；永康陈亮研究立国的本末方略。他们同朱熹、陆九渊不同,称浙东学派。可是章学诚在《浙东学术》里,不提吕祖谦、陈傅良、叶适、陈亮,却说浙东之学,虽出婺源朱熹,但浙东的袁燮、袁肃、袁甫都推崇陆九渊,不违反朱熹的教导。又讲到王守仁提出"致良知",刘宗周本致良知提出慎独;刘宗周的学生黄宗羲开创万斯大、斯同兄弟的经史学,发展到全祖望的经史学。本篇的注释,对以上的应该注的词语都作了注解,但对以上提出的三点疑问没有说明。《宋元学案·水心学案上》全祖望案语:"乾淳(南宋孝宗乾道、淳熙年)诸老既殁,学术之会,总为朱、陆二派,而水心(叶适)断断其间,遂称鼎足。"可见浙东学派与朱、陆两派成三分鼎足之势,那末《浙东学术》里只讲浙东之学渊源朱熹,尊崇陆九渊,显不出浙东学派的特色,也不知他为什么这样讲。那样的注释没有注意到读者会产生的疑问。原来章学诚的《浙东学术》,称"浙东之学,言性命者必究于史,此其所以卓也"。他并不排斥朱、陆两派讲天人性命的道理,他主张天人性命不当空讲,一定要跟史学结合。因此他不赞成南宋叶适、陈亮的浙东学派,尤其是陈亮,称:"举一世安于君父之雠,方抵头拱手以谈性命,不知何者谓之性命乎?"是排斥朱、陆讲性命的,所以他不讲南宋的浙东学派。他讲的是"言性命者必究于史"的浙东之学,即讲黄宗羲、万斯大、斯同到全祖望的浙东学派,他们的渊源可以上溯到陆九渊、王守仁。王守仁推崇陆九渊,讲性命还讲"六经皆史",正符合"言性命者必究于史"的主张。章学诚讲的浙东学术,从黄宗羲以下,他们讲史学不排斥性命,不同于叶适、陈亮的浙东学术。这样一讲,才把上面的疑问解答了,这篇的用意讲明白了,可见围绕着著者转的编辑工作,也离不开探索著者的学术思想。编辑跟学术思想的探索还是分不开的。

下面还举两个例,说明围绕着书稿转的编辑工作,还是离不开对学术的探讨。我在参加《汉文学史纲要》注的审读时,看到一段讲《诗经》的原文:

> 《诗》三百篇，皆出北方，而以黄河为中心。其十五国中，周南召南王桧陈郑在河南……疆域概不越今河南山西陕西山东四省之外。

围绕着这段话来注，使注释与正文相合是完全可以做到的。考虑到自己的水平不够，找出《毛诗注疏》看，《周南》下注："南者，言周之德化，自岐阳而先被南方，故序云：'化自北而南也。'"《汉广序》又云："文王之道，被于南国'是也。"再找《汉广》，序称"美化行乎江汉之域"，提到长江，跟正文的"皆出北方，而以黄河为中心"不合了。再看《周南·汉广》："汉之广矣，不可泳思。江之永矣，不可方思。"确实提到汉水长江，那末旧注是对的，这里的正文不合。再看《召南·江有汜》："江有沱，之子归，不我过。"郑笺："岷山道江，东别为沱。"总之，江指长江。因此在注释中补说一下："但二南中所收录的诗，其范围除上述两个地区外，还包括南方江汉一带的诗。"说明注不能光围着正文转，还得查一下，补正文的不足处。

《汉文学史纲要》讲到屈原，说"顷襄王立，子兰为令尹，亦谗屈原，王怒而迁之。原在湘沅之间九年，行吟泽畔，颜色憔悴，作《离骚》……"围绕着正文作注没有问题。但《史记·屈原列传》："（怀）王怒而疏屈平。屈平疾王听之不聪也，谗谄之蔽明也，邪曲之害公也，方正之不容也，故忧愁幽思而作《离骚》。"这是认为《离骚》在怀王时作，不是在顷襄王把他放逐后作。刘向《新序·节士》、班固《离骚赞序》、王逸《离骚经章句》、朱熹《楚辞集注》、王夫之《楚辞通释》都认为《离骚》是在怀王时作，与上引正文的说法不同。因此在注里加了一句："此诗作于顷襄王时，一说作于怀王时。"就注的体例讲，只能这样作。但这样作不解决问题，要弄清这个问题，还需作些探讨，这也说明编辑工作不能限于围着书稿转，要作些必要的探讨了。再说，《纲要》里这个说法，很有影响，它的影响超过了司马迁、刘向、班固、王逸、朱熹、王夫之认为《离骚》是怀王时作的说法,这就更值得探索了。后来郭老在《屈原研究》里指出:"《离骚》是屈原晚年六十二岁时的作品。"游国恩先生在《屈原》里说:"《离骚》是屈原在顷襄王朝再放江南时候的作品。"这两说大概都受到《纲要》的影响。要探讨这个问题,主要听屈原自己的话。王夫之认为《离骚》是屈原在汉北时所作,这和屈原《抽思》中"有鸟自南兮,来集汉北"一致。屈原被怀王初放汉北的《抽思》里就有"指彭咸以为仪",即《离骚》的"愿依彭咸之遗则",已经有以身殉的话了。邹汉勋《屈子生卒年月考》称:"《离骚》曰:'及荣华之未落兮,相下女之可贻。'又曰:'及年岁之未晏兮,时亦犹其未央。'又曰:'及余饰之方壮兮,周流观乎上下。'王叔师注,于前曰'及年德盛时',中曰'冀及年未晏晚',末曰'愿及年德方盛壮'。以是征之,则作《离骚》之时,屈子年方壮。惟'老冉冉其将至兮'似非壮年人所宜语。然叔师注引《论语》'君子疾没世而名不称焉',下继之曰:'屈原达志清白,贪流名于后世。盖志士惜日,不觉其年之方富也。况'冉冉'训渐渐(见五臣《文选》汇),曰将,曰渐渐,皆望而未至之辞。则《离骚》为屈子壮时所作明甚。……记曰:'三十曰壮。'则'及余饰之方壮'者,正三十之谓也。"这里结合《离骚》来探讨屈原写作《离骚》的年龄,是充分有力的。(详见拙文《〈离骚〉是什么时候作的》,1981年《学林漫录》四集)这里说明要做好围绕着书稿转的编辑工作,倘需解决问题,也离不开作学术的探讨的。

以上只是说,我国古代最大的编辑工作,都是极为被人看重的,是用当时的第一流学者和专家来做的。当时的编辑工作是同学术研究、学术著作结合的,有关的学术著作成为编辑工作的一部分。编辑工作同研究和学术著作不是截然分开的。直到解放前,商务的编辑工作还是这样的。今天的商务,还编了新版四卷本《辞源》,继承了这样的传统。再就只限于拟定选题、组稿、审读加工、校对的编辑工作说,也离不开研究工作。这就使人想到,现在出版社领导有些伤脑筋的事,就是有的编辑不安心工作,想到大学或研究所去,尤其想去研究所,搞研究工作。要是像商务那样,把现在研究所里做的工作,像编选本、编辞典就作为编辑工作,再像开明书店,把适应出版要求的著作工作,像著作《文心》,也作为编辑工作,那末以上提出的问题是不是可以作部分的解决呢?再说倘现在的出版社也像解放前的商务,可以自己编教科书,自己编选本,编各种辞典,那不是可以同人教社、文学研究所、语言研究所来一个竞争,起一点促进作用吧。

原载《出版工作》1984 年第 10 期

钱先生的教导

周振甫

《谈艺录》书影

1984 年,上海开明书店出版钱先生的《谈艺录》,是我校对的。我校得并不好,还有错字。书出版后,钱先生读了一遍,校出了错字。钱先生送我一本有题辞的书。钱先生题辞说:“校书者非如观世音之具千手千眼不可。此作蒙振甫道兄雠勘,得免于大舛错,拜赐多矣。”钱先生不批评我没有校好,还有错字,反而替我开脱,说除非有千手千眼,才可校得没有错字。我校得没有大错误,还要拜谢。说明钱先生对人特别宽厚。

1983 年 5 月，钱先生对《谈艺录》作了补订，补订的分量跟原书一样多。《谈艺录》补订本出来后，《文学遗产》约我写介绍文，我写了《谈艺录补订本的文艺论》，写了请钱先生指正。钱先生指出《补订本》596 页称："撰《谈艺录》时，上庠师宿，囿于冯钝吟等知解，视沧浪蔑如也。《谈艺录》问世后，物论稍移，《沧浪诗话》颇遭拂拭，学人于自诩'单刀直入'之严仪卿，不复如李光照之自诩'一拳打蹶'矣。"钱先生指出《谈艺录》出版前，大学里的师宿，即大师受到清人冯班《钝吟杂录》的影响，否定严羽的《沧浪诗话》。《谈艺录》出版后，严羽的《沧浪诗话》受到看重。这说明钱先生的书对学术界起到了好的作用。钱先生又指出"诗与禅之异趣分途"。《补订本》称："《元遗山诗集》卷十《答俊书记学诗》：'诗为禅客添衣锦，禅是诗家切玉刀'；下句正后村所谓'始铅椠事作葛藤看'须一刀斩断，上句言诗于禅客乃赘疣也。"钱先生指出《补订本》讲诗与禅的关系更进一步。和尚谈禅喜引诗句，其实禅与诗不同，禅要求悟，悟了就破除诗句，诗句成了赘疣，要割除。诗则非诗句不可，诗的妙趣就靠诗句来传达，没有诗句，就没有诗的妙趣了。《补订本》这样讲，胜过《谈艺录》了。以上两例，拙文中都没有谈到，得到钱先生的指教，加以补充。

拙编《诗词例话》增订时，振把增订稿请钱先生指正。钱先生认为其中"形象思维"一节没有写好，钱先生把他的《冯注玉溪生诗集诠评》未刊稿论《锦瑟》诗的抄给我，作为拙编的"形象思维"节。钱先生称："'庄生晓梦迷蝴蝶，望帝春心托杜鹃。'心之所思，情之所感，寓言假物，譬喻拟象，如飞蝶征庄生之逸兴，啼鹃见望帝之沉哀，均义归比兴，无取直白。举事宣心，故'托'；旨隐词婉，故易'迷'。此即 18 世纪以还，法国德国心理学常语所谓'形象思维'；以'蝶'与'鹃'等外物形象体示'梦'与'心'之衷曲情思。"钱先生的解释还有，就引这一例，很好地说明形象思维，使《诗词例话》的再版本得以广泛流行，多靠钱先生的指教。

钱先生又允许《诗词例话》再版本引用了他的大著《管锥编》中的文章。《诗词例话》再版本先出版，钱先生的《管锥编》后出版。《诗词例话》中因引了不少钱先生的文章，海内外争相传观，这书流传到美国。美国密西根大学东方语文学系林顺夫教授于1982年6月在美国召开从汉到唐的诗论会，请钱先生去，钱先生不去。因见拙编中多引钱先生著作，来约振去，振的发言稿又承钱先生改正，振的去美参加会议，多得钱先生指教。

上海古籍出版社约振编《李商隐选集》，振向钱先生请教，钱先生赐书指教："樊南四六(李商隐的骈文)与玉溪诗(商隐诗)消息相通，犹昌黎文与韩诗也。杨文公(亿)之昆体(诗)与其骈文，此物此志。末派挦扯晦昧，义山不任其咎，亦如乾隆'之乎者也'作诗，昌黎不任其咎。所谓'学我者病'，未可效东坡之论荀卿李斯也。"根据钱先生的指教，我写了李商隐"以骈文为诗"，指出这是钱先生的创见，为前人所未道。在对商隐诗的解释，多引钱先生《谈艺录》中的解释，这又多得钱先生的指教。

商务曹南应同志约我写《中国修辞学史》，我又向钱先生请教，钱先生指示，"《春秋》笔法"，是春秋时代的修辞学，金圣叹批《水浒传》是明末的修辞学。又从钱先生《谈艺录》、《宋诗选注》、《管锥编》、《七缀集》中学到钱先生讲的"博喻"、"曲喻"、"喻之二柄"、"喻之多边"及"通感"等，得到钱先生这样的教导，才能写出《中国修辞学史》，其中还有不少缺点和错误，这与钱先生无关。

我从钱先生那里得到的教导，远不止这些，这里就讲这些吧。

原载1992年9月30日《新闻出版报》

耕耘在古籍园地里的周振甫

王知伊

去年今日(1983 年 2 月 4 日),文化部出版局会议室中热气腾腾,掌声阵阵,正在举行祝贺周振甫同志从事编辑工作五十周年的茶话会。这个会是由中国出版工作者协会和中华书局联合召开的。应邀到会的北京出版界人士和著名学者有吕叔湘、启功、钱钟书、佘冠英、张志公、陈原、叶至善(还代表其父叶圣陶先生)等一百二十多人。会议由国家出版委员会主任、中国出版工作者协会副主席王子野主持,中华书局副总经理王春介绍了周振甫的模范事迹,中宣部出版局局长和文化部出版局局长都到会讲了话。会上发言的同志不少,周振甫自己也谈了参加这次会议的感受。笔者当时不在场,但从报纸、刊物以及朋友来信中得到了消息。今天写录这个会议的一些情况,一则用以纪念这个会的一周年,二则为这篇介绍周振甫同志的小文章开个头。

这个会的召开,确是值得纪念的。那是因为在我国出版史上还没有专门为那一位老出版、老编辑开过这样隆重的会,不要说解放前没有,就是解放后也还是"第一次"。它不只是向振甫同志祝贺,还有给全国的出版、编辑工作者勉励、鼓舞的意义。至于说到为什么要给振甫同志开这个会,那就必须讲讲他长时期——半个世纪啊,从事编辑工作以及兼事著述的一些情况。下面是他的简历:

"周振甫,浙江省平湖县人,1911 年 2 月生。1931 ~ 1932 年在无锡国学专修学校肄业。1932 年 10 月进上海开明书店编辑所任校对,后任编辑。1953 年 1 月转入中国青年出版社文学编辑室,1975 年调中华书局文学编辑室,以迄于今。"这个不到一百个字的简历概括了周振甫七十二年的生活和五十年的工作经历。虽然正确,未免太简略,我想着重补充以下四点。

(一)他是在 1932 年由徐调孚先生介绍进开明书店工作的。他进店后的第一桩工作就是协助宋云彬先生校对朱起凤的《辞通》。接着,他在王伯祥先生主持下,参加了校对《二十五史补编》的工作,又和他在无锡国专的同学卢芷芬合编了《二十五史人名索引》,并为开明版《三国演义》(洁本)做了删节加工工作。后来,他负责校对了吕思勉的《中国史》、《先秦史》等。解放后直至"文革"前,他在中国青年出版社工作,编选出版的主要书稿有:《明清传奇选》、《先秦寓言选》、《神话故事新编》、《古代白话短篇小说选》、《唐宋词选》、《古文选读》、《历代文选》、《中国古典文学题解》等,他还为人民文学出版社选注了《严复诗文选》。至于在"文革"后为中华书局审阅加工的书稿则有:《管锥编》、《管锥编补编》、《李太白全集》、《乐府诗集》、《庾子山集注》、《历代诗话》、《酉阳杂俎》、《诗林广记》等。为这些书稿的校订、编选、出版倾注了大量的心血。他正是我国古籍整理出版园地中一个辛勤的园丁。

(二)他不止于编辑出版了不少书稿,在业余还撰写了不少古典文学方面的著作。在这方面比较为读者熟知的有《毛主席诗词浅释》、《鲁迅诗歌注》、《诗词例话》、《谭嗣同文选注》等,其中《毛主席诗词浅释》、《诗词例话》两书影响尤大,多次重版,后一书的发行量达六十万册之多。周振甫的单篇著作,多有独到的见解,极受学术界的重视,如《孔子论礼》、《〈离骚〉是什么时候作的》、《嵇康为什么被杀》等,均具新意。由于他的卓越成就,1982 年 5 月,周振甫还曾应邀到美国参加"从汉到唐的诗歌"讨论会。叶氏父子赞誉道:"周先生是编辑兼学者。五十年来,也可以说是著述等身。"这就更加可以说明他是古籍整理出版园地中的辛勤园丁了。

(三)他的严肃认真的工作作风值得学习。五十年来,周振甫始终没有脱离过编辑工作岗位。他恪守自己的工作信念,一丝不苟地“为他人作嫁衣裳”。在我和他的接触中,我感到对周振甫同志说来,似乎无所谓忙,也无所谓闲,不声不响,静静地看书、动笔,从清早直到夜深,年年如此,日日如此。他从事审稿,总是全力以赴。试举一例。前些时候,我寄了一篇朋友的文稿给他,请他看后代为转给一个杂志的编辑部。想不到他很快来了信,说:令友那篇稿子看过了,有些错误、不妥之处,稿代转去,恐不会刊用。这篇稿子,我也读过,但就没有他那么认真,和他的这种态度相对比,正好说明了自己的不负责,这件事,教育了我,同时,也帮助了写稿的那位中年朋友。

(四)为人朴实无华,心地谦虚坦荡,这也是大家一致称道的。钱钟书在祝贺他的那个会上说:“我觉得人受到表扬往往有两种反应,一种是洋洋得意、尾巴翘起;一种是惭愧难言、局促不安。振甫属于后一种,我完全了解他,我知道他听了那么多的赞誉之言后一定是局促不安得很。”这些话说得好,事实也确实如此。振甫在会上说:“说我从事编辑工作五十年,这是个虚数。十年动乱中,我在‘五七’干校放牛,这大概不能算作编辑工作的。”你看,他算自己的编辑工龄,就是那样实实在在的,不愿掺半点假。他还说:“要说我有什么成绩,还得感谢那些作者。”这又是他的谦虚朴实,但也是事实。编辑审稿的过程,也是学习的过程,编辑的确得益于作者。周振甫同志平时沉默寡言,但在朋友、同事有事求助或求教于他的时候,他是会讲会说的。他那文静的脸庞,似乎举止稚气的真率的笑容,加之朴实无华的语言,可以使人清晰地看到他谦虚、坦荡的胸怀。刘叶秋同志写给他的诗中说:“品缘谦益重,情以朴纯真。”写出了振甫同志的良好品德,使人感到可敬、可信。

要多写周振甫的动人事迹,这篇短文是不能胜任的。我只能就回忆所及,和拣拾人家的话头来对他的“简历”略作补充。但是,就这些,我想可以说明周振甫同志在我国整理出版古籍工作中的辛勤劳动,和他所做出的贡献了。一般说来,编辑、出版工作,任劳任怨，默默无闻，能数十年如一日，甘之如饴，这是很不容易的。尤其是在学术上有所成就的同志，能不嫌弃编辑工作，继续含辛茹苦地“为主角跑龙套”（振甫自己说的话），那就更不容易了。那么，为什么周振甫同志却能做到了呢？这是因为“人是要有一点精神的”。正是他这一点为文化出版事业奋斗终生的精神，将鼓励我们向他学习，一起前进！

1984年2月4日

选自《编辑记者一百人》，学林出版社1985年

五十二年均勤恳，编审书稿都精心

——记中华书局编审周振甫

常振国

周振甫，1911年生，浙江省平湖县人。学名麟瑞，振甫是他的字。1932年，肄业于无锡国学专修学校。1933年，上海开明书店招收《辞通》的校对，经徐调孚介绍，作《老学庵笔记》断句测验，被录用，从此开始了他的校对、编辑生涯，至今已有五十二年。

周振甫进开明书店做的第一件事，就是帮助宋云彬校对《辞通》。之后，在王伯祥主编下，校对《二十五史补编》。他在校对其中的吕调阳《汉书地理志详释》时，发现书中对水道有不少说法不妥，于是写了一篇跋文，对其错误之处一一指出，王伯祥嘱，附在书后。当时，开明书店出版中学生丛书，他编写了《班超》、《东汉党锢》两本书，这是他最早的著作。此后，又编校了吕思勉的《中国史》、《先秦史》、《秦汉史》，以及童书业的《春秋史》等。他注释了开明活叶文选，业余撰写了《严复思想述评》，经夏丏尊介绍，由中

华书局出版。1948 年,他担任钱钟书《谈艺录》的责任编辑,为这本书编了目录。该书出版后,钱钟书亲笔赠言:“校书者非如观世音之具千手千眼不可。此作蒙振甫兄雠勘,得免于大舛错,得赐多矣。”

1952 年 10 月,周振甫由上海开明书店调来北京开明书店,在《语文学习》杂志工作。主编张志公嘱咐他在该刊写了有关修辞和中学语文课文的赏析文章,并替他署名卞慧。开明书店与青年出版社合并后,于 1955 年将《语文学习》转到人民教育出版社,周振甫留在中国青年出版社二编室工作,直到 1966 年“文化大革命”开始。在这十年中,他编辑出版的书稿有:《明清传奇选》、《先秦寓言选》、《神话故事新编》、《古代白话短篇小说选》、《唐宋词选》、《古文选读》、《历代文选》等。这段期间,他应人民大学的邀请,为研究生辅导古代文学评论课。他还应人民文学出版社之约选注了《严复诗文选》,并为上海文艺出版社、浙江人民出版社、中国青年出版社、中华书局写了《毛主席诗词浅释》、《鲁迅诗歌注》、《诗词例话》、《古代战纪选》、《谭嗣同文选注》等。其中《诗词例话》一书深受广大读者的喜爱,经过增订,多次重版,发行量逾六十万册。他应《新闻战线》之约,写了有关孟子、韩愈、柳宗元、欧阳修等作家的文论;又应《新闻业务》之约,选译了《文心雕龙》,并为中华书局约稿;又应人民文学出版社之约,撰写了《文心雕龙注释》。两书均在“文革”前完稿,在 1980 年、1981 年出版。1969 年 3 月,周振甫随中国青年出版社下放到干校。1971 年借调到中华书局,参加《明史》的点校工作。1975 年 9 月正式调到中华书局二编室。1980 年至 1981 年借调到人民文学出版社鲁迅著作编辑室。参加新版《鲁迅全集》的部分注释定稿工作。在中华书局几年来经他审阅加工的书稿有:《管锥编》、《管锥编补编》、《李太白全集》、《乐府诗集》、《历代诗话》、《历代诗话续编》、《楚辞补注》、《酉阳杂俎》、《唐人绝句选》、《南社》、《诗林广记》、《后村诗话》、《文史通义校注》、补订本《谈艺录》等。钱钟书在《管锥编序》里称："命笔之时，数请益于周君振甫。小叩辄发大鸣，实归不负虚往。"周振甫自认为学问配不上做钱钟书的学生，称许实不敢当。北京师范学院教授廖仲安认为周振甫在《管锥编》里论《归去来兮辞》，称为"未归前之想象"，确实如此。这期间，专著《鲁迅诗歌注》、《诗词例话》增订再版。他还为《历史研究》撰写了《从"四人帮"的批孔看影射史学的破产》一文，该文在香港有两家刊物加以转载；在《学林漫录》上发表了《嵇康为什么被杀》、《〈离骚〉是什么时候作的》，在《文学评论》上发表了《唐代乐府的继承和发展》、《释"建安风骨"》等具有新见解的文章；还先后撰写了《文章例话》、《文心雕龙今译》两部书稿，分别由中国青年出版社和中华书局出版。他为《光明日报通讯》撰写的文论，结集为《文论漫笔》出版；为上海古籍出版社选注《李商隐诗文选》。在这些论文和选注中，他本着党的实事求是的教导，提出自己的看法。如嵇康为什么被杀的问题，一般认为是因"非汤武而薄周孔"而被杀，而他认为是因吕安在给嵇康的信里提出要推翻司马氏政权，二人才被杀的。如《离骚》作于何时的问题，鲁迅、郭沫若、游国恩都认为是在屈原被楚襄王流放江南时所作，他却采用旧说，认为是屈原被楚怀王流放汉北之作，这样才合于实际。又如在《谭嗣同文选注》的前言里，他认为谭嗣同《仁学》中的反封建，重在反"君为臣纲"，反法家的封建专制，远胜于五四运动时期吴虞的批家族制度和批孔。如论李商隐的艳情诗，不取冯浩、朱偰、苏雪林等以李商隐与女道姑等有私的说法，引李商隐《上河东公启》，"至于南国妖姬，丛台妙妓，虽有涉于篇什，实不接于风流"，为李商隐辩诬。

1982 年 5 月，他应邀到美国参加了"从汉到唐的诗歌"讨论会。

1983 年、1984 年连续两年，周振甫被评为文化部出版局系统先进工作者。

1983年2月4日,中华书局和中国出版工作者协会联合举办“周振甫从事编辑工作五十年”茶话会。首都出版界一百二十多人应邀参加。会后,新华社、《人民日报》、《光明日报》、《文汇报》、《北京晚报》、《出版工作》等报刊相继发表了专题报道和有关文章。

1985年2月29日,经中华书局党委批准,周振甫光荣地加入了中国共产党,实现了他三十年来的夙愿。

周振甫现为中华书局编审、中国出版工作者协会理事、中国作家协会会员、北京《语言文学自修大学讲座》主编等职。五十多年来,经他校对、审读、编辑的大型书稿有四十多部。他还在编辑之余,精心撰写了十多部、二百四十多万字的专著。现在,他虽然已年逾古稀,但依然精力充沛,为祖国文化出版事业的不断发展,勤勤恳恳地工作着。

选自《编辑家列传》(一),中宣部
出版局编,中国展望出版社1986年

见周振甫先生

王钰鑫

曾听大学教书的父亲提起过周振甫,并未经意。大学毕业,泛泛读书,不求有解,不经意间发现周振甫注译,编辑的书已布满了我的书架,才知周振甫乃出版大家。

终于见到了他,那日下着大雨。拿着滴着水的破伞按响门铃,想象周先生该是清癯儒雅的老先生,没想到应声细哑,是一位矮小微胖的老者,领路前往的中华书局文学室主任徐俊介绍,这位就是周先生了。

周先生八十三岁高龄,驼背、近视、顶发稀少可作他六十余年编辑、著述生涯“重劳心力”的印证吧。钱先生在《管锥编》中有几句话:“周君并为标立目次,以便翻检,底下短书,重劳心力,尤所感愧。”徐俊解释:像我们这些搞古典著作编辑的,工作看上去只添几个小小目题,圈几个小小句点,实际上要反复谙熟行文思想,查阅大量资料,工作的细琐与辛苦唯著书者知。周先生的六十余年编辑生涯,便是这种任劳任怨做嫁衣为他人的过程。周先生是出版界最高奖——韬奋奖获得者。为总结他半个世纪以来为出版事业做出的贡献,文化部在他出版生涯50周年之际举行过茶话会……

“《文心雕龙译注》在海内外学术界影响甚大,缘何有人说是写给新闻记者看的?”我问。

周先生:“‘文革’时,人民日报《新闻业务》的编者丛林中同志来约我每期今译一篇《文心雕龙》,作些简注,开头加点说明,帮助新闻记者增加古代文论的知识,我照做了。后来人民文学出版社要我注释全书,我想通过工作提高自己,同意了。1981 年出版后,1986 年中华书局又出了《文心雕龙今译》,今年又要出《文心雕龙辞典》。钱钟书对我说,德国一位学者要他介绍一本《文心雕龙》的译注本,他介绍了我,后来法、日学者……大概是我的注释通俗易懂吧。”

“钱钟书先生最重要的两本学术著作都是您编的,请谈谈你们的相识与交往。”

“1948 年,钱先生的《谈艺录》交上海开明书店出版,王伯祥、叶圣陶看了一遍就发排了,让我看样,发现没目录,就替他们排了一个目录,钱先生看了没提意见,就发印了。(钱先生序中‘……重劳心力……’即指此事)1983 年修订再版时,我又审定了书稿。”

“当年中华书局文学室联系出版《管锥编》,钱先生指名要我做责编。我水平低,为什么找我呢?我想原因有二:一是当时研究人员都被打倒了,小青年又都是批斗者;二是我从前编校过《谈艺录》。稿子交给我,意见提在书稿上交钱先生了;中华书局档案中的意见是第二次提的。《管锥编》四册，以比较文学为主，通过中西文化比较加以阐发，提出不少见解，有国际声誉。我提的意见，钱先生采入正文，由我编了一个细目，经钱先生改定，钱先生在序中作了过分的奖饰，我从钱先生的书中也获益匪浅……”

切切之辞，淡淡而述，周先生虚怀若谷。周先生与钱先生几十年的风雨友情，也确如清茶一般：淡而有余味。钱先生在《谈艺录》序中道：“三十五年间，人物浪淘，著述薪积。何意陈编，未遭弃置，切磋拂拭，犹仰故人。”从中不难叩听到一对患难友人的拳拳心声。据中华书局的同志介绍，“文革”期间，周总理借“整理古籍”保护了一批老学者，而中华书局即成了一片清净之地，所以周先生在中华书局并未受到冲击。这该是钱先生所谓“未遭弃置”的“前言”吧。

翻阅当初周先生编《管锥编》的第二次审稿意见，四十余页稿纸用细棉线装起来，蝇头小字细密而齐整，审稿边眉四处注满钱先生的笔迹，有表示异议的，有表赞同的“遵改”、“甚是”、“甚善”、“是极”、“雅言”之类的词句，有“精密极矣！非谓之大鸣不可……”之类的赞叹之辞。

周先生做人讲“认真”，中华书局的同志说周先生每提到“经验”也总只是说这“认真”二字。“认真”所恪守的文格与人格，也正是这一代老知识分子值得我们所景仰与效仿的。

周先生的家简简单单地被书包围着，我坐在他家惟一的软椅上，听他弓身细声叙谈，感受着散发着书香的安然与良善。学者可敬，但如此毫无躁心、傲心者，学者文人中又能有几人？离开周先生家时，大雨仍下，惟心中驱畏增慕也。

原载 1995 年 1 月 16 日《新闻出版报》

谦虚谨慎　编著等身

——小记编辑大家周振甫先生

张世林

在当今国内出版界，能够像周振甫先生那样六十多年如一日，至今仍然在编辑园地里辛勤耕耘不辍，而又著述等身的人，实属凤毛麟角。

周先生原名麟瑞，振甫是徐调孚先生的父亲敎亭先生为他取的字，后便以字行。1911 年的 2 月，周先生出生于浙江省平湖县一个普通职员家庭，自幼便喜欢读书。1931 年考入无锡国学专修学校。次年，经徐调孚先生介绍，去上海进入开明书店。经过考试，即将陆游《老学庵笔记》加以断句，并经审核通过，方获准做校对工作。他做的第一件事就是帮助宋云彬先生校对《辞通》。后在从王伯祥先生校对《二十五史补编》时，发现吕调阳《汉书地理志详释》一书中，对水道的许多说法有误，便写了一篇专文将这些错误一一列出并加辨析，深得领导好评。该书出版时亦将周先生的这篇文章作为跋收在了书后。此后转做编辑工作，负责编校了吕思勉的《中国史》、《先秦史》、《秦汉史》、《隋唐史》及童书业的《春秋史》等书。当时，开明书店要出版一套中学生丛书，周先生自己动手编写了《班超》和《东汉党锢》两书。《班超》全书不过四万字，周先生为了写好这部小书，竟将一百多万字的《后汉书》通读一遍，可见其用力之勤和著述之严谨了。这也就形成了周先生后来一贯的工作作风。

1952 年 10 月，开明书店与青年出版社合并，成立了中国青年出版社，周先生即入该社《语文学习》杂志编辑部工作，并以“卞慧”的笔名，在杂志上发表了不少有关修辞和中学语文课文的赏析文章，深受读者好评。后周先生调入二编室（文学编辑室）工作。

1969 年 3 月，周先生去了干校。1971 年借调到中华书局，参加“二十四史”中《明史》的点校工作。1975 年正式调入中华书局。从此，周先生的学识和才智得到了进一步的发挥。经他手编辑加工的主要书稿有《管锥编》、《管锥编补编》、《谈艺录》增订本、《楚辞补注》、《乐府诗集》、《庾子山集注》、《李太白全集》、《元稹集》、《唐人绝句选》、《历代诗话》、《历代诗话续编》、《诗林广记》、《酉阳杂俎》、《后村诗话》、《文史通义校注》及钱基博著《中国文学史》等书。主要著述有《毛主席诗词浅释》、《鲁迅诗歌注》、《诗词例话》、《文章例话》、《文学风格例话》、《小说例话》、《谭嗣同文选注》、《文心雕龙注释》、《文心雕龙选译》、《文心雕龙今译》、《周易译注》、《李商隐选集》、《毛泽东诗词欣赏》、《诗文浅释》、《诗文浅说》、《文论散记》、《怎样学习古文》及《中国修辞学史》等书。

下面就从几个方面具体介绍这位编著等身的老先生的一些故事。

文坛佳话：周先生与钱先生的交往

说到周先生和钱钟书先生的交往，起码要倒回去 50 年。那是 1947 年，钱先生的名著《谈艺录》交由开明书店出版。王伯祥、叶圣陶两先生阅过原稿后就发排了。校样出来后指定由周先生和华元龙两人负责校对。周先生不仅仔细校读，见原书无目录，不便读者检索，遂编了一个目录，请钱先生审定。结果，钱先生未改便采用了。这可不是一个普通的目录，对《谈艺录》这样的大作不读通、读懂且能领会其深意，焉能立目。故钱先生在该书序中写道：“周君并为标立目次，以便翻检。底下短书，重累良友浪抛心力，尤所感愧。”书出版后，钱先生又在送给周先生的那本上题云：“校书者非如观世音之具千手千眼不可。此作蒙振甫兄雠勘，得免于大舛错，得赐多矣。7 月 10 日翻检一过后，正若干字，申论若干处，未敢谓毫发无憾也。即过录于此册上以贻，振甫匡我之所未逮。幸甚幸甚。”从此，两位先生便结下了深厚的友谊。有趣的是，时隔 36 年后，即 1984 年中华书局出版《谈艺录》增订本时，周先生作该书的责任编辑。钱先生特在“引言”中指出：“审定全稿者，为周君振甫。当时原书付印，君实理董之，余始得与定交。三十五年间，人物浪淘，著述薪积。何意陈编，未遭弃置，切磋拂拭，犹仰故人。诵‘印须我友’之句，欣慨交心矣。”《谈艺录》增订本出版后，钱先生在送给周先生的那一本上题道：“此书订正，实出振甫道兄督诱。余敬谢不敏，而君强聒不舍。余戏谓：‘谚云：“烈女怕缠夫”者，非耶？’识此以为他日乞分谤之券。”原来该书的增订和出版也与周先生的从旁敦促有一定的关系。

《管锥编》书影

而在此之前由中华书局出版的钱先生的皇皇巨著《管锥编》也与周先生有着密切不可分的关联。约在 1975 年，钱先生写出了《管锥编》的初稿，拟听听意见后再加修改。钱先生自然又想到了周先生。约好见面后，钱先生即拿出《管锥编》的手稿交与周先生，请他带回去看看提提意见。周先生拿回原稿后便对稿中的中文部分进行了仔细认真的研读，并帮助复查了稿中的一些引文。在此基础上，周先生就原稿中存在的一些问题在原稿上写了一些意见，又另纸写了一份“补充意见”，并再次为该书编了一个细目。周先生谦虚地将自己所提的意见称之为“不贤识小”罢了。那么这“不贤识小”到底是什么呢？笔者在撰文前曾有幸翻阅过当年周先生对《管锥编》原稿仔细研读后写的一份“意见”,即前文说过的另纸写的“补充意见”。该“意见”皆为周先生用蝇头小字写于16开稿纸上,竟厚厚成册。上面记下了周先生在仔细研读原稿后就其中的一些条目提出的一些意见或建议。该“意见”在《管锥编》一书发稿前曾送钱先生本人阅过。钱先生对这些意见十分重视,遂在周先生所提每条意见旁边批上自己的意见。这真是一份十分珍贵的出版史料,拿在手上感到沉甸甸的。下面便披露其中的几则,以见两位大师之睿智和高谊。

对《管锥编》中《周易正义·系辞》“知几”条,周先生写了如下意见:

> 几:孔疏:“几者离无入有,是有初之微。”入有是已入于有,特是有之微者。有是已成形,有之微者是未成形而微露端倪,易被忽视而还是可见的。注:“几者去无入有,理而无形,不可以名寻,不可以形睹者也。唯神也……故能朗然玄照,鉴于未形也。合抱之木,起于微末,吉凶之彰,始于微兆。”这里说几是无形不可见,既是无形而不见未形,那么还是属于无,没有去无入有。既说“去无入有”,又说“无形”不可见,是否矛盾。既然无形不可见,又说“合抱之木,起于微末”,木的微末是有而非无,是可见而非不可见。《易》:“几者动之微,吉之先见者也。”还是可见的。无形不可见之说是否不确。疏:“几,微也,是已动之微,动谓心动事动。初动之时,其理未著,唯纤维而已。若其已著之后,则心事显露,不得为几;若未动之前,又寂然顿无,兼亦不得称几也。”照此说来看引的诗,“‘江动将崩未崩石’,石之将崩已著,特尚未崩耳,不得为几也。”将崩未崩,似即“初动之时,其理未著,唯纤维而已”,诗人从未著的纤维中看到将动,是否就是几。“盘马弯弓惜不发”,虽发之理未著,唯发之纤维而已,是否就是几。又将动未

动与引而不发，与“雪含欲下不下意，梅作将开未开色”，实际相同，一作非几，一作几，不好理解，倘均作几，就好懂了。

周先生对这一条做了如此缜密而精确的辨析和论述，不能不令读者叹服。钱先生阅了这条后在下面批道：

此评《注》、《疏》之矛盾，精密极矣！非谓之“大鸣”不可。已增入并借大名增重，不敢掠美也。

对于周先生的意见，钱先生不仅十分尊重，而且还增入自己的叙述中，并写明为“周君振甫谓韩注多语病”云云。

对《列子张湛注》中“黄帝”神游条，周先生指出：

列子御风，《庄子》列苏三家所说似三种而非一。《庄子》云：“此虽免乎行，犹有所待者也。”郭象注：“非风则不得行，斯必有待也，唯无所乘者为无待耳”，比无所不乘者低一等。注称“得风仙之道”。列称：“心凝形释，骨肉都融，不觉形之所倚，足之所履。”注：“神凝形废，无待于外。”注以列御冠为有待，而列以为无待；庄注以列为得风仙之道，而列以彼超于得风仙之道。苏称：“子独不见夫众人乎？贫者……为履……屐，富者……为辐……服，因物之自然以致千里，此与吾初无异也，而何谓不同乎？苟非其理……（见稿）”苏认为列子御风同乎穿鞋步行乘车行远。而庄则以列得风仙之道可以飞行，不同乎步行及乘车，步行乘车之理不同乎御风之理。如苏说，苟非其理则折趾毁体，以步行乘车之理说御风，即以常人之理看风仙，则被风刮到云霄而入坎井非死亡不止，此苏之所谓理不可通于庄之风仙之理者一。列书中则已由有待而入于无待，“形奚所倚，足奚所履”，不必有所倚所履而无不逍遥，则已超风仙而入至人之域，已非风仙之理所能限，而苏方以之同于穿履乘车之理，此苏说不同于列者二。苏混常人之理与风仙之理与至人之理而同之，此其说或不可通欤？常人之理唯物的，风仙之理与至人之理唯心的，是混唯物与唯心而一之矣。

钱先生看过这一条后，又在旁边批道：

此又公之精思妙解，已又增入“周君振甫曰”一节。

当然，对于周先生有的意见，钱先生即便不完全同意，也都作一一具体说明。

如对《毛诗正义·七月》“伤春”诗条，周先生提出：

“春日迟迟，采蘩祁祁，女心伤悲，殆及公子同归。”余冠英先生注：“是说怕被公子强迫带回家去。”本书引《笺》“始有与公子同归之志，欲嫁焉。”女与公子地位悬殊，“欲嫁”之说与今日读者之理解抵触，以“伤悲”为“思男”，亦同样抵触。此处是否可先批《传》《笺》之误，然后转入《正义》言时令感人之说亦有可取，与下文相贯。

对于周先生的这一意见，钱先生作了如下说明：

此意见前次阅稿时已言之，弟非饰非拒谏也，以余公之解乃“张茂先我所不解”也。“怕被迫……”殆如《三笑》中之王飞虎抢亲耶？诗中无有也。“殆”可通“惮”耶？古之小学经传未见也。“地位悬殊”则不“欲嫁”耶？封建时代女子而得入高门，婢妾而为后妃者，史不绝书，戏典小说不绝写，至今世乡间女郎欲嫁都市高干者当比之也。郑、孔之注未必当，但谓之不切实际不可也。余解欲抬贵劳动妇女，用心甚美，然不啻欲抬高王安石、李贽而称之为“法家”矣。下文又曰：“为公子裳”，“为公子裘”，则此女虽“怕”而终“被迫”乎？见曹植《美女篇》便知采桑女郎正亦名贵也。

上举数例只是其中的一小部分，通过这些，我们正可以见出两位大师对于学术研究的一丝不苟。特别是作为责任编辑的周先生，他对于一部书稿，不仅认真仔细阅读，而且帮助作者核对引文资料，将发现的问题和自己的认识无保留地提供给作者，为提高书稿质量尽了力，做出了贡献，这绝不是任何一个责任编辑都能做得到的。无怪乎钱先生指名要让周先生做《管锥编》的责任编辑。这不仅仅是出于友谊，更多的还是相互的了解。钱先生对于周先生所提意见，不仅逐条批阅，酌选入正文，而且还在该书“序言”中写道：“命笔之时，数请益于周君振甫，小叩辄发大鸣，实归不负虚往，良朋嘉惠，并志简端。”表现了作者对编辑工作的感激和敬重之情，亦可见两先生之高情厚谊。

更为有趣的是，周先生在编校《管锥编》的同时，正赶上他的旧作《诗词例话》在修订补充当中，他见钱先生稿中有关诗词的论述极为精要，对自己很有启发，便将这些材料摘录下来补充到自己的书中，并说明：此次修订补充采用了钱先生《管锥编》手稿中的一些内容。之后，周先生把《诗词例话》增订稿送钱先生指正。钱先生不仅同意周先生采录自己手稿中的内容，而且指出书中“形象思维”一节尚有不足，于是将自己所著《冯注玉溪生诗集诠评》中论《锦瑟》诗未刊稿抄给周先生，以作为对“形象思维”一节的补充。结果，周先生的修订版《诗词例话》面世后，钱先生的《管锥编》还尚未刊行，香港一家大学看到周著中引用了钱著《管锥编》的内容，即将这些内容一一抄出，在校刊上专文发表。同时，台湾亦翻印了《诗词例话》,并摘印了钱先生文章的内容,后又传入美国等地。海内外读者这才了解到钱先生还有这样一部大作即将出版,于是争相传说,企盼早日面世。这也可说是当时文坛中的一段佳话。

周先生与《文心雕龙》

说到《文心雕龙》,可以先读一读周先生自己撰写的《我与〈文心雕龙〉》一文(见《书品》1993 年第 4 期)。早在 40 年代,周先生在开明书店时就曾帮助章锡琛先生校对过范文澜先生注的《文心雕龙》。这可以算作是周先生接触《文心雕龙》之初始。到了 60 年代初,《人民日报》社《新闻业务》杂志编辑丛林中先生曾约周先生选译《文心雕龙》,要求是译文要便于和原文对照,简化注释,译文排在正文下,起到句解作用,在每篇前加一些说明。这样,从 1961 年《新闻业务》第五期上开始发表周先生的译文,直到 1963 年第八期止。译文发表后,在社会上产生不小的影响。人民文学出版社古典文学编辑定约周先生注释《文心雕龙》,不要译文,但注释要详细些,中华书局文学编辑室要周先生把选译交他们出版。"文革"前,周先生就把《文心雕龙注释》和《文心雕龙选译》二书写好交给了出版社,后因十年动乱,这两部书一直未能出版。

"文革"后,周先生又把稿子要回加以修改。1978 年 4 月,周先生应邀参加了在昆明召开的古典文学理论学会,与四川大学研究《文心雕龙》的著名学者杨明照先生同住一室,当他得知杨先生有一篇补订范文澜先生《文心雕龙注》的文章,寄给中华书局《文史》杂志时,便商得杨先生同意,回京后找来这篇文章补订自己的注释。后来,除把杨先生补订各条引入自己注中,注明杨注外,还另有补订。如《哀吊》篇:"汝阳王亡。"范注,未知汝阳王为谁。按《太平御览》卷五九六引作"汝阳王",按《后汉书·后纪》:"汝阳长公主，和帝女，名刘广。”可补范注之缺。又《书记》篇：“赵至叙离，乃少年之激切也。”《晋书·赵至传》：“至与（嵇）康兄子蕃友善，乃将远适，乃与蕃书叙离，并陈其志。”书见《文选》中《赵景真（至）与嵇茂齐（蕃）书》。按书首称“安曰”，明非赵至书。倘为赵至书，则当作“至曰”。唐《六臣注文选》李周翰注：“干宝《晋纪》云：‘吕安字仲悌，东平人也。时太祖（司马昭）逐安于远郡，在路作此书与嵇康。’康子绍集云：景真与茂齐书。且《晋纪》国史，实有所凭，绍之家集，未足可据。何者？时绍以太祖恶安之书，又父与康同诛，惧时所疾，故移此书于景真。考其始末，是安所作，故以安为定也。”书中言欲推翻司马氏政权，是吕安与嵇康书，为司马昭所得，因而吕安与嵇康皆为司马昭所杀。嵇康子嵇绍讳言其事，故改称为赵至与嵇蕃书。刘勰不察，亦误信为赵至与嵇蕃书。此两例杨先生《文心雕龙校注拾遗》中皆未及，可见周先生对《文心雕龙》用力之深。他一方面博采众长，吸收前人的一切研究成果；一方面又认真研究，发前人之所未发，解决研究中存在的一些实际问题。

1980 年和 1981 年，中华书局和人民文学出版社先后出版了周先生的《文心雕龙选译》和《文心雕龙注释》。但《文心雕龙》这一情结在先生心中仍然未了，因为《文心雕龙选译》只译了全书中的 35 篇，还剩下 15 篇没有译过，而又多是“文体论”的。《文心雕龙》之所以能够建立一个完整的理论体系，正像刘勰在《序志》里批评各家文论的“各照隅隙”，他则要“弥纶群言”，因此，把余下的这 15 篇全部补译出来，对于读者全面把握和认识《文心雕龙》所建立的完整的理论批评体系是十分必要的。于是先生又再接再厉，先后补译了余下的 15 篇，合为一书，名为《文心雕龙今译》，由中华书局于 1986 年出版面世。至此，先生心中的这一情结才算有了一个了结。

谦虚谨慎,乐于助人

周先生既是一名资深的老编辑,又是一位著述等身的知名学者,但熟悉先生的人都知道,他从来没有摆过一个大学者的架子,却总是那样谦虚谨慎,乐于助人,和蔼可亲。对于别人求他帮忙的事,他总是认认真真、一丝不苟地尽力帮助办理。好像对什么人对什么事都是有求必应似的。马立诚先生在其所撰《周振甫先生逸事》(见 1995 年 1 月 23 日《人民日报》第 11 版)一文中讲到,在 70 年代初,他和几个好学的青年曾请周先生为他们讲解古文,周先生不仅答应了,而且一讲就讲了两年,分文不取,既不允吃饭,也不受任何礼物。周先生确实就是这样一个人。

我在编《书品》的过程中,曾多次请周先生撰稿,周先生不仅每次都答应下来,而且还都能按时交稿。因为周先生自己本身就是一名编辑,所以他特能体会编辑工作的辛苦,你不用催他,他总要按时或提前交稿的。有时其他一些杂志或报社的同志托我们向先生约稿,他也总是一口答应下来,而且也都按时交稿。真不知道先生哪来的那么多时间,一时要应付多少这样的事?但先生好像从来没有拒绝过谁。

记得是在 1988 年左右,文学编辑室的几位同事颇爱好书法,中间休息时,他们就挥毫写上几笔,遇有写得好的,便自己动手,调好糨糊,托过后便贴在大门的背后,很有文化氛围。有一次,时间快到中午了,我又走进他们的办公室,只见周先生正站在那里为他们写字,等我凑过去时,周先生刚好写完最后一幅。他们中有人对我说:“你来晚了,刚才周先生为我们每人写了一幅字。”我一边叫过周先生,一边说:“这样的好事,你们为什么不早点叫我过来。”我当时是很想借机向先生索字的,但见先生已收拾提包准备回家了,便也不好正式向先生开口要字了。过了一段时间,我把这事也就忘了。有一天的上午，先生忽然来到我的办公室，从书包里拿出一个字轴交给我说："那天中午没来得及给你写，回到家后我又为你写了一幅，并请人为你装裱好了，不知你喜不喜欢。"这真让我太激动了。打开来一看，是先生书录的钱先生的一首诗，题名送我。先生真是心细如发啊！原来他早已看出了我的心思，并装裱好后再送给我，真让我愧不敢当啊。但，这就是周先生。

由于周先生名气大，所以托周先生办事的人也就多，特别是一些外地人，他们有的是周先生的老朋友，也有的周先生并不认识。他们来信托周先生代购书或代催发书。碰到这样的事，周先生自己不能来上班时，便会给我写一封信并附上来信，让我帮他处理。有时我没能及时回复先生，他还会再写信或打电话问我结果。周先生对别人托他的事，从来就是这么认认真真，一丝不苟。

但先生对于他自己的事，却从来不愿意开口，即使是他应该得的。前些年，他来中华书局上班，每次都是自己一个人早上挤公共汽车，中间还要换一次车，悄悄地走进自己的办公室。中午回家，又是悄悄地走出楼门，同样挤公共汽车回去。有时我和同事们在楼内撞见了，才强为先生要车将他送回去。虽然局里的领导早就说过，周先生上下班可以派车接送，我们也把这一决定明确地且不止一次地转告给他，但先生听过后却是依然故我，好像从未主动要过车。只有一次，先生得了"缠腰龙"，病情较重，当时已是下午了，周师母怕耽误了病情，叫他向单位要车去医院看病，可先生就是不肯，非要等到第二天早上让家人陪他自己去。看看时间已是下午快5点了，周先生的病情一点没见好转，周师母一急，自己打电话给总编室，正好我还没走，问明后连忙找了一个司机赶到先生家将其送到公安医院。医生看过后即让先生住院治疗，并怪家人为什么不早点送来。

1983年，中华书局与中国出版工作者协会准备联合召开祝贺周先生从事编辑工作50周年茶话会，先生闻讯，忙复信婉辞，并在信中举例说，自己早先也想调动工作，联系过几个单位没成，说明自己50年中并不是安心于编辑工作，因此，不应开会祝贺。及至茶话会如期召开，到会的许多领导和学者纷纷发言，盛赞周先生从事编辑工作50年，甘为他人作嫁衣，堪称编辑工作者的模范时，周先生又站起来纠正道："说我从事编辑工作50年，这是个虚数。十年动乱中，我在干校放牛，这大概就不能算作编辑工作的。"他的发言引得全场一片笑声。没有办法，先生就是这么一个谦虚惯了的人。还是钱钟书先生最了解周先生，他在会上发言时说："我觉得人受到表扬往往有两种反应，一种是洋洋得意、尾巴翘起；一种是惭愧难言、局促不安。振甫属于后一种。我完全了解他，我知道他听了那么多赞誉之言后一定是局促不安得很。"

周先生当时肯定确是如此。而今天我又写了这篇小文，向大家介绍了他的一些平凡而又感人的业绩，虽然还不很全面，但怕又要引得先生局促不安了。我准备向先生致歉并接受先生对我的责怪，但惟寄望于读者读了以后能对先生的学识和人品有更多的了解，并以此来指导人生。

原载《人物》1996年第6期

印须我友

——记一代名编辑周振甫

黄　伊

周振甫（1911～　），浙江平湖人，中国共产党党员，编审。1932年无锡国学专修学校肄业。同年10月进开明书店编译所，初任校对，后任编辑；1953年1月转入中国青年出版社任编辑，

1975年9月转入中华书局任编辑。曾参加《明史》的点校工作和新版《鲁迅全集》部分注释的定稿工作。著有《诗词例话》、《文心雕龙注释》、《文心雕龙今译》等，编注有《李商隐选集》、《毛泽东诗词欣赏》等。他是中国出版工作者协会第一届理事、中国文论学会理事。1987年获中国出版工作者协会首届韬奋出版奖。

钱钟书先生在《谈艺录》前言里，引了《诗经》中的一句"卬须我友"，说明《谈艺录》的审稿需要知己的朋友。卬，读作 áng（昂），义为我。振甫与钱先生是同时代的人，他长我20岁，是我的长辈；但是，我们共事及交往四十余年，而且共过患难，称得上是忘年之交。因此，我用钱先生的这句深情的话，作为本文的标题。

50年代初，我大学毕业后，分配到中国青年出版社文学编辑室当编辑，得以与振甫共事。虽然他那时已到中年，又是一位学者型编辑，但是我们都不兴叫他周先生或者老周，而称他为振甫同志，或者干脆叫他振甫。现在，振甫年过八旬，在出版界和文化界颇有声望，人们都尊称他为周先生。我们几个老同事仍然习惯地叫他振甫同志，或是直呼振甫。他听了笑眯眯的，用他那浓重的江浙口音，"啥个啥个"地和我们交谈着。

振甫是典型的学者型编辑家，我现在要向读者介绍的，只是我印象最深的几件平常事，虽无什么惊人之处，却深深地感动着我，激励着我。

普通编辑不普通

我和振甫在"中青"社共事十余年，"文革"期间，又一起在"五七干校"放牛。后来他到了中华书局，我被调到人民文学出版社。在编辑部，他一直没有当过官，连组长也没有当过。他从不打听你是什么级别。改革开放以后，一些人最热衷于谈的什么高级职称呀，特殊待遇呀，乃至于什么委员呀之类，他都漠不关心，只安心做一个普通的编辑。可是，他却干出了第一等的工作。

在50年代，胡耀邦同志担任团中央第一书记。为了提高团中央系统干部的文化修养，他要大家读一点古文。要大家读古文，就得要有教材。他编了一本古文选，中间有一篇评论唐代作家的文章，不好注释。振甫正好在看这方面的书，补加了注释，给耀邦同志留下了深刻的印象。在"文革"中，耀邦同志也到了干校。他到了七连（由"中青"社的同志组建而成的连队），特别来看望"牛倌"周振甫。

在60年代初，"中青"社要出版臧克家的《毛主席诗词讲解》。克家同志提出要请人作注，社长朱语今就交给振甫来注释。《毛主席诗词讲解》收集的都是《诗刊》上发表的毛主席诗词。注到《沁园春·雪》的"原驰腊象"，振甫认为"腊象"，似应作"蜡象"。因为这句和"山舞银蛇"相对，"银蛇"与"蜡象"，都是形容雪后的景象。他提出来向克家请教，克家同志同意他的判断，就改作了"蜡象"。注到《黄鹤楼》的"把酒酎滔滔"时，又觉得这个"酎"字应为"酹"。他又向克家同志请教，克家完全同意。注释完了，克家同志请示毛主席，改"腊象"为"蜡象"。得到了毛主席的认可。至于"酎"字，是《诗刊》排错的。就不用说了。这本书前后印了一两百万册。在读者中引起了极大的反响。改正这两个错别字，既可见振甫编辑态度之严谨，也可见振甫深厚的古文功底。

但是，要介绍振甫的编辑生涯，重头戏却是钱钟书先生的两大学术著作《谈艺录》和《管锥编》。

为大学者审稿

现在，凡是读过《谈艺录》的人，莫不惊叹钱先生学识的渊博，材料的丰富和论点的精辟。也不知道钱先生到底看了多少书，引证了多少材料，才写成这样一部著作。可是，当时写这部鸿篇巨著的作家和编校这部巨著的编辑，都是名不见经传的人。

那是30年代的事。钱先生把稿子写好以后，交开明书店叶圣陶先生。叶先生翻看了一下，交给周振甫编校。振甫读了以后，被作者丰富的学识和独到的见解所深深感动。但是，他觉得内容如此博大精深的书，应该编一个详细的目录，将应该突出的地方突出一下，更能锦上添花，令人耳目为之一新。他同钱先生商量，钱先生非常谦虚，全同意了。

通过《谈艺录》的出版，钱先生和振甫结下了深厚的友谊。花开又花落，时间过去了几十年，70年代后期，钱先生从干校回到了北京。当他得知振甫也回到北京时，便要将他写成的另一部著作《管锥编》，交给振甫看。钱先生约振甫下班后到他家便饭。那天晚上正好停电。钱先生点着一根蜡烛，吃过晚饭，把《管锥编》全稿交给振甫。振甫如获至宝，带回家去。那时，振甫被借调到了中华书局，参加《明史》点校。胡乔木同志得知此事，劝钱先生将稿子交中华书局出版，并且请周振甫担任该书的责任编辑。这就是后来震动了海内外学术界和文化界的又一部重要著作《管锥编》的出版经过。《管锥编》凝结着两位学问家的心血和友谊。

《诗词例话》及其他

作为一个编辑，他的第一位工作当然是当好编辑。但是，在不影响工作的前提下，编辑不但可以练笔，也可以从事写作和著述，振甫就是这样做的。

在五六十年代，振甫在"中青"社，从事古典文学和文学知识方面的图书编辑工作。但是，这方面的书稿不是文学编辑室工作的重点，每年没有多少稿子可发。另外，说句老实话，当时编辑室里并不怎么看重振甫。这样，振甫就有了空余的时间。振甫是个很勤奋的人，他不善言辞，很少与人聊天，有了空余时间，他就读书写作，《诗词例话》就是这样写出来的。脱稿后，他送请主管古典组的副主任章学新同志审阅。

振甫既是学者，又是编辑。因为是学者，他学识渊博；因为是编辑，他了解读者。这样，他写的书，深入而浅出，把许多关于诗词方面的知识，很浅显地介绍给读者。它从历代的诗话、词话和诗词评中选录具有独到见解的段落260余则，按阅读、写作、修辞、风格四个方面，归类编排。全书的重点是联系这些诗话、词话和诗词评中谈到的历代著名诗篇，进行分析比较，论证其在艺术上的高低得失，详加发挥阐述，引导读者扩大视野，开阔思路，体会诗歌立意构思之巧，遣字用词之妙，从而提高对古代诗歌的欣赏能力，同时为新诗的创作提供有益的经验。

学新同志审阅后，大为赞赏，批准在本社出版。后来，振甫又写了《小说例话》、《文章例话》、《文章风格例话》等。这些书不但受到大陆读者的广泛欢迎，也为台湾书商所看好，偷偷出版了盗印本。一位颇有眼光的台湾出版商，认为振甫的《诗词例话》等著作，不但有学术价值，而且对台湾和海外的华人和学子了解祖国丰富的文学遗产，极有帮助，因而和振甫联系，征得他的同意，在台湾出版《诗词例话》的修订本。

老编辑的丰硕成果

振甫从事编辑工作已经60年了，他今年已经85岁高龄。我和几位朋友，正在张罗着要替他出文集。振甫以前有什么新作，大部分送给相熟的朋友"请予教正"。但是，因为他的书出版得比较多，又怕我们没有时间看，所以并不是每本书都送给我们。等到我们集中起来一统计，不能不使我们大为惊讶——这位老先生竟然出版了25部著作，共六百多万字！除了上面提到的4种《例话》，他的著作还有《严复思想述评》、《中国文章学史》、《中国修辞学史》、《文论散记》、《怎样学古文》等共10种;注释的有《文心雕龙注释》、《周易注释》、《鲁迅诗全编》等12种;与人合著的有《古代散文》、《钱钟书谈艺录读本》、《毛泽东诗词讲解》等3种。

我们要为振甫出文集的事,得到新闻出版署的重视和支持。新闻出版署图书管理司受于友先署长的委托,给我写了一封热情洋溢的信,信中说:“周振甫先生是出版界的前辈,对出版事业做出了很大贡献。出版《周振甫文集》,是一件很有意义的工作。”“署里已研究决定将该选题列入‘九五’国家重点选题规划”。这是对振甫编辑生涯中肯的评价。

我做编辑工作四十余年,结识了许多名牌出版社的编辑,但是,像振甫这样硕果累累的编辑,却不多见。我斗胆地讲一句,在我国当代出版界,像振甫这样在写作上取得如此成就的人,恐怕不太多。

那么,振甫为什么取得这些成就呢?我的回答是:

他把人家“侃大山”的时间都用来做学问

我年轻的时候和振甫在“中青”社当编辑时,他给我留下的最深的印象是勤奋。他真是把人家“侃大山”的时间都用在做学问上。他现在已到了耄耋之年,我每次因事到他家里去找他,他都是坐在大写字台前,弯着腰,低着头,或是写文章,或是看校样。你只要读一读他写的《文论散记》,就会发现他读了多少古书。有一些古文,当时我字还是认得的,但对其中的意思,却似懂非懂,经他一解释,便豁然开朗。当年我们这些年轻的编辑,都称振甫是古汉语活字典。有时候处理书稿时,碰到一句古文、一句成语、一个典故或一句古诗,找不到出处,只需请教振甫,他准能告诉你出处。他的头脑就像一台电脑,贮藏着难以数计的知识信息。如此之厚积,得花多少工夫呀!勤奋阅读,勤奋浏览,勤奋积累,勤奋写作,这就是振甫成功的秘诀。

他走的是学者型编辑的道路

我和振甫不在一条起跑线上。我有幸认识他的时候，他已经人到中年了。在接触中，我知道他曾经在无锡国学专修学校学习过，古文基本功学得比较扎实；以后在开明书店、中国青年出版社和中华书局，他所做的工作，基本上也都和古典文学或者文史有关系，这就大大有利于他增进学识和积累资料。人们不是常常说"淡泊以明志，宁静而致远"吗，振甫正是如此，他从不斤斤计较什么级别、待遇、房子。他一心只做他的学问，在古典文学的大海里遨游。最近，我翻看了他写的《中国文章学史》和《中国修辞学史》等书，不禁掩卷沉思，像我这样的芸芸众生，陷于自己拔不出来的俗务时，他却钻研了那么多古籍，做了那么多学问。

振甫能成为一个学者型的编辑，或者说从一个普通的编辑而最终成为一个学者，除了他日积月累、循序渐进地做学问，真的做到古人所谓学富五车以外，还有……我曾经问过振甫："你最大的特点是什么？"他笑眯眯地说："啥个啥个……我没有什么特点，我只是实事求是……"

振甫所说的这个实事求是不是一句空话。在他掌握了大量的材料以后，他不管你是今人是古人，或者有多么大的权威，他都敢于提出自己的看法。正如我在前面所写到的，毛主席威信有多么的高，臧克家在诗歌界的威望有多么的高，振甫对他们的著作有疑问，就敢提出来请教。他没有任何目的，他只是坚持实事求是。我还想再举下面一个例子：

振甫注释《文心雕龙》时，在《书记》篇中，看到"赵至取离，乃少年之激切也"一句。他查了今人、著名学者范文澜的注，查了李善关于《嵇绍集》的注，又查了《文选》和《晋纪》，并且反复琢磨《文心雕龙》。无论是古人今人，都相信嵇绍的话，认为这封信是赵至写给嵇绍的。振甫心里还有疑问，又查了《魏氏春秋》和其他古籍，终于考证出这封信其实是吕安写给嵇绍的父亲、竹林七贤之一嵇康的。嵇康因为声言“非汤武而薄周孔”，且不满当时掌握政权的司马氏集团，而遭钟会构陷，为司马昭所杀。嵇绍官至侍中，当时因为迫于形势，说了假话。想不到这句假话让人信以为真了一千多年。《文心雕龙》作家刘勰、《文选》编者萧统、《晋纪》作者干宝，今人学者范文澜，都被嵇绍蒙蔽了。振甫终于了结这段公案。我们真是不能不佩服他这种非常执著的、实事求是的精神，而这正是振甫作为一个学者乃至于我们作为一个编辑所应该大力提倡的。

振甫能够从一位普通的编辑而成为一位成就卓著的学者，我觉得还有他自己独特的条件。

好身体、好习惯、好脾气、好夫人

振甫个子不高，身材适中，不胖不瘦，心血管正常。从外表上一看，就是一个江南文人。但他绝不当老爷。如今 85 岁高龄了，每天早上仍到楼前的林阴道上散步，自己到邮局去发信。他是很少上医院的。上月我为了欢送一位老朋友、作家王立道回西宁，我约了八九位朋友，在我家里开了一个咖啡会，大家借此机会见一见面，畅叙一番。我们见振甫年事已高，没敢通知他。他得知后，却买了两斤点心，爬上五楼来参加我们的聚会，连气也不喘一下。

振甫不抽烟、不喝酒，更不暴食暴饮。他没有一般文人的坏习惯——白天睡觉，晚上写作，而像一个正常人一样生活，吃饭时吃饭，睡觉时睡觉，所以他能充分享受阳光的照射，呼吸到早晨林间清新的空气。写作累了，便放下笔同孙子下围棋。振甫在生活上要求不高，可以说是随遇而安。

振甫有一位好夫人，他的退休金、稿费、版税，全部上交给夫人。买菜呀，做饭呀，取牛奶呀，打扫卫生呀，交水电费呀，保险丝烧了要换呀，电话出了毛病通知障碍台呀，等等，他都不用操心，有夫人挡着呢，他只管安心写他的稿子就是了。

振甫对我国出版事业的贡献,赢得了出版界的肯定,所以首届韬奋出版奖评奖时,人们就首先想到他。但振甫不怎么看重名誉地位,他一如既往,埋头做学问,埋头著述,默默地奉献。他是我的榜样,也是全国编辑的楷模。

原载《中国出版》1997 年第 1 期

老编辑家丰采

——访周振甫先生

王　昶

几年来我们几个人经常出差外地。但同时出差北京却不多。这次赴京前,我们就想一同去拜访我们都熟悉的著名学者、老编辑家周振甫先生。到达北京的当晚,打电话与周先生联系,他非常高兴,约我们第二天在他家见面。

按约定时间,上午 9 时半我们来到周先生家。周先生知道我们来了,马上从房里迎出来,伸出他那仍然厚实的双手一一和我们握手,并让我们到他房里坐。这是一间约十四五平方的房间,既是周先生夫妇的卧室,又是周先生的书房。房门对着一个两米来高的书柜,书柜后面是一张木制双人床,床正对面横放着一张老式办公桌、一把木靠椅,是周先生专用的。桌上的方格稿纸上写满了我们熟悉的周先生的蝇头小楷,还是那样工整、秀美。看到周先生右手中指、食指和大拇指指头上留有的蓝墨水痕迹,说明我们来时周先生正在伏案写作。周先生习惯用钢笔蘸墨水写字,因而一写作,手指上就留下墨迹。书桌的前后靠墙各是一排两米左右高的书柜。书柜里分类整齐地放满了书,办公桌上,除留下供写作的地方外，都堆放着写作时要用的书，在床底下还用纸盒装着书，真是名副其实的“书房”。周先生就在这不宽的卧室兼工作室里，在这书的世界里笔耕不辍。据周老夫人介绍，周老每天伏案六七小时，写两千字左右，难怪周老有关古代文学及写作例话等专著和编辑学著作一本本问世。十一届三中全会以后十多年来，周老出版了《文章例话》、《小说例话》、《文心雕龙注释》、《文心雕龙今译》、《周易译注》、《中国修辞学史》、《中国文章学史》、《苏洵散文精品选》等20来部著作，达五六百万字。

在交谈中，周老很高兴地拿出他的新作送给我们，用钢笔蘸着墨水签上名并写上某某“指正”。他把书递给每个人时，总是用带有浓厚吴语乡音的普通话平缓谦和地说：“看了后请多提出意见。”因几年前，周先生受聘来我校参加古代文学硕士研究生毕业论文答辩，任答辩委员会主任并到中文系讲学，当时，我和几位老师一道陪周老夫妇在校园内散步，和周夫人熟悉了。这次周夫人“优待”我，特别从床头的书柜里多拿了几本周老另外的著作送给我。对这些礼物我一贯是极珍视的，拿到书就当场翻看起来。当我看某出版社1994年出版的一部30多万字的有关文章学的专著时，发现周先生对书中的差错一一作了认真的改正，以为是周先生的留存本，就拿着问周夫人，她说这是周老的习惯，出版社送来的样书，周老总是抽出时间来通读，发现差错总是一本本改正。这使我想起我社刚成立时，我社几位同志到北京拜访周老时的一次谈话。当时，周老得知我校成立出版社非常高兴，但他首先问我们的不是别的，而是问我们校对力量怎么样？有几个校对人员？这大概与周老1932年10月初入出版界——到上海开明书店任《辞通》校对不无关系。

回到住处的当晚，对周老校正的书我作了统计，文字错漏达83处，标点符号9处，装订颠倒、版式不一各一处。我从事编辑工作以来，接触过不少前辈和学者的书稿，常被他们谦虚的态度、严谨的治学精神所感动。看着享誉海内外的学者周老校正这本书的差错留下的工整字迹，眼前便浮现这位 85 岁的老人伏案笔耕的形象，想起他重视校对工作的谈话，心中翻涌起滚滚热浪。周老这些老编辑家重视校对工作的精神和高度的质量意识，真是值得我们好好学习和继承。

在交流中，周老不时回忆当年来桂林时的情景，他思维清晰，记忆力好，谈起在校园散步、在漓江游船上吃鱼这些往事，犹如发生在昨天。虽然我们很想多和周老交谈，聆听他的教诲，但为不影响他的工作和休息，坐了近一小时，我们便起身告辞。周老热情地送我们出来，到房门口我们请他留步，他坚持要从三楼下来送到宿舍大院门口，在我们一再劝阻下，他留在了家门口。但当我们下到大院门口等车开过来时，周老在夫人陪伴下又从三楼下来送我们，我们真过意不去。周夫人说，这是他几十年养成的习惯，不送到大门口总感到失礼。

这是一次极平常的拜访，但却是令人难忘的。因为我们又一次看到了一位老编辑家的人品和文品。

原载《出版广角》1997 年第 3 期

周振甫教我做编辑

常振国

周振甫先生是一位德高望重的著名学者，同时，也是我国目前从事编辑工作时间最长的老编辑，积累了丰富的经验。20 年前，我有幸给他当了 7 年助手，周先生教我如何做好编辑工作的一些教诲，使我至今不忘。

周先生常说，要审好稿子，必须注意平时的学习，眼睛要盯着国内外第一流的研究水平,时时掌握学术界对某些问题研究达到的最高点。清楚了解了前人的最新、最高成果,处理书稿时,心中就有底。

人们常说编辑是杂家,这话不假。无论是哪一个编辑,每天大部分时间都在围着书稿转,而收到的书稿,五花八门,各式各样。作为一名合格编辑,不管寄来的是什么样的稿子,都应该能够写出一份像样子的审读报告。这对有经验、有学识的老编辑来说,一般不会有困难,但对刚刚跨进编辑部门坎的新手来说,却是个不小的难题。周先生说,做编辑工作,最好的办法,是借来几本有代表性的书作参考,相互比较,这样来判断书稿质量,发现其中的问题。有些古书没有读过没关系,但要知道遇到了问题应该到哪里去找,要会使用工具书,了解有关方面的参考书。

编辑工作是件为他人作嫁衣裳的工作。周先生认为,编辑工作与研究工作分不开。《四库全书总目》可以说是件编辑工作。但做的"提要",对"四库"中收录的书目进行评介,指出这些书哪些地方有价值,哪些地方有错误,实质上,这就是研究。

当前出版物市场非常活跃繁荣,这是个可喜的现象。但出版物编校印制方面的问题也十分突出。要克服这种现象,作为一名编辑,应该做些什么?周先生说,做编辑要耐心,要勤快,不懂一定不要装懂,要时刻记住对读者负责这条宗旨。周先生审稿,总要亲自核对材料,虽然年纪很大,却从不偷懒。7 年里,只有一次周先生比较严厉地批评了我。那是 1979 年冬,我当时正在校点《历代论话》。由于学识不够,工作上又没有经验,对原书中一些地方弄不懂,开始还查查书,后来就懒了,个别地方懵懵懂懂地草率断了句。校点后拿给周先生复审。过了些日子,周先生拿着稿子问我:"这部稿子你都读懂了吗?"我的脸马上红了:"有的地方没有读懂。""查书了吗?"他又问,"为什么不懂又不查书,还要标点呢?"我无言以对。周先生严肃地说:"不懂就该查查书,问问其他人。

实在搞不清,宁可不断。绝对不能装懂硬断。”周先生对我的这次教导,我一直铭记在心,也成了我日后审稿乃至处理其他事的一条准则。

原载 1998 年 12 月 30 日《新闻出版报》

存　目

周振甫　《我是怎样编〈文心雕龙〉的〈词语解释〉的》

《出版工作》1990 年第 3 期

尚　中　《周振甫小传》

《许昌师专学报》1985 年第 4 期

王知伊　《编辑工作者的楷模周振甫》

丁景唐编《中国现代著名编辑家编辑生涯》,中国展望出版社 1990 年

黄　伊　《学者·作家·寻常百姓——我所认识的周振甫先生》

1991 年 11 月 2 日《北京日报》

李固阳　《周振甫先生的编辑生涯》

《阴山学刊》1992 年第 4 期

马立诚　《在编辑〈谈艺录〉和〈管锥编〉、校注〈明史〉和〈鲁迅全集〉的过程中,周振甫与钱钟书、胡乔木的交往堪称文坛佳话——周振甫先生逸事》

1995 年 1 月 23 日《人民日报》

张立生　《周振甫先生访谈录》

《史学史研究》1997 年第 1 期

张世林　《周振甫——编辑界楷模》

《出版广角》1999 年第 10 期

程毅中　《编辑工作者的楷模——追思周振甫先生》

《书品》2000 年第 4 期

王　华　《谦让,书耕不辍——回忆周振甫先生》

《书品》2000 年第 4 期

梁静波　《周先生与中华书局书馆》

《书品》2000 年第 4 期

张国功　《由周振甫先生之著述想到的》

《书与人》2000 年第 4 期

姜椿芳

姜椿芳(1912～1987),别名椒山,笔名红水、绿波、贺青、林陵、侯飞等,江苏常州人。1931 年参加反帝大同盟,并加入共青团,次年转为中共党员,曾主编《满洲青年》、《满洲红旗》等报刊。1936 年参与创办《大北画刊》,同年 8 月到上海,在亚洲影片公司做苏联影片的发行宣传工作,并发起成立中苏电影工作者协会。1941 年创办《时代》中文周刊,任主编。1945 年抗战胜利后,创办《时代日报》和时代出版社,任社长和总编辑。

新中国成立后,任上海军管会文管会剧艺室主任、市文化局对外文化联络处处长,同时创办上海外文学校(上海外语学院前身),任校长兼党委书记。1952 年调北京任中共中央宣传部斯大林著作编译室主任,1953 年任中共中央马恩列斯著作编译局副局长,参与翻译出版《马恩全集》、《列宁全集》、《斯大林全集》的领导组织和校审工作。自 20 世纪 60 年代起,他领导《毛泽东选集》和中央文献的外文翻译工作。"文化大革命"中因受"四人帮"迫害曾身陷囹圄达7年之久。1975年出狱后，积极草拟《中国大百科全书》的编纂方案。经多方奔走，1978年，他的建议得到中共中央、国务院的批准。遂着手筹建中国大百科全书出版社，并进行百科全书的总体设计工作，不久，正式成立出版社，任《中国大百科全书》总编辑委员会副主任，并任中国大百科全书出版社总编辑，1986年改任顾问。

姜椿芳是我国现代百科全书的奠基人。他把晚年的全部精力献给了中国大百科全书的出版事业。其主要译著有：《列宁在十月》、《奥斯特洛夫斯基》、《演员的自我修养》（斯坦尼斯拉夫斯基）等。

为什么要出《中国大百科全书》?

姜椿芳

人类靠知识生活。人类进化、发展的历史就是人类知识积累的历史。随着时间的推移，人类积累的知识愈来愈多。为了掌握过去的知识和现在的知识，人类必须有记录知识的工具——书籍。各种不同的书记录各种不同的知识。知识和书籍愈来愈多，于是出现把各种知识分门别类汇编起来的专书。这种专书既向读者提供系统性的知识，又在编排上使读者易于检寻他所需要的知识，这便是“百科全书”类型的书。“百科”是指“门类”和“科目”的繁多，“全书”是说包括在这部书里的知识“齐全”。

“百科全书”的名称是从encyclopedia译过来的，来源于希腊文。en有“完全”的意思，cyclo是“圆圈”，pedia为“知识”、“教育”，合起来的意思是“在这个圆圈里汇集着所有的知识”，也就是说“全部知识都收罗在这部书里了”。

人类很早就编百科全书。无论东方或西方，远在奴隶社会就有大学问家独自写的这种书,后来又有集体编辑的。中国是这样,埃及、古希腊、古罗马也是这样。有人说,《洪范·九畴》、《尔雅》是中国古代的百科全书。不过,这不是现代意义的百科全书。甚至魏文帝敕编的《皇览》(被称为中国第一部最完整的类书),也还不是百科全书。类书是分门别类汇集前人的著作;百科全书则是用条目的形式,写成一篇一篇的文章,把各种知识、事物、人物原原本本地加以叙述,特别是把最新知识作系统地、全面地介绍。编辑类书是中国学者数千年的传统,历代所编类书不下数百种,最著名的有唐代的《艺文类聚》,宋代的《太平御览》,明代的《永乐大典》,清代的《古今图书集成》。

西方各国近二百年来都编新型的百科全书,近年出版的这种书,更是种类繁多。美、英、法、德等国有出了十余种或数十种的,日本近来也陆续编纂,大量出版。出类书、丛书,和出百科全书大不相同,在思想、文化、政治上,前者所起的作用远逊于后者。狄德罗、达朗贝尔等主编的《法国百科全书》和中国纪晓岚等主编的《四库全书》差不多是同在一个时期,但前者起了巨大的启蒙作用,它的出版动摇了法国封建社会的思想体系,为18世纪末的法国资产阶级革命、甚至整个欧洲的资产阶级革命做了思想准备。《四库全书》当然有不可低估的价值,但所起的作用是不能和《法国百科全书》同日而语的。

百科全书反映一个国家的文化面貌。我国至今没有编出这样的书,是很不适当的。对国内人民来说,也确实有早日出版中国百科全书的必要,这首先是为四个现代化服务,为提高整个中华民族的科学文化水平服务。

出版百科全书是一项科学文化的基本建设。最近二百年世界科学文化的发展,尤其是最近二十年科技的突飞猛进,学科的门类愈来愈多,内容日新月异。人们要获得这些新知识,非有一部包罗万象的“全书”不可。一个人的生命有限,专门从事学习的时间更有限(大、中、小学加在一起不过十五六年),而知识的范围如此广泛,门类如此众多,没有全面地、系统地、概括地介绍各种知识的著作,就无法掌握必要的知识。学科的分类愈来愈细,人们学习的专业愈来愈窄,只凭专业知识而无广博的知识,没有一种便于查阅的、包罗各种知识的书,是不能适应现代生活要求的。要涉猎各种知识,应该备有各种专著,但不是人人都能购置足够的书籍,也不是人人都有收藏千卷万册书籍的地方,即使天天跑图书馆也不能解决问题;如有一部兼收并蓄的书,就能排除这个困难了。今天千变万化的事物,要求人们用最短的时间、最简捷的方法,给自己的疑问找到最急需的正确答案。为了满足求知欲,为了钻研自己专业之外的学科,要有一种既能引人入胜,又能作为向导,引领人们进入新的知识领域的书。它既有分科分目的概括叙述,又给人们开列出进一步学习的参考书目,从而入门进阶、登堂入室。高中以上、相当于大学程度的广大读者,在学习中要有一部旁征博引、可资参考的书,就像得到一位良师益友,使自己的学习事半功倍。人的脑子,即使借助电脑,也装不下无穷的数据和公式,众多的法则和规律,这就要有备忘录式的专书,统计表式的手册。历代文献易于散失,名著巨制应加保存,艺术珍品、地图画幅宜予复制流传,这就需要有一种留之久远、传之后代的文库图集。

上面所说的种种读物、读本、专书著作、参考书、工具书、年鉴、手册、图集画册,综合一起,集其大成者,便是百科全书。有人把百科全书誉为精简的图书馆,称为“没有围墙的大学”,说百科全书是给没有书的人准备的书籍,说百科全书是知识津梁,是科技进阶,是普及提高的手段,是求精深造的钥匙,是万有文库,万宝全书,就是这个缘故。

综上所述,可见我国迫不及待地需要编辑出版这样的百科全书,也只有出版这样的百科全书,才能对我国社会主义建设的四个现代化,对迅速提高整个中华民族的科学文化水平,提供有效的工具和锐利的武器。

我们要编的《中国大百科全书》,就是具有中国特点、中国风格、适于中国广大读者需要的书。所以称为“大百科”,就是因为它是一部综合性的、以大学生和相当于大学程度的广大读者为对象的大型百科全书。所以冠以“大”字,是为了准备将来在这部“大百科全书”的基础上再编出《中国小百科全书》以及其他多种类型的百科全书。此外,我国是初次编辑这样的百科全书,不同于外国已经出了多种、多卷、多版的百科全书,他们可以在过去大而多的基础上新编少而精的数卷或一二十卷的百科全书。我们第一次出这样的书,不得不有五六十卷的巨编。《中国大百科全书》准备以学科分类分卷的方式出版,每一学科(一卷或数卷)所有条目则按汉语拼音字母顺序排列,以便读者检寻;每一学科专卷之前有总论和分类目录,以使读者对本学科获得全面的概括的了解;卷末附汉字笔画索引和内容分析索引,使读者能够迅速查到自己所需要的解答。

为了出好这部《中国大百科全书》,为了进行充分准备,我们决定先出版一种丛刊,取名《百科知识》,刊期暂不限定,大约在一个月至两个月之间出一辑,选刊《中国大百科全书》编写过程中的一些试写条目,和为写条目参考的知识资料,广泛征求读者意见。这些条目(或类似条目的长短文章)的内容,范围较广,遍及自然科学、应用科学、社会科学、文学艺术、文化教育等各个门类,其中包括国内外各种科学、技术的基本知识以及最新成就的知识和消息,也刊登一些外国百科全书的情况介绍和条目样品,发表作者、编者、读者对百科全书内容的讨论意见和交流经验的文章。此外,还分出一小部分篇幅,刊登一些论文、回忆、笔记、小品等。所刊登的文章力求做到思想性、知识性、趣味性并重。我们希望本刊能体现毛泽东同志一向提倡的“古为今用,洋为中用”、“百花齐放,百家争鸣”的方针。

我们热烈欢迎专家、学者和广大读者投寄上述各种稿件，并且希望大家对《中国大百科全书》提出建议和意见。为了出好《中国大百科全书》，首先要出好为它服务的《百科知识》，恳切希望大家为我们这个丛刊多写稿件，多提意见。

原载《百科知识》1979 年第 1 期，此文系该刊的代发刊词

中国第一部百科全书

姜椿芳

一

中国过去非但没有出版过完整的百科全书，而且连百科全书这一名称也没有。

自古以来，无论中外，都有编著百科全书类型的辞书的传统。这种类型的书编出之后，在名称上煞费苦心。一般称之为辞书、辞典，但这个通称不能概括它们的特点，于是就想出各种各样的名称。我国先哲用《尚书》、《尔雅》这些名称。战国末期吕不韦和他的门客合编的包罗很广的《吕氏春秋》（或称《吕览》），“春秋”一词就颇有特点。西汉的《淮南子》，东晋的《抱朴子》，虽属百科全书类型的著作，但从书名上是看不出来的。魏初的《皇览》是中国第一部完整的类书，属于百科全书类型，它标明专为皇帝浏览的书，“览”字也有概括各方面知识的含义。《两京赋》与《三都赋》，篇幅虽不大，但把三都、两京的宫室、街衢、草木、虫鱼等都巨细无遗地歌咏在内，符合百科全书的要求，篇名就毫无关系了。可以作为“美学百科全书”看待的《文心雕龙》，为了表达此书所包含的内

容,起的书名颇有匠心。唐初的《艺文类聚》,宋朝的《册府元龟》,明代的《唐类函》、清初的《渊鉴类函》也都在追求一个能把内容概括得更全面的名称。至于《永乐大典》和《古今图书集成》就更明白地标明是类书了。

为了找到最能表明书籍内容的名称,编者驰骋自己的想像,曾提出《锦绣万花谷》(宋代无名氏编的一百二十卷类书)、《古今合璧事类备要》(宋代谢维新编的三百六十六卷类书)这样出奇的书名。用《玉海》、《绀珠》、《意林》等联想翩翩的名称的,更是不少。我国 30 年代开始出版的《辞海》,用广阔深远的"海"来形容收辞之广与深,是一个新的例子。

在国外,有同样的情况。为了把人类长年积累的知识,尽可能全面地搜集起来,编写成书。广为流传。先是由大学问家独自著作,例如公元前四五世纪古希腊德谟克利特、亚里士多德的著作就是这样。公元前 2 世纪古罗马的伐洛的文集《学科》,泽尔斯的《艺术》,老普里尼的《自然史》都属于这一类。后来在中世纪又出现了不少这种综合性的著作,有个人执笔的,有集体编写的。用"辞典"、"词汇"这类的名称是再也不能概括这种著作的内容了。于是想出《大宝鉴》、《科学初阶》、《科学总录》之类的名称。在寻找概括性书名的时候,出现了一些奇异的名词:《幸福之钥》、《宗教和世俗教范》、《语文学和商业之神的婚礼》。俄国也出现了一个不平凡的书名:《广大园地……或万有历史原始资料辞典》。在欧洲还出现过《花集》、《欢乐的花园》这样的书名。这些都说明人们在寻出一个最适当的书名。

最初提出科学的知识分类法的培根,给他未完成的巨著起了《伟大的更新》这一名称,仍没有解决问题。直到 1559 年德国著作家斯卡里兹在瑞士出版《百科全书,或世界学科知识——神圣而又世俗》一书时,才第一次用"百科全书"这个名称。但是他的这部书并没有广泛流传,因而百科全书这个名称也没有被人重视。过了 192 年，到 1751 年法国哲学家狄德罗编辑出版《狄德罗百科全书，或科学、艺术和工艺详解辞典》，由于这部启蒙哲学最大的巨著广泛传播而使“百科全书”这个名称被人们普遍接受，从此综合叙述和介绍古往今来各种物、事、人的著作才大多冠以百科全书之名。狄德罗开始用“百科全书”的名称，后面还加上一长串的补充说明。后来别的百科全书也大多数采用这种附加说明的方法。

encyclopedia 这个词，源出于希腊文，有教育和知识范围之意。随着百科全书编辑的发展与改进，这个名词的含义也愈来愈充实和明确，逐渐取得现今通行的含义：包括一切学科、领域和实际工作部门基本知识的大型著作。

中国在清末民初开始介绍外国百科全书的情况。起初，对名称的确立，也费过一番周折。1906 年时，李石曾等人拟用“百科学典”，后来才渐渐定名为“百科全书”。这个译法虽已通行，但用到专业百科全书上，有时就觉得不很妥切。例如“数学百科全书”、“历史百科全书”、“宗教百科全书”，“百科”二字嵌在里面觉得不太适当。但把“百科全书”四字作为一个词，用惯了也就习以为常了。

二

中国是第一次编辑、出版综合性的大型百科全书。所以称为《中国大百科全书》，是计划在此书之后接着还要编出小百科全书，两三卷或单卷的百科全书，中学生或青少年以及儿童百科全书。在这些综合性的百科全书之外，还将与专业单位一起编一些专业性的百科全书。

正因为是第一次编辑百科全书，没有过去积累的资料可作基础，没有过去的经验可作参考。一切要从调查研究着手，摸索前进。

外国编百科全书已有二百多年的历史,在开始的时候,大多是从分科分卷做起,逐渐改为按字母顺序排列,依次出版。我国初次编辑,还得走人家走过的道路,也从分科分卷编起。即使分科分卷编,一个学科,不论是一卷或数卷,作为一个单元,还是可以自成一体,在自己的卷帙内,按照字母顺序排列条目,以便利读者的检索。等到将来编辑第二版,再把全部学科打乱,完全按照字母顺序排列。在这之后,其他中、小型百科全书,也可不分学科而按字母顺序排列。

又因为是初次编辑百科全书,在资料上,不得不做些“集大成”的工作。有许多条目,在历史渊源、来龙去脉上,不得不多做些系统性的叙述,不像外国已有多种和多版百科全书,新编的可以适当、扼要、简化。每一学科的编写者,也由于是初次编写,莫不希望把本学科编得全一些,多一些,深一些。这种愿望是完全可以理解的。编辑部虽一再强调,我们现在编的是综合性百科全书,不是专业性百科全书,不能用专业的要求来处理综合性百科全书的分科条目。这些客观情况,反映到《中国大百科全书》的规划和总体设计上,就不得不形成篇幅偏大、卷数偏多。初步确定的总体规划达到 80 卷(其中包括索引两卷)。计划每卷 100 万字左右(可以多达 120 万字,少至 80 万字)。全书将近 1 亿字。这在世界各国百科全书近年来大多限于二三十卷的趋势下,是一部卷帙浩繁、字数众多的巨编。这种不合乎“世界潮流”的规模是由于前述几种情况形成的。

最新版本的《不列颠百科全书》、《苏联大百科全书》和《美国百科全书》都是各 30 卷。这三部书,按译成中文的字数计算,各约 7000 万到 7500 万字。这和计划中的《中国大百科全书》约 1 亿字的计算有距离,但相差并不太大。卷数所以多,与《中国大百科全书》用小 16 开本排印,而美、苏、英等国的百科全书用大 16 开或更大一些的开本有关。作为中国第一部百科全书,《中国大百科全书》字数和卷数多一些如上所述，是客观条件决定的，我们估计，以后会愈编愈精、愈少，也可能减到30卷左右。《苏联大百科全书》第一版65卷，第二版51卷，第三版30卷，就是逐版压缩的一个例子。

《中国大百科全书》第一版限制在80卷范围之内，应该尽量不再超过，即使在编辑过程中（大致以10年为期），即使需要有所增加，也应该尽量在已定的卷数内平衡调整。

三

出版百科全书是文化科学方面的一项基本建设。出版《中国大百科全书》是历史的必然，客观的必要。出版百科全书是我国历代出过四百多种类书的进一步发展，是为迅速提高整个中华民族科学文化水平服务的，是为四个现代化建设服务的。作为代表具有上下五千年文明史、拥有九亿以上人口的中国的文化面貌，《中国大百科全书》也有早日出版的必要。这就是说，对内对外，都有迅速出版中国百科全书的必要。

《中国大百科全书》应该有自己的特点，全书的条目必须力求用马克思主义的观点，即科学的、实事求是的观点来撰写；应该突出中国的特点，即充分反映中国的历史、科学文化的发展道路、文学艺术的成就、目前的现实情况，特别是今天我国各方面的建设情况；我们的百科全书又是世界性的，在突出和着重中国古往今来的情况外，也适当介绍各国的情况，并重视第三世界各国各地区的介绍。

百科全书应该负担的任务和需要发挥的作用是巨大的、多方面的，《中国大百科全书》的初编是难于完成这些任务的。好在最近一两年来，许多科学文化部门和领域，掀起一个编辑专业辞典、百科全书和手册的热潮，许多单位都在为各自的文化基本建设，积极组织力量,有的已经展开编写工作,有的正在筹备,有的已经编好付排。这一情况是我国各项事业欣欣向荣的一个表现,各种专业百科全书和这一类型辞书的编辑出版,将和《中国大百科全书》一起为我国社会主义现代化建设做出自己的一份贡献。

在编辑出版我国新型的百科全书和辞书的同时,有好些科研和出版单位还在翻译适于我国今天需要的外国历史、经济、文学、艺术、科技的百科全书与辞书,这是整个文化出版事业中令人喜悦的另一情况。

中国大百科全书出版社在同时展开30多个不同学科的筹划与编写工作中,由于工作人员的经验不足、能力不够,需要克服种种困难,方能勉力前进;更需要的是各方面的支援和帮助。计划以10年时间来完成自己的初步任务,1980年能出版的是一卷《天文学》和一部《中国百科年鉴》。《天文学》一卷的正文,连图片和各种索引与附录,共约150万字。《中国百科年鉴》约160万字。这是中国大百科全书出版社筹备两年以来的初步成果,由于前述种种原因,肯定存在不少缺点,作为辞书、工具书,有待继续研究,在今后的工作中逐步改进和改正错误,竭诚希望得到各方面的指正和支持。

照各国百科全书出版单位的做法,在全书出版之后,每年编辑出版一卷年鉴,把一年来国内外政治、经济、文化、科学、艺术等各领域各部门的新材料收罗在内,以补已经出版的百科全书的不足。我们考虑到,我国的百科全书是分科分卷出版,要有10年左右的时间才能把全书出齐,客观的急需,不能等到10年之后才看到科学文化的最新知识,于是打破常规地提前出版年鉴,定名为《中国百科年鉴》。年鉴一般是每年年初出版,记录过去一年的事迹和情况,我们1980年的年鉴在今年初才着手编辑,只能在第三季度出版,争取明年能提前到第二季度,后年提前到第一季度出版。年鉴在我国也是一项新的工作,初次编出的第一卷,也肯定存在不少缺点和错误，也有待逐步改进，切望各方面的指正。

中国大百科全书出版社为了边筹备、边调研、边编辑百科全书，需要交流经验，试写条目，征求意见，并有必要在百科全书出版前能介绍国内外科学文化方面的系统知识和最新成就，从去年起创刊了《百科知识》月刊。所有这些措施都是为了编出中国第一部百科全书，在没有走过的摸索前进的道路上找到一些依扶的东西。良好的愿望要成为现实，尤其是成为比较令人满意的实践，还有相当大的距离。为了编好中国第一部百科全书，除了我们出版社的工作人员自己应该努力之外，还希望得到全国各学科各领域有同感于这一事业的同志、专家、学者、教授、各种科技人员的合力协作。

今借《辞书研究》的篇页写出我们的这些设想和希望，谨候各方面的支援。

原载《辞书研究》1980 年第 4 辑

在父亲身边的日子里

姜尼娜

生命的最后时刻

每想起父亲，一阵心酸，眼泪夺眶而出。父亲不该过早地离开人间，有许许多多事情还等着他去做呢。1987 年 10 月，经北京医院确诊，他患胰腺癌并已转移到肝。这是晚期癌症，手术和放射治疗均已无效，只有吃中药来减少痛苦和延长寿命。医院和我们都没有告诉他真实病情，因此父亲坚持回家休养。10 月 15 日出院回家后，父亲觉察属于自己的时间不多了，订了一个计划，决定每天工作两小时，把别人托他写的《归》的序言写完；再写有关上海党史和哈尔滨党史；写《中国大百科全书》的十年；整理自己的文集，等等。实际上这个计划仅实行了两天。由于父亲的病情愈来愈严重，他无法坚持工作下去了，只能靠我们搀扶艰难地走几步。因为身体太瘦、太虚弱，坐在沙发上，尾骨碰在坐垫上痛得厉害，即使坐在气垫圈上也支撑不了几分钟，只好大部分时间躺在床上。我和弟妹们都非常焦急，想尽一切办法，几乎跑遍全北京市，邀请最好的气功大夫或专治癌症的中医大夫到家里来给父亲治病。中央编译局的顾大夫也常到我家来给父亲量血压，发现他的血压波动很大，两条腿肿得像棒槌。顾大夫说："你的父亲心、肾功能都不好，应该立刻住院。"于是，母亲和我们都劝父亲住院。开始父亲坚持不去，经我们劝说才勉强答应。12 月 7 日下午，他自知病危，说："我这次去医院，回不来了。"听着父亲这句凄然的话，我们心里很难受，都不忍心他离家住院。但是家里没有急救设施，我们只好从北京医院叫来救护车。临走前，父亲说："等一下，我还要剃胡子。"剃完胡子，恋恋不舍地在他曾趴在上面工作过几十年的写字台边上坐了好长时间。最后，由我们把他扶上担架床，抬到门口救护车上。父亲躺着，睁开眼睛有气无力地望着我们。实际上他什么也看不见，他已完全失明。父亲啊！父亲！你现在还想些什么呢？我们惟一的希望是你还能坐着小汽车回家来。

一到医院，父亲的心情就非常烦躁，说医院太热、太闷，明天还是回家去吧！第二天输液中，父亲突然说："我的身体要从床上摔下来了。"原来父亲左边半个身体肿得厉害，特别是左腿几乎有右腿的两倍那么粗。左腿肿大，下地困难，父亲又吵着要回家。可是他吃不下东西，必须在医院输液。我们兄弟姐妹和中央编译局的同志们日夜轮流守护在父亲的身旁，父亲感到自己生命已到尽头，不止一次地请求大夫："能否给我打一针，使我早些解脱。"12 月 13 日、14 日两天，父亲嘴里不停地断断续续说话："××稿子、图片、资料要保存好。”“××在人民文学出版社……”“大百科出版社要选好接班人……”“《电影》卷和《戏剧》卷不能合并……”等。12月16日父亲的神志很清楚，吃了些稀饭和蛋羹，也不用输氧了。每次醒来，要求把床摇起来些，他好做保健按摩，这是他几十年的习惯。由于身体极度虚弱，动作不到位，我看着很难过，就帮父亲按摩。父亲的学生、同事、亲戚和好友们都到北京医院探望他，因为父亲呼吸困难，病房人多，空气不好，所以一般来探视的人，只能在病房的门口向里看一看，即使这样，探视的人仍然络绎不绝。16日这一天，父亲不再说梦话，脑子显得清楚，我们以为病情有好转，真想不到第二天傍晚父亲就永远地离开我们去了。

活到老，学到老

父亲虽然已去世两年，但他的精神永远活在我们的心里。我小时候，常听奶奶说，父亲从小学习成绩优异，每个学期都是第一名。除了学习功课以外，还看很多课外书籍。奶奶说，那时家里清贫，买不起书，父亲常常向家乡常州的图书馆和朋友们借书看。每天晚上看一厚摞，第二天又换一厚摞。由于照明差，眼睛过于疲劳，从小就近视眼。

父亲说："文革"期间，在秦城监狱里，天天默诵唐诗。就是在最近几年，父亲写字台的左上角也总是放着一个古诗台历和一个文学典故台历，无论多么忙，每天工作完毕，夜深人静时，还要背一首诗或背一个文学典故。我看到在台历中夹着纸条，这是父亲作的记号，他已经背了很多。1987年5月父亲在同仁医院作青光眼手术，眼睛被蒙着，看不见，也做不了什么事，他抓紧时间，要我一段一段地给他念白居易的《长恨歌》。父亲一边听，一边默诵，几遍后，他就能从头至尾一字不漏地背出来了。

几十年来，父亲坚持天天读报，特别是《人民日报》和《参考消息》,过去自己看,后来靠别人念给他听。每天吃过晚饭,稍休息一会儿,就要我们坐下给他读报。凡认为是重要的消息和文章,就要求我们读全文,有时要我们把某些文章剪下来,放在卷宗里,准备写文章和作报告时参考。有时与活动冲突,耽误了读报,第二天晚上还要补上。读报对父亲来说,像吃饭、睡觉一样重要,成为生活的必需。除了听读报外,每天早晨父亲一面做保健按摩和其他活动,一面听新闻广播;就连出差外地也不例外,甚至在病重期间也仍然坚持。

父亲喜欢与从事前沿科学技术的人谈话,向他们提出各种各样科技问题。如询问了解有关计算机的基本知识,以寻求加快印刷出版的途径,缩短印刷出版的周期,使《中国大百科全书》尽快与读者见面。父亲不仅自己了解计算机知识,还为出版社的编辑们组织普及计算机知识的学术活动,并组织一些同志去观摩计算机的操作。父亲对当前最新学科的动态很感兴趣,每当我读到报纸或杂志上一些新发明和新发现时,父亲总是聚精会神地听。一次读 1987 年第一期《百科知识》上的题目为《模糊理论的诞生及其意义》,父亲很感兴趣,要我把全文读一下。父亲还喜欢与具有新思想,能作创新工作的人谈话。某个同志跟父亲讲,他是怎样把理论工作和实践相结合的,在工作中又是如何受到群众的欢迎。父亲听了很高兴,常去找那个同志谈话,学习和听取那个同志的新见解。

惊人的记忆力

记得 1952 年我们全家随父亲由上海调迁北京,正值暑假,父亲带我们去故宫博物院参观。从天安门进去,一路上父亲不停地向我们介绍故宫的历史、每个殿的用场,说得非常详细。但是更有趣的是一般《故宫游览介绍》上所没有的东西,父亲也知道得很多，如故宫飞檐上几个小人的典故等等。后来利用节假日，父亲又带我们去长城、北海公园、颐和园、香山公园等。父亲联系历史、宫廷斗争，以及在什么背景下盖了哪些建筑物，深入浅出，听着非常有趣。我们不停地提问，感到父亲无所不知。现在我才明白，这是他勤奋好学并具有惊人记忆力的结果。

1984 年 10 月，由于父亲眼疾严重，我调到中国大百科全书出版社当父亲的秘书。我随父亲去参加各种会议，特别是有关《中国大百科全书》各卷的编委会，事前他都要向各卷的编辑组了解情况，然后把第二天要讲的话打好腹稿。当需要核实资料时，他对我说："你去查一下《辞海》× ×部分，把有关的条目给我念一下，重要的年代用笔记下来。"第二天会上，父亲没有讲稿，常常连续讲两个多小时，旁征博引，论古述今，情节数字，样样准确无误。凡是听过他讲话的人，无不称赞他博学多才和惊人的记忆力。

关心新一代的成长

1987 年 6 月 26 日，北京大学研究生成立"研究生文学和翻译研究会"，邀请父亲去参加。父亲正在同仁医院作青光眼手术，两个眼睛的手术刚作完，还需要住院观察几天，但是父亲认为自己作为全国翻译工作者协会的会长，应该支持年轻人的这个活动，于是向医院请假，专程到北京大学参加这个会，并在会上讲话，对北京大学研究生的创举表示支持。

1987 年 10 月 24 日父亲收到某个出版社一个编辑的来信，信中提到："……肩头重担与内心重压可想而知。几个月来除日食四两，夜眠 4 ~ 5 小时和这不足 70 斤的血肉之躯，我几乎没有了任何属于个人的东西。自问此生无愧于国家与人民，惋惜十几年大好青春年华被剥夺。虽是残阳夕照，有幸能与理论界一批满怀报国情的青年志士一道，为方兴未艾的全民族反思自审高潮推波助澜，催生一个更美的新时代而驰骋沙场,洒尽最后一滴心血,总算没有白来这世界一趟,于愿足矣,何惜何求?! ……”

父亲接到这个中年编辑的来信后,感到很不安,为其健康担心。此时父亲已确诊为晚期癌症,身体非常虚弱。他要我马上给这个编辑写回信,父亲口述:

××同志

你的成就不小,你的精神可佩。但我对你的观点不尽同意。食少事多,必然搞垮身体,不能继续发挥作用。为革命、为事业做出自己的贡献不是以死为最高代价,要保存自己为革命和事业做出更长时间更大量的贡献,才是最高代价。……我正在病中,只能写这几句,供你考虑。祝你健康!

姜椿芳　1987年11月2日

艰苦朴素,助人为乐

父亲宁可自己省吃俭用,也要接济家乡的亲戚。孩子小的时候,父亲一人工作要养活一家老少13口人:爷爷、奶奶、母亲和我们九个兄弟姐妹。父亲的六叔和姨母无依靠,他常主动给他们寄生活费。有时他的堂兄弟、表兄弟也来信要求接济,父亲也是如数寄去。这么大的经济负担,只有靠拼命地工作和省吃俭用。父亲一双皮鞋穿十多年,问他是否添置些衣服,他总说不要。记得我们小时候,所用的图画本,都是由父亲把白报纸裁成学校所要求的规格,用线装订起来的。放风筝的季节,父亲为我们制作风筝。春节期间,邻居的孩子们都拿着各种灯笼玩,父亲为我们用红色透明纸糊了一个兔子灯笼,比那些买的灯笼更漂亮。雨伞坏了,他自己动手修理。妈妈说,解放前父亲为了节省交通费,常常走很多路去上班或看着地图走到各处去联系工作，晚上很晚走回家。解放后，经济情况大大好转，但是弟妹们还都小，有上幼儿园的，有上学的。我最大，那时刚上中学。家乡的亲戚仍然要接济，所以手头并不宽裕。

父亲一生艰苦朴素，既不抽烟，也不喝酒（仅在社交活动时应酬一下）。他的惟一嗜好是喜欢买书。父亲临终前，对我们说："我没有给你们留下任何东西，只有一些书。我死后，希望你们要和睦相处，不要争吵。"

真诚待人

父亲善于交友，常主动写信问候。只要对方来信，他都能及时回信，有求必应。为回某些信，父亲到处奔走，了解情况。平均每天回三四封信，有时多到十几封信。父亲晚年青光眼病严重，摸着写信，常使两行叠在一起。我劝父亲："你太忙，有些事情可以不管，推掉一些。有的信由我来回。"父亲不以为然，仍然亲自回信，最后实在写不了时，才由他口述，我执笔。

父亲对待同事和朋友满腔热忱，无论是收发员、理发员、清洁工、电工、木工、司机、会计、图书管理员、研究室编辑室的工作人员等，对他们都是一样热情，见面总是关心他们的生活和工作，关心他们的家人。我陪着他去中央编译局读中央文件和取报纸，一路上父亲亲切地跟大家打招呼。虽然看不清是谁，但是只要对方一开口，准知道他是谁，接着提出一堆问题：你的爱人×××好吗？孩子考上大学了吗？……有时，父亲要我陪他去看望退休的原收发室工人，到他家去聊家常，问寒问暖。有时从中央编译局的大楼出来，刚好碰到编译局送职工回家的班车要开了，父亲站在台阶上，深情地向大家招手，目送同志们回家。

1987年9月，父亲身体不适，到北京医院看病，看完病，还走到北京医院普通门诊处为朋友联系治疗口腔病事宜。当父亲确诊为癌症后，我们为父亲找到了有名的中医大夫，父亲还时时惦记病友，希望他们也得到及时治疗。

父亲对同志，看优点多，信任多。有时我对父亲说："人们对×××有意见，你用人时要慎重。"父亲说："人无完人，对人要全面历史地看。"有些犯过错误、受了处分的人，别人不理睬他，可是父亲仍然与他来往，并说："这样的人，更需要有人关心和帮助。"父亲一生都是真诚地对待同志和朋友，但是在复杂的人际关系中，有时受挫，但他从不计较。

晚年贡献给"百科"事业

"文化大革命"期间，父亲横遭迫害，被以莫须有的罪名锒铛入狱，身陷囹圄近七年。"四人帮"的迫害并没有动摇他的革命意志，没有使他丧失对党的事业的信心。他立下宏愿，一旦重获自由，就要倡议编辑《中国大百科全书》，来填补中国文化建设的这一空白。1975 年他一出狱，就提出编辑中国大百科全书的建议。1976 年"四人帮"被粉碎，他心情异常激动，为实现他的宿愿到处奔走呼吁，并广泛收集和研究百科全书资料。在最近整理父亲的遗物中，我发现许多他亲笔记录的外国百科全书的资料，还看到 1978 年他为国家出版局、中国科学院和中国社会科学院党组起草的关于编辑出版《中国大百科全书》向中央建议的手稿。这个建议书很快得到中央批准。父亲被任命为中国大百科全书总编委会副主任和中国大百科出版社总编辑。他走访了很多社外的专家和学者以及出版家，征求他们对编辑出版《中国大百科全书》的意见。根据多方面的调查，制定出百科全书总体规划，确定分类分卷出书的原则，并不像有些人说的"没有总体规划"。在父亲和他的同事们共同努力下，大百科全书出版社的架子搭起来了，接着他主持召开各种会议:如名词统一会议,制定《中国大百科全书》编写体例的会议,制定各种工作条例的会议,等等。从筹备印刷厂到出版大百科首卷《天文学》,以至与外国百科全书出版社建立联系,父亲无一不亲自参加和过问,无一不凝聚着他的心血和才智。

父亲把整个生命都倾注在《中国大百科全书》的事业中了。他从来没有享受过每年一次去外地的疗养,却常常利用节假日去拜访参加“百科”编纂工作的专家和学者。他生前几乎每天都到大百科出版社上班,如果上午有其他活动不能去上班,那么下午一定要去。一次出差外地,乘飞机回北京已是凌晨1点,他稍睡几个小时,仍坚持去上班,并说:“由于出差外地,几天没有去出版社了,今天我一定要去看看。”看到父亲废寝忘食地工作,母亲曾多次劝他休息:“你被关了7年,身体各方面都受到损害,一定要休养才能恢复。”并说:“像你这个年龄,人家都在家舒舒服服地休息,你太傻了。”父亲的朋友们也好意地劝他:“你该休息了,编辑出版《中国大百科全书》是最困难的工作,不要把自己陷进去。”父亲的回答是:“活着就要工作,除非生命结束。”“不工作,活着还有什么意思。”父亲不听母亲和朋友们的劝告,把《中国大百科全书》当做自己的生命。

父亲到出版社,或与社领导讨论社内工作、或找总编室同志了解各卷的编辑进度、或让各卷编辑组来办公室汇报、或到各卷编辑组去看望大家、或坐在自己的办公室抽审某些卷的重要条目。他常常把工作安排得非常紧,如定期要求各编辑组汇报工作,请各编辑组一个接着一个地到办公室来汇报,一上午不间断地听汇报,上午来不及,下午接着汇报。为此,父亲常中午在食堂买点东西吃,饭后在沙发上略休息一会儿,又接着工作。父亲要求全社的同志们要有紧迫的使命感,争取1989年出齐第一版《中国大百科全书》的75卷。因为他善于团结和信任全社的编辑和尊重社外的专家和学者,有容人的大度,因而使事业迅速取得进展,在短短10年时间里,从无到有地创建了大百科出版社,他在生前就使75卷的编辑工作陆续展开,而且有四十多卷已经发稿,其中二十多卷已经出版,使《中国大百科全书》屹立于世界百科之林。

父亲与社外的专家和学者过往甚密,他在学术上虚怀若谷,多方讨教。常对出版社的编辑们讲:“我们编《中国大百科全书》主要是靠社外的广大专家和学者,一定要尊重他们。”1984年底和1985年初,我陪同父亲到一些编委家中致送聘书,有时他冒着大风雪登门拜访。一次,要找的那位编委不在家,父亲庄重地手捧聘书,弯腰施礼,对他的家属说:“请您也像我这样恭恭敬敬地交给他,就说我代表大百科总编委会向他送聘书来了。”有的编委正住在医院,父亲就把聘书送到他们的病房。

1986年5月3日,在全社职工欢迎新领导的会上,梅益同志说:“因为目前我对百科的工作不熟悉,日常工作过去由姜老管的,仍然由他管。”父亲虽然退居二线,但决不想丢开他的事业,并没有扔下百科工作不管。一直到1987年2月21日以后,他才不再参加《中国大百科全书》的编辑工作方面的会议,因为新领导明确表示不要他再管了。但父亲热爱自己亲手创办的百科出版社,热爱出版社的每位编辑和每位工作人员,所以他仍然每隔两三天要我陪他去大百科出版社,每次去时,他都要推开每个办公室的门,看看同志们。1987年9月29日上午,他最后一次去出版社,到各编辑室祝贺同志们国庆节快乐。9月30日北京医院给父亲作CT检查,怀疑他患了肝、胰肿瘤病,国庆节后就住院。病情愈来愈恶化,但是他仍念念不忘《中国大百科全书》的出版工作,当他听到编《中国文学》卷的许觉民同志在《人民日报》上发表了一篇介绍《中国文学》卷的文章,父亲就一定要我念给他听。直到弥留之际,他仍在关心大百科的工作。人们有目共睹:他10年来所做的工作,已经开花结果,他呕心沥血主持编辑的后续各卷,也将陆续与读者见面。父亲一生为党和人民在文化出版方面做了许多工作,《中国大百科全书》的出版是他晚年的重要贡献。他的名字必将永远铭刻在人们心中。

亲爱的父亲，安息吧！你严以律己、真诚待人、实事求是、光明磊落的一生是我们的学习榜样。你的一生是清贫的，然而你留给我们的是如何做一个正直的人的无价之宝。

选自《文化灵苗播种人——姜椿芳》，中国文史出版社 1990 年

怀念父亲

姜 岩

父亲患青光眼已有二十多年的历史，“文革”期间以莫须有的罪名被关押 7 年之久，更加重了眼疾。在狱中他立下宏愿，一旦重获自由，要倡议编辑《中国大百科全书》。1978 年他为国家出版局、中国科学院和中国社会科学院党组起草的关于编辑出版《中国大百科全书》向中央的建议，很快得到中央的批准。父亲被任命为大百科全书总编委会副主任和大百科全书出版社总编辑。父亲梦寐以求的愿望终于得以实现。

于是，父亲以惊人的毅力，非凡的胆识，紧迫的使命感，不顾一切困难，艰苦创业，白手起家。从制定百科总体规划到确定分卷原则，从编辑工作到出版印刷工作，从选调编辑人员到组织撰稿队伍，从加强与国内各部门的联系到扩大国际交流，无不凝结着父亲的心血和才智。

白天他照常去上班、开会、处理社里的工作，下班回家已是精疲力竭。吃了晚饭，第一件事，就是要我们给他念当天的《人民日报》、《参考消息》各版各条消息的标题和重要文章，以及各种信

件，然后就伏案工作至深夜。我们经常看到父亲在刺眼的灯光下拿着放大镜一行行地查阅着各种资料。节假日时，除了有朋友来看望他外，父亲照例工作着，牺牲了自己无数的休息时间，眼睛的视力越来越差。有时资料上的字太小，笔画又太多，放大镜已放得很大的字，父亲仍是看不清，就让我们帮助看一下，我们不忍心地说："让我们念给你听好吗?"父亲总是固执地说："你们有自己的事要干，还是让我自己慢慢地看吧!"相比之下，写文章要比看书简便些，一旦构思成熟，父亲就可不再借助放大镜，急书于纸上，字迹依然那样清晰，只是他看不清自己写的字。每行字都是习惯性的左高右低，行与行之间都留了距离。有时也会出些小差错，一行最后一个字的一半会写到下面铺垫的纸上，偶尔也可能将邻近的两个字重叠一部分。写完后，父亲总是要大姐给他念一遍，修改检查后才放心。

父亲还患有其他疾病，但他不问寒暑、不辞劳苦，由母亲或大姐搀扶着乘飞机、坐火车或轮船，北起黑龙江，南至琼崖；西自乌鲁木齐，东至登州、江浙，无不有他的足迹。他不厌其详地宣传百科工作的重大意义；苦口婆心地请专家、学者参加编写工作；真挚和善地阐述对各卷的修改意见。

父亲的工作头绪很多，除百科全书的工作之外，还参加全国政协文化组、全国翻译工作者协会、中共中央编译局、中华诗词学会、宋庆龄基金会、昆剧研究会等单位的工作、活动。一天的工作日程总是排得满满的，有些急需要商讨研究的会议就安排在晚上或节假日，我们家的会客厅经常是他召集会议的场所。

父亲以超人的毅力承担着他应尽职的工作，拼命地支撑着，糖尿病时而复发，眼疾每况愈下，眼科大夫三番五次地催促他动手术，但由于工作太忙，他舍不得把时间用在治病上。记得有一天父亲像讲故事一样告诉我们：晚上做了一个梦，梦见自己突然什么都看见了，院子里的月季花有红的、黄的，看得格外分明，核桃树的叶子在风中摆动也看得十分真切，拿起报纸，不用放大镜也能看得清清楚楚。当时喜出望外，以为这是真的，然而醒来仍是一片漆黑，方知竟是一场美好的梦。

1987年6月下旬，父亲的双眼先后做了手术。拆线后，他急切地想出院，但大夫劝他在医院再休息一段时间，以免伤口出血。在此期间，他征得医院的同意经常请假出院赴会。6月24日，他向医院请了一天假，上午去政协开了会，下午又到全国农业展览馆，参加了《中国农业百科全书》首卷出版新闻发布会。为了照顾他的身体，事先并没有通知他准备发言。在会议进行中，大会工作人员走到他身边轻轻地问他是否能在会上说几句话，他欣然同意了。在工作人员的搀扶下，他摸索着，一步步走向讲台。他在事先没有准备的情况下，发言长达半个小时之久。与会同志一致反映讲得深刻、精辟，为农业百科全书的发行起了良好的宣传鼓动作用。

父亲积劳成疾，不幸患了胰腺癌，发现时已转移到肝部。在病榻上，他念念不忘的仍是未完成的百科事业，在弥留之际，嘴里不停地说的还是百科的事情。1987年12月17日18时34分，父亲受尽病痛的折磨，与世长辞了。临终前，母亲及全体子女都守候在他的身边，母亲忍不住失声痛哭。父亲用尽最后的气力，睁开了他失明的双眼，对着母亲的方向，做了最后的告别，他的嘴动了几下，但已发不出声音。我们心里明白，他在安慰我们，让母亲多保重。他有满腹的话已无法再述说，有多少工作未及去完成，病魔无情地夺去了他宝贵的生命，父亲渴望重见光明的愿望也成了遗愿……

亲爱的父亲，您安息吧！您的一生就像一支蜡烛，燃尽了自己，却照亮了别人！生前您虽然双目失明，但您永远是光明磊落的人！

原载1988年1月12日《人民政协报》

姜椿芳同志献身百科事业的精神永留人间

吕东明

10月下旬起姜椿芳同志病情加重，社内有些同志见着我，以为我会有所了解而问我："姜老病情究竟如何？"出差上海分社也有多位同志问及，使我感到不少同志真切挂念着姜老。12月12日我回京到社，有同志告，按姜老病势，不得不酝酿他身后的悼词，我一听之下忍不住一阵心酸，不意已到此地步，可是仍没有意料到他竟会走得如此之快，17日就去世了。

姜椿芳同志留给我们的最宝贵的是他坚强的事业心，是他对中国大百科全书事业鞠躬尽瘁的献身精神。

我在1979年参加中国大百科全书编辑工作才认识姜老，而我一进入这所被誉为没有围墙的大学上的第一课就是有关姜老兴办这所"大学"的献身精神。即他在10年动乱坐牢期间，所想的却是出狱以后怎样编辑出版一套中国大百科全书，为中国和世界科学文化宝库增添一份财富；在他出狱以后，顾不及青光眼日益严重，真的就一力奔忙呼吁此事之实现。对这些，我从内心折服，深感这是一种不平凡的精神，自己应当学习，应当在其中出一份力。

当他的理想为国家出版局和两个科学院所肯定，并由他们报经党中央和国务院批准以后，他虽视力渐失，却更加抖擞精神，多年如一日地开展工作。他以极大的热情带领编辑人员参加一个又一个学科编委会的筹组会议，同各方面旧知新交的学者、专家作商讨，求支持，阐明中央决定编写出版中国大百科全书的意义，介绍《全书》的性质、编写指导思想和编法等等，使广大的学者专家们能按统一体例分头编出。在有些学者专家之间难免有这样那样不易合作的矛盾,他常能同社内外同志分析研究这些矛盾,从有利于编好《全书》、有利于学术界的团结着眼谋求解决的办法,使不同学派、不同观点等本来很难坐到一块的某些同志能为编好《全书》而坐到一起。有的专家重于本职而辞谢百科任务,姜老能以三顾茅庐的精神赢得合作。还有位著名专家对中国大百科全书的编法公开表示了不同意见,这本是个值得讨论的问题,姜老专门拜望,恳切商讨,终于取得了这个专家对现定编法的谅解和支持。

《全书》总编辑委员会一百多位成员是经慎重遴选的,对他们的聘书由他代表主要负责人一一登门递交,而他自己看不清走路,每到一家都靠人搀扶,步步小心地进出才能送到,几位学者同我谈起,都为他这种精神所感动。

他多年来的工作无论就他的年龄和健康来说都是超负荷的。他往往上午参加了一个会,下午又要赶去参加另一个会,得不到必要的休息。有些场合也看得出来他是勉强支撑下来的,是靠着他对中国大百科全书事业的热爱和献身精神支撑下来的。以至他弥留之际听说他最放不下的还是百科事业,期望着中国大百科全书第一版的全部完成。这使我联想到已故的多位社外著名学者也是如此。在他们临危之际,还在殷殷关切《全书》中他们所负责的学科条目的完成。他们为什么如此相同,都如此感人?应该说姜老首先倡导的中国大百科全书事业是时代的需要,代表着时代发展的足迹,代表着学者专家以至广大知识界共同的抱负和愿望。所以,从筹编中国大百科全书第一卷(天文学)起,不但很快得到全国各行业和学术界的支持,而且很快地引起多方面的共鸣。《中国医学百科全书》、《中国农业百科全书》、《中国企业管理百科全书》……纷纷兴起,在出版界出现了前所未有的"百科热"。

人生自古谁无死,重要的是留得精神在人间。姜椿芳同志留下了他的献身精神。并且相信只要大百科全书事业不断发展下去，作为奠基人姜椿芳同志的献身精神就会永留人间。

1988.1.6

原载《出版工作》1988 年第 2 期

悼念敬爱的师长——椿芳同志

黄鸿森

姜椿芳同志逝世了，我沉思往事。

椿芳同志是我敬爱的师长。这里有崇仰和私淑，也有身蒙其教。我在人生历程上的几个段落，都为他的教泽所被。

1949 年上海解放后，中共中央华东局办了华东新闻学院讲习班，我作为年轻的旧报人参加这所革命学校学习。院长是名记者恽逸群同志，他聘请了新闻界知名人士范长江、夏衍、冯定、王芸生等同志到校讲课。教师名单中就有椿芳同志。那时他是时代出版社社长、《时代》周刊主编，他讲“联共党史”课。解放前，我是《时代》杂志游击式的读者。因为一位好心的朋友告诫过我，这个杂志只能零买，不宜订阅，只能看看，不宜保存。所以我也读得不经常。虽然如此，我对苏联的了解，椿芳同志是我的启蒙老师，尽管他不认识我。

1949 年冬，我开始自学俄文，用的是时代出版社的读本。50 年代中期，我在逆境中参加翻译《苏联百科辞典》。这部 700 万字的巨著又是椿芳同志创建的时代出版社组织翻译出版的。我后来能以翻译为职业，归功于时代社给我发蒙。

50 年代后期，我进北京编译社当俄文翻译，主要是译世界史。我这个自学不成材的翻译兵困难很多。当时椿芳同志领导的中央编译局的译品在翻译界极受推重。于是我便以编译局的译品如

《共产党宣言》等为范本，中外文对照以至几种译本对照学习，使我树立起比较严肃的译风以至文风。如今我还能为商务印书馆译校些古典著作，就是当时私淑于编译局，私淑于椿芳同志的结果。

我在50年代翻译《苏联百科辞典》条目时，经常参考《苏联大百科全书》，因为两者是同一系列的出版物。那时就想：中国该有自己的百科全书。风雨连年，这种想法早已抛诸九霄云外。没想到大乱方平，椿芳同志就创建百科事业，自己也能厕身其中，欣喜莫名。喜的是，在我们国家的历史上，常在承平之世编辑大部头类书、丛书。当今编纂百科全书，标志着国运昌隆时代的到来。还喜的是，能够在素所敬仰的椿芳同志领导下工作。

1979年我参加《中国大百科全书》首卷《天文学》编辑工作时，椿芳同志经常抽查、审阅条目，每过10天半月，就同编辑集体座谈，并作重要指示。说是“指示”，没有1、2、3、4，没有甲、乙、丙、丁。他总是和颜悦色，柔声细语，如话家常那样，娓娓道出他的满腹经纶和精辟见解。我这个百科全书编辑学徒，就是椿芳同志耳提面命之下学步的。我在椿芳同志启迪下写了一篇关于百科全书条目定性叙述的文章，承他和金常政同志的推荐，刊登在《辞书研究》1980年第1期百科全书专辑上。这对我是一个极大的鼓励和鞭策，因为在此以前，我已经30年没有发表东西了。

有人说，名人宜远观，宜暂处。此言对椿芳同志完全不适用。越是细看，越是久处，对他的崇敬之忱越深。他学识渊博，不仅仅是有的人说的精通俄语的“俄国通”而已。他的马列主义理论素养很高，他在戏剧、诗歌、音乐等许多文学艺术领域都有深湛的造诣。他的百科全书论文对中国古代典籍如数家珍，可知他国学根底的深厚。他的人文科学知识结构是百科全书式的。

椿芳同志主持编纂中国第一部百科全书，说他鞠躬尽瘁是当之无愧的。创业之初，他常常以“拓荒”二字勉励同志们，他自己才是名副其实的拓荒者。几十个学科卷，几千位编委，几万位撰稿人，几千万字书稿，这样巨大的组织工作需要多少心血，多少才智，多少精力啊！体例的创立，框架的制定，条目的厘定，印刷发行的安排，每一个步骤，每一个措施都有无尽无休的大小难题由他处理，由他作出抉择。他夜以继日，呕心沥血，为中国的百科事业奋斗到最后一息。《中国大百科全书》不到十年时间就发稿四十多卷，其中二十多卷已经陈列在全世界图书馆的书库里和广大读者的书橱中。这是可以告慰椿芳同志于九泉的。

今天是向椿芳同志遗体告别的日子。遗憾的是，我因病进了医院，不能瞻仰老师的遗容。椿芳同志，您的名字将与《中国大百科全书》同在！

1988 年 1 月 6 日写于北京医科大学附属医院病榻上

原载《出版工作》1988 年第 2 期

中国现代百科事业的奠基人——姜椿芳

黄鸿森　张曼真

“《中国大百科全书》刚刚屹立在世界百科之林，中国现代百科事业的奠基人姜椿芳同志却与世长辞了。”这是新华社 1988 年 1 月 6 日播发的首都各界人士向姜椿芳同志遗体告别新闻的导语，表达了人们对这位中国大百科全书前总编辑的悼念和哀思。

狱 中 筹 思

有人说，学者的书斋是它主人的心灵窗户，折射地反映出他的志趣、爱好、治学领域和方向。姜椿芳有一个藏书丰富的书斋。这里有中文书，外文书；有古籍，也有现代的出版物。引人注目的是藏有大量辞书，多种类书和外国百科全书。正是从这些汗牛充栋的卷册中，孕育着姜椿芳同志编辑中国百科全书的构想。只是在50年代初到"文革"开始，他一直担任中共中央编译局副局长，用全部精力来完成《马克思恩格斯全集》《列宁全集》《斯大林全集》的翻译工作。繁重的任务使他无法分心把编辑百科全书的设想推向现实。

"文革"中，姜椿芳横遭迫害，以莫须有的罪名被投入京郊秦城监狱。单身牢房，四壁索然，积累于他头脑中的古今中外百科全书的知识却开始发酵，他日夜筹思，为中国百科全书这一巨大的现代文明建设工程构想设计方案。决心一旦恢复自由，就为编辑中国百科全书而献身。

历史往往有些巧合。世界现代百科事业的奠基人狄德罗在1749年编辑《百科全书》工作刚刚起步之时被法国当局逮捕，囚禁于文桑监狱，102天之后带着大包小包的《百科全书》稿件、资料出狱。而中国现代百科事业的奠基人姜椿芳则是被"四人帮"囚禁于秦城监狱2407天之后带着编辑出版《中国大百科全书》的腹稿出狱的。不过法国的狄德罗出狱时还只有36岁，青春正富，奋斗了20年，能亲眼看到自己的全部劳动成果贡献给社会；而姜椿芳出狱时已经63岁，垂垂老矣，只能为百科全书工作奋斗10年，来不及看到全部成果的问世就不幸去世了。

1975年4月19日姜椿芳出狱，中央编译局的领导人王惠德、张仲实去看望他时，他就问起，编译局已经译完三大《全集》，是否可用现有的编译力量编辑中国百科全书。当时正是十年动乱的后期，讲知识、编辞书均遭疑忌，即使编，也要"把无产阶级专政落实到每一个词条上"，遑论百科全书。姜椿芳抓住"无官一身轻"的时机，利用自己的书斋和中央编译局图书馆的丰富藏书，终日伏案，潜心研究各国百科全书的历史和现状，为实现他狱中立下的壮志而进行规划。

粉碎“四人帮”后，姜椿芳开始奔走呼号。他充分了解到，开创这样一项巨大事业，需要各界人士同心戮力来共襄盛举，首先需要获得学术界出版界的赞同。他先后拜访了胡愈之、于光远、许立群、王子野、陈翰伯、王益、倪海曙、黎澍、周有光等人，呼吁编辑中国大百科全书，被访者都表示首肯，有人还说愿做中国的“百科全书派”。

《建议》发表

姜椿芳写的《关于出版〈中国大百科全书〉的建议》在中国社会科学院 1978 年 1 月出版的内部刊物《情况和建议》第 2 期上发表了。接着，国家出版事业管理局的内部刊物《出版工作》(1978 年第 3 期)也刊载了此文。《建议》激起广泛的反响。

《建议》只有七八千字，却凝集了他多年探讨百科全书的智慧和心血，厚积薄发，堪称我国百科全书研究的开山之作。它之所以打动人心，有三个特点：

第一，它是调查研究的成果。《建议》提到了古今中外 38 种百科全书、类书及其他有关出版物，涉及中、英、美、苏、德、法、日及第三世界国家。既勾勒出中国古代类书的概貌，又纵述了西方百科全书出版历程。指出近世各国百科全书出版趋势是：出版品类增加，从繁复趋向简要，多卷本与单卷本并行，内容从侧重本国转向注意世界，采取“连续修订再版制”，重视“索引”和“参见”系统，图片分量增加。当时国人对百科全书的情况知之甚少，《建议》的介绍和分析，给人们打开了一扇窗子。

第二，它有说理明晰的见解。《建议》开头就指出，连苏里南这样小国也在编印百科全书，在我国却是个空白，十亿人口的大国没有百科全书未免太说不过去。《建议》用实例说明百科全书的社会意义：法国狄德罗主编的《百科全书》用唯物主义观点写的新条目，动摇了封建主义的基础，为18世纪末法国大革命作了思想准备；苏联1926年开始出版《苏联大百科全书》为实现几个五年计划提供了思想基础。中国大百科全书将是实现四个现代化的必不可少的工具，对提高中华民族的科学文化水平将有直接作用。《建议》说“编辑出版中国大百科全书，是我国社会主义文化事业的一项基本建设，它是历史赋予的任务，是客观的需要，是世界潮流的必然产物”。

第三，它提出了设想周详的蓝图。《建议》提出要编辑《中国大百科全书》，并指出它是未来百科全书系列中的主体，还要“再编小百科全书，然后再编各种更专门的分科辞典”。《建议》设想中的《中国大百科全书》的规模为四五千万字，出版时间为1979～1989年。在组织上，它提出由一位中央领导同志挂帅，网罗全国各学科有成就的专家40～50人组成编辑委员会，下设总编辑部负责全部编辑工作。各学科委托大学、学院、研究单位设立编辑组承担编译、定稿工作。此外还考虑了印刷、纸张、筹备工作等问题。

当时在中央主持意识形态工作的胡乔木看了《建议》，即通知国家出版事业管理局局长王匡委托姜椿芳起草由国家出版局、中国科学院、中国社会科学院联合署名，向中央宣传部转报党中央的《关于编辑出版〈中国大百科全书〉的请示报告》。三个单位经过磋商确定的编委会人选是：胡乔木为主任，周培源、严济慈、陈翰笙、于光远、周扬为副主任；出版社由姜椿芳、朱语今、曾彦修等主持筹备工作。1978年5月下旬党中央批准了这个报告。1978年11月18日，国务院为此发布了文件。于是，中国大百科全书上马的号角吹响了。

回 首 前 尘

了解过去，才会珍惜现在。中国的有志之士希望编辑中国自己的百科全书经过了大约80年的历程。姜椿芳在为《百科全书编纂概论》一书写的序中说："清朝末年，曾有从法国留学回来的人士筹划编辑百科全书（初名'学典'），经过40年断断续续的尝试，始终都没有成功。""中华人民共和国成立后又经过迂回曲折的整整30年，才有可能真正着手这一工作。这个'可能'是来之不易的。"①事实确是如此。

清光绪二十九年（1903）中国出现了最早用"百科全书"名称的出版物——《普通百科全书》，东华译书社编译，上海会文学社出版，主编范枕石。宣统三年（1911），上海国学扶轮社出版《普通百科新大辞典》。20年代在编辑百科全书方面作过努力的是著名出版家王云五。他主持商务印书馆编译以后，就成立百科全书编辑委员会，计划编译一部大型的百科全书，王云五自任编委会主任，另设六个系，系主任都是学者和老编辑。由于急于求成，仓促草率，译稿质量不高，达不到出版水平。"百科全书徒劳无功"。②30年代，在这方面作主要努力的是国民党元老李石曾，他在抗日战争前发起编辑《教育百科全书》。抗战期间，他的编纂计划得到国民党政府教育部批准，改名为《中国教育全书》，写出几千万字初稿后，不了了之。40年代，李石曾和世界书局董事长张静江建立"世界百科全书编刊委员会"，编辑《世界百科全书》（后改称《世界学典》），规划极为庞大，但实际上只是由世界书局出版了一卷书，即杨家骆主编的《四库大辞典》，不过是1932年出版的同名书稍加增益，披上《世界学典》的外衣而已。③

中华人民共和国成立后，中央人民政府出版总署署长胡愈之

---

① 金常政《百科全书编纂概论》，山西人民出版社，1985年，第5、6页。

② 唐锦泉《回忆王云五在商务的二十五年》，载《商务印书馆九十年》，商务印书馆，1987年，第260页。

③ 倪海曙《关于百科全书》，载《辞书研究》1985年第4期。

最先提出编辑百科全书，在国民经济恢复时期，百废待举，无暇及此。50年代初期起，在学习苏联的号召下，人民出版社等出版机构出版了《苏联大百科全书选译》一百多种，时代出版社1957年出版了700万字的《苏联百科辞典》（内部发行）。1956年中国共产党第8次代表大会通过的12年科学发展纲要中列有编辑百科全书的项目。1959年11月，国务院文化教育办公室召开过一次小型座谈会，当时任文化部出版局副局长的陈原为会议起草了一个讨论稿《关于筹备出版百科全书的初步设想》，“会上没有作出决定，拟再开会商量，后来因为搞反右倾运动就搁浅了”①。1975年在广州举行的“全国中外语文词典规划会议”上又提到此事，在当时的条件下，也只能是“再议”而已。

姜椿芳说：“中国人民编辑出版自己的现代百科全书的长期愿望，直到1978年党的十一届三中全会之后才真正具备了实现的条件，得以全面展开编写工作。”②

筚路蓝缕

国家出版事业管理局根据党中央1978年5月末的批示，即决定成立中国大百科全书出版社筹备组。姜椿芳于6月开始紧张的筹备工作。8月筹备组另外两位主持人朱语今、曾彦修分别从西安、上海到京。参加筹备工作的还有张友渔、刘尊棋、倪海曙、唐守愚、阎明复、王纪华、王顾明等。党的十一届三中全会以后，历史进入新时期，四个现代化的事业迅猛发展。大百科筹备组的几位领导成员工作一段时间后因另有任务先后离开了，这就加重了姜椿芳的担子。

---

① 陈原《辞书和信息》，上海辞书出版社，1985年，第226页。

② 金常政《百科全书编纂概论》，山西人民出版社，1985年，第6页。

编辑百科全书这一巨大工程,毕竟是白手起家。最初是借用中央编译局的一间办公室,并以国家出版局传达室作为筹备组的联络点,借了 40 元作为临时开销之用。后经国家出版局副局长王子野的联系,借用版本图书馆三间仓库作办公室之用,总算有了立足之地。

创业,百绪千端。要拟订编辑方针,制定编辑规划,创立体例细则;要物色人才,建立机构;要购买图书(特别是各国的百科全书、辞书),积累资料;要组织编纂队伍;要筹划印刷、出版、发行;且不说张罗办公场所、桌椅板凳,安排生活之类了。姜椿芳在提到创业时说过:"正因为是第一次编辑百科全书,没有过去积累的资料可作基础,没有过去的经验可作参考。一切要从调查研究着手,摸索前进。"①

姜椿芳在筹备组成立之前已做了大量调查研究工作。在他指导下,金常政等同志对世界上著名百科全书进行了比较研究,调查内容包括全书的宏观状况和条目的微观结构,还选译了马克思主义、宪法、基本粒子、哥德巴赫猜想、计算机、生产管理、联合国、奥运会、百科全书、第二次世界大战、明治维新、屈原、罗斯福、希腊、日内瓦等 26 个条目,既在一种百科全书内作纵向比较,也在各种百科全书间作横向比较。在分类编排情况方面,调查了古今中外百科全书的编排形式及其演变,并译出《不列颠百科全书》15 版的《百科类目》。

筹备组成立后,调查研究工作进一步深入,翻译了《不列颠百科全书》第 14 和第 15 版、《苏联大百科全书》第 2 和第 3 版、《拉鲁斯百科全书》和日本一种百科全书的全部条题(包括条头、学科分类、定性语、字数、插图数等),供《中国大百科全书》选条参考。

姜椿芳在调查研究的基础上提出了《中国大百科全书》在总

---

① 姜椿芳《中国第一部百科全书》,载《辞书研究》1980 年第 4 辑。

体设计上按大类分卷出版的设想，最初的规划分为50～60卷。这个设想得到1978年10月7日召开的总编辑委员会主任副主任会议的原则批准，会上并批准以《天文学》为开端。姜椿芳后来在《天文学》卷问世时陈述了采取大类分卷的做法：

> 外国编百科全书已有二百年的历史，在开始的时候，大多是从分科分卷做起，逐渐改为按字母顺序排列，依次出版。我国初次编辑，还得走人家走过的道路，也从分科分卷编起。即使分科分卷搞，一个学科，不论是一卷或数卷，作为一个单元，还是可以自成一体，在自己的卷帙内，按照字母顺序排列条目，以便利读者检索。等到将来搞第二版，再把全部学科打乱，完全按字母顺序排列。①

作为同社会联合的渠道，中国大百科全书出版社于1979年5月1日创刊《百科知识》杂志。姜椿芳写了《为什么要出〈中国大百科全书〉》作为代发刊词，第一次向社会公开宣布中国要出版大百科全书。文章说明了《全书》的性质和读者对象："我们要编的《中国大百科全书》，就是具有中国特点、中国风格、适于中国广大读者需要的书。所以称为'大百科'，就是因为它是综合性的、以大学生和相当于大学程度的广大读者为对象的大型百科全书。"

"天文"起步

《中国大百科全书》最先编辑出版的是《天文学》卷。这一部署，姜椿芳是经过深思熟虑的。他曾经说过，按照客观事物发生发展的顺序，"天"应该放在第一位。写历史，讲故事，从"盘古开天"

---

① 姜椿芳《中国第一部百科全书》，载《辞书研究》1980年第4辑。

讲起。过去的启蒙读本,《千字文》是从“天地玄黄,宇宙洪荒”开篇的。当然,《中国大百科全书》以天文学发端,也同中国天文学会在“文革”后首先恢复学术活动有关。担任《天文学》卷责任编辑的是百科全书专家金常政和天文学家林盛然。

中国百科全书第一批开拓者称得起快节奏、高速度的。1978年6月刚开始筹备,8月《天文学》卷就上马了。姜椿芳在9月上旬举行的中国天文学会年会上作了关于编纂《中国大百科全书·天文学》的发言。年会期间,初步商定了“天文学编辑委员会”成员。姜椿芳对《天文学》的编纂,既做组织工作,又直接参加制定框架、分支审稿、条目加工、成书编辑每一过程,为编辑人员解决疑难问题。由于目力不济,他用“书不成行”的字,修改编辑文件,用放大镜审阅条目。定稿发排后,他已年近古稀,但仍不顾体弱多病,忍受单程十多个小时长途汽车颠簸,从上海赶到皖南山区的海峰印刷厂向工人同志做报告,期望他们做好百科全书的排版、印刷、装订工作,为国争光。

《天文学》卷是《中国大百科全书》的“试制品”,全卷150万字,800幅图。从1978年8月调研开始到1980年10月出书,一次“试制”成功。《天文学》的编辑实践,积累了百科全书编纂经验,总结出编辑流程,更重要的是培养出《全书》编辑骨干力量。

姜椿芳确立了百科全书编纂的框架设计理论,他认为“框架是以科学分类(或知识分类)为基础,根据百科全书基本性质的要求把人类知识组织成便于读者快速寻检并表示知识内在联系的条目系统”。[①] 他的框架设计理论在《天文学》卷编纂实践中得到了体现。

姜椿芳从《天文学》卷开始,突破了解放后活人传记不上工具书的禁区。在“文革”中,“为×××树碑立传”照例被列为“×大罪状”之一。骤雨次歇,姜椿芳冲破这一道无形的封锁线,需要极

① 姜椿芳、金常政《百科全书是怎样选条的》,载《辞书研究》1982年第1期。

大的胆识和勇气。《天文学》卷列有一人物条目“张云”,他是一位天文学家,当过中山大学校长,有著作传世,死于香港。有人认为可以立传,也有人表示反对,因为此人在国民党时代当过立法委员。姜椿芳认为张云是中国早一代有成就的天文学家,不能因为政治问题而不上书。这是他明确的把政治和学术区分开的观点。这样做,有利于祖国统一大业。

《天文学》卷出版后,得到国内外学术界的赞扬。

蔚为大观

第一个燕子飞来了,中国百科事业的春天到来了。在姜椿芳的鼓动和带领下,中国出版界迅速出现“百科热”。目前,中国的百科全书事业已经蔚为大观。当然,这种繁荣景象,首先归功于三中全会后党的正确路线创造的太平盛世。

《中国大百科全书》预定出版 70 卷,到 1987 年底,已经出版了 29 卷,已经发排的有 10 余卷。

各种专科性的百科全书也纷纷出版。《中国医学百科全书》(上海科技出版社)预定 90 卷,是和《中国大百科全书》差不多同时起步的,到 1987 年底已出版六十多卷。《中国企业管理百科全书》(企业管理出版社)上下两卷已于 1984 年 4 月出版。《中国农业百科全书》(农业出版社)预定 30 卷,已出版《农业气象》、《水利》等卷。《中国军事百科全书》(军事出版社)、《中国水利百科全书》(水利电力出版社)、《中国电力百科全书》(水利电力出版社)、《中国冶金百科全书》(冶金出版社)都已着手编辑。

翻译和编译国外百科全书也出现了兴旺景象。翻译出版《不列颠百科全书》(旧译《大英百科全书》)是先辈们 20 年代就筹划的,一直未能实现。以姜椿芳为首的中国大百科全书出版社建立后,就着手同美国不列颠百科全书公司合作编译这部书。在《简明不列颠百科全书》中美联合编审委员会中方主席刘尊棋主持下，全书 10 卷于 1985 年出版。《科学技术百科全书》（科学出版社），译自英文，预定 30 卷，从 1980 年出版《数字》和《电子工程学》开始，已出版 16 卷。《苏联百科词典》（2045 页，中国大百科全书出版社），已于 1986 年出版。《苏联军事百科全书》（中国人民解放军战士出版社），共 9 卷，已于 1981 ~ 1984 年出版。《苏联建筑百科全书》（中国建筑工业出版社）上下两册，已于 1983 年出版。《苏联哲学百科全书》（上海译文出版社）于 1984 年开始出版。《电子电路百科全书》（748 页，科学出版社），译自英文，已于 1986 年出版。《军事百科词典》（1488 页，群众出版社），译自俄文，已于 1985 年出版。《数学百科辞典》（1804 页，科学出版社），译自日文，已于 1984 年出版。

姜椿芳向邓小平赠送《简明不列颠百科全书》（中文版）

坎坷道路

姜椿芳是一位学识渊博、多才多艺的翻译家、编辑出版家，虽只受过小学教育，却依靠刻苦自学而卓然成才。

姜椿芳1912年生于江苏常州一个贫苦家庭。他在一篇带有自传性的文章中讲了自己的坎坷历程：

> 我父亲是一个南货店学徒出身的店员。三十多岁时，这个商店倒闭了，他就一直失业，直到老死，再没有找到适当的工作。当我十四五岁时，深受失业之苦的父母，日夜操心，怎样培养我，学点什么，好找个可以养活家人和自己的职业。①

1928年他随伯父到哈尔滨，跟一个用英语教学的俄侨学了一年俄文，因为交不起学费而中辍。好不容易在中东铁路工务段找到记账员的工作，才四个月却就失业了。1930年初，到"哈尔滨光华通讯社"当翻译，其任务是从俄文晚报上译出中文早报上没有的消息。要在两三小时内译出二千字左右的新闻稿。日军攻陷哈尔滨，通讯社关门，他又失业了。

姜椿芳在1931年"九一八"事变前夜加入共青团，后于1932年转为中共党员，主编团刊《满洲青年》和党刊《满洲红旗》。1932年5月，他按党的安排到"英国亚细亚通讯社"（塔斯社的化名）当翻译，编发中文新闻稿。他的家成为党和团省委机关所在地，掩护过抗日联军将领杨靖宇、赵尚志等。1936年春夏间他因编辑《大北画刊》受到日寇怀疑而被捕，经营救出狱后，于1936年8月转到上海从事进步文化活动。

到上海后，他在亚洲影片公司做苏联影片的翻译、宣传和发行工作。1937年冬天，中国军队撤出上海，租界成为"孤岛"。夏衍、姜椿芳、梅益等共同创办《译报》。这家报纸是我们党在孤岛的重要宣传阵地。1941年，《译报》停刊。这年6月22日，姜椿芳按照

---

① 姜椿芳《翻译之道》，载《语文教学与研究·外国文教学与研究版》1982年第2期。

地下党的指示，于当年8月创刊由"苏商"出面的中文《时代》周刊，担任主编，1942年又出版期刊《苏联文艺》，后来还出版期刊《苏联医学》。到1945年8月抗战胜利后为止，《时代》周刊是中国广大沦陷区直至日军占据的南洋地区惟一能够报道苏德战争实况、传播反法西斯阵营正义声音的出版物，极大地鼓舞着"泪尽胡尘"的沦陷区人民。

日本投降后只几天，姜椿芳立即以《时代》周刊为基地创刊《时代日报》(最初名《新生活报》)，任总编辑；创立时代出版社，任社长。《时代日报》是党领导的抗日战争胜利后最先出的报纸，林淡秋、楼适夷、黎澍、陆诒等先后参加报社工作。时代社出版了许多进步书刊，特别是俄国优秀文学著作和苏联革命文学著作。

1949年5月上海解放后，姜椿芳继续主持时代出版社，还先后担任上海市军事管制委员会文化教育接管委员会剧艺室主任，上海市文化局对外文化联络处处长，创办上海俄文学校(后改为上海外国语学院)，任校长。1952年调任中共中央宣传部斯大林著作翻译室主任。1953年初，该室同中共中央俄文编译局合并成立中共中央马克思恩格斯列宁斯大林著作编译局，他任副局长，后任顾问。1978年6月开始筹备出版中国大百科全书，任中国大百科全书总编辑委员会副主任，中国大百科全书出版社总编辑。他是中国人民政治协商会议第五、六届全国委员会常务委员，文化组副组长、组长；中国翻译工作者协会理事会会长，中华诗词学会副会长。

天道酬勤

曾经参加百科全书创业工作的著名记者、编辑家刘尊棋在悼念姜椿芳的文章中说：

椿芳同志是一个基本上自学成才、学识颇渊博的人，比一般“专家”编辑有一个很大的优点，他不囿于自己已有的知识，否则就不可能承担所计划出版的75个学科不同的书籍。他知道自己的不足，他的办法是以超过常人的辛勤劳动——不惜多病和几乎双目失明的躯体，努力拼搏，移樽就教，广采博闻。①

“超过常人的辛勤劳动”，贯穿于姜椿芳的一生。他的学识，他的才能，他的业绩，都是靠他的“超过常人的辛勤劳动”取得的。他的一位生前好友，写了挽词“天道酬勤”来总结他的一生。

天道酬勤，使这位只学了一年俄文的人译著等身，而且领域甚广。他译的小说有萧洛霍夫的长篇小说《他们为祖国而战》（原作未完）；葛洛斯曼的中篇小说《人民不死》；吉洪诺夫的短篇小说集《列宁格勒的故事》，苏联少数民族短篇小说集《有钱的“同志”》，还有其他许多作家的短篇小说。由于地下党分配他做戏剧界的工作，他主动地把翻译重点转移到戏剧方面，因此他的戏剧译作最多，如普希金的《鲍里斯·戈都诺夫》，果戈理的《赌棍》，屠格涅夫的《贵族之家》，A. H. 奥斯特洛夫斯基的《智者千虑，必有一失》、《森林》、《肥缺》，高尔基的《小市民》、《索莫夫及其他》、《敌人》、《小孩子》、《怪人》，雅鲁纳尔的《破旧的别墅》，柯尔纳楚克的《战线》，列翁诺夫的《侵略》，西蒙诺夫的《俄罗斯问题》；他还译了许多戏剧论著，如斯坦尼斯拉夫斯基的《演员自我修养》、《我的艺术生活》，丹青科的《往事点滴》，并和戈宝权合编《奥斯特洛夫斯基研究》一书。在诗歌方面，他的译品有《吉洪诺夫诗选》、《苏联卫国战争诗选》。此外，还译了伊林的《人怎样变成巨人》，韦尔霍格拉德斯基的《上海——罪恶的都市》等书。

姜椿芳在翻译方面，如果说其前一阶段是把自己的名字淹没

---

① 刘尊棋《一个无愧于新时代的学人》，《人民日报》1988年2月25日。

在上百个笔名之中的话，那么在后一阶段，则把自己的心血融进了经典著作翻译集体之中。他作为中共中央编译局副局长，做大量组织工作，并不脱产，而且主持《列宁全集》、《斯大林全集》定稿工作。书印出来，只是个别地方提一下他的名字而已。

天道酬勤，他勤于开拓，成绩斐然。他创办《时代》周刊，凭着他的创业精神，很快把它发展成为出报、出书、出期刊的系列化出版事业，在白色恐怖的上海，令人刮目相看。他担任中央编译局的领导人之一，参与创建编译局，承担起《马恩全集》等三部要求极其严格的经典著作的翻译任务。而中国大百科全书出版社的创建则是规模更宏，任务更巨，难度更大。姜椿芳凭着他的坚忍不拔的毅力，宵旰辛勤，呕心沥血，披荆斩棘，在平地上营造起中国百科全书的大厦。人生不过数十寒暑，他竟能在中国创立三大文化事业。

天道酬勤，他勤于党的工作，做出贡献。他作为共产党员，每到一地都不忘党的使命。他像一颗磁石，吸引着、团结着周围的人群。在哈尔滨，他团结着初露头角的东北作家萧军、萧红、白朗等。在上海，他团结着文化界特别是戏剧界人士。他创办的时代社，团结着并锻炼出一批翻译家：陈冰夷、张满涛、盛草婴、包文棣、叶水夫、汤茀之、许磊然、陈梦海等。在中国大百科全书出版社，他把全国自然科学、工程技术、社会科学、文学艺术、文化教育各个方面的专家学者凝聚起来，共同编纂中国第一部百科全书。出版社筹建之初，改正错划右派和平反冤假错案工作还刚刚开始，姜椿芳求贤若渴，抓住时机，排除阻力，罗致了一批有真才实学的刚刚恢复名誉以至还没有恢复名誉的知识分子，其中不少人成了编纂百科全书的中坚。

姜椿芳同志于1987年12月17日被癌症夺去了生命。可以告慰的是，《中国大百科全书》已有近三十卷问世，进入全世界的图书馆，进入千千万万读者的书橱，后续的四十多卷也可在近年内出齐。椿芳同志心血铸成的皇皇巨著将作为知识宝库长留人间。

1988 年 3 月

原载《辞书研究》1988 年第 4 期

姜椿芳和《中国大百科全书》

周志成

在庆祝《中国大百科全书》出齐之际,关心百科事业的人自然而然地备加思念姜椿芳同志(大家称他姜老)。为完成这件大业,多少人献计献策,尽心尽力,其中热情最高、主意最多、牺牲最大的当数姜老。胡乔木同志曾经说过,他之所以参加百科工作,是姜老的殉道者精神感动了他。个人的生命是有限的,百科全书的生命是无穷的,它将一版接一版地出下去。人们都在期待,百科事业的后继者,无负先人,将姜老精神继承下来,发扬光大。

如此内容广博、卷帙浩繁的文化工程,居然由一位双目半盲、行动不便的老人提倡、主持,这在百科史上是无先例的。尤为可贵的是,姜老立此志于"四人帮"将知识文化打倒在地并踩上一只脚的时代,是在秦城监狱的铁牢里。当时,他的糖尿病和青光眼日显严重,视力和腿力渐渐不济,他想:我若幸而出狱,还能干些什么?他想到祖国需要知识和文化。祖国需要百科全书那样的知识宝库,没有一部现代化的百科全书,与我们博大深远的文化古国极不相称。正是这个设想陪伴他度过秦城单身牢房长达七年之久的日日夜夜。

姜老认为百科事业是全民的事业,要把著名学者都发动起来,才能编纂出高质量的百科全书。为此,他不顾步履艰难,仍坚持在假日和晚上,乘学者在家时前往拜访,多年如一日。送总编委聘书时,更要尽可能地当面敬奉。聘书印就时,《物理学》卷编委会主任王竹溪先生已过世有年,姜老亲手将聘书送到王师母手上,泪眼相对,坐谈良久后才走。姜老经常对编辑同志说:学者都是忙人,牺牲了宝贵研究时间学习百科体例,撰写条目,是很不容易的,应该尊重他们的劳动,珍惜他们的时间,尽量为他们创造较好的工作条件。因此,在相当一段时间里,社内尊重专家蔚然成风,与他们建立起来的深厚情谊至今不衰。正是在姜老及其共事的老同志共同主持下,坚决依靠广大学术界,由著名学者组成总编委和各学科的分编委会,成立分支编写组,选择最合适的作者,才确保了全书的学术质量。

以什么思想和什么文风指导编撰?这是首先需要解决的问题,特别是"四人帮",把这些都搞乱以后。姜老根据十一届三中全会的精神,坚持了实事求是的原则。他在1979年3月《物理学》卷在京的编委座谈会上说:"编百科全书有一个很重要的原则问题,这就是撰稿的立场问题。我们百科全书的重要特点之一,就是用马列主义观点说明问题。西方各国的百科全书标榜的所谓纯客观性、公正、不倾向任何主义,其实他们是有倾向性的,并不公正。我们是唯物主义者,不隐瞒自己的观点,我们的观点有倾向性,倾向辩证唯物主义。但我们不赞成把马列主义挂在嘴边上,抄几句马列主义词句和毛泽东同志的语录了事;而赞成把科学的实事求是的观点,贯彻到我们的百科全书的全部条目中。"他多次强调用事实说话,反对空喊标语口号,从而使百科编辑工作不受"左"的干扰,始终沿着正确的方向前进。

要不要介绍资本主义的文化、政治、经济、法学和哲学理论?怎样介绍?在80年代早期这也是一个难题。姜老在多次编委会上强调要实事求是地、以历史发展和人类整体的观点加以介绍。1982年他和金常政同志在《辞书研究》第三期上发表的专文中说:"任何国际性的百科全书也不免更重视反映本国的知识内容。《中国大百科全书》属于国际性的百科全书……它既要充分反映我国的学术知识,又要介绍外国的知识和发展。因此,百科条目的撰写,一般说应是在全人类知识的背景上较充分地介绍我国的常识内容,而不是脱离这个背景,更不是局限于我国的现状和发展水平。”在姜老亲自抓的《外国文学》卷(1982 年出版)中,对欧美和苏联的文学家及其创作都客观地作出了确切评价,香港报刊和苏联友人的谈话对此都表示赞赏。从《中国大百科全书》的总情况来看,也不折不扣地做到了这一点。

人物上书特别是在世人物上书是个难题,有些辞书为避开这个难点,采用了在世人物不上书的原则,从而出现了书内只见其理论不见其人的缺陷。姜老认为,不能知难而退,但也要坚持实事求是原则。他在编辑方针中规定:“凡历史上有影响、学术上有成就的人物,不论政治地位和政治观点如何,都应有适当的介绍。”姜老还说:“不要轻易地给某些人物加上‘伟大’之类的字眼,如果许多人物都‘伟大’,那么‘伟大’就不伟大了;更不要像‘四人帮’那样给人家戴‘反动’帽子,只是提出事实,让读者自己作结论。”即不因个人好恶,轻下褒贬。

姜老还为百科与资料工作写了专文,他认为编纂百科要充分利用古今中外的资料,而百科的功用之一是把易于散失的资料保存下来。他十分痛心地说:“‘四人帮’在‘破四旧’中几天之内毁掉了保存几千年的资料,仅上海图书馆一处就烧了 40 万斤,其中有历代名医保存的病案和药方。现在要通过编纂百科把分散在全国各地的资料抢救出来,包括储存在学者头脑里尚未整理发表的资料。”他还说:“要动员全国各学科、各领域的专家学者都来参加。”他说“释文的学术性、系统性和概括性必须是在准确的基础上才能显示出来”,“精确性是百科全书质量的第一标准”。因此,资料必须核实、统一。在他的倡议下,中国大百科全书出版社设立综合编辑室专一负责全书资料的核对统一工作,各卷也组织社内外专家负责本卷的资料核对工作,尽量保证资料翔实可靠。

姜老特别强调百科全书的教育作用，在两次记者招待会和好几卷编委会上，他都引用了“百科是没有围墙的大学”的箴言。他以现身说法为例：年轻时由于没有百科作指导，走了许多弯路，浪费了许多时间。百科就是自学者的良师益友。他坚持每卷都在卷首设学科概观性文章，把这一学科的发展历史、基本内容，与其他学科的相互关系、现代发展水平和未来趋势等做全面概括的叙述，使一般读者能迅速获得对这一学科的全面了解。该文后设有条目分类目录，可使读者“对本学科的分支和层次一目了然”。重要条目之末，附有参考书目，为进一步学习提供蹊径。总之，对自学者准备得十分细致。姜老说：“活到老，学到老，有这样一座‘大学’开设在家里，学到老就很方便了。”

另一方面，姜老也为通过百科尽快找到答案以解惑释疑者提供方便。他考虑到较老一辈的读者不熟悉汉语拼音，曾想按部首或笔画将条目释文排序，但最后他还接受了文改会同志的意见：熟悉拼音的人越来越多，为未来着想，以拼音为主，笔画检索为副。他考虑到海外的读者惯用繁体字，又在条目笔画索引之后附繁简字对照表。考虑到外文译名不统一，他又搞了从英、俄文直接检索条目的外文索引。此外，各卷还设有内容索引，所收词汇为条目数的4~5倍。姜老考虑读者对卷内所收的外国人名的译名不熟悉，建议附有外国人名译名对照表。熟悉学科体系的人，也可从分类目录查到有关内容。总之，结合汉语特点，设计了五条检索途径，这在各国百科中也是极罕见的。

各国的百科竞争剧烈，因此把编辑体例、条目框架都视为最高业务机密，只能由少数人掌握。姜老则不然，他认为应公诸于世。在他建议下，上述“机密”都尽快打印或铅印出来，供有关部门和同志参考。他自己也组织出版社内同志作报告写文章，使百科的初步编撰经验成了编辑出版界的共同财富。我国的百科事业之所以能很快兴旺起来，这和姜老的开放精神是分不开的。

百科作为重点文化工程,需要一批编辑出版骨干,当时中央主管组织工作的胡耀邦同志很重视这一点,特别交代要尽快为百科配齐干部。但要找到学识基础雄厚又有编辑经验的人太困难了。姜老和他的同事坚持要“举逸民”,从北京的劳改就业单位——远到北大荒、戈壁滩物色有识之士。甚至姜老自己亲自冒着风雪严寒四处走访。有人说,他们还带着“问题”呐。他说:“人才难得,我们就是要给他们解决问题。”大家没有编百科的经验,就集中很大一部分人力攻编《天文学》卷。1978 年 11 月,国务院批转关于编辑出版《中国大百科全书》的请示报告和补充报告的文件下达后 3 年,被英国著名学者李约瑟先生誉为在知识和编辑工作两方面都浩瀚如苍穹的《天文学》卷出版了,参与此书编辑工作的后被任命为副总编辑的有 4 人,此外还培养了 5 位编审和更多的副编审及编辑。以后,逐步从集中到分散,随着出版百科卷数的增加,编辑队伍也日益成熟和壮大了。

从上面零星的介绍,多少可看出姜老对百科的设想是何等的精细、周密而又深远。姜老在《地理学》卷编委会筹备会上说,“谈到编百科全书这门学问,我是半路出家的,有人说半路出家的根底不足,可是也有人认为半路出家是看破红尘,可能就更痴心吧”。姜老就是个痴心不移的人,直到临终前两天,从梦话中反映出他仍在关心百科的未来和当前的矛盾。一个事业的胜利离不开愿意为这个事业奉献一切的殉道者和痴心人。这种奉献精神是无价的,是不可能用奖金或红包换得的。皇天不负痴心人,在庆祝声中希望百科全书能得到更好的利用,也有更多更好的人才参加到百科事业中来。

原载《百科知识》1993 年第 12 期

姜椿芳与狄德罗

黄鸿森

中国第一部大型综合性百科全书——《中国大百科全书》74卷,全部问世了。此时,不禁想起它的倡导者和首任总编辑姜椿芳,同时想起世界现代百科全书事业的奠基人狄德罗。

一

狄德罗(1713~1784),在西方一向被称为现代百科全书之父,因为他主编的《百科全书,或科学、艺术与手工艺大词典》,是第一部现代类型的百科全书。姜椿芳(1912~1987)因建议并主持编纂中国第一部百科全书(后期由梅益接手),《中国日报》称他为"中国百科全书之父",新华社在他逝世时的报道中称他为"中国现代百科全书事业奠基人"。

历史往往有些巧合。姜椿芳和狄德罗的百科事业都同牢狱有关。姜椿芳是在"文革"中被"四人帮"囚禁在北京附近的秦城监狱中构想中国百科全书方案的;狄德罗是在法国《百科全书》起步不久被法国当局囚禁于巴黎附近樊尚监狱之中继续为百科全书殚精竭虑的。姜椿芳晚于狄德罗两百年,生于20世纪第二个10年,卒于20世纪80年代;狄德罗生于18世纪第二个10年,卒于18世纪80年代。他们都活了七十多岁。两人受教育的年限都不算长,都是到了十七八岁就离开学校,靠博览群书、勤于思考而成为淹贯古今的远见卓识之士;不过狄德罗获得过巴黎大学硕士学位,而姜椿芳只念到初中。他们两人的早期活动都以译书著名,后来主编百科全书也与翻译有关。他们都是戏剧家。狄德罗写过《私生子》、《一家之主》等剧本，也写过戏剧论文；姜椿芳编有歌剧脚本《孟姜女》，译有《智者千虑，必有一失》、《小市民》等剧本，以及戏剧论著。

二

姜椿芳构想和建议编辑中国的百科全书，无疑受到狄德罗的启示。他是狄德罗的崇拜者。从他的遗著中可以看到论述世界百科全书历史时，总是着重提到狄德罗；在论述狄德罗时，总是着重介绍他的百科全书事业。

姜椿芳对狄德罗可以说是推崇备至。他在为《狄德罗传》（三联书店 1984 年版）写的《序》中说，狄氏“青少年时代聪慧好学，性格狂放，富有自由思想，生活朴实，意志坚强，待人忠实”。又说，狄德罗的成长时代，正是法国处在封建制度走向下坡，资本主义开始发展，社会矛盾日益尖锐的时代；在这样的历史条件下，“素质敏锐、洞察力强、思想解放、个性坚强勇猛的狄德罗，便逐渐成长为唯物主义的哲学家、坚决反对宗教的无神论者、勇敢冲击封建制度的民主主义者、长于创新的文学戏剧家、宣传进步思想的启蒙运动者、辛勤编写百科全书的著述家”。姜椿芳在经过多年研究写成，于 1978 年 1 月刊布的《关于编辑出版〈中国大百科全书〉的建议》（《中国大百科全书》即滥觞于此）中，列有“各国编辑出版百科全书的情况”一节。其中提到 18 ~ 19 世纪英、德、法、美、俄、日 6 国出版 10 部百科全书。他对其中 9 部只是提一下名称、卷数和出版年份，惟独给予狄德罗《百科全书》以特写镜头。他在《从类书到百科全书》（中国书籍出版社 1990 年版）第 5 页说：

> 法国从 1751 年开始出版的《百科全书，或科学、艺术与手工艺大词典》是 18 世纪中叶法国著名唯物主义哲学家狄德罗

> 主编的。他邀集了当代许多杰出的思想家和活动家，如孟德斯鸠、伏尔泰、卢梭等参加编辑工作。这些进步学者在百科全书的旗帜下团结起来，成为当时法国政治上的进步力量，他们自称为“百科全书派”。他们对一切科学和历史事实，都用新的唯物主义观点另写新的条目。这些新的观点，动摇了封建主义的思想基础，为18世纪末法国资产阶级大革命作了思想准备。

当时“四人帮”虽然已经被打倒，而“文革”的影响还在，“凡是”论威风不小；姜椿芳能够对一位西方的思想家作如此肯定，是颇具胆识的。

姜椿芳在为金常政著《百科全书编纂概论》写的《序》中论述了从类书到百科全书的历程，对狄德罗《百科全书》的历史作用作了特别透辟的论述，确认这部百科全书是“现代意义的新型百科全书”的开端。在《狄德罗传·序》中赞誉：“狄德罗的名字和法国《百科全书》一起彪炳在历史的篇章上永放光芒！”

姜椿芳还把中国的大型丛书《四库全书》和法国《百科全书》作了对比评价。他在《为什么要出〈中国大百科全书〉》一文（《百科知识》1979年创刊号）中说：

> 出类书、丛书，和出百科全书大不相同，在思想、文化、政治上，前者所起的作用远逊于后者。狄德罗、达朗贝尔等主编的法国《百科全书》和纪晓岚等主编的《四库全书》差不多是在同一时期，但前者起了巨大的启蒙作用，它的出版动摇了法国封建社会的思想体系，为18世纪末的法国资产阶级革命，甚至整个欧洲的资产阶级革命做了思想准备。《四库全书》当然有不可低估的价值，但所起的作用是不能和法国《百科全书》同日而语的。

姜椿芳不仅是狄德罗的崇拜者,而且是狄德罗事业在中国的传人。他在生命最后的日子里写的《〈中国大百科全书〉及其出版社在草创阶段的一些情况》中说,他出狱后心心念念想推动编辑百科全书的工作,曾经访问了不少可能对百科全书感兴趣的同志,大家也很赞成他的想法,“有的同志还半开玩笑地说,我们都是中国百科全书派”！这句话中的“半开玩笑”,无疑有一半是真的。对于这种事情,姜椿芳是以风趣、含蓄著称的。说到这个程度,完全可以理解为,他要承继狄德罗的事业他人也是这样认为的。熊承涤在悼念姜椿芳的诗中有“传世宏篇狄德罗”句。(见《文化灵苗播种人——姜椿芳》,中国文史出版社 1990 年版,第 193 页)梁从诫在《丹尼·狄德罗的〈百科全书〉》(辽宁人民出版社 1992 年版)的《中文版译叙》中说:受命筹办中国大百科全书的正、副总编辑“带着几重的兴奋,不仅把编纂中国这一部现代百科全书看做一项文化壮举,而且也确实把它当成了对被禁锢和愚弄了多年的同胞们进行一次新启蒙的机会;于是很自然地,他们想到了狄德罗,并自诩为他的传人了”。

三

姜椿芳和狄德罗有许多相似之处。

首先是他们都主持编纂出版了自己国家的第一部百科全书。在狄德罗《百科全书》出版以前,法国还没有一部百科全书。因此,法国出版商打算把英国 E. 钱伯斯(Ephraim Chambers)编的《百科全书,或艺术与科学综合词典》1742 年第五版译成法文。最初请法国科学院院士、法兰西学院教授、修道院院长德·马尔夫主持其事,后来改由狄德罗和数学家、科学院通讯院达朗贝尔分任正、副主编。这是 1747 年的事。狄德罗虽然认为 E. 钱伯斯词典的计划和设计是很高明的，但钱伯斯书中毫无节制地、不加选择地引用了大量的法文著作，因此他反对“出口转内销”。狄德罗说：“要是我们把这部作品直截了当地译成法文的话，法国人会怎么想呢？那一定会引起我们的学者的义愤，并使舆论哗然。”(《丹尼·狄德罗的〈百科全书〉》第 91 页)狄德罗还认为这部书在科学和人文方面缺了许多东西，而且根本没有涉及工艺。当然，最重要的原因是启蒙运动者要通过百科全书用理性原则把人们的思想从教会的禁锢中、从专制统治下解放出来。这样，狄德罗也就从翻译百科全书转向编撰百科全书了。

狄德罗编辑《百科全书》，可以说历尽磨难。先是 1749 年被捕，囚禁了三个多月。第 1、2 卷出版后，1752 年遭到查禁。1753 ~ 1757 年第 3 ~ 7 卷出版了，又遭到耶稣会士的攻击。1759 年法庭判决取消《百科全书》的出版特许权。又经过 7 年奋斗，终于在 1765 年一年出版了其余 10 卷，即第 8 ~ 17 卷。到 1772 年出完了图版 11 卷。从 1747 年到 1772 年，狄德罗为此“献出了自己值得骄傲的生命中最宝贵的时光”。后来，出版商委托他人编写补编 4 卷、图版 1 卷、索引 2 卷，总计为 35 卷。

在姜椿芳建议编辑出版百科全书以前，中国还没有一部百科全书。中国人从希望有一部百科全书到第一部百科全书全部问世经历了将近一个世纪的时间。据倪海曙《关于百科全书》(《辞书研究》1985 年第 4 期)一文说，中国最早出现“百科全书”的名称是在 1903 年会文学社出版了《普通百科全书》。这是一部丛书，但用了“百科全书”的名称。1908 年四川人杨紫级开始翻译狄德罗《百科全书》，直到 1922 年去世，14 年共译出二百多万字。

20 年代，商务印书馆编译所所长、出版家王云五，30 ~ 40 年代国民党元老李石曾都曾规划并编辑百科全书，但都没有编成。王云五在耄耋之年不无感慨地说：“半世纪来余两度主编综合性之百科大辞典(指百科全书——引者)均功败垂成，乃退居编纂专科大

辞典。”(《中山自然科学大辞典·序言》,台湾商务印书馆 1972 ~ 1975 年版)

中华人民共和国成立之初,中央人民政府出版总署署长胡愈之曾建议编辑百科全书,1956 年编制的科学发展 12 年规划曾列有编辑大百科全书的项目,但都未能付诸实施。可见,编辑百科全书实非易事。第一,要有安定的社会环境;第二,要集聚饱学卓识的人士;第三,要有充分的物质保障;第四,要有适当的社会购买力。回顾本世纪初以来的情况是,前半个世纪是战乱频仍,以后二十多年是运动连绵,就连上述第一个条件都不具备。

姜椿芳的高明之处在于估计到:“四人帮”被粉碎后将有一个干一番事业的承平局面;广大知识分子空耗岁月已久,有迫切要求贡献智慧的强烈愿望;中国出版事业经过十载沉沦之后会有重整旗鼓的繁荣景况。从而不失时机地提出构想已久的编辑百科全书的建议。果然“一路绿灯”,得到批准。他接着是为百科全书的设计、规划、组织、编纂而呕心沥血,把建议推向现实。

狄德罗为《百科全书》至少写了 1269 个条目,从“十字军东征”写到“靛蓝”,从“折衷主义”写到“幻想”,涉及极广的领域;而姜椿芳则只为《中国大百科全书》写了有数几个条目。但是姜椿芳为《全书》所做的组织工作,任务则巨大得多。狄书扉页上署名的撰稿人为 130 人,加上未署名的,不过几百人;而《中国大百科全书》撰稿人约为两万人,物色、联系、组织工作任务之重,可想而知。把两万名士兵组成一支能征善战的队伍尚非易事,更何况把两万学者、专家组成一支按统一的框架撰写百科全书条目的队伍呢!披荆斩棘、宵衣旰食、栉风沐雨、任劳任怨、锲而不舍,这些话用在姜椿芳身上没有一个不合适的。姜椿芳从 1978 年开始,十载艰辛,到 1987 年逝世时,《中国大百科全书》已出版 29 卷,有 43 卷处在不同的编辑、印刷阶段,为《全书》的出版奠定了基础。狄德罗主编的《百科全书》呼唤一个时代的到来;姜椿芳主编的《中国大百科全书》则提供了一部1.2亿字、74卷的汉语的现代百科全书，而使用这种语言的人占世界人口的20%以上，他们正在为实现现代化而不懈努力。

其次，前已述及狄德罗和姜椿芳编辑百科全书都同监狱有关。狄德罗接受出版商委托主编《百科全书》。工作正在开展之际，因为写了宣传无神论的《供明眼人参考的论盲人的书简》，于1749年7月24日被法国当局逮捕，关入樊尚监狱。当局是“以国王的名义”逮捕他的。樊尚监狱像中国古代的“诏狱”，是专门关押高级人士的。他先被关在城堡主塔的单人囚室。28天后转移到城堡总管府邸。从这时起，家人，出版局，他的伙伴达朗贝尔、卢骚都来探监。他还在狱中写稿，审稿，写信催稿。11月3日，他被释放，“坐在四周全是文件包、纸捆、资料、衣服卷的马车上向巴黎驶去”(《狄德罗传》，商务印书馆1984年版，第99~100页)，一共关了102天。

狄德罗主编《百科全书》，从翻译E.钱伯斯的《百科全书》到自起炉灶而把钱伯斯仅仅当做咨询过的一位作者，监狱生活可能起了作用。囚徒生涯虽然充满忧虑和恐惧，但是意志坚强而雄心勃勃的狄德罗决不唉声叹气，相反地可能为摆脱钱伯斯下更大的决心。所以有的学者误认为狄德罗是在狱中构想百科全书的，像姜椿芳那样。

姜椿芳“文革”中被“四人帮”逮捕入狱，像他这样副部长级干部，显然也是高层决定的。他被关押的秦城监狱和法国的樊尚监狱一样，也不是关押普通人的地方。他被关押的时间更长：从1968年9月16日被捕，1975年4月19日“解除拘留”，2407天，将近7年。关于他在狱中情况，未见文字记载。

姜椿芳主持的“野草诗社”的吟友、女诗人关露在“文革”中1967年也被囚入秦城监狱，1975年获释。1987年新华出版社出版《野草诗词选》，选有她的诗。她在《秦城诗草》中的《闲坐》一首序言说：“监中闲坐，空耗春光，不胜惋惜。”诗云：

从来鞍鞯骋前沿，汗马风尘未伫鞭。

忍见春光流水逝，落花飞絮一年年。

《盼望写作》一诗又云：

戎马从来喜战场，驰驱不为世流芳。

文章兴祸成冤狱，犹恋风流纸墨香。

不甘闲坐，蹉跎岁月，身处冤狱，豪气仍然。女诗人表述的景况和心态，未尝不是姜椿芳牢狱生活的折射写照。关露去世后，姜椿芳写了一首七古悼念她（见《野草诗词选》），其中有这样的句子：

坐看微光入铁窗，心存战马思驰骋。

无纸无笔写浩情，长日口占新诗文。

单身牢房，一线微光，四壁萧然，心潮滔滔。这是姜椿芳对关露囹圄岁月的描绘，不妨看做他本人铁窗生活的自况。在阴暗的囚室里，在无纸无笔的情况下，关露追怀往昔，抒发感受，默默口占诗文；姜椿芳则憧憬未来，冥思苦索，默默构想中国明天的百科全书宏伟图景。

姜椿芳出狱后，献出编辑百科全书的腹案。他在平生最后一篇没有写完的文章中说：

1975 年 4 月 19 日，我出狱的那天，中央编辑局的负责人王惠德、叶直新、张仲实同志来看我。我谈起在狱中的设想：编译局已经译出《马恩全集》、《列宁全集》、《斯大林全集》，是否可以用现有的编译力量，配备一些有专业知识的编辑，编辑

中国还缺少的大型工具书——百科全书。(《从类书到百科全书》第 19 页)

出狱当天,不谈狱中被摧残的精神和身体的休养和治疗,就谈百科全书,这是何等的胸怀和气度,这是对事业何等的执著追求!

此外,狄德罗和姜椿芳还有一些相似之处。他们在编辑百科全书之前都曾驰誉译坛。姜椿芳译过普希金、A. H. 奥斯特洛夫斯基、高尔基、萧洛霍夫等人的大量文学作品,译著等身。狄德罗出版过译著《希腊史》(3 卷)、《医学辞典》、《道德哲学原则》,译笔卓越。因此,出版商慕名约请他主持编译 E. 钱伯斯的《百科全书》。前面说过,狄德罗主编《百科全书》是由翻译转入编纂的。姜椿芳在最初提出建议时,也有过从国外百科全书移译一些条目的打算:"有关科学技术的一般条目,外国历史、地理、文化、艺术、人名、书名等条目,可以从外国百科全书中选择,经过修订、加工后,即可采用。"(《从类书到百科全书》第 10 页)这一条后来并未实行。编辑《中国大百科全书》的首卷《天文学》时就要求撰稿人可以参考国外百科全书,但不能翻译国外百科全书。

主持这样的宏大的文化事业,狄德罗和姜椿芳都是富有凝聚力的人物。百科全书派中像孟德斯鸠、伏尔泰等是比狄德罗早一辈的人物。在狄德罗初出茅庐时,他们已经颇负盛名了。同时,也有孔多塞这样比狄德罗晚一辈的青年学者。他们都为《百科全书》出力。姜椿芳能够吸引一代精英参加百科全书工作,是由于他的感人的力量。季羡林教授在悼念姜椿芳的文章中说:"他那种执著坚韧的精神感动了我,也感动了其他的人。我们仿佛看到了他那一颗为大百科拼搏赤诚的心。我们背后说,姜老是'百科迷',后来我们也迷了起来。大百科的工作顺利进行下去了。"(《他实现了生命的价值》,《人民日报》1988 年 2 月 3 日)

古罗马作家普卢塔克写过一部《希腊罗马名人传》,把希腊名人和罗马名人中品行、事业相似的配对记述。传记学家如果有兴趣,不妨为狄德罗和姜椿芳写一组比较传记。

原载《中国出版》1994 年第 1 期

永恒的遗言

——回忆姜椿芳同志

金常政

“斩棘披荆,百科盛事,十年功业垂成,愿未了,身先去,英雄泪;呕心沥血,千载丰碑,一代精华怀念,地为基,天无涯,松柏绿。”这是当年我挂在姜椿芳灵堂上的挽联。

我国现代百科全书事业的奠基者姜椿芳同志离开我们 15 年了。他的英名已深深镌刻在《中国大百科全书》这座中华文化丰碑上。他的忠厚长者之风,锲而不舍的创造精神,至今留在人们的记忆之中,留在大百科人的无尽怀念之中。我个人还保有一件极其值得纪念的特殊回忆。姜老是 1987 年 12 月 17 日辞世的,就在辞世前的 12 月 3 日,他用他生命的最后力气向我讲了一席话。在姜老逝世 15 周年的日子,我愿把这一遗言的录音逐字记述于此,让怀念他的同志们都知道,姜老在逝世前“苦不堪言”的病痛中在思虑着什么。

姜老讲道:“我得了怎么个怪病,吃不下,睡不着……苦不堪言哪!……这些不说了。有一件事情我想对你讲,请你把我开始建议大百科的那份东西开始,把后来所写的,所讲的,印出来的,有记录的,在报刊上,或者是在《辞书研究》上,所发表的文章,请你多收集一下。收集起来看看,能编成一个小册子不?像第一篇,要作点儿注解。这不完全,不完全。嗯……明显的错误要改掉。以后的文章有明显的错误也改掉。后来为什么提‘三不变’?你要有所说明。你知道的吧?为什么?这个……梅益同志他们来了以后,有一个年轻人写了一篇东西。我一看,不行,不要。放在我的抽屉里,好像大百科的今昔谈。今昔谈嘛,对于‘今’有意见了。我就另外写了一篇,从头到尾,把我过去的一段,告一段落。写到最后又是‘三不变’(苦笑)。这个东西我也没有拿出来。尼娜能找到吧?原来摆在我抽屉里。这个都交给常政同志。我原来有计划,所以不出集子呢,我想写一篇比较全面的、简单的,比你的(指《百科全书编纂概论》一书)要简要得多的,算是一个交代。这篇东西我现在也写不出来了。你看着办。我看我希望不大了……与大百科无关的不要放在一起。其他要编的书很多……我写了不少杂文、论文、戏剧、电影、音乐,对于许多人的回忆,对一些人的怀念,还有……写了不少序言。这些都要分别地整理成小册子。我交给你的任务是大百科的,别的以后再说。能不能再有机会跟你说,我也不知道。过去我从东北、上海到北京的东西,非常杂,但是多。我写了一点儿线索,没写全,只是大要。就这样,我也没有气力说话。要说的话很多。你们是一对好夫妇,很幸福,合作得很好。唉!希望你们能继续有所成就。嗯……生理上不行了!感谢你,谢谢你!”

姜老在这篇遗言中提到两件事,临终仍萦绕于心。一件是他在生命的最后十年,把全副心力放在了《中国大百科全书》上,来不及把自己有关百科全书的论著结集成书。姜老的这一遗愿,我已遵从他的遗嘱于1989年完成了。在边春光等老同志的支持下,由中国书籍出版社出版了《从类书到百科全书——姜椿芳百科全书文集》。

他在遗言中提到的另一件事就是“三不变”。这是姜老于1985年提出的一个激励大百科同志们奋进的口号,指的是:全书综合性和大类分卷的编法不变;75 卷的规模不变;10 年出齐全书的目标不变。后来有人误解或曲解“三不变”的提法而加以批评,以至姜老至死不能释之于怀,而在遗言中嘱我加以说明。可堪告慰姜老在天之灵的是,我曾先后在公开发表的几篇文章中,后来又在《中国大百科全书》第一版编辑总结会上,正式对“三不变”做了必要的说明。

“三不变”口号的提出,是因为当时大百科进入发稿高潮,编辑和出版力量都显得吃紧,困难很多,姜老坚持好中求快,气可鼓而不可泄。全书是一个整体,性质和编法不变,自是显而易见的道理。“75 卷不变”的提出,则是针对我国第一次编大百科尚缺乏经验,不免在篇幅上有所失控,就当时情况看似有膨胀到 80 卷以上的可能。因此,必须在 75 卷上打住,不容进一步突破。至于“10 年出齐不变”,那不过是一个奋斗的目标。

姜老的遗言中还提到,他曾写过许多回忆往昔革命活动和怀念亲人与战友的文章。凡是接触过姜老的人,都会感到姜老一向宽厚待人,念旧情深和助人为乐。他总是把从事的事业与真挚的友谊凝结起来,从而表现出感人至深的人格力量。遵照姜老的遗愿,他的女儿姜尼娜多方搜求,从大量旧报刊上收集来姜老怀旧忆昔的文章,汇成《怀念集》。受姜尼娜之托,我有幸对书稿作了一番文字编辑处理,获得又一次接受椿芳师遗教的机会,并在书后附以《〈怀念集〉编后的怀念》。此书已于 1997 年由奥林匹克出版社出版。

15 载韶光易逝,姜老留给我的遗愿已经完成,而这段临终遗言,随时可以听闻,已成为我永久的珍贵的回忆。

原载《中国编辑》2003 年第 1 期

存　目

著　作

姜椿芳　《从类书到百科全书》

中国书籍出版社 1990 年

姜尼娜编　《怀念集——革命·事业·友情》

奥林匹克出版社 1997 年

本社编　《文化灵苗播种人——姜椿芳》

中国文史出版社 1990 年

论　文

姜椿芳(林陵)　《文化战线上的中苏友谊——回忆“苏商”时代的出版工作》

1957 年 11 月 18 日《人民日报》

姜椿芳　《关于出版中国大百科全书的建议》

《出版工作》1978 年第 3 期

姜椿芳　《中国大百科全书的编辑问题》

1981 年 1 月 5 日《光明日报》

姜椿芳　《辞书研究》的光荣使命

《辞书研究》1982 年第 5 期

姜椿芳　《我与时代出版社》

《出版史料》1989 年第 2 期

盖雷平　《愿更多的工人加入读书界——访中国大百科出版社总编辑姜椿芳》

1983 年 10 月 21 日《工人日报》

陆　诒　《姜椿芳办〈时代日报〉》

《编辑记者一百人》,学林出版社 1985 年

谢长朝　《古来老马取长途——记中国大百科全书出版社总编姜椿芳》

《编辑家列传》(一),中国展望出版社 1986 年

邹士方　《"没有围墙的大学"的报告——访中国大百科全书出版社总编辑著名翻译家姜椿芳》

1986 年 7 月 25 日《华声报》

石　磊　《姜老永远同我们在一起——悼念中国大百科全书出版社顾问、原总编辑姜椿芳同志》

《百科知识》1988 年第 4 期

金常政　《回忆姜椿芳同志百科创业十年》

《出版史料》1988 年第 3、4 期

叶水夫　《姜椿芳在沪二三事》

1988 年 1 月 31 日《解放日报》

金常政　《我国百科全书事业的开拓者——回忆姜椿芳老师》

1988 年 1 月 7 日《人民日报》

叶佐群　《悼念椿芳同志》

《出版工作》1988 年第 2 期

刘尊棋　《一个无愧于新时代的老人——悼姜椿芳同志》

1988 年 2 月 25 日《人民日报》

季羡林　《实现了生命的价值——悼念姜椿芳同志》

1988 年 2 月 6 日《人民日报》(海外版)

《姜椿芳同志生平》

《新文学史料》1988 年第 2 期

黄鸿森　《时代主笔百科元勋——记编辑家中国大百科全书首任总编辑姜椿芳》

丁景唐编《中国现代著名编辑家编辑生涯》,

中国展望出版社 1990 年

资华筠 《姜椿芳老伯风范长存》

1990 年 7 月 6 日《人民政协报》

白　岩 《想起了姜椿芳》

《编辑之友》1992 年第 2 期

杨　哲 《中国大百科全书的创始人——姜椿芳》

《名人传记》1994 年第 7 期

柳　堤 《铸造中华文化的丰碑——记〈中国大百科全书〉的编撰出版》

《中国出版年鉴》1994 年

金常政 《不尽的思念——写在姜椿芳同志逝世十周年之际》

1997 年 3 月 18 日《新闻出版报》

金常政 《中国大百科全书问世记》

《北京出版志》第 12 辑,北京出版社 1998 年

金常政 《怀念姜老——纪念姜老逝世 15 周年》

《出版参考》2002 年第 21 期

胡乔木

胡乔木(1912～1992),原名胡鼎新,江苏盐城人。1930 年毕业于扬州中学,后就读于北平清华大学历史系。读书时加入中国共产主义青年团,曾任北平团市委委员、宣传部长。1932 年在盐城加入中国共产党,并从事宣传工作,主编《海霞》等进步文艺刊物。1933 年至 1934 年在浙江大学学习,因组织秘密读书会,传播进步思想被迫离校。1935 年到上海参加左翼文艺运动,曾任左翼文化总同盟书记、中共江苏省委临时委员会宣传部长。1937 年 7 月赴延安,先后在中央宣传部、战时青年训练班和中央青年工委工作,任青训班负责人、中共中央青委委员、毛泽东青年干部学校教务长,并主编《中国青年》。从 1941 年 2 月起,任毛泽东同志秘书、中共中央政治局秘书,直至“文化大革命”前。在延安期间,协助毛泽东编辑《六大以来》等历史文献,参加《关于若干历史问题的决议》起草工作,并为《解放日报》撰写数十篇重要讲话。1947 年 4 月,跟随毛泽东转战陕北。1948 年到河北平山县西柏坡后,任新华社总编辑和社长、中央宣传部副部长,起草过许多党的重要文件。新中国成立后,先后任中共中央宣传部常务副部长、中共中央副秘书长、中共中央书记处候补书记、《人民日报》社社长、新闻出版总署署长、文字问题委员会主任。先后参加《毛泽东选集》1~4卷的编辑工作。"文化大革命"中惨遭迫害。1975 年任国务院政治研究室主要负责人,协助邓小平进行整顿工作。1977 年组建中国社会科学院并任院长。在中共十一届三中全会上被重新选为中央委员,任中共中央副秘书长、毛泽东著作编委会办公室主任、中共中央党史研究室主任、《中国大百科全书》总编委会主任。他是中共八届、十届、十二届中央委员,十二届政治局委员,中顾委常委;第一届全国政协常委;第二、三、五届全国人大常委。

胡乔木同志是无产阶级革命家、杰出的马克思主义理论家、政论家、社会科学家、著名的编辑出版家。其重要著作有《胡乔木文集》(3 集)和《胡乔木谈新闻出版》等。

出版工作是神圣的工作*

(一九四九年十月十九日)

胡乔木

很对不起,把黄洛峰①同志的讲话打断了,同时我今天也没有好多话可以贡献给大家。昨天胡愈之②先生要我来讲话,实在是没有好多话可讲,只好当做读者资格来讲一讲在读书时候的一些

---

* 此篇是在全国新华书店出版工作会议上的讲话,收入本书时作了删节。题目为本书编者所加。

① 黄洛峰:时任出版总署副署长。

② 胡愈之:时任出版总署署长。

感想。大家都是做出版工作的人，我认为出版工作同其他许多工作一样，应该说是一种很神圣的工作。从我自己读书的经验来说，在做学生的时候，要读一本书，好像是渡天险追求什么东西，办一件什么事情似的，实在是抱着一种很郑重、非常认真、患得患失的那样一种心情。譬如说，我身上有五毛钱，要决定这五毛钱买什么书的时候，常常是要看很多书，看图书目录（有许多图书目录附有介绍，有时又怕这个介绍不对）。然后跑到书店里，打开这本书看一段，打开那本书看一段，才敢做一个决定，买这本书。买回来以后惟一的希望就是这五毛钱选择的最好，绝对没有错误。假设买不起新书，就到旧书摊上翻。遇到哪一个书店有廉价书的时候，那就更可以去挑选，更可以花多的时间。有些书店不但卖书，还设有一个地方供别人阅览，那是最好没有了，虽然在那里把书看完了，不买觉得很难为情，但是那种机会都不愿意放弃的。有时候买书要经过邮政去买，更冒险，买回的书等于“父母之命，媒妁之言”，讨老婆不知道是什么样。买回来一看如果是毛边书，就赶快裁，比吃饭还要重要。所以我说大家现在做的工作和其他许多重要的工作一样，应该说是最重要的、最庄严的、最神圣的工作之一。因为我们的工作是传播知识、传播真理的一种工作。我想这不是夸大，确实是如此。我们现在的书店与过去许多旧式的书店不同，我们主要不是为了赚钱，有的时候恐怕是赔钱，现在恐怕经常是赔钱，我们为什么要做这工作呢？就是为了要把真理输送到广大读者当中去。关于读书怎么样重要，我好像记得高尔基在一篇文章（大概是叫《书籍》或叫《读书》）里边讲过：一个人打开一本书就可以展现一个世界。所以我们的工作是非常重要的工作。

我们出版一本书当然首先是要内容好，内容正确，对人民有利，这是最重要的。但是，我们也不应当忽视书的形式。内容愈好，我们也就愈希望形式同这个内容能够相称，或者不要差得很远。在这方面，我们的工作大体上来说，按我们的条件来说，也很努力，有很多书，也是形式同内容一样完美，不过在这方面，和内容问题上一样，都还有许多需要我们精益求精的地方。

今天是鲁迅先生逝世的纪念日。鲁迅先生，他自己所著的书和他翻译的书及他编辑的书，大家都知道，他是很注意这些书籍的内容的，他头一个要考虑的问题当然是内容问题。可是鲁迅先生对于出版书籍，不论是他自己写的，还是他翻译的，或者是他编辑的，他都非常注意这些书的形式。譬如，鲁迅先生对于书的校对、书的装帧、书的版式、书的封面，有很多东西都是自己亲自动手。拿《海上述林》来说，还有很多杂志、书籍，鲁迅先生常常自己从头到尾校对，他所办的刊物和出的书籍的封面也大都是他自己设计的，有时封面上的画是旁人画，但是也要经过他仔细地挑选。他对版式也是十分讲究的，究竟是用竖行？还是用横行？是用毛边呢？还是不用毛边？用什么样的版式？用什么样的纸？他都有很多考究。不但是这样，就是书籍的广告，如果不是全部，那么，至少是绝大多数也是鲁迅先生亲自写的。我想在今天新华书店出版工作会议闭幕之时，同时碰上鲁迅先生逝世纪念日，他的这种工作精神（我说的很不周全，因为知道得很少），大家应该回忆一下，不知道的，可以问知道多的人。有些东西，也许我们大家都没有注意过，譬如，《北平笺谱》这样的书，或者许多木刻画，鲁迅先生花了许多工夫才能印刷出来。我们应该学习鲁迅先生这种精神。虽然鲁迅先生并不是出版工作者，他并没有以出版工作者而闻名，可是这样一个伟大的著作家、文学家、革命的思想家，对于书籍的出版、杂志的出版和画册的出版，还曾经费了这样多的心血的话，那么我们职业出版工作者就应该比鲁迅先生做得更多，在这方面考究，认真地研究应该是更多。如果把鲁迅先生这样的标准放在我们前面，就是舜何人也？禹何人也？鲁迅先生是何人也？鲁迅先生不是职业出版工作者，而我们是职业出版工作者，因此我们不但要做到，而且应该有所发展。我们今天用鲁迅先生这个标准衡量我们的工作，用这样的标准来督促我们的工作并不是苛求而是应该的。

首先说编辑。大概我们书店里都有编辑工作，那么我们就有一个同作家、同写文章的人发生关系的活动，应该做到使得作家有乐意同书店里边的编辑来往，并感到得到书店里边编辑的援助和鼓励，这方面我们看到中外历史上（主要是外国，因为中国出版业的历史比较短），有很多作家的创作生活，在里边起决定作用的是出版家的帮助。出版家给他们很大的帮助，使作家在最困难的时候，最倒霉的时候，能把工作坚持下去。或者譬如一个作家，本来没有在文学方面的信心，可是得到出版家的鼓励而有了信心，并最后证明这种鼓励是完全正确的。反过来，也有许多出版家对于作家不能那样帮助，他们更多地从生意上着眼。所谓生意眼就是这样，去依靠、扶植走红的作家，哪一个作家红得很就去拉他，如果没有那么红，或者还没有那么红，那么出版家就对他很冷淡，很刻薄。鲁迅先生的小说里边也曾经挖苦过做出版工作的人，他自己也曾经受过很多出版工作者的气，所以对有些出版家很不满意，写过诗，写过小说，讽刺出版家。所以这方面也值得我们警惕。我们希望在书店里边做编辑工作的同志要对作家，对于写文章的人能够帮助。如果我们的力量有那么多，那么就首先从政治、从思想上去帮助他们；如果我们不能做那样多，那么至少在其他方面，在我们工作本分里边要给他们帮助。当然帮助也不是“有求必应”的帮助，作家要写什么东西都给他出，那也不是最好的帮助。这就需要我们编辑工作者有满腔热情来工作，对作家的鼓励也好，批评也好，都是满腔热情，那我们就算对作家尽了我们应尽的义务，那我们就可以说为作家服务，也就是间接为人民服务。

现在有些写书的人对新华书店这方面的工作有些意见，究竟是他们正确，还是我们正确，我不很清楚，但是我们的耳朵可以放长一点，多听一听这个呼声，这是群众的呼声。有些书老早应该出版，后来拖延了，没有出版，后来甚至于把稿子都没有保管好。

态，然后是阶级，然后是政治，这种次序是非常混乱的，你想，怎能把“阶级”放在政治前面，社会意识形态放在阶级、政治前面呢？这样编辑是不科学的。底下是妇女，然后是农民、职工，把农民同工人放在妇女后面也是很不合时宜的。然后是殖民地，第十一讲叫做国际，——什么叫国际呢？国际这两个字是不能表示出什么来的，很难从这猜出什么意思，结果这里面是讲的第一、第二、第三国际。这样一本书就叫做《社会科学简明教程》，并且到处流行，好像社会科学就这样结构，这就犯错误了。即使说这样编辑十分正确，也是不应该的，因为来源都没有声明嘛！仅仅在书面上说是原版本新百科全书，它还有什么地方出版，哪年出版，我们怎样把它选择？一个字都未声明，这种办法也应该说是“偷”，“偷人者，人亦偷之”。如果也把它叫做我们出版，这就是工作中不够负责任，不够认真的地方。我们现在要求什么呢？像这种事情我们不做，做的话就一定要追究来源，如果不能追究来源也要说明一下这是从上海什么书店出版的，关于序的问题我们因为没有和这个书店的出版者，原来的编辑联系到，因此不能作任何序。不过，这个书印出来是应当作个声明或者叫做“出版者的话”，或者就叫做“出版者的序”，应当做这个工作。序普通的不是出版人写，编辑是可以写序的。

有许多文章编成一本书，或者许多文章是从旁的地方一段一段地摘来的编成一本书，也应该负一点责任，比如东北光华书店印的这本书《今天》，它也是把作者草明向读者以书籍的形式介绍出来，没有介绍好，比如，书脊上写的是“作者草明”，这四个字这样写法实在不好，这样看起来好像“作者草明”是一本书名，作者是“今天”，再不然“作者草明”是一个人的复姓名字。这是很不好的。另外，这本书是短篇小说集，在目录上印的是短篇小说选。既然是选，究竟是谁选的呢？是作者选的还是出版者选的？目录上排列着第一到第十二后记，这使人看起来好像是一本长篇小说的几章，其实完全不是这样，它的内容完全是独立的，十一篇小说，把后记也当成一篇小说，看起来是十二篇小说，这也是非常不好的。这就是说怎样使一本书的内容好了也使它的形式叫人看起来觉得舒服。这个工作是很简单的，可是，如果你不当心也可以使一本较好的书使人看起来不愉快。

另外，许多文章编成一本书，或许多本书编成一套书，或多少套书编成一批书（文集），这也要有一个章法。这回我们出版的干部必读，这一套干部必读印得很好，叫人看起来很舒服。出版以前我曾向黄洛峰同志提了个小意见，为什么叫“干部必读”？什么地方规定出来的？是什么样的干部必读？在什么意义上必读？为什么多少种书合订成一本书？这一点出版者有责任应该加以声明。这种声明很需要，如同你跑到生人面前，没人介绍，彼此觉得很为难很局促，因此，要做一点介绍，使双方容易接触。如丛书，印的时候也应该有所叙述，翻译的书也应该有一种声明，从什么版本翻译来的，或者对这本书有什么需要解释的地方。对于这方面的工作，有许多外国出版家，做得不错，做得很规矩，相当标准化。无论出版什么书，凡是出版家或编辑者他应尽的责任他尽了，不多也不少，他没有说闲话。但是有的序文，借题发挥，它从书的内容或从目的上加以展开。譬如《共产党宣言》有序文。这种序文我们看起来也同这本书同样愿意看它。不过有些序文不好的，说废话、闲话，那我们就不要。那么我们现在一般地说，主要的偏向是没有序文，叫做赤裸裸的来，赤裸裸的去。这方面，我希望以后，在新华书店所出的书，除了特别少数的不需要声明的，多数还是需要声明，有所介绍。但是不要说空话、说废话，不要多说。作者、编者、出版者都可以注意，这样使读者看的时候，能知道这套书的宗旨，这套书的大致方针，为什么这样编。

书籍的注解，这个工作很难做，而且是编辑部很困难的工作。不能每一本书都要注解，这个不需要，这个要求太高。凡是真正重要的书,读起来已经证明发生某些困难,我们就应该对它做注解,要花很大的力量去做这个工作。有的能够做到,有的不能做到,不能做的要力求去做,实在不能做,暂时放一下,到能做时再做。这件工作实在很需要。前几天我有一个亲戚从南京给我寄来了一封信,他在中等学校做国文教员,他要我解释“孬”字。一个中等国文教员从我们普通的教科书选择了一篇文章他就不知道,所以这给人家很大困难,这“孬”字注解也相当费事。所以出版工作者,编辑部做了这一项工作就叫造福苍生,功德无量,这同序文一样重要,序可以做,注也可以做。

另外就是校对,刚才也说了,编辑把稿子全部弄好了,应该加注解(可能加的),应该写序文(可能写的),这些都做了,然后就可以付印。付印时,编辑有一个工作补充,就是校对,校对实际就是编辑工作,也就是创作工作的延长。如果没有校对工作作为补充,创作者或者作家的工作也可以说是没有完成;这就等于一个工厂有许多产品,要使它达到消费者手里去必须有运输一样,如果没有校对工作,读者同原作者写的东西就不能见面,或见面也是歪曲的。刚才说了,有些书是编辑工作中没有做到的,因此缺了字、错了字也是摆在那里。不过有一部分工作是应该由校对工作同志负责的。编辑工作做到了,但是校对工作没有做到,这样,在书里头就依然叫人很难看,发生误会,使读者、作者都感到不愉快。这方面应该说,新华书店的校对工作还应该向其他许多书店学习。有几个书店校对工作是做得不错的。比如商务印书馆,校对工作就做得比较好,一本书里面错处很少,甚至没有。当然,他们校对的人较多,校对的手续也比较繁了,但我们不去讲这些,我们现在来强调我们的主观,我们应该把这种责任心提到更高,把我们的校对工作做好。校对工作实在不好做,不容易做就是要做。写一本书也是不容易,不容易的事情很多,所以要把校对工作看得很重要。鲁迅自己可以做校对工作,我们专门做校对工作,应该比鲁迅做得更好。毛主席也经常做校对工作,而且他对校对工作中的不仔细有种种方法去处罚。比如他在延安时,有很多文件油印出来以后,他看到有错误,便让你重写重印,一直到一点不错为止。这个工作就是这样,不能打折扣,说是“基本上完成了任务”,没有什么基本上完成任务,必须是从头到尾百分之百的完成任务,我们应该使我们的书一个字一个标点符号也不错。这要领导上下一个决心,要我们今天在座的同志们下一个决心,如果领导者都有这个决心,这个事情就好办了,就能够做成功。这并不是唯心的说法,领导者就是物质的力量,我们下决心就代表实际的东西,所以这个事情是可以做到的,这个决心要下得很苦。我们可以把所有的错字统统收集起来,开一个展览会,要所有的同志写出志愿书,保证从此后再不发生差错。商务印书馆是资本家的一个书店都能做到,我们无产阶级的书店不能做到?!而且是工人阶级领导的,应该使它一个字也不错。从今天起,是不是明天就没有错误了呢?这也许还有,但我们只要下了决心,事情还是可以做好的,我们不要做泄气的估计,如果这样的事情都不能解决,其他问题就更难解决。

还有装帧,就是到了印刷工人手里把它装订成一本书。如果我们印刷出来的书完全不错,可是那个纸,这里一个洞,那里一个洞,也是不好的。所以,应该把我们印刷厂的财产完全检查一下,挑选一下,无论是好纸、坏纸,同样的成本,经过挑选的和没有经过挑选的,那是差得很远的。

装帧有两件事情:一个是装订——就是订得牢,无论有多厚(当然,这一个工作是比以前好多了);一个是装束,要装束得好看。听说现在苏联的妇女是很讲究装束的,我们的书籍也应该讲究,能讲究到什么程度就讲究到什么程度,如果不能讲究,那就是不得已。这个讲究不是讲多花钱,而是多花心血。当然,抗日战争以后,因为有很多的条件比较困难,拿装束的水平来说,比抗战以前有些地方是没有那样好了。我记得,中国新书业的早期曾经有几家书店的几位编辑，对于装束比较注意，做得也比较好，装束得也比较好看。刚才说了，鲁迅就比较注意，北新书局有几本书出来的时候，装束得实在是比较讲究，很好看。后来也就很差了，越来越不讲究了。我们的出版事业正在走上坡路，一步一步地使这方面的工作向上发展。中国现在有些人是研究装帧的，这些人的数目也不多，我们新华书店也可以把他们请来，也不会花好多钱，可以把我们的书籍研究一下，考究一下，研究得比较好一些。这方面的例子我不打算讲了，究竟哪本书装订好看，哪本书不好看，因为这就容易发生争论。不过，抽象地说一说，对这方面求其改进。比方新中国书局出的这本书《大众文艺丛刊批评论文选辑》，我就觉得它的装束不好。怎样不好呢？大众文艺丛刊这几个字这样大，这样显著。讲这个图形，这个格式是大众文艺丛刊，但实际上大众文艺丛刊是批评理论性质的。我下一个主观的判断，首先这个名字这样长——十二个字，又都是一样的大字，就不知道是什么内容。所以，书的名字的本身就有缺点，再加上用得不适宜，更不好，不知道大众文艺的人，就不知道这是怎样一回事，就不知道这本书是干什么的。所以，这个书的名字有缺点，书面也有缺陷。如果用《批评论文选辑》这个名字也可能不好，不过比《大众文艺丛刊选辑》的名字还好一些，因为不知道大众文艺丛刊的一看这个名字，会感到这个刊物一定出版得不少，一定是出了一套，应该有十几本，但是其他的我没有看见，我是孤陋寡闻的。我想这个书的样式和装束应该讲究一下，很多的书也应该考究一下。这些工作都在开头，这是最现实工作中的一部分。

再一个就是书名，应该是内容和名字符合。

现在谈发行。门市发行、邮寄批发……这种种发行工作，我们书店里也应该做得很好。不仅编辑部门是文化工作，我们的发行部门也应该是文化工作，书店里的每一个店员都应该是很文化很文明的。对于他所做的工作应该有一个觉悟，如果没有觉悟，书店的老板，就是在座的各位应该给他以教育，使每一个店员同书店的卖书工作摆在一起，他们是卖书工作的一个螺丝钉，整个都应该是合拍的。出版工作就是为人民服务，有人民在面前，人民是买书的，我们服务的就是卖书的，现在为人民服务就是具体地摆在了书店柜台的前面来了。我们应该有很好的服务精神，不仅要说话和气，而且要积极，多想出一些办法来，使读者跑到我们书店里来感到很多方便，很大的帮助。他们怎样选择书，书的内容有介绍，什么书是最适合什么样的读者读的。书的介绍要写得很短，使读者不需要很长时期就可看完，这就是导游，好像到颐和园去玩，不知道看什么好，要引导人家去玩。我们的书店要导游得很好。

回想我在中学的时候有一个书店，这个书店始终只有一个人开，他的态度很和气，他常常告诉我们：这本书怎样，那本书怎样……我一直到现在很记念这个人。他经常是这样：有了什么书就开一个小小的招贴贴在外面，或者写一写摆在里边，或者放在柜台上，设计得很简单。

另外，比方我刚才所说的，能使读者在书店里看书，这样的办法对于营业观点来说似乎是一个冒险，甚至书店要贴本。但这方面还值得我们很好地研究，究竟看书的人多了以后，书店里卖出去的书是少了些，还是多了。按照总的收入，假设是更少了，那么就要赔本。大家也可以考虑一下，或是看多少时间要多少钱？如果做这种工作的话也许政治和经济加在一起计算，收入还是增加了一些。读者也可以在书店里看，也可以买，这也是一种办法。我们要多想一些办法，就是对今天购买力不大，很缺乏知识的人，我们用一种什么方法为他们服务，用什么方法加强我们书店同他们的联系。当然，我们是办书店，不是办图书馆，但是有些地方没有图书馆，就需要我们的书店发起组织图书馆。

我们的书店，有许多政治工作可以做，我们书店发行的本身本来就是一个政治工作，我们应该使我们的书店更加政治化一些。

我不过在这个地方说一说我的感想，究竟如何做，能做不能做，这是大家的一个问题。

买书的邮寄方面，我也感觉有些书店曾经做这一工作做得很周到。记得在中学的时候，有一个书店（此店存在时间不很长，恐大家不知）叫水沫书店，这个书店里人很多，五花八门的，现在变化很大，恐这些人也不存在了。我曾经和这个书店里通过几次信，问他们买什么书好，他们回答得很详尽，哪些是他那个书店出的，或是另外一个书店出的。甚至到这样的程度，有什么疑问，哪一个字应该是什么字，他也用书店的名义答复。这并不难，这个书店的服务精神也不算最好的，还有比这个态度做得更好的。我在这里“怀古”，是为使我们的新华书店为读者服务更加耐心，要比过去的生活书店对读者服务得更多更周到，叫做“礼多人不怪”，书店服务工作做得更多，绝没有一个人会提出抗议。有许多能够服务和可以服务的地方，我们的新华书店已经做了许多工作，不过过去很少联络，所以，我讲的可能有许多地方不对头。

还有对其他书店之间的关系也是这样，旁的地方的书店或者书摊、货郎担……只要是卖我们的书，我们就同他们合作。在大的问题上，我们要用协商的办法同他们协商，或者过去是属我们领导的，或者还没有完全领导到，可是，我们可以开始做这一工作，这一方面也要想一些办法。他们贩我们的书，也赚我们的钱，也赚读者的钱，另一方面，通过他来为人民服务，对这方面的人也是还要做很好的工作。比方，共产党、毛主席对中国人民的领导，在今天具体的条件下，也要联手傅作义、程潜、张治中、邓宝珊这许多人，我们的书店也要加上这一些人来进行工作，要加上书摊、小贩来做。毛主席主张，跟他们合作就要做政治工作，我们也要做政治工作，这是很必要的。如果我们的服务比他们做得周到，我们就去领导他们。也许，他们比我们为读者服务更多一些，那么，领导关系的这一个天平的玻璃管的水的方向就倒过来了，那也不要紧，我们现在向他们学习,再来领导他们。我们共产党人同革命出版工作者,说来说去总归就是一句话,就是要为人民服务。为人民服务重要的方法,就是希望做书店工作这一部门的人,要不怕困难。当然,各地党、政府对我们有帮助不够的地方,我们要据理力争,也许有些事情照顾得不周到。但是只要我们在这个工作岗位上,我们就要拼命,我们只有拼这个命来贡献,全心全意把这个工作做好,下定决心,挖空心思,所有古今中外的好方法、好经验,我们都去学,都去做到,在我们出版工作的许多方面,每一个环节都用这个精神去贯彻,就是毛主席说的"认真做好出版工作",使我们的出版工作从头到尾,整个地都做得很好,没有哪一个地方,我们能够做好而没有做好的,凡是能够做到的都要做到。

选自《胡乔木传》编写组编《胡乔木谈新闻出版》,人民出版社 1999 年

改进出版工作的几个问题*

(一九五一年八月二十八日)

胡乔木

我们的出版工作需要改进。过去已经有了很大的进步,今天还需要继续进步。昨天叶副署长①对一年来出版工作的进展,已讲得很多,对成绩方面我不说了,只着重对改进出版工作方面,向会议贡献一些意见。我准备讲四个问题:1. 出版工作应为宣传马

---

* 此篇是在第一届全国出版行政会议第二次大会上的报告。

① 叶副署长:即出版总署副署长叶蠖生。

克思主义而斗争;2.出版的计划与提高出版物质量;3.印刷、发行工作的管理;4.党的组织对出版工作应怎样领导。

一　出版工作应为宣传马克思主义而斗争

这个问题所以要提出来,是因为所有出版、印刷、发行工作同志,在这一问题上都要有一个一致的认识——出版工作第一项任务就是宣传马克思主义。我们现在很多的出版行政机关、出版社、期刊社、书店等的工作同志,对这个问题,还没有明确的认识。

出版工作是一种怎样的工作呢?就是把书籍生产出来。书籍所装的东西无非是有系统的思想,有系统的知识,因为这些思想知识,需要传播,其他的形式都是不够的,需要通过出版,用书刊的形式传播。对一些问题的意见,也需要向旁人作宣传。需要宣传的东西很多,但首先要宣传马克思主义。为什么呢?因为有了马克思主义,我们的一切工作才有了根本的基础,我们要使每一个人都懂得它。无论是讨论政治问题、技术问题、一个人、一件事,马克思主义给我们这样一种力量:对这些问题都能有正确的认识和估价。我们要使读者有这样的观点,把他们的头脑武装起来。

马克思主义的著作,我们是已经出版了不少,如果我问一下在场的各位同志:关于马克思主义著作的出版究竟做了多少?经典的和通俗的著作情况怎样?数量怎样?1951年与1950年相比较情况怎样?哪些著作是最重要的,要向读者推广,帮助读者了解它的意义?哪些书出版得不好?恐怕有很多同志答不出来。去年我们常出题目问新华书店出版、发行的情况怎样?总要过一二个月才有一个不完全的统计。今年仍是如此,没有改变。因为宣传马克思主义的出版工作,还没有人专门管理和缺乏这方面的专门知识,所以不能有正确的答复。我指出这一事实,说明整个出版界对宣传马克思主义还没有充分认识。报社、期刊社亦有同样情形。

各出版社都要有宣传马克思主义的专门计划,人民出版社是以出版政治读物为主,固然要有这样的计划,其他如人民文学出版社、人民美术出版社、工人出版社、青年出版社、各地方出版社等,也都应该有这样的计划。甚至每一个刊物,无论是财经刊物、工业刊物,不管是什么性质,都应该宣传马克思主义。但现在不仅这些财经刊物等几乎没有考虑到要宣传马克思主义,就是思想性的文学刊物,是否有一个说得上的计划,如要在1951年宣传哪些马克思主义的文学理论等等,也没有这样做。

出版管理机关、发行机关、出版机关本身,有这么一种现象——对宣传马克思主义没有认真地工作,如果认真工作,就要有专门的计划。我们虽做了许多工作,但还说不上有认真的专门的计划,把宣传马克思主义放在全部工作的第一位。

对马克思主义的宣传如果推广起来说,我们在处理全部工作的时候,是否按马克思主义的要求来出版各种出版物,出版每本书籍、刊物,每篇文章?我们要说是没有做到这一点的。从这一事实,不能不承认在出版工作中对宣传马克思主义还没有充分的认识。在这个会议上,对出版工作特别要提出这个问题,因为在我们的国家里,社会上发展着进行着阶级斗争。阶级斗争有几种不同的战线:有军事的、政治的、经济的战线,还有思想文化的战线。要进行斗争,就需要武器。在思想文化战线上,最重要的武器就是书籍,就是出版。为什么?苏联出版的《苏联共产党历史简要读本》作有这样的决议,已经解答了这个问题。因为报刊、书籍的出版,能一下子使千百万人看到、认识同一件事情,不可能设想有其他武器能这样有效。电影也能同时使许多人看到但是比不上出版方便、有效。讲演也很重要,但完全不能和出版比,只有出版是思想斗争最重要的武器。

我们的国家是人民共和国,共同纲领规定国家的性质是工人阶级领导,以工农联盟为基础,联合小资产阶级、民族资产阶级,实行人民民主专政。它的第一个特点，就是工人阶级领导，工人阶级不仅是在政治上领导，而且要在经济上思想上领导，如果不是工人阶级领导，中国革命就要失败。我们要力争贯彻工人阶级的领导，在政权上要使我们的国家向着工人阶级所要求的方向发展；在经济上，我们每天都在和帝国主义、封建主义作斗争，而且也要时刻和资本主义作斗争。“不是东风压倒西风，便是西风压倒东风”，不是我们对资本主义经济占支配地位，就是资本主义支配我们。如果资本主义支配社会，那么我们的国家性质就要变化，便不成其为人民共和国了。在思想战线上也是一样，如果工人阶级不努力，不用马克思主义来教育人民，和各种错误思想作斗争，每天紧张地工作，那么工人阶级的领导地位还是不能保持的。不可能设想只要政治、经济的斗争，不用思想斗争。必须保持工人阶级思想的领导，也就是必须宣传马克思主义。

我们的出版工作有很大的弱点，这次会议要加以改变，工作要加以整顿。那些报社、期刊社、出版社、书店等，不注意马克思主义的宣传，就要与之作斗争，引起他们的注意。我们的出版行政机关，不要以为行政工作只管钱、吃饭、穿衣，应该把这项任务勇敢地担负起来，而且看成是第一项任务。因此，我们的出版行政机关就要在这方面做工作，睁开眼睛去观察，发表评论，不仅要说，而且要写出来。各出版社、发行机关、书评工作，都应该担负这样的任务，把马克思主义的宣传放在第一位。检查这项工作做得怎样？书评也要担负这个任务。出版行政机关应该多做组织和督促工作。

有人会问，这个工作做不了怎么办？需要所有工作人员在工作学习中想办法，要学习马克思主义，要把干部状况加以适当地安顿，使之适宜于担负这一任务。

出版工作是我们宣传马克思主义最集中、有效、影响最广的武器，出版行政机关应该紧抓住这一个环节，不能放松，要使这一工作由放松改变为抓紧。这是第一个问题。

二　出版的计划与提高出版物质量

出版要有计划，要有一定的力量。

要宣传马克思主义，也要出版一切对人民有益为人民所需要的东西，这是思想战线上极繁重的工作。要做好这一工作，最重要的是：出版要有计划，出版出来的东西要适合一定的标准。

现在的状况，几乎可以说是没有计划，或者说计划只是开始有了一些萌芽。有些出版社好一些，还有个计划大纲，有些就简直没有计划。要担负宣传马克思主义的任务，没有计划，能不能担负起来呢？不能。国营出版社具有社会主义的性质，计划是社会主义经济的特点。所以一定要有计划。没有计划，就要退步，出版物的水平就要往下掉，有几分是社会主义，几分又是资本主义，马马虎虎的出版，这是不是国家出版机关应有的态度呢？当然不是，因此，就需要解决计划问题。

我们的出版社、刊物、翻译、著作都需要有计划，计划应该达到由基本单位慎重地自下而上做起，再由出版总署做成比较完整的计划。要订出绝对的完全的计划是困难的，但必须要有一个基本的计划。有些书籍的出版是可以预料到的，要调查研究，了解人民的需要，订出全面的计划。有些没有计算到的可以临时修正补充。如果昨天发生了一件事，需要出版一本书，这完全是临时的生产任务。计划可以有种种，但一定要有。不能允许无计划地工作、生产，使出版物不能适合人民、国家的基本需要，不能完成政治任务。并且影响到经济上、印刷、发行工作上，也发生混乱，不能按部就班进行工作。

我们要求所有出版社具体地制订自己的计划，中央和地方的出版行政机关要进行领导，对各出版社的计划加以调查研究和分析，这样才能制订出比较适合需要的生产计划。各级出版行政机关,应该把制订和审查出版计划,列为重要的工作任务。

出版社要有计划地生产书籍,就要做许多工作。要和写书的人接洽稿子,怎样写出来才能适合大众需要。要从需要出发使供需相适应,就要做许多调查工作,哪些书是读者需要的,受读者欢迎的,我们可以生产出来,这样就可以制订出版计划,这就需要开许多会来审查计划,然后作出决定。究竟应出什么书?哪一类要出多少种?多少册?要具体的规定出来。其中最重要的著作由谁来写?书名叫什么?什么时候交稿?什么时候出版?也都要制订出计划。

现在出版刊物,无所谓计划,没有事先考虑这个刊物是否需要。决定刊物出版的手续是填一份登记表,表的内容只是负责人的姓名、性别、年龄等,就根据这个表来批准它出版,这是一种形式主义的衙门作风。如果这种情况继续下去,这样的机关就是官僚机关。究竟这个刊物要不要出版?出版行政机关要根据需要来审查决定,不要以为管不了就不去管,引起争论也并不要紧,无论哪一个错了,都可以受到教育。减少一些不必要的刊物,批准出版的都应该是合乎市场需要和有一定的质量,这样做起来争论是免不了的,而这种争论是非常有意义的。谁来发起这种争论?谁来做这种工作呢?这就是我们出版行政机关的责任,应该把它担负起来。

今年还要开翻译会议,很好。现在搞翻译工作的,有一些精通这门学问的专家,但多数是从个人的兴趣出发来搞翻译,没有从人民、国家的需要出发。有些不够水平的是把翻译当做练习。练习是需要的,但不一定要出版。这和写文章也需要练习写作文,但我们并没有拿作文本去出版一样。什么书应该翻译?什么人翻译的书可以出版?应该慎重考虑,不应用粗制滥造的译作给人民看,把人民当做自己翻译的试验。不够水平的翻译可以在墙报上发表,进行讨论,但不必出版。翻译工作需要管理,不是依靠翻译者的兴趣和主观的判断来决定翻译什么,而应该有审查。翻译的不能读下去的,就不要翻译,练习一个时候再来翻译。无论著作、翻译也都是制订计划,由小计划到大计划,由局部的计划到全面的计划,把我们出版工作的计划性逐步提高。

无计划的现象,还会存在一个时候。但我们要指出一个目标,为这个目标而奋斗。对每一本书,不可能都按照计划来进行,但对一些基本的出版物应该有完善的计划,如丛书、刊物、规模较大的翻译等。计划工作首先应该从出版社做起,再推及其他。制订出版计划一定要经过严格的审查慎重决定,并保证其实现。为着实现出版工作的计划性而奋斗,是这次会议的主要任务。

有了计划是否就满意了呢?不。计划只表明了我们出版的方向。每一种出版物是否合乎需要?它的具体质量如何?这是不能订入计划内的,这要把提高出版物的质量当做重要的任务。

我们现在出版的质量如何呢?我们常说:“和解放前相比已经发生了根本的变化。”我们能不能就满足于此呢?不能够的。我们的出版物的水平比起国民党时代是提高了不少,但我们不能老讲这样的话,不然就是停顿、落后,我们应该有进一步的要求,从现在的水平着眼,再提高一步。

目前整个出版物的水平还很低,需要提高。要提高公营出版的呢,还是私营出版的呢?我们先不要把私营的出版放进我们的头脑。虽然私营出版业在出版物种数上还占全国的53%,在一半以上,但它在册数上只占17%,其他83%都是公营出版的。所以不要把私营放在心目中,我们的重心不是为提高私营出版物而奋斗,而是为提高公营出版物而奋斗。

私营出版物是容易批评的,而且也批评了一些,目前它的数量只占17%,将来大致也是保持这个比例,或许还要更少些。所以这是一个次要的问题,甚至还说不上是次要的问题。主要的问题是要把提高公营出版物的质量放在第一位,不然就是一种把旁人骂倒，和自己却没有关系的态度。

公营出版物质量不高是一个严重的问题，是责无旁贷，不能推诿的。至少83%的书出的好不好，就是在座各位负责出版工作同志们的责任。现在我们公营出版物达到的水平，是不是可以说：我们中国人的水平就是这样呢？不是的。有大量的出版物还是粗制滥造的，是不能容忍的，需要勇敢地把我们自己的出版物作一番检查。不然，被批评的私营出版社便会责备我们，说我们在消灭私营出版业，说我们“大公无私”，这种方式是不适当的。私营出版物很容易批评，问题是容易解决的，不会有多大困难的。主要的问题是在我们自己方面。要求我们的出版行政机关、出版社，应该为提高公营出版物的质量而奋斗，把这个责任坚决地担负起来。

这次大会印的参考文件《认真做好出版工作》中，有一篇列宁在1919年写给沃洛夫斯基（当时苏联国家出版局的领导人）的信，批评了国家出版局的工作，这封信很短，我来把它念一下：

读了1919年莫斯科国家出版局出版的九十九页的小册子《1919年3月6～7日的第三国际》（定价八卢布），我宣布对类似的出版物给予严厉的处分，并要求国家出版局编委会全体编委在读了我这封信以后要提出严肃的办法，以保证今后不再重复这种胡闹。

这个小册子出得可恶。简直一塌糊涂。没有目录。显然是一个白痴或拖拖拉拉的人，一个没有学识的人，在醉酒状态中把所有的“稿件”、论文、讲话收集起来，又杂乱无章地出版了。

没有序言，没有报告，没有决议的正文，没有把决议与讲话、论文、报道分开来，什么也没有，可耻之至。

伟大的历史事件被这样的小册子弄得可耻了。

我要求：（一）用粘贴的办法来修改。（把犯错误的人监禁起来，并且叫他把全部书籍都粘贴。）

通知我：

（二甲）出版了多少册数？

（二乙）已经发行多少册数？

（三）以适当的形式再版一次。把修改过的清样送给我看。

（四）规定制度，使得每一种出版物都有专人负责（立一本负责人签名册）。

（五）其他改善办法，这些办法拟好以后送给我一份。

人民委员会主席　乌里扬诺夫（列宁）

1919 年 10 月 24 日

列宁这封信，我希望所有出版社都把它写一张，贴在编辑部的墙上，作为我们每个同志的座右铭。列宁在 1919 年所作的这些批评，对我们现在所有的出版社完全适用，我们有着同样可耻、胡闹，醉了两日似的搞出来，没有序文，杂乱无章的这样的出版物在出版。我们把列宁这篇文章译了出来，发表在人民日报上。但少做了一件事，就是没有通知各出版社进行讨论。现在应该补充，可通知各公营出版社好好讨论一下列宁这封信，检查一下子自己的工作，把讨论和检查的结果，送给出版总署。对私营出版社不去要求他们这样做，但如果他们自己愿意当然也好。

我们公营出版社是同样存在着列宁指出的那种混乱现象，我手边没有好的调查材料，今天临时随便在书架上找了一本书《在艰苦斗争中的日本共产党和日本人民》，是新华时事丛刊中的一本，新华书店出版的（那时人民出版社还未成立）。这本书可以说完全适合列宁的批评。我们都知道，日本共产党的政治路线曾经发生混乱。共产党情报局在《争取持久和平，争取人民民主！》上发表社论,对日共领导人之一野坂参三的错误进行了批评。起初,野坂参三不接受,对共产党情报局的批评表示遗憾。后来,日共召集了中央委员会全体会议,北京人民日报也发表社论支持共产党情报局的批评,这次全体会议接受了共产党情报局的批评,纠正了错误。其后日本共产党又发生分裂,对这种分裂,北京人民日报又曾发表了两篇社论。出版这样一本书,应该宣传犯了错误是怎样纠正的。但这本书编辑是这样的:第一辑第一篇是人民日报第二篇的社论,以下是《世界知识》上几篇不相干的文章和德田球一在共产党情报局批评以前的文章;第二辑是《争取持久和平,争取人民民主!》和人民日报的社论,把野坂参三错误的声明也放在后面;第三辑是日本共产党中央不接受情报局批评的错误文件和接受了批评以后的文件并列在一起。这样一本书,告诉读者日本共产党发生了什么问题呢?把《争取持久和平,争取人民民主!》社论和人民日报社社论,与错误的声明放在一起,究竟是什么意思呢?日本共产党是错了还是没有错呢?共产党情报局和人民日报的社论是不是正确呢?都不能使人了解。这是自己不相信自己的批评,把能吃的和不能吃的混在一起,送给人家吃。《新华时事丛刊》常常把重要的政治事件与不相干不重要的都编在丛刊里,有一位读者曾经写信批评了这一点。人民出版社成立以后,这种情况也没有根本改变。

中央人民出版社存在着的这种混乱情况,地方人民出版社也是存在的,地方人民出版社出了一些好书,也出了一些乱七八糟的东西,对它的任务还不很清楚。所以,提高出版物的质量,是一项重要的任务。

有许多丛书,实际上是没有经过编辑的,只是随便地把文章收集起来,就往印刷厂送。这样的出版物仍在用最神圣的名义人民出版社出版,人民出版社应该是最神圣的出版社,如果我们不提到最高标准,还有谁来提高呢?我们的国家是工人阶级领导的,这是因为工人阶级是最先进的阶级，能够领导其他阶级向工人阶级所要求的目标前进。我们国家出版社要领导其他出版社，就要树立起自己的标准，打起人民出版社的旗帜，要求所有其他的出版社朝着人民出版社的方向前进。如果我们对自己的缺点熟视无睹，认为没有关系，慢慢地会好起来，怎么会有前进与落后的斗争呢？我们批评私营出版社，就是暗示私营出版社不对，要向公营出版社看齐。如果公营出版社自己不树立标准作为榜样，怎样叫私营出版社看齐呢？我们要以最高的标准要求自己，然后，以较低的标准要求私营出版社，这样才是合理的。

我们要消灭列宁所说的现象，《在艰苦斗争中的日本共产党和日本人民》这本书，刚才已经批评过了，这只是举一个例子，并不是说这本书是最坏的了。这一类书要慢慢地看不到，做到国家出版社出版的每一本书，从内容到形式都要代表中华人民共和国的水平。在毛泽东领导的政府下面，书籍和国旗一样，是代表着我们的国家。要避免一切能够克服的错误和缺点。

出版行政机关需要做整顿出版的工作，困难是有的，例如没有人、缺乏经验、不知道如何领导等等。人是有的，我们有四亿七千万人口。经验已经有了许多，还需要继续增加。对出版事业要领导督促，把出版物的质量提高。对私营出版社要加以限制。这次出版总署拟了一个管理出版社的条例草案，规定出版社一定要有编辑部。出版社要有编辑，这和工厂一定要有工人一样，没有工人，就应该关门。现在有很多私营出版社没有编辑部，当然不好。不过我们回过来看公营，也有很多没有编辑部的，如果我们一定要订上这一条，首先就应下决心整顿公营。公营出版社与私营一样，没有编辑部的，如果要存在，就要建立编辑部，不然，亦在封闭之列。我们的国家，既然有决心派出志愿军打美帝国主义，建立编辑部，更可以有决心，这是一定能够做到的。当然建立不是容易的，但是只有建立了才能慢慢地由小到大，由弱到强。出版总署要审查各出版社的编辑部,公事公办,没有编辑部的,不论公营和私营,都不允许存在。出版行政机关要把出版社管理起来。如何监督公、私营出版社,应该规定各种办法。什么叫做编辑部呢?编辑部就是要有一定的人员负责资料工作,建立资料室,资料要可靠、正确;要有一定的人看文字,文字要通顺、合格;要有一定的人员负责对稿件作认真处理,有的要作者重新修改的给作者修改,自己修改了要通知作者等等。要有怎样的规定,这次会议应该加以讨论。要把我们出版社的信用建立起来,出版社对出版物要认为能完全负责,然后才去印刷,发行到市场上去。

出版行政机关要把现在的状况改变过来。过去是对公营没有管,对私营找麻烦。麻烦亦是应该找的,但我们应该以83%对公,17%对私,这样才是合理的。

有的同志提出这样的问题:公营出版社的来头都很大,不听指挥,管不着。这是自己动摇不定,没有决心。出版总署是中央人民政府的机关,各地新闻出版局、处,也都是军政委员会或省、市人民政府的机构,应该尊重自己的权威,要为使这一权威发生作用而斗争。如果某些公营出版社对出版行政机关的管理置之不理,我们却不能置之不理,要提出控告,如果别的地方不接受控告,人民日报接受这个控告,在报上来个读者来信。

有的人说:出版社越来越多,没有垂直的领导,如人民文学出版社有三个领导机关,出版总署、文化部、中宣部,一国三公,会发生问题。有这三方面的管理机关,没有什么问题,不应发生什么矛盾,调整是不费吹灰之力的。如果出版总署放弃了这种监督,首先应该是出版总署的责任。

把我们出版界的阵营整顿一下,应该显示国营出版社的严肃性。当然严肃并不是说不犯错误,错误仍然会犯,方法就是“纠正”,要有严肃的自我批评,这样就对了。为着改进出版物的质量,应该把书评工作有系统地发展起来。出版总署可以考虑出版一种评介书刊的刊物。现在在出版总署系统里，也出了一些内部刊物，但大部分是技术性比较重，应该办一个思想性刊物。人民日报曾出过“书报评论”副刊，有些出版社很不放心，常来问有没有批评他们的出版物的，现在这个副刊不出了，他们好放心了。应该使出版社永远不放心，让他们提心吊胆，这样出版工作才能向前推进。有条件的时候，希望出版总署发起出版一种专门评介书刊的权威刊物，来担负起这个任务。现在《学习》杂志等虽然也刊载了一些评介书刊的文章，但这是不够的，不能担负起这个任务的。

三　印刷、发行工作的管理

关于印刷和发行方面我知道很少，这两方面的问题这个会也预备讨论。

我想印刷工作上，一方面现在要将现有力量做一个好好的调整和管理，使我们的出版任务能很好地完成。其次，因为印刷事业是出版事业的基础，整个的印刷事业应该订出发展计划来，在数量上要使它的生产力不断提高，这是出版事业发展的必然要求；质量上也要提高，使我们出版的东西更好看，要掌握种种的印刷技术。我这里只是提出这个要求，计划要大家来研究，这需要从国家的财政力量、技术力量和干部力量等等方面来考虑。

发行工作方面也需要有发展计划。现在我国的发行事业已经很大了，比国民党反动政府时代进步多了，现在全国每年可以发行几万万册书，平均每人可以得到一册书以上。可惜这不过是个假定，事实上并不是每人都能有一册书，譬如小孩子就不会有书，还不能每家都有相当的书，这方面是需要有很大的发展的。

今年关于惩治反革命条例的出版物的出版、发行给了我们很好的经验，就是说凡是适合人民需要的，经过大力组织的出版物，可发行很多。惩治反革命条例及关于这个条例的宣传的出版物，全国大约发行了一两千万册，数量很大。有好些出版物也要发行到几千万册，但即使是这样，平均起来每十个人才有一本。如惩治反革命条例这类书是关系于全国的每个人的，每个人都与这条例有关，都需要知道。其他如共同纲领、婚姻法等书，也都是与每个人都有关系的。再如地图、历书、领袖像等等，也是大众需要的，需要大量的发行。这方面的发行工作，除了特别大量发行的出版物，也是很庞大的任务，这里面包括许多很复杂的问题，这些问题可说还都没有得到很好的解决，还没有什么经验。

譬如出版了一本书要发行多少册，发到哪些地方去等等，还都是大问题。在这方面，我们的经验还不多，还处在尝试阶段。书出版了到市场上去试，这样一种结果是生产受损失。因为这样定出来的印数不易准确，需要多的印少了，就要再版，浪费生产费用，印多了又卖不出去，书积压起来也是损失。此外，就是发哪些地方也不容易弄清楚，也只好去猜。究竟如何才能克服这种混乱现象，是个复杂的问题。首先需要了解读者的需要和购买力，做出比较准确的数字。为了要做到这一点，需要与读者建立一种什么样的关系？要怎样才能使出版的书尽量适合市场需要，做到大规模和有计划地发行。总之发行工作是非常重要的工作，没有发行工作，出版工作是不能存在的。我这里只是谈一下，提不出什么具体意见。

四　党的组织对出版工作应怎样领导

出版工作是中央人民政府的重要工作，也是党的重要工作，党的各地组织，都必须把这一工作当做最重要的事情去做。这两天报纸、刊物上讲到这样一件事：苏联真理报发表了一篇文章，批评了在乌克兰发表的一首诗，这首诗描写乌克兰的情况完全不对，结果诗的作者向真理报作了自我批评，当地出版行政机关作了自我批评，而且乌克兰的党中央委员会也作了自我批评。党对出版物是应当负这样的责任的。

出版物和纸烟、火柴等等商品不同，那些东西不好，党委虽然也应该负责，但责任还小，而出版物是思想方面的东西，虽也是商品，但是是政治的商品，党对这方面应当负最大的责任。出版中发生的问题，最后就要找到党的机关。过去党的机关从中央到地方，对出版业无论在管理上、领导上和监督上都很差，所以现在出版物有混乱状态，出版业没有计划，没有管理制度，这因为当地党的宣传机关没有负起这个责任来。各地的出版社，不论是中南、华东或东北，出版物应不应该出？质量好不好？出版计划适当不适当？最后的结论要找到各地党的中央局宣传部。这方面发生了任何问题，各地党的中央局宣传部不能不负责。过去这个工作是没有做的，各地成立了不少出版社，就让出版社的同志们自己做去，也不管它是走到上帝那里去，还是走到魔鬼那里去，或者什么地方去。没有领导，对坏的出版物没有批评，这应当由党负责任。

公营出版社出版计划的制订，资金的合理运用，党应当负最后审查责任。因为出版物是宣传马克思列宁主义的，党委不负这个责任，那么谁来负责呢？党不负这个责任，就是党对在市场上、在人民中的政治思想宣传内容不管。而出版物是最重要的宣传方式，不是有这样一句话吗？“印在书上的字，连斧头也砍不掉的”。确实斧头是不能把字砍掉的。因此如何提高出版物的质量是重要的问题。苏联的《列宁全集》三十五卷，连标点符号在内，没有一个字更正。苏联可以做到这一步，中国为什么就不可以做到呢？这是应该的，是完全可以做到的。党应当要担负这样一个责任。不仅中央的出版机关要做到，任何地方出版机关也没有理由说，北京这样做可以，我们做不到。因为经纬度不同就可以出错字了吗？这是没有理由的。凡是党领导的出版社，各地党都不应对他们降格以求。

政府和党都来管理，似乎要冲突了，好像政府没有什么事情可以做了。这些情况会不会发生,可能有,但是也可以避免。两个领导,可以搞得很好,互相配合,互相帮助,而不是互相重复,互相妨碍。而且某些重复是应该的,如对于出版物的审查。当然多数的工作不能重复,要分工。哪些工作由出版行政机关负责,哪些少的、但是最重要的由党委负责。譬如作战,有前线、后方之分,只要有有经验的正确的指挥官,就不会发生混乱。

对公营出版社要管理,党要审查它的各种的计划,大量销行的书和最重要的书的单独的出版计划。要帮助它建立各种工作制度。列宁不是说过出版关于第三国际问题的书没有送他审查,要求再版时送他审查的吗?

这里有非常复杂的问题,需要很多机关分工去做,才能做得好。省级以下的,这种分工,因为人手少,情况不太复杂,可以不必像大行政区和中央那样的分法,或者不需要单独设立出版行政机关,不需要两个机关,或者只要一个主要,一个辅助。这点请大家研究。

党不但要做具体的领导工作,对整个出版、印刷、发行事业的发展也要负责。应帮助他们作出发展计划。要发展,干部人数不够,质量也不够,党也要负责领导教育和培养出版工作的干部的工作。应当做出培养干部的计划。目前还没有训练出版工作干部的机关,需要解决。学校中也没有这样一系,应该有这一系,应该包括出版业中各项的业务,在这系中学习的学生还应当受到严格的训练。现在应当筹备在大学中设立这样的系,还要设立训练班。

对于现在在各种出版机关中的在职干部,党应帮助出版行政机关制订教育计划,让他们学习马克思主义,学习各种的业务,接受各种必需的知识和训练。这些工作都是党应当担负起来的。

党和出版行政机关如何具体分工,才能有效地做好工作的问题，希望在这次会上加以考虑。

这次会上要讨论的问题很多，而且和以前所讨论的问题不同，表明我们工作的发展和进步。昨天叶副署长做了报告，我对叶副署长的报告是赞成的。我在以上的四个问题方面补充一些意见供大家来参考。

选自《胡乔木传》编写组编《胡乔木谈新闻出版》，人民出版社 1999 年

关于在大学试办编辑专业给教育部的信[①]

胡乔木

教育部：

7 月 23 日报告阅悉并同意。

编辑学在中国确无此种书籍（编辑之为学，非一般基础课学得好即能胜任，此点姑不置论）。有一些近似编辑回忆、编辑经验一类的书籍，如鲁迅、茅盾、叶圣陶、韬奋的部分著作和一些老报人的回忆里就有这样一些资料；近年出的《书叶集》（花城出版社）和《鲁迅回忆录正误》（湖南人民出版社）以及前些年出的《重庆新华日报回忆录》、商务印书馆回忆录（?）、三联书店纪念录（?）等，亦可资参考之用。类似的书可能还有。上海出的《辞书研究》是一种刊物，是专讲辞书编辑的，但内容很多可以举一反三。在历史上，我国著名典籍的编辑经验，也有不少记载，不过需要收集整理而已。（顺带说，我还建议编辑专业应设辞书学、目录学、校勘学〔中国就有这两类的书〕，编目、标题、注释、摘要、插图、索引等的研究和试验，印刷、出版、发行知识等科目。）据我猜测，国外的这类书籍一定是会不少的，例如：三联书店 1963 年出的《为书籍的一

生》就是一本很有用的参考书;循此以求,则参考书究竟必非无法收集,是在有心人的努力罢了。

我的知识太少,如找周振甫、吕叔湘、萧乾、杨宪益、叶君健、张志公(以上只是随意举例)诸先生,以及一些有定评的刊物、丛书、辞书、年鉴的编辑,一定会提出许多具体的指示,使艰难的第一步便于成行。这是就北京说,上海、天津当然也不会缺少这样博学而热心的学者。

这封信写给教育部(因不知直接主管人员),似乎有点大而无当。但为促成这个专业(或编辑、新闻专业)的诞生,我宁愿不惮烦言。教育部高教司可否协助北大、南开、复旦三校具体筹备此专业。人员在暑期开一小型讲座,请京、津、沪的几位老编辑略有准备地分头讲几个题目,帮助筹备者能写成一门或几门课的教学大纲?因各出版社老编辑年老任重,请他们到校兼课的希望可能不大,当然我不反对。

胡乔木

1984 年 7 月 25 日

附:

教育部关于筹办编辑专业的报告

乔木同志:

遵照您关于在北京大学和复旦大学试办编辑专业的指示,我们会同文化部出版局于最近召开了一个小型座谈会,参加座谈会的除北京大学、复旦大学外,还有南开大学(该校曾酝酿过办编辑专业)。与会同志围绕试办编辑专业的有关问题进行了讨论。会后我们又向中宣部出版局谈了情况。现将几个问题报告如下。

一、对设立编辑专业的认识问题。会前,我们了解到大学中文系有些教师认为,培养编辑人才无需办编辑专业,因为“编辑无学”，编辑是“杂家”，不成其为一门专门学科，没有系统的课程可学。还认为，目前中文系毕业生不适应编辑工作，主要不是由于缺乏编辑业务知识，而是因为基本功不扎实，如果学生基础知识扎实，语言文字和写作能力较强，当好一个编辑是不成问题的。在这个座谈会上，我们首先讨论了这个问题，大家一致认为，试办编辑专业是必要的。第一，社会需要大量编辑人才。全国现有 292 家出版社，编译人员 1.1 万多人，还有 3400 多种杂志，694 种报纸，按最保守的估计，总共需要编辑人员超过 3 万。文化部出版局直属出版社编辑人员 1140 人，年龄在 45 岁以上的占 60%，到 2000 年这些直属出版社按自然减员就要补充编辑人员 60%。如果按全国需要 3 万名编辑人员，每人工作 40 年计算，则每年需补充 750 人，还不包括事业发展所需补充的数字。根据中共中央、国务院去年关于加强出版工作的决定中“今后调做编辑工作的，必须具备大学以上的文化、专业水平”这一要求，综合大学中文系应该承担培养编辑人才的任务。第二，在综合大学办编辑专业，可以使基础学科更好地为四化建设的实际需要服务，对于整个文科改革都有好处。第三，目前分配做编辑工作的中文系毕业生往往需要较长的适应期，一方面是因为基本功不太扎实，需要逐步提高中学和大学的教育质量；另一方面也与大学中文系开设的课程不完全适用有关。设立编辑专业，对课程作些调整，减少文学课程，扩大知识面，对学生进行一些编辑业务的专门训练，将会使毕业生更能适应编辑工作的需要。由于设立编辑专业尚无经验，大家认为，可先在京、津、沪三市由北京大学、复旦大学、南开大学试办，待取得经验后再逐步扩大。

二、关于培养编辑人才的规格问题。大家认为，应具备以下要求：(1)具有一定的马克思主义的理论水平，熟悉党和国家的有关方针、政策，有比较敏锐的观察问题的能力；(2)有比较扎实的语言文字和写作的基本功，掌握一门外国语；(3)有比较广博的基础知识,并对某门学科有比较深入的了解;(4)具有熟练查证工具书的能力,要懂得点考据学,懂得使用各种工具书,懂得现代化知识的储存和使用。

三、关于培养编辑人才的层次及培养途径问题。大家认为,培养编辑人才的层次可分为本科、第二学士学位和研究生三档。目前可先从本科办起,具体可采取以下两种方式:(1)在北京大学和南开大学中文系设编辑专业,从一年级到四年级按照培养编辑人才的规格设置课程(见附件一、二)。(2)在复旦大学新闻系设编辑专业,从本校文科有关专业中推荐、选拔部分语文、写作基础较好,已修满三年或两年半学业,有志于从事编辑工作的学生转入编辑专业,着重进行编辑业务知识的学习(见附件三)。以后还可以逐步扩大到从理科专业推荐和选拔一些学生转学编辑专业。至于第二学士学位和研究生的培养容后考虑。

四、关于办编辑专业的准备工作。会议认为,首先要把办编辑专业的必要性向有关教师讲清楚,取得认识上的一致。这是办好编辑专业的前提。其次,要选调必要的师资,条件成熟时成立编辑教研室。大学里缺少能教编辑业务的师资,因此要求从出版界调几位水平较高、有丰富编辑实践经验的专家到校担任系主任或任教,同时聘请少量兼职教师。希望文化部出版局能协助选调。第三,要立即着手编写教材。会议商定,由文化部出版局邀请出版界有关专家编写《编辑学概论》(或称《编辑理论与实践》),争取年底写出较详细的教材大纲,并召开由有关教师参加的大纲研讨会。还拟在复旦大学举办编辑专业班,从三校文科高年级学生中选拔少数人,进入专业班学习,毕业后留作师资。

以上报告妥否,请批示。

中共教育部党组

1984 年 7 月 23 日

注释：

① 据文化部出版事业管理局1984年8月30日编印的《出版情况》第35期及教育部党组的报告复印件刊印（教育部党组的报告附件一、二、三略）。

1979年6月，中宣部出版局的同志去中南、西南六省调查，不少同志提出：应在有关大学成立出版专业或出版系、新闻出版系；还建议办出版学院。1979年12月，国家出版局在长沙召开出版工作座谈会时，有些同志提出要成立编辑出版学院、编辑科学研究所，在有关大学设立出版专业；并希望出版《出版概论》、《出版史》、《编辑学》等基本读物。1979年12月20日，在中国出版工作者协会成立大会上，播放了胡愈之同志祝贺版协成立的讲话（录音），他在讲话中提出："出版工作者同新闻工作者一样，是一种专业"，"在大学里应该有出版专业"。1983年6月，中共中央和国务院发布《关于加强出版工作的决定》，明确提出：加强出版印刷发行的科学研究工作，要建立出版发行研究所，要成立出版学院。1984年3月、6月和7月，胡乔木同志连续三次同出版部门和教育部门负责人谈话及写信指示：要在大学设立编辑专业，要研究编辑学。我国的编辑学和出版学专业就是在上有党和国家领导人的重视，下有广大群众的强烈需求呼吁的形势下诞生的。（摘自肖东发《中国出版专业教育十年概况》，《中国出版年鉴》1990～1991年刊）

选自宋原放主编、方厚枢辑注《中国出版史料》现代部分
第3卷上册，山东教育出版社、湖北教育出版社2001年

胡乔木零忆

韦君宜

胡乔木同志去世了。他亲笔签名送给我的文集，到他已经告别人世之后我才收到，我拿着书就好像这是他亲自封装送给我的。活着的时候，他的学问、文章非我们所能企及。他对许多事情的主张看法，有他自己的思想路子，我更不能瞎开口。我所记得的只是

他作为一个老上级,作为不断谆谆教诲我的师长,给我留下的生活中的琐屑印象,对于他来说,当然这是他生平事业中极不重要的片段。

一

我第一次和乔木同志接触,是1939年春天。我刚到延安,住在招待所里,等着分配工作。这些等分配的青年人,一般都是中央组织部通知去谈话,给个介绍信去陕公、抗大,或去什么机关。我这次却没有通知,是胡乔木亲自从北门外走到招待所来找我来了。这时候,他虽然也还年轻,却已经是中央青委的副书记,是首长了。他见了我,可是一点首长样子也没有,说了名字之后,就拉着我一起出去散步。一边散步,一边告诉我延安怎么生活,又简单介绍了青委的工作,问我愿意不愿意去。我已经知道中央青委领导着青救会、民先队,办着安吴青训班。民先队有很多我的老朋友,青训班的班主任就是胡乔木,他作的班歌,我都会唱嘛。还知道他手里拿着上课铃,自己摇铃,自己就上台讲课的故事。我当然很愿意去他们那里,就这么跟上他走了。

二

在青委,我被安排作《中国青年》的编辑。我们一共三个人,都是北平来的学生,算是学生中间的笔杆子,其实谁也没有办刊物的经验。乔木这时是中央青委宣传部长,兼《中国青年》社社长。他看我们只会组一些青救会的工作之类稿子,他就出主意:把眼睛放大一点,想想咱们跑到延安来的青年,以至全国的青年,都想些什么,想看些什么。沿着这条路子,他出了一个题目:"我怎么到延安来的"。让我们去找来延安的各方面人士组稿,何其芳的那一篇

(现已收入何其芳文集)就是这么组来的。记得他曾叫我去找名医金茂岳组稿。我把一切来延安的人都看成自己一个模式,盯着问:“您是怎么想来延安?思想怎么转变的?”金大夫回答:“我没想过那些问题。我是由红十字会医疗队派来的。”我大失所望,就问不下去了。回去告诉乔木,乔木微微摇头说:“唉,人家什么内容都好谈嘛。”他没往下说,我却由此懂得了办刊物组稿的窍门。那一阵,《中国青年》社发表了许立群的中国史话,董纯才的伊林的故事,陈企霞的散文,王学文的政治经济学讲话,刘慕的活报剧,还把张闻天(洛甫)过去创作的小说《飘零的黄叶》也登上了。都是乔木的主意,真是延安出的那些板着面孔的杂志中,从来没有过的新鲜面貌。

三

他自己的诗《青年颂》,当时也曾发表。可惜他竟不曾收集,诗又长,我背不得。我可背得他写的安吴青训班班歌,1938 年写的。那歌儿曾使我深为感动:

烈火似的冤仇,
积在我们的胸口,
同胞们的血泪在交流,
英雄的儿女在怒吼,
你听见没有?
敌人迫害你,
群众期待你,
祖国号召你,
战争需要你。
你醒啊!

你起啊！
拿起你的武器，
工作学习。
一切为胜利！
今天我们在青年的故乡，
明天在解放的疆场。
听啊！
我们的旗帜迎风扬，
看啊！
我们的前途万里长。

是金紫光作曲的。

后来，毛泽东青年干部学校创立之后，他又写过一首校歌，这歌是：

生在英雄的时代，
站在人民的旗下，
毛泽东的双手
抚育我们长大。
坚定意志，
艰苦传统，
互助精神，
民主作风。
我们学习，
虚怀若谷，
我们奋斗，
浩气如虹。
记否仇敌未平

破碎河山未整，
同胞正在呻吟，
天下正待澄清？
太阳照临我们的肝胆，
大地倾听我们的誓言，
愿将热血灌溉人间，
种出自由的春花一片。

这些诗歌，他都没有收集。他有一本诗集，叫《人比月光更美丽》，没有收这些。我却每唱起“祖国号召你，战争需要你”来，就觉得当年的感情汹涌而来，所以记下来给当年也曾年轻的朋友看看。

四

后来，他不在青委了，调去当了毛主席的秘书，从延安到平山县，这秘书都是他当。可是到平山，他不光当秘书了。我记得在平山时，他非常关心我们这些做文字工作的干部们，好像是分工管这事，常常找了去当面教给你怎么写。有一回我去碰见石西民来了，老石这时已是《人民日报》（还是《解放日报》？记不准了）的头头，这时却像学生似的拿着稿子，一句一句商量，问该怎么改，而且听那意思是常来谈的。

乔木也真是诲人不倦，我们都喜欢听他的讲解。在平山我办《中国青年》，有一次他给干部们讲写作知识，拿了毛主席写的一篇新闻作范例，作了怎样开头，怎样照顾全文，怎样结尾等等方面的分析。我听了觉得很有意思，就把我的记录稿整理出来，标上标题《写作范例——一则新闻》，想在《中国青年》上发表。拿着稿子去找乔木。我觉得这文章不能说是我的，应当表明是他的，就署上个名字“听桥”。乔木看了,在用字用句不妥处作了修改,讲了改的道理,然后说:“桥怎么能听?”提笔改为“听樵”。发出来了。这篇文章的作者是谁,这谜至今也没有揭开。

五

到了北京,乔木担任了中宣部副部长,他想办法教育我们这些从事文字的干部,组织各刊物各报纸的笔杆子们,到中宣部听报告。由他自己出面去邀请各方面熟悉宣传的负责干部,来给我们作报告,介绍情况。这种报告好听极了,不是官样文章,切中人们的需要。我还记得有一次讲国际宣传,是萧三同志讲的,还有一次薄一波同志讲经济,准是乔木请来的。

乔木对于各刊物是时时处处关心的,记得有一年快到七一了,他就把在京几个大刊物的主编找去,问大家准备怎样纪念七一。我是《中国青年》的,我说已准备好发表一篇《刘胡兰小传》。一同去的记得还有费青同志(费孝通同志的哥哥),他是《新建设》的,也当场说出已准备好的稿子。还有《新观察》的戈扬也准备了。没准备妥的就在那里当场研究。乔木见《中国妇女》没有,他说:“妇女怎么不来?来了两个妇女,却不是妇女,一个是青年,一个是观察。”他在那里给我们出主意拍板。《中国青年》本来是从解放区搬来的刊物,在全国文化界我认识人很少,就全仗乔木这些碰头聚会,使我很快走进了文化界。

六

1953年,我已经三十好几岁了,青年团照规矩得把年龄大的干部输送给党,我就进了输送的名单。要上交组织部另行分配。这时中央正决定了要大力搞科技,办一些大学。新办了好几家工业学院，石油、钢铁……这八大学院都是那时兴办的。中央组织部从党员干部中间调出了一些有大学学历的知识分子干部去办这些学校。

我听到调动的消息，非常紧张。就写了封信给乔木，说明我在大学是念哲学的，我的化学在中学就不及格，干不了科技，希望他帮忙，我搞搞本行算了。

有一天晚上，乔木打电话叫我到他的住处去，我去了。碰见作家宋之的在那里，好像也是在谈工作。他谈完轮上我。我刚刚叙述了我的理由，希望试试搞文艺。乔木开口就说："不搞科技，你去作家协会吧。"他说可以做组织工作，也可以当编辑，我真没想到一下子就来了个作家协会，我说我不是作家，在作家群中间做不了组织工作，让我练习练习写吧。他却说："到作家协会就是要写嘛。"他又说：你要生活，到作协就得去生活，要多接触人，当编辑就非接触人不可。总而言之，我要达到的一切目的，都可以通过作协去达到。谈话的结果是我被他说服，服从了他的分配。从此开始了我后半生的文学编辑生活。

七

我在人民文学出版社工作的时候，这时乔木已经是中央领导同志了。我们出版了《毛主席诗词》一书，销路非常好。但是有不少青年读者不大读得懂，要求出个注释本。于是我们社的几个编辑就自己注了一个稿子，我拿着这稿子去找胡乔木，请他看一看，帮着补充一下。不想这稿子竟引起了他极大的兴趣。他费了很大功夫改了不少，又添了不少，对于一些该注而未注的地方，他都仔细查考，弄清楚再注。例如那首提到黄鹤楼的，我们以为黄鹤楼本来在长江大桥边，现在已经拆了，说拆了就行，不再用注了。乔木却回信给我说：原在什么地方？是大桥南还是大桥北？大桥北是左边还是右边？拆了也得有个地址，不能马虎。像这样他改了又退，退了又查的有很多处。稿子来回好多次，到最后这本注释稿简直成了乔木定稿的，成了他的稿子了。

我以为稿子由他定稿，我们可以放心，就签了字，准备付印了。他却还不满意，把稿子送给毛主席过目。可没想到，毛主席在这本注释稿上批了几行字，说："诗不宜注，古来注杜诗的很多，少有注得好的，不要注了。"结果我们当然不敢再出，乔木的一番辛苦，全付东流。后来出了许多毛主席诗词注释本，就与这个本子（实际是最好的本子）不是一回事了。

八

乔木常看我们各出版社新出的书，人民出版社和人民文学出版社的书，他看得更多。"四人帮"垮台之后，他也看我社新出的作品，印象如何，他虽然已经身居高位还是常发表意见。

湖南青年作者莫应丰新写的长篇小说《将军吟》问世了。这是第一部正面描写"文化大革命"，毫不隐讳地写出当年种种胡作非为，包括指出当年决策错失的作品。作家协会这时开始创办第一次茅盾文学奖，慎重地提出候选作品，其中除了老作家魏巍的《东方》、姚雪垠的《李自成》之外，也有几位新人作品，最令人瞩目的就是《将军吟》。

我是这部书的终审人，签字付印以前，因为书中提到受冤的将军一个人到天安门愤怒痛哭，虽改了改，总有点担心。评委会讨论，算是平安通过。在作协评委征求各位领导干部的意见时，我收到了乔木主动来的信。他对于《将军吟》采取完全肯定的态度，说："真好。"还说了不少好话。我感到受到了支持。在会上我提出把这部书列为授奖的第一部。说了乔木赞赏这部书，中宣部派来的人员听到这个新消息没有异议，《将军吟》就当选了第一次茅盾文学奖的头一部作品。

后来，听说乔木不赞成描写十年“文革”中悲惨场面的作品，说那已经过去了，应该向前看。这个意见我是不同意的。但是，他的确赞美过《将军吟》。这是真的。

最后几年，文艺界发生了不同意见。乔木对一些问题的意见和文章，我不能认同，就越来越少去找他了。但是他对于友谊看来还是珍视的。1985 年吧，我们开研讨会，讨论并纪念冯雪峰，去请了乔木，他应约而来，在会上以低沉的声音说到当年上海的冯雪峰。缓缓地说着，使人们感叹。包括对于周扬，他写文章批判了周扬，但是周扬病后他又去信安慰。后来我病倒了，他也几次来我家看我，却从来没有谈及当时文艺界的争论。

我怀念着当年的胡乔木。

原载《中国作家》1993 年第 2 期

胡乔木与《中国大百科全书》

刘志荣

胡乔木同志在他生命最后的 14 年里，又挑起了中国大百科全书总编辑委员会主任的重担。在我国第一部大型综合性百科全书编辑出版的征程上，留下他一道深深的脚印。

一 高瞻远瞩

粉碎“四人帮”反革命集团后，荒芜的中国科学文化园地，百废待举。当姜椿芳同志所写的《关于编辑出版中国大百科全书的建议》在中国社会科学院规划办编印的《情况和建议》上刊出时，当时任中国社会科学院院长的胡乔木同志以他无产阶级革命家的气概，高瞻远瞩，把这一建议列入了他的议事日程。他首先向邓小平同志作了汇报，得到邓小平同志的支持。之后，在党的十一届三中全会前夕，党中央、国务院适时批准了中国科学院、中国社会科学院、原国家出版局联署的“关于编辑出版《中国大百科全书》的请示报告”和补充报告，并批准成立以胡乔木同志为主任的总编辑委员会和以姜椿芳同志为总编辑的中国大百科全书出版社。在1979年经胡乔木同志批准的全书编辑方针明确规定，“全书编辑工作贯彻‘百花齐放，百家争鸣’的方针，介绍文化科学知识要持客观态度，实事求是，对学术上有争议的问题应反映各家学说。”“对世界各国和地区，不论其大小和政治制度如何”，“对中外古今人物……凡历史上有影响，学术上有成就的人物，不论其政治地位和政治观点如何，都应有适当的介绍”。这种实事求是的编撰方针，在指导思想上拨乱反正过程中，在“四人帮”强加在人们身上的精神枷锁还没有完全粉碎、“左倾”指导思想还没有完全破除的情况下，无疑是动员知识界冲破“以阶级斗争为纲”和教条主义等种种精神禁锢的进军号，推动了知识界解放思想，为振兴我国科学文化，投身到中国大百科全书的编撰工作中来的高昂热情。

二　运筹帷幄

《中国大百科全书》编辑工作的成败，主要取决于全书总体设计、编撰队伍组织和编写体例实施这3个环节。胡乔木同志以马列主义理论家和实践家的学识，精心进行设计，取得了这3个“战役”的胜利。

《中国大百科全书》总体设计上，一个重大的难点是全书按学科分类分卷编辑出版，还是照各国通行的做法，依全书条目字母顺序编排出版的问题。对这个问题可谓仁者见仁，智者见智。1978

年冬，胡乔木同志在讨论中说，“同意《中国大百科全书》第一版按学科分类分卷出版”，如何分类的问题，“百科全书的分类与科学分类有不同，编辑部可以多搞几个其他国家百科全书分类材料，经过我们的编辑实践再来讨论”。在1980年他亲自修改定稿的《中国大百科全书》的“前言”对《中国大百科全书》总体设计作了精辟的说明。“前言”指出，“因为这是中国第一部百科全书，编辑工作的困难是可想而知的。但是，由于读书界的迫切要求，不能等待各门学科的资料搜集得比较齐全之后再行编辑出版，也不能等待各学科的全部条目编写完成之后，按照条目的汉语拼音字母顺序，混合成全书，只能按门类分别邀请全国专家、学者分头编写，按学科分类分卷出版，即编成一个学科（一卷或数卷）就出版一个学科分卷，使全书陆续问世”。这一决定，既保证了全书总体设计顺利完成，又保证了全书编撰工作在短时期内全面展开，并使全书发行工作得到读书界的支持。

1986年，《中国大百科全书》编辑工作进入了高峰期，各学科卷纷纷上马。但是，由于全书按学科如何分类的问题，一直没有完全定型，致使全书学科卷设置出现了不断膨胀，大有突破80卷的趋势。已经上马的学科卷从学科知识门类的划分上来看，也出现了明显的不均衡现象。胡乔木同志及时地发现了这一问题。他在1986年夏，向接替姜椿芳同志任中国大百科全书出版社总编辑的梅益同志提出，“改变原定出版80卷和1989年出齐的计划”，“原有的某些专业卷可以自成某专业的百科全书，以免大百科过于庞杂，不能保证全书的应有体例和质量水平”。1987年2月27日，胡乔木同志又向党中央、国务院提交了《关于改进大百科全书工作的请示报告》，报告中提出，“大百科全书事关国家科学水平和政治荣誉”，要“全力保证质量”，并具体提出大百科全书要“进一步压缩卷数”，“放慢速度”，“预定1993年出齐，作为全书的第一版”的要求。此外，他还就加强编辑队伍思想建设和组织建设等提出了若干具体措施，以保证全书质量。

在《中国大百科全书》编撰队伍组织上，胡乔木同志确定："全书设立总的编委会，学科分卷要靠分编委会，可能还要分组，作为学科分支的编写组。"这一构想，是我国社会主义制度下所特有的大百科全书编撰组织形式。乔木同志强调："主要是找人。"为此，他亲自找了全国最著名的专家学者任总编委会副主任。对于总编委会的委员，他明确提出："凡学术上真正有建树，有见解的，或者虽然没有著作，确实是桃李满天下的人，可以为总编委会委员。"对于分编委会的人选，乔木同志也不辞劳苦，亲自聘请。例如，1984年《中国大百科全书·语言文字》卷分编委会组建时，胡乔木同志亲自写信给李荣、朱德熙同志说："此书不同寻常，如它的编委会不能反映出中国各学科的学术水平，则有不如无。你们两位当然不能参入编辑事务，但重要条目的拟定和内容的审定，终须相烦，这关系到国家学术荣誉。想你们两位出于爱国的责任心，是决然不会推却的。"在胡乔木同志的感召下，一代著名专家学者，总计二千余人，聚集到百科全书的旗帜下，组成了全书总编委会和各学科卷的分编委会。

在《中国大百科全书》编写体例实施上，胡乔木同志指出："全书有关中国方面的内容应当力求准确、公允、可信；外国方面的内容要力求不出错误。实现这一编写要求，既要全书的条目编撰者具有权威性和严谨的治学精神，又要全书编辑人员具有高度的责任心。"对于条目编撰者，胡乔木同志具体地提出"由最合适的人撰写最适合的条目"的原则。根据这一原则，先后有2.2万名专家学者参加了条目的撰写。乔木同志为保证全书编辑工作的质量，还多次抓编辑人员的学习和考核。

三　呕心沥血

《中国大百科全书》收有近8万个条目,释文约1.2亿字,内容涵盖66个学科的古今中外知识。这有多少条目需要胡乔木同志审定,有多少政治敏感性问题需要胡乔木同志把关,有多少编辑业务问题需要胡乔木同志处理,怕谁也说不清了。留在我们记忆中的,是他呕心沥血,为我国第一部百科全书问世奉献的无限智慧和力量。尤其令人难忘的是胡乔木同志通过对一些条目的反复推敲和多次修改,对全书条目编写所作的具体指导。他提出:(1)条目是叙述文而不是论文,内容和语气都要客观,脉络要清楚,措辞要准确,每句话都要表达清楚。主语力求稳定,以免支离破碎;(2)断语要少,要客观,尽量不用编者的口吻作论断,有些必要的论断,可以引用权威性的文献资料;(3)不要使用宣传性、颂扬性词语,而要用客观陈述的方法,以保持释文的客观性和稳定性;(4)不要用那些"戴帽子"的话,比较空泛的话,要写出具体内容,事情要交代明白,使读者看得懂。事物的发生时间和事实要写清楚,能写出年代写出年代,能写出年月写出年月,尽量不要含混和不确定……胡乔木同志提出的这些撰写要求,具体地揭示了百科全书的本质和特色,也科学地解决了《中国大百科全书》编撰中的理论和实践问题,对于百科全书乃至各类辞书编撰具有普遍的指导意义。

胡乔木同志在《中国大百科全书》编撰全过程中,以社会科学家严谨的治学精神,对全书的条目语法修辞,用词遣句也一一定夺。例如,"了"、"就"字用法,"预见"一词的含义,"国民党军队"还是"国民党政府军"等等,他在条目审定中,都不厌其烦,一字字、一句句地修改。他这种精益求精的精神,为全书撰写和编辑工作树立了光辉的榜样。

在胡乔木同志逝世一年后的今天,《中国大百科全书》第一版终于全部出版了。胡乔木同志病重期间曾对中国大百科全书出版社总编辑梅益同志说："全书出齐后，对全书一版工作，要认真总结，要报告中央。对二版工作，要抓准备，要提出设想，听听大家的意见。"他的话，催人泪下，激人奋进，饱含着他对我国百科全书事业的殷切的期望和深切的眷恋。我们应该永远感谢胡乔木同志为《中国大百科全书》所做的巨大的无私的奉献。他的名字将深深地镌刻在这座中华民族科学文化发展的丰碑上。

原载 1993 年 11 月 10 日《人民日报》

乔木同志关怀出版工作

王　益

胡乔木同志作为我党思想、理论、文化、宣传战线的重要领导人，关怀出版工作是理所当然的，但是对于出版工作中的一些具体问题，如印刷、发行方面的问题，也那么关心，可能是局外人所不了解的。我印象最深的有以下几件事。

50 年代初期的某一天晚上，我家中的电话机丁零零响起来。我拿起话筒，听到对方说："我是胡乔木。"当时他是中央宣传部副部长，我是新华书店代总经理，从来没有通过电话，不免有点紧张。他对我说，《人民日报》因纸价上涨，拟提高售价，每份从 6 分钱提高到 8 分钱，问我有什么意见。新华书店不管报纸发行，我思想上毫无准备，只能简单地讲了我的看法。挂断电话后，我想，为了预测涨价将发生怎样的反应，最好深入到群众中去进行深入的调查。随后我很快又想到，这不正是乔木同志在向我进行深入的调查吗？这一件小事，体现了乔木同志细致、严谨、踏实的作风。

也是 50 年代，大概在 1957 年以前。某一天下午，乔木同志的秘书打电话到文化部，说乔木同志到新华书店王府井门市部看书去。当时文化部主管出版工作的副部长陈克寒同志带着我赶到王府井。乔木同志参观完毕走出新华书店大门，与陈克寒同志边走边谈。人行道窄，不允许 3 个人并排走，我只能跟在后面，听不见他们谈什么。后来陈克寒同志告诉我，乔木同志认为，新华书店门市部图书的陈列，要有一定的章法。突出马列主义、毛泽东思想是应该的，但不要过分。陈列过多，会把毛主席孤立起来。门市部要体现“百花齐放、百家争鸣”的方针，反映文化出版工作繁荣的面貌。这是乔木同志对图书发行工作的一次重要指示，新华书店一直贯彻执行。1963 年新华书店总店起草经文化部批准在全国试行的《新华书店县店工作条例》反映了乔木同志的意见。

粉碎“四人帮”后，经历浩劫的广大群众，嗷嗷待哺，掀起了读书热潮。出版工作一时跟不上，出现了严重的书荒现象。新华书店的订货，有些书偏紧，不能满足读者需要，社会上对新华书店有很多批评，认为是“小辫子专政”的恶果（指新华书店总店汇总全国数千家新华书店基层店的订货数向出版社订货，新华书店基层店的订货工作很多由年轻工作人员办理，其中有的是女青年）。在作家协会的一次会议上，作家们对此很有意见，决定派代表向乔木同志反映。乔木同志听了汇报后，也认为新华书店的工作有缺点，对代表们的不满表示理解。但同时也说明，图书发行工作很复杂，做好图书发行工作很不容易，工作中存在的不尽如人意之处，不能完全怪新华书店，有体制上的问题。乔木同志的意见很公正，只有了解实际情况的领导人才能作出这样有说服力的判断。从此以后，社会上对“小辫子”的责备声有所缓和，保护了新华书店职工的积极性。

1982 年 8 月 7 日，文化部出版局的一位同志向新华社记者讲了一番话，说明我国印刷技术落后，已严重地影响了出版工作的发展。改变这种情况，应由机械、轻工、化工等部密切配合，帮助出版部门搞好技术改造。国家最好有一个部门或专门机构抓印刷技术改造,国家经委比较合适。乔木同志看到材料后,当天写信给邓力群同志和张劲夫同志:“为了解决我国出版事业的极端落后状况,非由机械、轻工、化工三部门大力协助攻关不可。此事希望中宣部和经委共同牵头来解决。”力群同志和劲夫同志看到乔木同志的信后,非常重视。国家经委为此特地成立了印刷技术装备协调小组,由一位曾任国家计委副主任和机械工业部副部长的同志主其事。经过十余年的努力,我国印刷业面貌焕然一新。书刊印刷能力由不足变为有余,印刷技术和质量有较大提高,书刊出版周期缩短。这是建国以来一次全国规模的技术改造,乔木同志是积极倡议和坚决支持者。

1984 年 8 月 2 日,文化部出版局向中央反映,为了解决严重的买书难问题,出版发行体制必须改革。出版社应从单纯生产型向生产经营型转变,出版发行专业分工绝对化的局面必须改变,等等。乔木同志为此写信给邓力群同志和中央宣传部廖井丹同志,表示原则上同意文化部出版局的意见,要求中宣部和文化部提出切实改革措施,等中央和国务院批准后实施。乔木同志的信,成为出版发行战线深化改革的思想武器和重要动力,促进了出版发行体制的改革。出版发行工作在改革中增添了活力,有了很大的发展。

上面提到的是我印象比较深的几件事。乔木同志不只是关心印刷和发行,他当然更关心编辑工作。我只须举出一件事情就够了。历时 15 年才完成的、蜚声中外的皇皇巨著《中国大百科全书》74 卷,如果不是乔木同志大力支持并亲自担任编委会主任,这样巨大的工程是难以完成的。乔木同志对书刊编辑工作的精辟意见和指示很多,了解情况的同志如果根据回忆写出来,可以成为一本很好的教科书。但必须由掌握第一手资料的同志来写。

乔木同志对出版印刷发行工作的关怀和教育,出版部门的同志终身难忘。

原载 1994 年 7 月 16 日《新闻出版报》

缅怀乔木同志对出版工作的关怀和支持

宋木文

【题解】 胡乔木同志逝世后,我总想写点怀念的文字。除了有关大百科全书出版工作已另写外,其他方面有些接触多未留下文字,难以梳理成文。所以我便围绕中央书记处两次讨论出版工作写出这篇回忆,以表达我对乔木同志的怀念之情,并借此向想了解这方面情况的同志提供一些资料。

胡乔木同志去世已经两年多了。对这位我党杰出的政治家、马克思主义理论家、宣传思想战线卓越领导者,我一直十分崇敬。在原文化部出版局、国家出版局和新闻出版署的工作岗位上,我曾有幸聆听到他的教诲。他那渊博的学识、严谨的风格,对党和人民的无限忠诚,都给我以极大的教益。然而,可能是由于带着工作岗位的视角,给我留下印象最深刻的还是他对出版工作的关怀和支持。乔木同志高度重视出版工作的政治方向,也始终一贯地帮助出版部门解决实际的问题,对出版工作的指导从不泛泛而谈,表现出了高超的领导艺术和令人折服的人格魅力。

出版工作是党所领导的一项重要的宣传思想工作。党中央一直重视对出版工作的领导。乔木同志作为中央政治局和书记处的成员,多次建议并促成了中央分析和研究出版工作的形势和任务,解决了许多事关出版事业健康发展的重大问题。下面,我要围绕中央书记处两次讨论出版工作会议的有关情况,并联系其他方面一些情况，来回顾党中央和乔木同志是如何关怀和支持出版工作的。

一

1982年2月4日，胡耀邦同志主持中央书记处会议，专题听取并讨论国家出版局党组关于三中全会以来出版工作的汇报。国家出版局陈翰伯、王子野、许力以、王益等同志参加汇报。会议上，领导同志对三中全会以来的出版工作给予了充分的肯定，同时也针对当时出版工作中出现的一些问题提出了批评。在这次会上，由于乔木同志比较了解出版工作的实际情况，他的讲话更中肯更能点到要害，使国家出版局参加会议的同志倍感亲切。乔木同志首先强调了出版工作必须坚持正确的政治方向，他说："我们要考虑，如何出好每一本书，如何做好社会主义出版工作。社会主义阵地不能动摇，不能搞精神污染。要教育人民，不能毒害人民。这是对出版社和书店提出的高要求。"同时，乔木同志又谈到："对出版工作，政治上的指导和批评很多了，光责备解决不了问题，不然又是说了一通，什么问题也解决不了。"乔木同志反复说："出版部门要加强政治领导，但确有一系列的实际问题需要解决，不然就成了打排球，推来推去。他们推给我们，我们又推回去。"乔木同志在分析出版工作出现问题的原因时特地提出，这里面有一个改革财政制度和帮助出版部门改进物质条件的问题。他谈到，现在高质量的纸很少，印刷也落后。发行工作是非常繁重而又困难的。发行要实行双轨制。出版、印刷、发行实行专业分工，三驾马车，起了好作用，也发生了困难。书店缺少书库，教科书发不出去，这是个关系到千百万人的大问题，很迫切。要投资，要基建。乔木同志在发言中，还讲了他在历史学会上讲的在出版界广为传开的一段话，并由此引出一项重大的经济政策的建议。他说："我在历史学会会议上开了包票，说别的出版社不愿出的学术著作，请拿到社会科学出版社来出，如果社会科学出版社也不愿出，你们可以弹劾我（乔木同志当时兼任中国社会科学院院长）。结果有些学术著作社会科学出版社就是不出。要赔钱，谁来赔？我现在感到提心吊胆，怕变成假大空。所以，我提出要求，请考虑：出版部门的利润可否基本不上交或大部留成。赔钱的书要补贴出版社，大家都赞成，但迄今尚未落实。再不落实，就不能怪他们。"乔木同志这段话，鞭辟入里。的确，从党的十一届三中全会以来，我国的出版体制发生了深刻的变化。从出版越来越产业化的角度来看，实际上许多变化都可以纳入经济结构调整的范畴。对变革时期的出版工作，在准确地把握其政治方向的时候，必须十分关注经济问题，否则，坚持出版工作的正确方向就成了无本之木。党和国家对出版工作的要求，一定要有相应的经济政策作保证，这是解决两个效益关系这一长期困扰出版工作问题的基本保证。在今天建立社会主义市场经济体制的过程中，这一点显得尤为重要了。乔木同志的这一重要思想，比较集中地体现在中共中央[1992 年]9 号文件中，并基本得以落实，但一想到乔木同志早在十多年前就提出了这个问题，可见这个问题的解决是多么来之不易！

中央书记处这次会议决定：

1. 对出版局汇报提纲中提出的增建大中小学课本书店仓库、利润留成、纸价补贴等经济问题，请杜星垣同志（当时国务院秘书长）会同国家计委、财政部商量处理。

2. 请中央宣传部牵头，召集出版、印刷、发行、轻工、财政、计委等有关部门商量，代中共中央、国务院起草一个关于加强出版、印刷、发行工作的决定。这个决定要讲出道理，写清楚出版、印刷、发行工作的性质，同社会主义现代化建设的关系、现状、存在的问题和解决的办法。决定起草出来，经乔木同志审定后，提交书记处会议讨论。

这次会上，当耀邦同志提出，由中宣部牵头，对出版、印刷、发行工作作一个决定时，乔木同志说，我自告奋勇，起草这个文件，我当个助手。耀邦同志马上说，请乔木同志把关。这就是由邓力群同志主持专门小组起草，经乔木同志审改，中央书记处审定，于1983年6月6日发出的中共中央、国务院《关于加强出版工作的决定》。这是一个极为重要的文件，既明确了出版工作的性质和指导方针，又对发展出版事业有关的问题（特别是改变印刷、发行落后状况）做出了规定。1983年以后出版领域许多重大实际问题的解决都是同执行这个文件分不开的。

这次书记处会议决定事项的第一项，即有关发展出版事业的经济政策问题，大都按当时可能做到的写入了中央和国务院的决定，其中有两项是单独处理的，并得到了落实：一是改革图书定价制度，以支持出版事业的发展（本文后面将另做回顾）；国家投资，在北京和上海各建一大型图书仓库（主要为储存课本用）。

二

1985年11月18日，胡耀邦同志主持中央书记处会议，听取国家出版局关于出版工作为精神文明建设服务的汇报。文化部和国家出版局的朱穆之、边春光等同志参加了汇报。这次会议对加强党对出版工作的领导、解决出版工作中的一些突出的问题，起到了推动作用。对当时出现的“新武侠热”，中央领导同志和学术界的批评很多，国家出版局在汇报提纲中对此事作了检查：“今年上半年，全国有六十多家出版社，大量翻印新武侠小说、古旧小说以及据此改编的连环画，印数达四千多万部，造成严重的消极影响，不利于社会主义精神文明建设。”汇报提纲还提出了控制这类书出版的措施。会上，书记处的领导同志对这个问题批评得非常严厉，会场气氛比较紧张。乔木同志在这个会上做了两次长时间的发言。

乔木同志指出,思想政治方面的书滞销,明清公案、言情、鬼怪小说这类东西好卖,不单是出版部门的问题,是包含着整个社会问题。“读书界有向下发展的趋势,由比较高级的向比较低级的发展,读者趣味下降。出新武侠小说,除了经济原因外,还反映读者趣味下降。这首先是思想政治工作问题,远远超出了出版的范围。你们采取的办法是治标的办法,应当采取治本的办法。出版局没有这样提,大概是因为怕超出了出版工作的范围,你们不好提。如果不提出来,只就出版系统本身来解决是解决不了的。”在分析出现问题的原因时,乔木同志并没有就事论事,而是由此及彼地谈到出版管理体制中存在的问题,他说:“出版机构,主要是下面没有腿,这是需要解决的,也老早就提出来了。出版没有健全的管理机构,书记处把出版局、宣传部骂一通,也解决不了问题。上面对下面没有指挥权,指挥不动,遇到重要问题更解决不了。”从 1982 年国家出版局合并到文化部以后,地方原有的出版管理机构基本上都被撤销了,许多关于出版工作的意见难以贯彻执行,给出版管理工作带来很大的困难。乔木同志曾多次提过这个问题。在书记处的会议上再次郑重地提出来,使我们在场的同志都非常感激。深深感到他对下情是了如指掌的。说实话,在乔木同志这样的人领导下工作,即使有时受到最严厉的批评,也是心悦诚服的。有时他的话,他的批评,也不是每一句话、每一件事都很准确,我们这些他的晚辈,他的学生,也不感到委屈,更不会减弱对他的尊重、敬仰之情。1987 年,党中央、国务院决定成立新闻出版署。当时为整顿报刊而下发的中共中央文件中有一段关于各省、自治区、直辖市要建立新闻出版局的文字就是乔木同志亲自加上去的。事实证明,没有一个健全的新闻出版管理体系,新闻出版工作的健康繁荣发展是很困难的。

在汇报到图书发行体制存在的问题时,乔木同志有一段十分重要的话:“这里讲了许多行话,大家(指书记处的领导同志)不一定能听懂。这段汇报主要是说,图书发行体制改革,由新华书店独家经营改为多渠道发行后,新华书店和出版社的关系紧张,相互指责。会上宣读的那封给耀邦同志的信是代表书店观点的。这个问题比较复杂。靠新华书店一家不行,要多渠道。书店征订,一种书进多少,别说小辫子,就是博士也没办法。进少了,脱销,进多了,卖不出,书店亏损,也没有周转资金。靠出版社自办发行,开门市部,也解决不了多少问题。有些出版社自办发行卖畅销书,又和书店产生矛盾。去年出版局王益同志提出搞寄销,由出版社承担经济责任。这个问题还未解决。""出版社面临纸张涨价,就出畅销书赚钱。现在,出版社和书店都面临财政危机"。正是由于乔木同志入情入理的分析,才使得会场的气氛有所缓和,许多领导同志也针对如何解决出版工作遇到的实际困难作了许多重要的指示。记得耀邦同志就是接着乔木同志关于臭骂一顿也解决不了问题的话说道:"不是臭骂一顿就能解决问题的。都是好同志。是没有把局面驾驭住。你们驾驭不了,要向中央反映,提交中央讨论。你们是些好同志,工作是有成绩的,要想办法把局面驾驭好。独立的部门都要把局面驾驭好,了解情况,提出问题,请中央讨论。"乔木同志接过耀邦同志的话说:"出书要提高质量,又能卖出去,这个问题光是出版局解决不了。"乔木同志十分理解和体谅在市场经济条件下实行自负盈亏的出版社和书店的困难。他进一步说,"需要党、政府、群众团体的力量来解决。你们解决不了的,要依靠党。"接着,万里同志讲了一段话,我的印象非常深刻,他说:"我讲过多次,现在再讲一次,财政部门不要在教育、文化、民政、政法等部门打经济主意。这是些用钱的部门,当然不能乱用,要用到最需要上去。但不这样做,就不是社会主义!对这些部门还收能源税、什么税,还有没有社会主义!对这些部门要在生产发展的条件下,尽可能多投些资,使这些部门发展快些。这就是智力投资。企业浪费几百万都可以,为什么在这些方面这样抠?!"

三

在1985年11月这次中央书记处会议上，有几位领导同志对图书特别是课本提价问题进行了尖锐的批评。乔木同志深知，图书价格政策是既涉及广大读者利益又涉及出版业生存发展的重大问题。他在会上表示，图书不能大幅度涨价，但又指出："这个问题比较复杂，如果不采取具体措施，许多书就不能出版了。"当书记处决定起草一个解决出版有关问题的文件时，乔木同志马上提议"书价算一个问题，要有目前政策和长远政策"。应该说，十多年来，我国出版体制改革中影响十分深远，意义格外重大的图书价格改革，正是在乔木同志的着力推动下才艰难起步的。

这次书记处会议之后，乔木同志亲自查问了调整书价的情况。国家出版局于1985年11月27日向乔木同志并中央书记处送上《关于图书定价调整情况的报告》。

报告指出：目前实行的图书定价，是根据1984年中央批准的调整书价方案执行的。在此之前，各地书价是执行1973年国务院出版局制订的《图书定价试行标准》。当时处于"文革"特殊历史时期，这一定价标准比"文革"前还降低了20%～25%左右。由于纸张、印刷提价，恢复并提高了稿酬，管理费增加，纸张又不再补贴，致使图书成本大大增加，如果继续执行1973年这个比"文革"前还低的定价标准，全国绝大多数出版社都将发生严重亏损，极不利于出版事业的发展。为此，遵照中央书记处关于财政不再补贴纸价，书价原则上可以作必要调整的指示精神，文化部党组（当时出版局归文化部管理）于1984年8月向中央宣传部并中央书记处报送了《关于调整图书定价的报告》：建议一般图书适当调整价格；中小学课本因涉及千家万户，以不调价为好，出版课本所发生的亏损，由财政补贴。这个报告送上去后，经中宣部、财政部、物价局商定，并报请中央批准，各类图书（包括课本）都可按“保本微利”原则适当调价，并对图书价格管理体制作了重大改革：各地图书（包括课本）、期刊的定价，由中央统一管理改由地方管理，文化部可以不管；中央一级各出版社按统一的调价幅度制订具体的定价，报各自的上级主管部门批准后实施。由国家出版局提出的，对中央一级出版社规定的统一的图书定价标准幅度，改变了原实行的图书定价分12档38类繁琐的定价分类办法，将所有图书分为两大类，即社会科学和文学艺术类，每印张七分五厘至一角六分；自然科学和生产技术类，每印张八分至二角三分。根据中央批准的上述原则和规定，文化部于1984年11月发出《关于调整书价的通知》，还特别重申了耀邦同志在审批这次调整书价文件时所做的重要批示：“课本可以适当提点价，但只能限于‘保本微利’。绝不许在小孩子身上赚钱。这一条务必同各省市同志说清楚。出了乱子要追究责任。”

报告还讲了对这次调价规定的执行情况，并对今后加强管理提出了建议。总的说，出版社在调价后“并未获得厚利”，但也有“在调价幅度内就高不就低”的情况。对中小学课本的定价，报告提出，“是继续实行现行的定价标准，还是改变办法，即出版部门因出版课本所造成的亏损及维持再生产所需的微利，由各级财政部门予以补贴，请中央决定。”

乔木同志审阅了国家出版局的报告，并补看了1984年中央批准有关部门提出调整图书价格的文件后，专门向中央写了一封信。考虑到多年来乔木同志为推动图书价格改革所做的大量工作一直鲜为人知，我特地将这封信抄录如下：

耀邦同志并万里、李鹏同志：

上次书记处会议讨论出版工作和教科书提价问题后，我即催令出版局将有关情况迅速查实报告中央。现出版局已送来报告，即送上请审阅。其中关键问题，是中小学课本下学期是否降价问题。上次书记处会议上财政部虽表示可以同意不涨价，但据出版局同志报告，会后财政部在与有关部门开会商讨此事时，仍表示坚决不能改变提价措施，即不能代负各出版单位因此而受的亏损。因出版部门本身并无力承担此项亏损，故此问题需请中央明确解决，估计今年物价上涨因素，目前如需改由财政补贴，则必已超过1500万元。且今后教科书工本仍将继续上涨，故即令维持现行价格不变，则明年以后除非让书价继续上涨，一定的财政补贴仍不可免。就现有有关材料看，因中央已决定书价由地方自行决定，又决定课本以保本微利为原则，似还不好判断文化部和出版局应对目前的课本涨价问题负何种责任。

去年下半年，文化部提出书价问题报告和耀邦同志批示等来往文件我都未看亦未听说，故今年我和张劲夫同志召集会议讨论今年教科书出版问题时因问题已有决定，再未有人提出，我也未曾想到这个问题上如何把关，这是我的疏忽，今后当在有关问题上努力注意。

胡乔木

1984年11月29日

我在这次会议上，直接感受到中央领导同志对出版事业的重视和严格要求，听到了领导同志关于书价问题的尖锐批评，当我看到乔木同志写给耀邦同志的这封信时，我为乔木同志的党性原则、组织观念和实事求是的精神所感动，我更加感激乔木同志对出版部门的理解、爱护和关怀。实际上，乔木同志在这封信里，既坚持了有利于出版事业发展的中央关于改革图书价格的决定，又为在图书价格改革中已经或可能出现的问题替出版部门承担了责任。

关于一般图书(一直从严控制价格的课本除外)的价格,是逐步放开的,1987 年 12 月发文允许印数 3000 册以下的学术著作和专业著作可参照成本定价;1988 年 8 月又做了一次重大改革,即不具体规定图书定价标准,只控制一个出版单位的图书定价利润率,以体现"保本微利"的原则。但是,1984 ~ 1985 年这次价格改革是迈出了艰难而重要的一步,并且对一般图书价格改革起着承前启后的作用,对我国其后 10 年出版事业发展的支持作用是很大的。从 80 年代中期以来,我国的绝大多数出版社实行了事业单位企业管理,变单纯的生产型为生产经营型,一句话,国家对出版基本上不再补贴,出版业必须面向市场,走自主经营、自负盈亏、自我发展之路。在这种情况下,及时的改革价值与价格严重背离的出版物价格制度,其重要意义是自不待言的。在上游产品,如纸张、油墨、装帧材料、印刷机械价格不断上扬的情况下,出版业要想为两个文明建设提供智力支持和思想动力,特别是要保证小平同志提出的教科书的出版发行必须完成的"课前到书,人手一册"的任务,没有一个合理的价格制度是不能想像的。

乔木同志对出版事业的关怀和支持是长时期和多方面的,决非我所能讲清楚,而在这篇回忆文章里又只讲了我所了解的一部分情况,更不能全面反映乔木同志与出版工作的关系。但我相信,读者仍然可以从中看到乔木同志在我国出版事业发展的那一个历史阶段所起到的无人可以比肩的重要作用。在乔木同志逝世后,我便开始梳理乔木同志领导出版工作的情况,但直到今天才写出这篇回忆,尽管文字比较粗糙,但却融入了我对乔木同志诚挚的崇敬之情。

选自《宋木文出版文集》,中国书籍出版社 1996 年

胡乔木编辑思想对地方志编纂的指导意义

周永光

胡乔木同志是个大编辑家,他从 1932 年主编进步刊物《海霞》开始,一生从事过各种编辑工作,其硕果与党史共存、与国史同在,举世瞩目。他的编辑实践和编辑思想都是博大精深的。晚年他亲自倡议、主持和领导了《中国共产党的七十年》、《中国大百科全书》和新地方志的编写工作。这三项工作性质不同,但从内容到形式又有相通相近之处。因此,用联系比较的方法,尽可能系统地学习和掌握其编辑思想,对于地方志的编纂,是会有许多帮助的。

胡乔木同志是编辑家,但更为重要的是他是个改革家,晚年他一直致力于在思想文化领域里革除流弊——中国几十年"左"的以及右的观念和作法。他在党中央负责理论工作的指导,对于党的解放思想、实事求是的原则积极倡导,身体力行,其中包括编辑工作这一领域。我们学习他的编辑思想,首先要学习他的改革创新的精神,不然就会得其皮毛而弃其精髓,或者知而不用、用之甚少。

一

重大的编辑活动都要从自身的性质出发,提出明确的特定的编辑方针。《中国大百科全书》是介绍古今中外人类文化科学知识的大型工具书,1979 年在胡乔木同志指导下制订并经他批准的编辑方针是:"全书编辑工作贯彻'百花齐放,百家争鸣'的方针,介绍文化科学知识要持客观态度,实事求是,对学术上有争议的问题要反映各家学说。""对世界各国和地区,不论其大小和政治制度如何”,“对中外古今人物……凡历史上有影响、学术上有成就的人物,不论其政治地位和政治观点如何,都应有适当的介绍。”①这样的一个方针,于当时“左”的指导思想在党内、国内尚未完全破除的情况下,无疑是在知识界吹响了冲破“以阶级斗争为纲”、学术“政治化”的精神禁锢的进军号。对于这个方针不是没有微词的,有的同志口头上能讲“百花齐放,百家争鸣”,真正实行起来又是“叶公好龙”。经过15年努力,《大百科全书》终于编完出齐了,在社会主义精神文明建设中树起了一座丰碑。《大百科全书》对提高整个中华民族科学文化水平有重要意义,其编辑活动本身,对帮助人民消除“左”的和右的思潮,以及落后的传统观念和主观偏见,也有重要意义。

编修地方志也是一项学术工作。胡乔木同志在1980年全国史学代表大会上倡导修志的同时,也专门阐述了史学与政治的关系问题。1986年他在全国地方志第一次工作会议上又指出,地方志是“科学的资料书”,他要求修志者“力求在编辑工作中避免一种所谓‘政治化’的倾向”,要求地方志要科学化,“在不能做到高度科学化的时候,我们也可以要求一种较低水平的科学化,至少要求整部地方志从头到尾都力求严谨,要保持一种科学的、客观的态度”。笔者理解,这就是胡乔木同志给地方志阐述的编辑方针,尽管他自己没有把这段话称为方针,但这段话讲的是一个基本原则,需要贯彻于志书编撰的全过程。他要求科学化,至少要持科学的客观态度,就是要求人的认识——在志书中表现为编者的记述,要符合客观实际。这同周恩来同志对我国文史资料工作提出的“存真求实”的要求是完全一致的。地方志工作和文史资料工作都属于历史科学的初级阶段的工作,它们的产品都属于初级产品,“存真求实”是党的实事求是思想路线对这一特定领域的特定要求,这一领域打下了“存真”的基础,下一领域才能实现“求是”的终极目标。地方志工作同文史资料工作一样,也把“存真求实”当做方针无疑是非常正确的，遗憾的是还没有真正把它当做一个基本方针来看待。在修志章程中，它被夹杂在靠后的条款中捎带提及。[②]相反，一些属于局部性的要求置于显要地位，一些处理特殊情况的原则被当做普遍原则来强调。有的地方讲修志方针习惯于摆套话，一摆就是一串。有的地方还随时把对宣传工作的要求直接搬来作修志的方针用，而本来应该始终坚持的基本方针却被降格处理、限制使用了。这种现象的存在，反映我们还不十分明确地方志的特定性质。

编修地方志而不明确自己工作的方针由来已久。1958 年前后那届修志，多数是按“政治化”的主题思想编写的，结果成了宣传品。原因正如曾三同志所说：“由于当时存在‘左’的影响，修志工作很难沿着正确的轨道前进。”80 年代以来这届修志，是伴随着全党、全国的拨乱反正进行的，“左”的影响在逐步克服之中，修出来的志书比上届有了明显的进步。但整体来说质量还是不高，笔者以为原因主要是我们方志界的拨乱反正滞后，不同程度地依然存在着“政治化”倾向。胡乔木同志说：“从我所看到的新编地方志中，我感到存在着这个问题。”[③]1984 年魏桥同志参加过几部县志的评论会，他认为这些志书有开创之功，但“应该说有的是不成功的。体例不够完备，语言方面套话大话多”。[④]1991 年骆明同志说：“地方志的高质量是敢于实事求是地记述历史和现状，”他看了一些省（区）的县志，认为“其中就有一些没有做到实事求是”。[⑤]1993 年胡绳同志在全国地方志工作年度座谈会上说：“质量问题的根本，又在于志书所记述的内容是否准确，是否真实可信，是否能切实贯彻实事求是的原则。”从上述不同时间的代表性的评论中，人们可以看出新编地方志的大体面貌，并判断出其主要矛盾是什么。学习胡乔木的编辑思想，回顾我们三十多年的修志历史，笔者认为切实弄清我们修志的方针，仍是当务之急。

二

取材是史志编写的基础环节，对于“述而不论”的地方志来说，取材问题倍为重要。正确的指导方针必须切实贯彻到取材上，使之具体化，不然就会落空。

对于史书的编写，胡乔木同志提出的目标是“客观的历史是怎么样，写出来的历史也必须是怎么样”。为达到这一目标，他要求知人论世要悉当，材料的取舍和详略应周全。他在审阅《中国共产党的七十年》书稿时，在观点和情况叙述上都作了重要补充和修改。例如原稿写完 1957 年反右派斗争情况后有这样的一句话：“这成为后来党在阶级斗争问题上一次又一次犯扩大化错误的理论根源。”他在“扩大化”三字后面加上“甚至无中生有的”七个字；又如原稿中只有一句话评论八大二次会议前的南宁会议和成都会议，他认为写得不够，加写了一大段：“作为探索中国自己的建设社会主义道路新起点，有其积极的一面。那就是……但是后来的实践表明，这两个会议对中央和全党的工作又有消极的一面。那就是……”再如，在《四十二年来的巨大成就》一节中，他批示道：“需要有一大段话说明中国现在仍是落后的。”⑥从上述几例可以看到，胡乔木同志的思维缜密，不容许有疏漏。经他修改补充之处，观点真正具有了概括性，情况更符合实际了，达到了“悉当”、“周全”的要求。

对于地方志的编写，胡乔木同志十分重视取材问题。他从倡导修志时候起，就同时考虑新编志书的内容应当包括哪些“题目”。他对地方志的取材的主张是科学化和现代化。认为地方志涉及“历史学、各种专门的史学、史料编纂学、自然地理学、历史地理学，到人文地理学、经济地理学（也可以作为人文地理学的一部分）、社会统计学、社会学、民俗学等等。这里面最主要、最关键的也许是人文地理学”。⑦他要求请有关专家学者帮助设计地方志的篇目结构，对每个门类下面要提供哪些资料提出意见。他还较具体地提出了他对“社会”、“教育”这两个门类记述内容的一些设想。他认为地方志的内容应随着社会经济、科学文化的发展不断完善。他认为地方志提供的资料应该是丰富的，反映社会实际的，例如教育门类要写全民的教育状况，社会门类应写犯罪活动等社会问题，这样才能够适应社会科学工作者和实际工作者起码的需要。作为中央档案管理工作的领导人，他说“我们过去关于保密问题的某些规定现在看来不太合适，需要作一些改革”。他在写《回忆毛泽东》时曾经谈到共产国际的材料许多已经公布了，“我们还没有充分地利用它”。他要求地方志的材料要丰富，同时又要求精炼。一个地区各级志书之间，一部志书各门类之间，关系要处理好，避免重复。志书的分量不宜太大，以免引起种种不便。

由于胡乔木同志的倡导，方志界研究取材的科学性问题的积极性日益增长，近年还见有《地方志与现代科学》之类论著出版，是十分可喜的现象。地方志要科学化，“只有从事这一工作的各位同志掌握越来越多的科学武器以后，才能逐步做到”。但当前要提高地方志的科学品位，尽可能地降低杂质，就取材问题上各种流行的主张进行讨论，也是有必要的。

一种主张是地方志谋篇要先“立意”，取材记述要讲究“角度”和“技巧”。有的志书确实如此，只要稍翻阅几个篇章就可以明显地感受到它是按照某种“立意”去取材，而不是按照准确反映事物的客观状况去取材。事物是一分为二的，编者只记其一，不记其二，或者遮遮掩掩其二。社会主义初级阶段的现实，书中反映出来似乎已达到了高级阶段；我国的政治、经济体制存在弊端，尚处在改革之中，而书中所写似乎都是“政通人和”了。地方志作为“地情书”，是对一个行政区域的各个领域进行调查研究后的记载。它以马克思主义世界观方法论为指导，按有关学科原理和应用法则，面对地情,进行调查研究,结果怎样就怎样记载,是不能事先定死角度、框住视野的。那不是马克思主义的治学态度,不符合马克思主义的认识论。编写"科学的资料书"不宜像一般文章写作那样提"立意"、"角度"、"技巧"之类要求,只是在处理交叉内容时有角度问题,就反映情况来说是不能选角度的,它们同胡乔木同志强调的"悉当"、"周全"和"朴实",恰恰是南辕北辙、背道而驰的。

还有主张修志要"提炼主题思想","按主题思想取材"。有文章说"主题"要贯彻于搜集材料等编纂活动的全过程,统率志书的各个篇章。还见到有人用"主题思想"如何如何来评论志书的。"主题思想"这种主要属于文学创作活动使用的术语,把它搬到史志编修领域来,笔者总觉得是不甚妥当的。地方志记述的范围从自然到社会,从历史到现状,怎么能按照一个"主题"来取材呢?文学创作与史志编修尽管有某些相通之点,但差异毕竟是非常大的。例如同样是写中国人民志愿军,报告文学的作者只搜取几个事例就以一当十地把具有爱国主义和国际主义情操的志愿军是最可爱的人这一主题思想表现出来了,帮助人们从本质上理解了志愿军。但写志愿军史志则不同了,它需要记述志愿军从组建到解散的整个情况,凡是军事学术研究涉及的基本方面都是其载录的范畴,资料力求丰富、全面、连贯、系统。非如此不足以称史志,不足以供人研究和借鉴。地方志的取材,不是以表现某种"主题",反映了某一"本质"即算满足,即可止步的。修志不是按一个或若干个主题思想去取材,而是按既定门类,参照有关科学的法则去取材。胡乔木同志讲得很清楚:"志书中任何一个门类都是一门专门的学问",每个门类下面提供哪些资料,究竟怎样才算写好,"需要分门别类地提出来,让大家都能明白"。⑧这样才能编出合格的科学的资料书来。

有的同志讲,旧志是为封建社会歌功颂德的,新志就应该为人民的革命和建设事业歌功颂德。不错,新编志书的某些部分在某种意义上讲,是歌人民之功,颂革命和建设之德的,但是不宜用歌功颂德来谋篇和取材。地方志是科学文献,蕴含有一定的纪念意义,但不同于纪念文集,记载革命和建设的历程,反映历史的经验,必须是全面的,胜利和挫折、成绩和问题、正面经验和反面经验均要载录。对于人物也要实事求是,有多大功劳写多大功劳,有重大过失也不能隐讳(纪念文集对此可以从略或者完全回避)。不恰当地歌功颂德是修志的一个老问题。1958 年前后修志,一些地方就存在着拔高当地革命斗争的历史地位,夸大某些个人作用的现象,1963 年 7 月中国科学院哲学社会科学部和国家档案局曾联名向党中央反映了意见。[9]80 年代以来的修志工作中,这个问题尚未完全解决。1986 年 12 月胡绳同志还专门提出:"应该保持新编地方志所应具有的科学的严谨和简练。在涉及到当地革命斗争史和党史时,搜集资料应该细致广泛,具体编写则要有所选择,不宜作不需要的渲染和过细的描写。"胡乔木同志也再三要求纠正这种现象。

有的同志说,中国地方志的传统就是只记乡邦盛事、有褒无贬、隐恶扬善、重在表彰的,由此可以增进乡情,提高凝聚力。现在修志为何不可以继承并发扬这种有用的传统呢?有褒无贬、隐恶扬善,这的确是志坛的传世衣钵,也是旧社会地方官生存术在志书中留下的印记。但过去一些好的志书也并非都如此。例如胡启东主修的民国《盐城县志》就敢于秉笔直书:"盐之军阀马玉仁冤杀乡人赵雪。"马以武力威胁,胡始终不改变一个字。如果说我们不能因为存在隐恶扬善问题就对旧志全盘否定的话,无论如何也不能把隐恶扬善看做优良传统加以继承了。中国人的人情世故很深,忌讳很多,其中不合乎科学的部分不予破除,要想写出真实可信的史志就很困难。认为只记乡邦盛事才能增进乡情,事实也并非如此。有部侨乡的县志记了"盛事",也记了"憾事",如实载入了"文化大革命"中侨眷受到无辜伤害和后来党和政府采取的纠正措施，侨眷和海外侨胞为此很感动，参加家乡建设的热情高涨。这证实了胡乔木同志的话：历史“不能隐瞒和篡改”，如果加以隐瞒和篡改，恐怕得不到好的效果。

在地方志的取材方面，影响最大、争议最久的，莫过于“几宜几不宜”了。其中主要的是1985年4月正式提出来的“关于建国以来重大政治事件的记述，要遵守‘宜粗不宜细’的原则”。[10]非正式的要求还有“宜略不宜详”、“宜分不宜集”等等。据称，这些都是根据中央领导指示精神提出来的。从近十年来的修志实践看，这些要求的正效应是纠正了某些志书中对“文化大革命”等阴暗面的不必要的铺陈描写。但同时也产生了负效应：新编志书中对“左”的失误较普遍地回避或轻描淡写，不能不说与这些不适当的、表达不准确的要求有关。

“宜粗不宜细”是邓小平同志1980年3月同《关于建国以来党的若干历史问题的决议》起草小组负责人谈话时提出的，当时拨乱反正才一年多，十一届五中全会后还存在着“一部分人中间思想相当混乱”的现象，要在六中全会上作出一个《决议》来澄清32年的是非，当时形势决定只能“宜粗不宜细”。再者写《决议》不是写史，邓小平同志指出，它不需要铺述，而是集中对一些重大问题作论断。[11]其体例本身也是要求“宜粗不宜细”的。

编史与写《决议》不同，它要以《决议》的观点为准绳，有论断，还要有对许多重要史实的完整叙述，是不宜“粗”的。1951年出版的《中国共产党的三十年》简明本是按照党的第一个历史问题的《决议》的观点写的，胡乔木同志用一个多星期就独自完成了，但他对这本书并不满意，一直不同意再版。[12]1991年出版的由中共中央党史研究室编写的《中国共产党的七十年》是一部中等篇幅的党史，书中建国后部分约25万字，等于决议的10倍。《决议》写了中央主要领导人各有什么主要观点及其是非，《七十年》则还记述了各种观点是在什么形势下提出来的，谁赞成谁反对，实践检验的结果如何。胡乔木同志在审稿时还作了补充，介绍了历史上一些重要的真实情况，让读者看清问题发展的前后脉络。对于《七十年》胡乔木同志给予甚高评价，认为以前"的确没有写得同样好的书"。但他同时认为，还应该编写更为详细的党史。

修志也要以《决议》为准绳，但不能只搬用《决议》的结论，不具体提供地方的实际情况，使人对重要史事如雾里看花。例如"大跃进"和"反右倾"，那是席卷了全国的运动，其中就有鲜明的是非正误、严峻的利害得失、沉痛的经验教训，各地都有充分的史实应当记载，遗憾的是不少地方志只记划"右倾分子"的数量及何时平反即止，这段历史仍然是非不明，皂白不辨。其实当时所谓的"白旗"、"右倾分子"正是在"五风"高压下敢于坚持实事求是的好干部，他们当时的言论和行动完全应该选取典型载入史册，而"五风"造成的危害也应当如实记载。不这样取材，志书就不可能产生鉴戒的作用。

我们修志所谓的"宜粗不宜细"，是专指对失误的记述而言的，对成绩的记述要求则是"充分"二字。这种对一部历史的不同方面分别提出不同的取材尺度的做法，本身就不符合科学的资料书"存真求实"的编辑方针，与胡乔木同志"要保持一种科学的客观的态度"的主张是不一致的。1981 年胡乔木同志在《当前思想战线若干问题》一文中曾批评了《苦恋》、《太阳与人》，他不赞成"多数作品都必须着重于十年内乱这段历史，着重于这段历史中最令人憎恶的事物"。但他同时说明："除非是历史学家"，"历史不能忘记和割断，更不能隐瞒和篡改"。这里可以看出，历史与文学、艺术是被区别开来的，历史作为科学，如果回避或忽略了客观的重大史实，就没有多少价值可言。

要求记述失误"宜粗"，也并不完全符合邓小平同志讲话的原意。他对写《决议》讲"宜粗"，是讲历史总结整体上要做到高度概括，并非特指论述失误方面才"宜粗"。按版面统计，《决议》在对建国后 32 年的分期论述(9 ~26 条)中,头七年论述失误占 4.5%,第一个十年占 37%,第二个十年占 71%,后五年占 16%。前后期与中间二十年论述成绩与失误所用篇幅差异很大。可见论述历史只能据实直书,以反映出基本情况,讲明经验与教训为度。在任何时期、对任何事物都套用一种比例固定的篇幅去记述,这样的史志难免失真。与《决议》、《七十年》相比较,地方志在取材上较普遍存在的偏颇,日渐为人们认识了。道理是很明白的:地方志应该记载各方面的重大成绩,也要写清楚主要的失误。不写清楚长期的主要是"左"的失误,就无法理解党的十一届三中全会这个历史的转折,无法理解经济政治体制的改革,无法理解今天出现的巨大变化。同样道理,如果把十一届三中全会以来写成一帆风顺,不反映遇到的问题,也是不符合客观实际的。

从立论的原则和实践的检验来看,"几宜几不宜"的提法是欠科学的,实有改变之必要。当然,有的地方某些重大事件载入志书有违国家保密规定的,那还是不宜记述或不宜作具体记述。这种特殊情况需要特殊处理。

新编地方志在取材方面,还有一个需要澄清的问题是如何对待"今"和"古"。本届修志一开始就强调一条原则:"要详今略古"。新编地方志记述今古事物的比例,从整体上讲,当代的重于近现代的,近现代的重于古代的,这是应该做到的。但不能不问资料的历史价值如何,一概按照"今"和"古"作"详"和"略"的处理。例如军事门类,最值得重视的是战事,某地近百年间农民起义、抗击帝国主义侵略、新旧民主革命,都有重大战事应作重点记述,但其志书却把大量的篇幅用于详记解放后当地军事部门的"今"事。又如某些志书中的人物传,为了"详今",对有的人物采用铺陈、演绎、渲染的手法去写,刻意要凑出一篇"大传"来,但效果适得其反。还有的同志把"略古"看做对待历史情况可以不必太认真,以为这部分不重要,一些印刷装帧很漂亮的志书中史实错误和历史常识性错误层出不穷。

胡乔木同志1980年4月曾说过："要用新的观点、新的材料、新的方法和体例去编写地方志。"有的人把这句话概括为"三新"，一时成为方志界的流行词，使某些同志头脑中形成了非新勿用的概念。其实系统学习胡乔木同志的讲话，就不应该把这句话绝对化。譬如胡乔木同志曾谈到过去修志在用人、在行文表述方面都有可效法和借鉴之处，可见他对旧的方法和体例并不是完全否定的。如果把修志要用"新的材料"当做不用或不必重视旧材料理解，恐怕就难以下笔，或者只能写成断代史了。胡乔木同志讲"新的材料"是否可以理解为：按照科学原理和方法去搜集，新编志书载录的大部分材料必然是与旧志面目大不相同的材料，再者我们今天是在解放思想、实事求是的形势下修志，党和国家的许多档案已可提供利用，能够帮助人们实事求是地认识历史真面目了，所编修出来的史志"陈言大去，新意迭见"，这也是地方志材料"新"的所在。我们阅读《中国共产党的七十年》，在取材上不是明显地感受到其新意来了吗？

有的同志说，自古以来志书多是"详今略古"的，而且这是志区别于史，之所以成其为志的标志之一。诚然这是实情，但是我们知其然还要知其所以然。封建时代的志书都可以是续修的，而我们今天修的绝不是续志，而是新编，理当运用马克思主义世界观方法论对本地历史从头加以整理，志书上限应定在各种事物在当地发端之时。至于下一届修续志，当然就可援用历代修志常规"详今略古"了。人们都说读志是为了"鉴古知今"，而修志却要求"详今略古"，其辩证关系缺乏具体的、准确的解释就容易误解，走向陈伯达曾鼓吹过的"厚今薄古"的歧途。鉴此，近年有的省用"详今明古"的提法来取代"详今略古"，笔者认为甚是得宜。

三

胡乔木同志提倡地方志要用新的方法和体例去编写，要比旧志增加科学性和现代性。对于志书的结构，他主张按有关科学的原理结合社会的实际状况去设计，认为掌握有关学科武器对地方志的编纂会有很大的帮助。在志书的体裁方面，他强调要运用插图（含照片）和统计图表，认为没有必要的插图，有的事物“差不多等于没有说清楚”。他主持编写的《中国大百科全书》共设图、表49765幅，平均一页一幅，其数量比一些国际知名的百科全书都多。他还主张地方志中要编有索引，因为检索方法是否完善是衡量一部现代科学文献质量的重要标准之一。《中国大百科全书》除了设有多种目录、多种索引之外，条目内还设有“参见”和“参考书目”，沟通条目之间的横向联系和《全书》与外界资料的关系。这些作法，我们修志可依据志书资料容量的大小酌情使用。在志书的章法上，他强调言必及事，杜绝任何空话，不用宣传性、颂扬性词语，指出那种写完事实之后忽然加上一句带叹号的话的写法，不合乎地方志的规范。他认为地方志中不需要评论，因为“地方志不是评论历史的书，不是史论”。多余的评论是画蛇添足。他要求“地方志应做到详细，同时应做到简略”，应讲的方面都要讲清楚，而表述则要精炼，惜墨如金。他要求百科全书和志书的行文都要注意保持“客观性和稳定性”，“能够经受历史的考验”。他还认为志书上印题词和许多选得不当的照片不可取，有损志书的科学性。

胡乔木同志的这些意见，是从地方志的资料书性质出发申述其固有的要求，同时也是总结中国数十年编书的经验教训而提出的力纠时弊的主张。他在1984年曾说道：“最近几年，我修改了一些文集的注释，感到起草注释的同志都有一种通病，就是议论多、断语多，好像法官作判决一样。这个毛病可能受《毛选》注释的影响。陈伯达搞《毛选》注释的时候就爱下断语。后来康生又说这些注释都是经过毛主席看过的。这样一来,凡是《毛选》注释上写了的,好像就成了'句句是真理',再不能改了。也就是说,注释上说这个人不好,他就很难翻身了。实际上人是变化的,鲁迅当时批评过的人,后来有不少都是很好的同志。"他主张"注释主要是对一些人和事的基本情况、历史背景作些必要的介绍,以帮助读者理解正文,切忌发议论,下断语"。[13]这一主张是对党的文献工作的一项重要革新,他倡导的这种新体例不仅中央文献研究室照着做了,其他的有关单位和部门也越来越多地这样做,促进了文献工作的科学化。

地方志体例问题比较复杂,胡乔木同志号召从事志书编撰的同志多多研究,多多尝试。这方面探讨的文章甚多,有人把新地方志界说为科学的资料汇集,有人则对此提出异议。胡乔木同志曾说新编地方志应是"一部朴实的、严谨的、科学的资料汇集"。陈云同志也说过新编地方志是"一个地方史料的总汇",与档案资料相比,"它积累的资料是比较全面、系统的,加以整理的,因此具有一定的科学性"。[14]他们用资料"汇集"、"总汇"来称呼地方志,说志书是"积累"资料、"提供"资料,都是强调地方志的资料书属性,并非给地方志作界说、下定义。地方志中的资料大部分不可能原文入志,而是需要经过编者整理转述的,因而某些场合又用"资料性著述"来称呼地方志。但这种著述主要是记述,属于编著,一般不作论述,不是论著。一些方志先辈作过的让编者走上前台,纵论天下,让志书起到战略决策的作用的设想,近十年来全国出版了千余部志书,没有哪一部能说这种设想已经兑现。志书编者应该而且必须由古而今,由此及彼,由表及里地研究地情,但研究得到的认识主要用于指导资料的取舍和编排,而不是用在志书中评古论今。胡乔木同志强调地方志"要力求表现出各门类的相互关系",同时又说明"这种相互关系的研究本身不能在地方志里面展开,那是另外一门专门科学,地方志应该提供一种有系统的资料”。[15]

研究不在志书中展开,是不是就像某些同志主张的,志书只写“是什么”,不写“为什么”,只反映现象,不反映规律呢?问题似乎不宜绝对化。胡乔木同志有关地方志的言论中并未表示这个意思,相反,他在讲到教育门类内容时,曾提到要记述学校的实际情况如何,“教育事业面临的障碍是什么”。前者属于“是什么”,后者实质上是讲教育发展困难的原因,属于“为什么”。地方志既然反映了事物间的因果关系,其中就有规律可供探寻。从已编出来的志书看,有的事物的因和果在一个目或一个节内就可以反映清楚,自然地符合研究“不展开”的编写体例;有的事物有诸多因果关系,因果分散记载于若干篇章节目中,需要读者根据常识判断或凭借志书所设的“参见”、索引,到有关篇章节目去阅知。不在志书中展开问题的研究,是志书作为综合性的资料书的性质所决定的,不坚持这个体例,内容繁富的资料将难以纂集成书。这样做,在载录形式上是打破了对某些事物的整体性,然而却保持了整部志书结构的整体性和内容的丰富性;不让编者撰稿时就某些问题展开去进行论证、探讨,正是为了成书后便于众多的读者在各个时候就各种问题,综合各种资料去进行论证、探讨。实际上,许多重大问题(包括某些同志所说的一些“主题”)并非在单个的地方志书中能完全研究清楚的。

当然,在不影响志书基本框架的完整,不削减志书资料的全面性、丰富性的前提下,如何在志书中增设一定的综合论述的成分,是可以尝试的,也是某些读者所需要的。但志书中综合论述不多,并不意味着这部志书质量就一定低下,“只是资料罗列”。其实作为朴实的科学资料汇集,能够罗致真实且全面的资料并有条理地列述出来,应该说就是一部合格的志书了。志书编者的水平主要体现在资料的搜集、鉴裁和编排上,将丰富的资料按系统编织成有机的整体。行文表述仅为其次。志书“作为一部工具书”,[16]它像辞书、百科全书一样是备查考的，并非作为一篇文章来阅读，非有一个综述来开篇不可。专门研究地情的人，更重视分析资料自己作判断。现在有的县志设《概述》“浓缩”全书内容，有的县志《概述》只介绍县情的几个特点，有的县志不设《概述》，而是在卷首用照片和说明词来反映一些重要情况。这些都是不悖志体的应当允许的尝试。《中国大百科全书》74 卷，除一卷是《总索引》外，它的77859个条目分门别类地“罗列”在 73 卷中。这种体例完全无碍于它成为一个完整的知识系统，并获得世界学术界的好评。

四

高度重视编辑人员素质，高度重视出版物的质量，是胡乔木编辑思想的重要组成部分，也是他对地方志编纂的要求。

胡乔木同志自己一贯以治学严谨著称，其编辑作风同样是一丝不苟。往往文章已在工厂排印，他还让秘书去修改某些句子和提法。他领导党中央的文献工作，始终坚持“精选精编”原则，对文稿中涉及的事实、数字、引文，要求认真核实，并十分重视用语准确、逻辑严密和标点符号的规范。他 1982 年审订一篇 1938 年毛主席的讲话记录稿，指出有一个字需要查证，经过多方核查和辗转印证，终于有根有据地纠正了讹误。在他领导下工作的同志都深切体会到他常讲的：“做编辑工作是很不容易的。”只有精益求精，才能产生合格产品。他提议编写的《中国共产党的七十年》原计划在党的 70 周年生日之前出版，后来推迟了，他在题记中说明：“是为了遵守质量第一的原则的缘故。”《中国大百科全书》的出版，“事关国家科学水平和政治荣誉”，他要求“全力确保质量”。亲自邀请全国最著名的专家学者出任各编委会主任、副主任或委员，并提出“由最合适的人选撰写最合适的条目”的原则。据此，先后有二万二千余名专家学者参与了撰稿和编审。在编辑过程中，他还针对发现的问题，采取了压缩卷数、放慢进度、多次组织编辑人员学习和进行考核等措施来保证《全书》的质量。

地方志编修，胡乔木同志同样强调质量第一。对于省、市、县志在2000年或稍后一些时间都出齐的设想，他认为"不能一概而论"，主张允许一些县暂时不考虑出版县志，就是有条件出书的地方，"也不能把修志工作看得过分轻易"。没有合格的编辑，可先印资料保存。他指出修志不是行政性的事，而是学术工作，包括许多专门的学问，质量把关并不是只把政治关，"如果仅仅没有政治错误，而这部志书整个质量很差，也是不行的，也还是个大问题"。[17]他强调不要空泛地讲质量，主张在志书中选取好的和差的，加以详细的具体的评论，通报全国。他明确指出"地方志这项工作必须专业化"，而且"地方志写得好坏，还是应该由学者来鉴别"。[18]

胡乔木同志这些意见，是根据编辑工作的客观规律，根据当代修志的现状提出来的，针对性很强。1958年前后那届修志没有留下多少成功之作，缺乏科学态度是个重要原因。本届修志比过去有了改进，但我们的一些观念和作法与胡乔木同志的主张和设想相比，还有较大的距离。我们讲"众手成志"较多，讲专业化要求较少；政治把关意识较强，全面的质量观念较淡。由于修志是一项不容易引起重视的工作，往往把弄到经费出书当成了头等大事，而主编人选、人才结构则解决得不怎么好，又缺乏有关专家的帮助，审稿机制欠健全，这样的地方出版的志书自己认为还过得去的，实则不怎么合格。看到一些志书质量低下，胡乔木同志沉痛地说："我是倡导修志的，但我不赞成起哄。"[19]"我不希望我们这一代编出来的县志和其他志书有某一些很不适当、很不够格的东西混杂在里边。"[20]他作出这样严厉的批评，完全出于对修志工作的爱护。诚然，在全国范围内普遍开展地方志编修工作，困难是可想而知的。各地的条件不一样，都要求在某一时间之前出书，都要求达到高标准，是脱离实际的。但如果要出书，基本的质量标准又是必须坚持的。许多地方修志都有雄心壮志，力争达到高水平。获奖的志书当中，有一些确实编得较好。但也有一些地方认为木将成舟，大局已定了。胡乔木同志曾写有一首词《生查子》，末两句是："顺水好行船，终向下游去；若要觅英雄，先到艰难处。"笔者认为，这当是我们对待修志工作应持的态度。

注释：

① 刘志荣《胡乔木与〈中国大百科全书〉》，见1993年11月10日《人民日报》。

② 《新编地方志工作暂行规定》第4条。

③⑦⑮⑳ 《胡乔木同志在全国地方志第一次工作会议闭幕会上的讲话》，见《中国地方志》1987年第1期。

④ 《新志评论会发言摘录》，见《中国地方志》1993年第2期。

⑤ 骆明《地方志的高质量是敢于实事求是地记述历史与现状》，见《广西地方志》1992年第1期。

⑥ 胡绳《胡乔木和党史工作》，见1993年10月3日《人民日报》。

⑧⑰⑱⑲ 《重温教导倍觉亲切》，1992年第5期《中国地方志》编辑部文章。

⑨ 《中国地方志综览》第259页，黄山书社。

⑩ 《新编地方志工作暂行规定》第11条。

⑪ 邓小平《对起草〈关于建国以来党的若干历史问题的决议〉的意见》第1部分，《三中全会以来重要文献选编》(上册)。

⑫ 邱敦红《他写了一部成功的历史》，见1993年9月19日《人民日报》。

⑬ 李琦等《党的文献工作的奠基人》，见1993年5月30日《人民日报》。

⑭ 《中国方志百家言论集萃》第63页，四川省社会科学院出版社。

⑯ 胡乔木同志1990年1月15日在听取上海市修志工作汇报时的讲话，见《上海方志信息》总第61期。

原载《广西地方志》1997年第3期

胡乔木同志和副刊

袁 鹰

壬申年九月底,旅居金陵清凉山下黑龙潭畔,突然听到胡乔木同志病逝的噩耗,虽然早知道他卧病已久,但是消息来得如此兀然,禁不住阵阵悲恸和伤感。秋风萧瑟,挑灯独坐,许多前尘影事一起涌上心头。

我同乔木同志接触,聆听他的教诲,大都同报纸尤其是副刊有关。

一

远在全国解放以前,我在上海从事地下工作,就听说过“南北二乔木”两位党内大才子的盛名。南乔木——乔冠华同志,1946年随周恩来同志在中共谈判代表团工作时,曾经在上海思南路“周公馆”一睹丰采,又从香港出版的进步刊物上读过他的文章。但是北乔木——胡乔木同志,则是全国解放初期我奉调到《人民日报》工作后,才有幸识荆的。虽然在那以前,早已熟读过他的巨著《中国共产党的三十年》,也在第二次全国文代会上听过他所作关于社会主义现实主义的长篇报告了。

建国前后相当长一段时间,胡乔木同志受党中央委托,主管《人民日报》工作。1953 年初我刚到《人民日报》工作,老同志们就经常介绍乔木同志领导报纸工作的许多轶事。他的领导方法,并不只是抓原则,抓方向,而是具体细致,从社论选题、重要文章的修改,到版面安排、标题设计以至语法修辞、标点符号,都常常过问,不允许有差错。1951 年 6 月,他曾为《人民日报》起草过一篇《正确地使用祖国的语言,为语言的纯洁和健康而斗争》的社论,这在《人民日报》社论史上是绝无仅有的,轰动一时,影响深远。

大约 1954 年左右,有一个时期,乔木同志要求报社编委会指派一名编辑每天上午 10 时到他那里去介绍有关当天报纸情况,听取他对当天报纸的意见,回来在每天下午的编前会上传达。每人轮值两周,每天去半个多小时。我是接王若水同志的班担负这一任务的。

第一天进入中南海乔木同志住处,不免有点紧张。他让我坐下,倒了一杯茶,随意地问起我的籍贯,我说是江苏淮安人。他随即说:“哦,你们那里九中(原江苏省立第九中学)在苏北很出名,你是九中学生吗?”我连忙回答不是,我的家庭 1934 年就离开淮安,那时我才十岁,没有来得及上九中。他又问我的经历,在哪里入的党,从哪儿调到报社来的。我一一回答。虽然仍是拘谨,紧张的心情却已一扫而空。

每天去乔木同志处,主要任务实际上是听他对当天报纸的意见。有关编辑工作情况(比如经济宣传、国际宣传)我并不了解,无从向他汇报。例如有一天他问起一篇评论是否经过有关部门看过,他们有些什么意见。我嗫嚅地回答不出来,顿时十分愧疚。乔木同志并未批评我这个“联络员”的失职,只是温和地一笑。接着就说:“有关部门领导的意见应该听,特别是事实部分。但是,也不一定事事照办。报纸是中央的报纸,不能办成各部门的公共汽车。”这是很重要的原则意见,我当然在编前会上一字不漏地传达了。

有一两天他对报纸的意见不多,有时间闲谈几句。他知道我在上海生活较久,就问起上海在沦陷时期和解放战争时期的一些旧事,问苏州河水是否比过去清净些了,问“跑狗场”(逸园)现在派什么用处,问复旦大学、暨南大学的现状,我的简略回答未必会使他满意,但我实在佩服他的记忆力,二三十年前的人、事和地名都还记得那么清楚。

二

1956年上半年，经党中央批准，《人民日报》改版。乔木同志领导了改版的全部准备工作，常到报社来。有一天他对文艺部主任林淡秋同志说，要同文艺部同志讨论副刊问题。过去他来报社，大都是找邓拓等领导同志谈话，或者参加编委会的会议，偶尔也找理论部或文艺部负责人到他那里去。到文艺部办公室同全体编辑人员讨论工作，却是破天荒头一回。

那天，他坐在我们大办公室惟一一张长沙发上，我们都坐在自己的办公桌前，面对着他。他可能感到气氛过分严肃，就先同大家一一握手，说就副刊怎么办的问题大家随便交换意见。然后询问文艺部三个负责人过去编过什么副刊。林淡秋编过《时代日报》的《新文艺》，袁水拍编过《新民晚报》的《夜光杯》，我则编过《联合晚报》的《夕拾》，虽然都是上海地下党领导的或是进步人士创办的报纸，但都是解放前的事了。社会主义时期的党报副刊怎么编，谁也没有经验。乔木同志对过去的副刊并未作任何评价，显然，我们这些简单的经历，他也了解，所以问一问，只是为了冲淡紧张气氛罢了。

那时没有录音设备，各人的记录详略不一。我一面用心静听，一面又随时准备回答询问，不便只顾低头做笔记，所以结果未能留下一份详尽的文字记录。那天，乔木同志娓娓道来，轻声细语，如同话家常，但他的谈话大意，大家都有较深的印象。那就是：副刊同整个报纸一样，要宣传党的政策精神，尤其要作为贯彻“百花齐放、百家争鸣”方针的重要园地；对学术问题和艺术问题，可以有不同意见乃至争论，不要只有一样的声音，文责自负，并不是每一篇文章都代表党中央；副刊稿件的面尽可能地宽广，路子不能太狭仄；作者队伍尽可能地广泛，去请各方面的人为副刊写稿，等等。他为副刊定下了基调，帮助我们打开思路，解除了许多从前几年强调学习《真理报》经验所带来的种种条条框框。这个基调，后来在很长时期内都在指导《人民日报》的副刊编辑工作。

根据他的谈话精神，我起草了一份副刊稿约，又经他几次修改补充定稿，在改版第一天（1956 年 7 月 1 日）的八版刊登。其中第一条“短论、杂文，有文学色彩的短篇政论、社会批评和文学批评”，就是乔木同志拟定的。他强调杂文是“副刊的灵魂”，要放在首位，还特别提出要批评社会上的种种不良风气和弊病。第二条列了散文，小品，速写，短篇报告，讽刺小品，有文学色彩的游记、日记、书信、回忆。下面他又增加了一条“关于自然现象和生产劳动的小品，关于历史、地理、民俗和其他生活知识的小品”。此外还列了其他一些体裁的稿件。他还具体加了一条“除了适宜于连载的少数作品以外，一般稿件的篇幅希望在一千字左右”。他是素来主张报纸的文章要“短些，再短些”的。

短短一则稿约，勾画了以后多年副刊的基本蓝图。不仅《人民日报》副刊，就是其后陆续创办的许多省市报纸副刊，也都是走大体相同的路子。比如头条一般都是加花边的杂文，这个格局至今未变。

乔木同志对报纸副刊似乎有特殊的感情和兴趣。他对副刊的关注，比起那些原则、方针、精神等等抽象的东西，更多的却是作者队伍和稿件，那是实实在在的。不是说“政策和策略是党的生命”吗？如果不能具体地体现在人的身上和每一篇稿件上，一切正确的原则和政策岂非都流于空话？

还在副刊筹备初期，乔木同志就帮助我们细心物色一批批作者名单，要我们开列出来，问清确切地址，然后一一登门拜访，至少专函约请，不能只靠一张打印的约稿信。他知道文艺部的编辑接触的作者面有限，所能想到的，无非是文艺界人士和中老年作家。

而他却把眼光放到文艺圈以外、文化界以外的作者,还有一些当时由于种种缘由被冷落、忽视甚至已经鲜为人知的人。

比如他提到李锐、刘祖春、张铁夫等几位的名字,当时对我们都很生疏,他们都在党委机关或工农业战线工作。乔木同志却是了解的,他说这几位在战争年代都是写文章的好手,又有实际工作的经验和感受,一定能写出好的杂文。还有曾彦修同志,当时担任人民出版社的领导工作,同我们文艺部也不曾打过交道。乔木同志亲自给他们写信,打电话,邀请他们来报社参加座谈会。这几位同志,毕竟因为工作担子较重,写的文章不多,但也仍然为副刊增色。曾彦修同志写得较多,是一位杰出的杂文家,不过他 1957 年遭逢厄运,几篇杂文可能也成了"罪证"。

又如沈从文先生,建国后相当长一段时间,似乎已经从文坛隐没,但乔木同志说一定要请他为副刊写一篇散文。沈先生应邀写了一篇《天安门前》,虽然不大像《边城》的风格,但"沈从文"的名字在《人民日报》出现,却不能不引起热烈的回响。又如张恨水先生,我们虽明知他是写副刊文章的老手,而且就住在京城,但是脑子里总有个"鸳鸯蝴蝶派"的影子,自然也没有考虑去约稿,乔木同志却一再提到这位老报人、老作家。

他还提到了一些旧北京副刊上能写文章的人,其中有徐凌霄、徐一士的名字。乔木同志抗日战争前曾在北京求学和工作,可能从当时报纸副刊上对这两位兄弟文人有印象,而我却只是 50 年代初期在东安市场旧书肆中见过《一士谈荟》等旧籍,作者似乎是民国初年人物,离我们十分久远了。我们按照乔木同志的意思,辗转探寻这两位老人下落,终无结果。乔木对此总有点憾然。

他也谈到周作人,认为这位五四时期的新文学健将,晚节不终,文章却是写得好的,可以请他为副刊写稿而不必署真名。我们奉命到八道湾周宅去造访,知堂老人果然应约写了一篇《谈毒草》,说到有些艳丽花草(如夹竹桃)却是有毒的,短短七八百字,仍是旧时风格。“反右”风暴一起,从此在报上销声匿迹。检查副刊时,都知道周作人这位作者是乔木指名去约稿的,总算没有给我安上什么重的罪名。

这些作者的来稿,充实了副刊的内容,扩大了作者面,读者是欢迎的。但我以为更重要的是打破了编辑的思想框框,明白了一条道理:贯彻“双百”方针,如果只停留在口头上、理论上,行动上却仍然带着有色眼镜看人,头脑里还有意无意地设下一个个禁区,不敢越雷池一步,又从何落实?

明白好像是明白些,然而积重难返,有时不免还是依然故我,“足将进而趦趄”,气候变化时,又会反复。教训也不少,那都是后话了。

三

乔木同志对副刊工作的指导,常常贯穿于一篇稿件的始终,有时做得比分工主管副刊的副总编辑要细致具体得多。

他不单是帮助出题目、找作者,也亲自看稿件,特别是杂文。他素来认为“杂文是副刊的灵魂”,抓副刊工作首先要抓杂文。杂文排出小样送请他审阅,他并不只在名字上画个圈,批个“可发”或“不发”完事。不能用的,他都批上几句,用商量的口吻,说明不发的理由,末了必加上一句“请你们斟酌”。那些他认为可以发而又写得还不甚理想的,就会作详细修改,从内容文字、题目直到标点符号,细琢细磨,花了许多工夫。

我手边还保留这样一份改样:1956 年 7 月报纸改版第二天,副刊上刊登了李长路同志写领导作风问题的杂文。原题是《宰相肚里好撑船》,比较直露。乔木改为《宰相肚皮》。文字改动得更多。如原文首段是:

“从古以来,‘宰相肚里能撑船’的话成了衡量领导人物的气魄的标尺之一。人民要求身为宰相的‘肚里能撑船’，就是要有胆量、有气魄，所谓‘宽宏大量’、‘礼贤下士’、‘虚己以待物’、‘有容人之量’等等，都是这个意思。然而宰相在一国之中，并无几个，所以这标准也就逐渐推及到衡量一般人了。今天不论做什么领导工作的人，我们也一样要求他‘肚里能撑船’。我们也还是要提倡气魄宏大、胸襟宽广的作风，反对气量短浅、胸怀狭窄的作风。”

这段文字，意思并无差错，但可能有不够清楚的毛病，不免会使人产生什么联想和误解。乔木的改文是：

“‘宰相肚里能撑船’，这句话反映了历来人民对于领导人物要有大度量的一种愿望，虽然历史上这样的宰相并不多见。今天的时代不同了。人民的事业要求新型的领导者。这种领导者同旧日的宰相当然有很多不同。但是对于今天不论做什么领导工作的人，人民也一样要求他‘肚里能撑船’，或者更正确些说，人民更有理由要求领导者具有气魄宏大、胸襟宽广的作风，而反对气量短浅、胸怀狭窄的作风。”

那时候，“影射”或“恶毒攻击”这一类的政治帽子，还不像后来几年那样风行，所以文中虽然一再说到“宰相肚皮”云云，并不曾成为问题，作者和读者都不会神经过敏，胡乱猜测。而乔木同志在修改中仍然多次用“领导者”、“领导人物”这些含意明确的名词，以避免可能产生的误解，可见他的细心。他那时对知识分子，对作家也很注意宽容，注意政策和影响。比如他在文中还有这样的修改：“百花齐放、百家争鸣的方针能不能贯彻，在相当大的程度上看文学和学术的领导人有没有大的度量。”“如果有关的领导不把自己的肚皮放大一些，而且还在继续收缩，使文艺上的‘百花’和科学上的‘百家’越挤越少，那最后就有只剩下一个挤扁了的空肚皮的危险。”

细微之处，可见精神。类似的事例比比皆是。副刊初创时，郭沫若同志寄来一篇《发辫的争论》，用诙谐的笔调写“左”“右”两派发表争论长和短哪一种美,哪一种有用。调门越争论越高。“右派”指责对方是“左倾幼稚病患者”,“左派”则认为对方“犯了右倾保守主义的毛病”,最后终无结果。这种写法在当时副刊稿件中很少见,我们没有把握,就排印小样送给乔木同志。他在小样上批了一句:此文是讽刺无聊的争论,可以发表。又改“可以”二字为“应当”。还亲自给郭老写了一封信,建议作一些文字修改。郭老欣然同意,就使副刊上出现一篇别具一格的文章。不过他用的是假名,除我们编辑以外,谁也不知道这篇有趣的文章作者是谁。

四

大约是1960年冬天,乔木同志寄来一封信,大意是说经济困难时期,物资匮乏,群众生活水平有所降低,这种时候,副刊更要鼓励乐观向上的精神,帮助人们有丰富、健康、积极的精神生活。他具体建议组织一些读书笔记,提倡多读书,介绍古今中外的好书。

这个主意很好,也很适时。那时候我们正在为副刊上如何既能办得有声有色又减少假话空话而大费心思。乔木同志的建议打开了编辑的思路,于是就有了一篇邓拓写的《从借书谈起》(刊于1961年1月23日)。约请当时已离开报社领导岗位调任北京市委书记处书记的邓拓同志写第一篇,也是乔木同志提出的。

邓拓同志给副刊写杂文随笔一类稿件,从不署真名(他在1957年发表引起许多人注目的《废弃庸人政治》,署名为卜无忌),这篇文章仍用一个假名。乔木同志审阅小样时,除了作文字修改外,还提出请作者署上真名,用意大约是为了增加分量扩大影响吧。邓拓同志尽管不甚情愿,也只好同意。

这篇短文从袁枚的一篇《黄生借书说》谈起。随园主人因一位黄姓青年来借书而说了一番话,叙述家境贫困的书生读书之难。帝王和富贵之家藏书无数,“然天子读书者有几?富贵人读书者有几?”为了帮助读者弄清原文寓意,我们在刊出袁枚原文同时,又请陈友琴先生用白话文译意,连同邓拓文章一起见报。邓拓同志还发挥了一点意思,乔木同志在改样上又加以补充:“袁枚的文章对于今天的我们仍然有意义,因为它说明了一个真理:占有得多不等于利用得多。事实往往相反,许多几乎一无所有的人常是用心最勤的人。……胜利定然是属于那些条件优越的人吗?困难一定会把有志者压倒吗?不!为了优越的条件而自满,而骄傲,最终只能引导到失败。胜利是永远属于那些在困难面前不但不低头、反而发愤图强的人们的。”这一段从黄生借书这件小事引出当时很有针对性的微言大义,可以说是邓、胡二位共同阐发的。他们的心意,在一张改样上沟通了。

1963 年春夏之交,《新湖南报》上的两条新闻,触发了乔木同志的思绪。那些年他虽然忙于文字工作,但绝大多数是为中央起草文件、审订《毛泽东选集》四卷的文字和注释,审改《人民日报》重要的社论和评论,自己执笔写文章而且公开发表的事几乎绝无仅有。6 月下旬,我突然收到他寄来的两篇杂文:《湖南农村中的一条新闻》、《湖南农村的又一新闻》,署名都是“白水”——他似乎从来未曾用过这个笔名,以后也未见再用。

两篇一千多字的杂文,讲了湖南农村的两件新事。一件是一位农村干部母亲死了,用开追悼会代替做道场,党支部和党员带头改变旧的风俗习惯;另一件是一家农户失火,民兵干部组织全体民兵利用农事空隙义务为他修了新屋。两件事情都不大,却都闪耀着一种新思想、新观念的可贵的光辉——共产主义的光辉。乔木同志敏锐地抓住现实生活中特别是精神生活中新的萌芽,及时加以表彰。前一件事,他指出“是一件移风易俗的大事,值得在全国所有的农村和城镇中提倡”。他说:“党支部书记不可能主持每一个追悼会,但是党的支部的确必须努力改革人民群众有关丧葬婚嫁等等风俗习惯,在生活的各个角落里扫除形形色色的垃圾,消灭形形色色的细菌,让社会主义和共产主义的精神生长起来。”后一件事本是民兵帮助群众解决困难,做好事。但因为是义务劳动,又值批评和纠正了刮“共产风”、“一平二调”之后,乔木同志不得不花点心思在社会主义分配原则和共产主义思想精神的关系上多说几句,以澄清人们可能产生的误解,因而这篇文章的字数就比前一篇长了些,近二千字。

邓拓同志的那篇《从借书谈起》打了头炮,以后就陆续发表类似的稿件,附上原文,借题发挥,或谈调查研究之重要,或谈克服环境困难之毅力,或揭示官僚主义之危害,或分析避免片面性之必要,等等。乔木同志又亲自动手写杂文,那三四年副刊就很有点气势,有一批谈思想修养、谈革命精神、谈道德品质的好文章,在读者中得到良好的反应。当然,几年以后,到了“左”派造反好汉手里,这些文章又都被扣上“借古讽今”、“影射现实”等等帽子。前文所引《从借书谈起》中的文字,也被指责为“含沙射影,恶毒攻击”。那时乔木同志自己也是自身难保,无从充当我们的保护神了。

果然,到了1966年12月下旬某一天,报社大楼刮起一阵“揪斗胡乔木”的暴风。北京王府井大街上的报社大楼,十多年来他不知来过多少次,这一回却是以囚犯身份出现在礼堂讲台上。不知从哪里找来的一件旧棉大衣罩在身上,显得更加瘦弱憔悴。他低头弯腰,任凭主持会议的造反派叫嚣斥责,勒令他交代“反党反毛主席阴谋”时,他只轻声说一句:“这事涉及党中央和毛主席,不便多说。”态度从容,不卑不亢。造反好汉们无可奈何,只好鼓动全场高呼几句“不许狡辩”、“谁反对毛主席就打倒谁”之类的口号,草草收场。

以后十年,消息沉沉。直到粉碎“四人帮”的下一年,在看一次演出时,忽然发现乔木同志就坐在我前一排。体质看起来不如过去,神情却依然那样安静从容。这使我感到十分欣然。他听说我仍在报社,而且又编副刊,那时副刊有个名称叫“战地”。他忽然问:"'战地'那两个字是谁写的?"我答:"用的是毛主席'战地黄花分外香'那句诗里的手迹。"

他点点头。沉默一会,又说:"其实也不一定用'战地'两个字,还可以想个好一点的。"

我回来同部里同志商量,也都觉得"战地"二字不妥,有"文革"味,就暂时取消。过了一段日子,改名《大地》,一直用到现在。

新时期开始,先是担任中央书记处书记、后来又担任中央政治局委员的胡乔木同志工作更加繁重,在日理万机之余,仍然时常关注副刊。他自然不可能再为我们审改杂文稿件,只是偶尔寄来自己的短文,如为聂绀弩诗集《散宜生诗》写的序,为《杨刚文集》写的序,等等。

他看到副刊上某些稿件有差错,仍然如过去一样,来信或来电话指出。他对副刊的要求、建议和批评,有些具体意见,也并非毫无可以商榷之处,但他的高瞻远瞩、胸怀大局而又认真细心、一丝不苟,他对作者(尤其是党外知识分子)的尊重和宽容态度,都给了我们许多教益。经他审改的大样小样,闪烁着他的睿智和文采,在我的记忆中,除了周扬、夏衍等少数同志外,还很少见到。从此以后,恐怕都将成为广陵绝响了。

五

郭老当年有诗赞誉陈毅元帅:"百战天南一柱身,将军本色是诗人。"我觉得似乎也可以套用送给乔木同志。他是政治家、理论家、宣传家、史学家,然而,"先生本色是诗人",或者说,他具有诗人的本色。他少年时代在扬州中学(江苏省立八中)就以才华出众博得神童的美誉,初中时由于写了一篇《送高二同学赴杭州参观序》被教师嘉奖而闻名全校。他考取的是清华大学物理系,进校后又转读历史系,但对文学却一直有浓厚的兴趣和较深的造诣。只是长年的革命斗争、政治活动、党务工作和宣传部门的领导工作，使他没有多少余暇显露诗人的才华。直到60年代以后，才偶尔在报纸上发表一些诗词。

如果说前面提到的两篇杂文（以及差不多那一时期他用“赤子”署名的几则国际题材的杂文）都还是有感于时事而发的文章，他的诗词就纯属抒怀遣兴之作了。1964年底，他寄来16首词（刊登于1965年元旦），是他最早公开而集中发表的诗词作品。虽是旧形式，却都是新内容，按当时说法，都是“重大题材”。如写国庆15周年，写我国第一颗原子弹爆炸，七首《水龙吟》，更是高屋建瓴，畅论中国革命业绩和国际斗争形势，运用的却仍然是文学语言，比喻的也仍然是诗词典故，没有写成政治诗、口号诗。比如“星星火种东传，燎原此日光霄壤”。“边寨惊烽，萧墙掣电，岁寒知友。”“举头西北浮云，回黄转绿知多少。当年瑶圃，穴穿狐鼠，可怜芳草。”“涸辙今看枯鲋，定谁知明朝鲂鲐？膏肓病重，新汤旧药，怎堪多煮？恨别弓惊，吞声树倒，相呼旧侣。”这类词句，不仅铸辞炼字，极有讲究，而且古为今用，赋予了丰富的内涵和深远的意境。他写旧体诗词，不像郭沫若、陈毅诸位那样随意挥洒，兴到落笔，无拘无束，而是严格按照传统的格律和规范，很少不是循规蹈矩的。因而这组词一发表，就引起文坛注目，许多人似乎第一次认识了诗人胡乔木，而对他十几年前写过的《悼望舒》一文的印象可能已经淡忘了。

那年9月，他又寄来《诗词二十六首》（刊登于1965年9月29日《人民日报》）。这一次数量更多，题材范围更广，也就让读者更多地领略感受诗人的襟怀和情愫。他不止是娴熟地运用古典形式和传统语汇来表达一个革命者的喜怒哀乐，并且善于酿造一种全新的意境。其中不少词作，如《念奴娇》四首（重读雷锋日记）、《采桑子》四首（反“愁”）、《生查子》四首（家书）等，用语自然，清新脱俗，给人耳目一新之感。那年我在京郊房山县农村参加“四清”运动，就曾抄录一首《生查子》送给一位立志回乡务农的中学生：“牡丹富贵王，弹指凋尖土。岂是少扶持？不耐风和雨。如此嫩和娇，何足名花数？稻麦不争春，粒粒酬辛苦。”

80 年代初期，乔木同志又陆续寄来一些新诗。他写新诗，也是严格按照 30 年代现代诗人们倡导的格律诗形式，而且很注意音节。有一次且在附记中特意写明：“近年写了几首新诗——按现代派的观点全算不上诗，至少算不上新诗——每句都是四拍的（每拍两三个字，有时把‘的’放在下一拍的起头，拿容易念上句做标准），觉得比较顺手。惟有这里的第三首每句五拍，算是例外。我并不反对其他的体裁，而且也想试试，如果能试成的话。”

新诗如今风起云涌，流派林立。有人说现在写诗的比读诗的还要多。我没有统计，没有发言权。但我不知道现在如乔木同志那样严肃而又严格地对待自己诗作的人，还有多少位呢？他一贯认真阅读报纸大样小样，一遍遍地字斟句酌、反复推敲的作风，过去在我们编辑部是尽人皆知的。他寄自己的诗文来，必定清楚地表明仅是作者和编者的关系，同寄还送审稿件截然不同。附信上总是谦虚地称它们是习作，用与不用由编辑部决定。1982 年 7 月 1 日发表的《有所思》四首律诗，在 6 月中寄来时，信上说明是为 70 岁生日而作，几天后又寄来其中一首的改稿。这四首诗也可以看做他一生的回顾，“旧辙常惭输折槛，横流敢谢促行舟？”“红墙有幸亲风雨，青史何迟辨爱憎”等句，寄意深邃，感慨遥深。按过去处理乔木同志诗文稿件的惯例，一般都是安排在副刊或者文学作品版上。但这组诗作寄来时，我正因手术后在杭州养病，其他同志可能认为题目比较大，似乎不宜发在副刊上，结果“七一”那天在第二版见报。我估计不是作者本意，因为他写的是“七十述怀”而不是“七一述怀”。等我从杭州回到北京，已经事过境迁，也无从向乔木同志说明原委，永成遗憾。

哲人其萎，风范长存。乔木同志为人民事业辛劳一生，鞠躬尽瘁，如今总算获得了安宁休憩。

1992 年冬，1994 年夏改完

选自杨尚昆等著《我所知道的胡乔木》，当代中国出版社 1997 年

乔木同志对新中国出版事业的贡献

于友先

同志们：

在乔木同志离开我们七周年的今天，人民出版社出版了《胡乔木传》编写组编辑的《乔木文丛》。读着《文丛》，使我们如闻乔木同志亲切的声音，如见乔木同志慈祥的笑容，缅怀和崇敬之情油然而生。

乔木同志不仅是新中国新闻事业的开拓者，而且是新中国出版事业的奠基人之一。建国初期，百废待兴，出版事业也不例外。出版总署 1949 年 11 月成立以后，就一直在时任中共中央宣传部常务副部长乔木同志的关怀和指导下，从头摸索，开展工作，艰苦创业。乔木同志根据毛主席的指示，主持了搭建出版事业编、印、发基本框架的工作，把原有新华书店一分为三——一部分改组为新华书店总店；一部分改组为人民出版社；一部分改组为新华印刷厂。出版社和印刷厂脱离新华书店而独立经营。乔木同志强调要认真调整公营出版业与私营出版业的关系，加强对私营出版业的领导，比如促进商务、中华、开明、三联、联营 5 家有影响的书店建立公私合营的联合发行机构，以便于同新华书店分工合作。乔木同志针对当时出版业无组织、无计划的状况，倡导和推动出版事业实行计划化；无论公营出版社，还是私营出版社，都要尽量实行专业分工。在第一个五年计划时期，新中国的出版事业就呈现出新

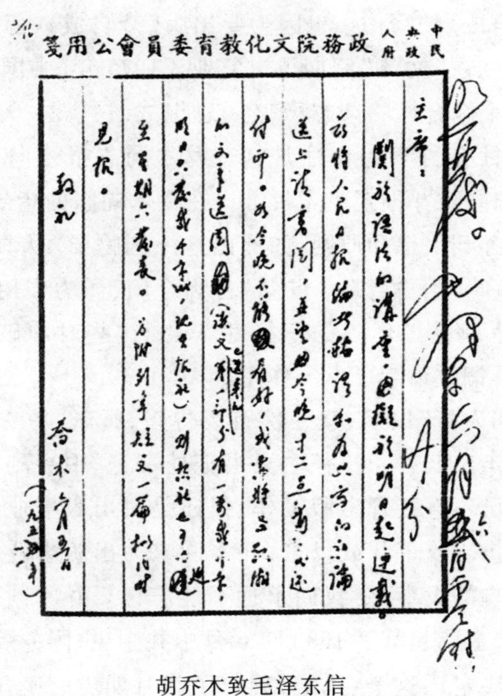
中央人民政府政務院文化教育委員會公用箋

胡乔木致毛泽东信

的面貌，仅在 1950 年，就大量出版了马克思、恩格斯、列宁、斯大林和毛泽东的著作以及有关政策性的书籍，印行约 1000 万册。全年供应中小学教科书约计 1.4 亿余册，基本满足当时全国在校学生的需要。抗美援朝运动开始以后，配合时事宣传的需要，供应了大量的图书期刊，其中《时事手册》的期发量，最高时达到 124.6 万册，创造了当时国内期刊期发量的新纪录。

“文革”期间，乔木同志在处境十分艰难的情况下，仍然十分关心出版事业。姚雪垠同志为了完成长篇历史小说《李自成》的创作，1975 年 10 月通过有关人士给乔木同志写信，乔木同志一边复信表示支持，一边很快向毛主席汇报情况。在毛主席的亲切关怀和乔木同志的具体指点下，姚雪垠由外地调到北京，最终完成了五卷本《李自成》的写作。也因为要出版《李自成》,停业多年的中国青年出版社在"文革"后期得以复业。1975 年,中国社会科学院打算出版一个综合性的杂志,定名《思想战线》,是一个理论性、讨论性的哲学社会科学综合性月刊。乔木同志很快向小平同志报告,小平同志同意并报毛主席批准。在乔木同志的指导下,确定了这个刊物的办刊宗旨和原则,如提出这一刊物要"认真贯彻'百花齐放、百家争鸣'的方针","贯彻'古为今用、洋为中用'的原则","要调动专业理论工作者的积极性"等。这些对冲破当时"四人帮"的文化禁锢政策起了一定作用。

粉碎"四人帮"以后,又一次百废待兴,属于"重灾区"的出版业更是亟待走出低谷。担任中央书记处书记、中央副秘书长的乔木同志虽然已不直接管出版工作,但还是对出版事业给予了全力的支持与呵护。改革开放以来,乔木同志为出版事业所做的诸多具有深远影响的大事,令我们永远不能忘怀。乔木同志根据中央的指示精神,主持起草了 1983 年 6 月中共中央、国务院《关于加强出版工作的决定》,这个《决定》确定了新时期出版工作的性质、任务和指导方针,使出版工作从以"阶级斗争为纲"转到以经济建设为中心的正确轨道上来。1985 年以后,乔木同志对《著作权法》、《出版法》的起草、修改也给予了特殊的关注。乔木同志多次向中央建议要建立、健全出版行政管理机构,以加强全国新闻出版业的管理。当时为整顿报刊而下发的中共中央文件中有一段关于各省(市区)要建立新闻出版局的文字就是乔木同志亲自加上的。乔木同志深谙长期困扰出版业的两个效益问题,早在 80 年代初,他就提出:"赔钱的书要补贴出版社","出版部门的利润可否基本不上交或大部留成"。后来一直延续至今的中央对出版业实行的优惠经济政策,可以说与乔木同志的努力是密不可分的。与此同时,乔木同志以其"要有目前政策和长远政策"的战略思考,着力推动图书价格改革,除课本定价遵循"保本微利"原则以外,一般图书定价稳步从计划定价向市场定价过渡。乔木同志十分关心新闻出版队伍的建设和新闻出版人才的培养,在他的督促下,1984 年在北京大学、南开大学和复旦大学开始设立编辑专业,从而结束了编辑在中国“无学”的历史。

乔木同志还是《中国大百科全书》的主要奠基人。1978 年,乔木同志在有关同志的协助下,策划编纂《中国大百科全书》。这项策划首先得到小平同志的支持,随后得到党中央、国务院批准。来自我国的自然科学和社会科学各领域中最杰出的 110 名专家学者组成总编辑委员会;乔木同志受中央委托,领衔出任总编辑委员会主任。从 1978~1992 年,乔木同志不顾年老体弱,殚精竭虑,把晚年的主要精力投入到这项工程中。《中国大百科全书》74 卷全部出齐以后,1993 年在人民大会堂举行了隆重的庆祝大会,而乔木同志却没能看到这历史性的场面,这是我们、也是全国出版界永远的遗憾!

今天,手捧《乔木文丛》,重读乔木同志的文章,我们无不欣慰地感受到,乔木同志的名字,已经和新中国 50 年出版史紧紧连在一起。

在这世纪之交缅怀乔木同志,使我们又多了一分责任感、使命感和紧迫感,把充满生机和活力的新闻出版业全面推向 21 世纪,也许才是我们对乔木同志的最好怀念。

原载《当代中国史研究》2000 年第 1 期

胡乔木期刊出版思想初探

吴乐平

胡乔木同志作为我党思想、理论、文化、宣传战线的重要领导人,一直十分重视期刊出版工作,并在长期实践中,逐步形成了自己独特的期刊出版和管理思想，在具体办刊、出刊乃至发行工作等方面，都提出和阐发过一些颇有见地的观点和理论，是我国期刊出版理论中的一个重要内容。研究和总结胡乔木同志关于期刊出版的众多论述，对于当前我国的期刊改革与发展也具有一定的借鉴和启迪意义，本文拟对此作一初探，以见教于读者。

办杂志比较容易联系人

乔木同志是新闻出版工作方面的行家里手。他十分看重期刊在出版中所具有的重要地位与作用，认为“全国人民对书刊的发行量需要是很多的”。因此一直希望出版界要真正解决好对准广大读者出版通俗的东西这个大问题。为此，他提出要充分发挥期刊的作用，他说：“办杂志比较容易联系人”，对出版社来说，“还可以为编书做准备，还有一个好处，可以培养作家和编辑，先编杂志后当书的编辑。”他提出：“杂志可以包括很多内容，文史经哲都可以，文章可以通俗一些，文字要活泼一点，凡是群众关心的问题都可以发，开展讨论，经过一段时间，做出比较权威的问答。”“总之，有许多问题都可以先在杂志上发表，然后修改补充出书。”胡乔木同志还针对当时通俗政治理论读物较少的实际，多次希望人民出版社能够带头办刊物，并亲自倡议人民出版社办个《学习》杂志，在条件允许时，“还可以考虑出一本综合性的翻译杂志”。并且认为在当时人民出版社出版状况不是很理想的情况下，“如果《学习》杂志办得好，是人民出版社起死回生的机会”。

说起来，这里面还有一个小故事，有一年，在北京图书馆举办巴金著译手稿展览，开幕那天，老出版家陈原先生在休息室喝茶，这时乔木同志到了，正在同人闲聊。忽然看见陈原，就提高嗓子向他说，现在刊物真不少，五花八门都有，可我以为缺少一个大型的文艺翻译杂志，篇幅应相当多，内容包罗得广些，选目和翻译都要求质量;不过出这样的杂志肯定要蚀本,也许商务印书馆可以蚀得起。后来,看展览时,陈原走到乔木同志身边,告诉他说,现在已经有一个大型刊物《译林》,专门译载当代外国文学作品;还有一个出了很久的《世界文学》,古今作品都收。乔木同志说,我指的是文化艺术,范围广泛,不限于纯文学作品。陈原说这种杂志倒还没有。乔木说,惟有你们商务可能有钱来做这种赔本生意,因为我知道你们出字典能赚钱。从这些言行中,似乎可以看出,胡乔木同志的确非常看重期刊在丰富人民群众文化生活中的用途,经常注意研究期刊出版问题,亲自关心我国期刊事业的发展。

期刊出版要有计划

对于全国范围内的期刊出版工作,乔木同志一贯认为出版要有计划,要有一定的力量,而不能盲目而起,粗制滥造。他多次谈到,要做好期刊出版这一工作,最重要的是"出版要有计划,出版出来的东西要适合一定的标准"。"我们的出版社、刊物、翻译、著作都需要有计划,计划应该达到由基本单位慎重地自下而上地做起,再由出版总署做成比较完整的计划。"乔木同志特别注意要求出版行政机关需要做好整顿期刊出版的工作,加强对期刊出版的宏观监督。为此他甚至建议"出版总署可以考虑出版一种评价书刊的刊物。现在在出版总署系统里,也出了一些内部刊物,但大部分是技术性比较重,应该办一个思想性刊物"。作为出版行政部门的一种专门评价书刊的权威刊物。针对一些期刊过多过滥的现象,乔木同志尖锐批评道:"现在出版刊物,无所谓计划,没有事先考虑这个刊物是否需要。决定刊物出版的手续是填一份登记表,表的内容只是负责人的姓名、性别、年龄等,就根据这个表来批准它出版,这是一种形式主义的衙门作风。""究竟这个刊物要不要出版?出版行政机关要根据需要审查决定","要减少一些不必要的刊物,批准出版的都应该是合乎市场需要和有一定的质量”。乔木同志当年提出的这些思想，今天看来仍然显得重要，仍然具有现实的指导意义。

刊物应该有更广泛的读者

胡乔木同志十分注意用期刊满足人民群众日益增长的精神文化需求。他强调，人民群众的经济比较宽裕时，就需要文化食粮供给他们。他举例：“以杂志来说，《时事手册》实际上并不怎么通俗，但已经维持一百一十万本以上的销路。如果再出一个更通俗些的刊物，也是时事的，发行量一定还要大。我们不要拿从前的观点来看今天的情况，如拿以前的《生活周刊》、《东方杂志》的发行量水平来和今天作比较。不要以为《时事手册》已有一百多万的销数，已经很多了。一个杂志，只要出得好，发行得好，发行十万份是不稀奇的。”他提出，应该千方百计地为读者着想和一切着眼于读者，所以“以后图书期刊月对什么书刊应大量发行，可以推荐。比如《文化学习》销路在跌，如不加支持就不行。对于最需要大量发行的报纸、杂志、书籍，应该用种种方法来推广”。胡乔木同志还亲自推荐在读者中较有影响的杂志，他在对出版部门负责人推荐《读书》杂志时说：“《读书》月刊是出版局管的吧？编得不错，我也喜欢看这本杂志。”同时他又认为“作为一个《读书》月刊，它还应该满足广大读者更多方面的需要，而不是一部分读者的一部分需要”。“因为《读书》月刊已经形成了它的固定的风格了，它有自己的读者范围，可能不宜改变或至少不宜做大的改变。如果是这样，那么，我就希望出版局能够出另外的刊物。这种刊物应该有更广泛的读者，有更广泛的范围。”从这些比较内行或精到的议论中，也不难看出胡乔木同志对期刊工作的精通和对广大读者的关切之情。其中一些观点尤其值得今天的办刊人学习和研究。

注意提高刊物的质量

在期刊具体编辑、出版工作中，胡乔木同志也曾有过许多比较细致的思考，在同一些刊物的交往过程中，胡乔木同志经常就如何办刊或如何提高刊物质量问题发表自己的看法，对期刊工作者给予具体的指导。比如，在指导《中国妇女》杂志的时候，乔木同志提出《中国妇女》应办成妇女的百科全书。他认为《中国妇女》的读者对象应该是广泛的，“所以刊物的内容应该是各样的，应办成妇女的百科全书”。在编辑质量方面，乔木同志说：“一个刊物要在读者中稳固，光有零碎的文章不行，必须有一些系统的经过调查研究、能深入解决问题的文章，连续刊登。例如儿童教育就是一门专门的学问，婚姻家庭问题，革命人生观问题，都应该调查研究。有长远计划，连续报道，开展讨论，请专家写文章。”只有这样，才能保证刊物的质量不断上升。在写给《中国心理卫生杂志》的信中，乔木同志殷切盼望这个刊物能为探讨和普及心理卫生科学和知识，促进全社会对心理卫生事业的广泛重视做出有效的贡献。在关于《中国社会科学》杂志等三个刊物的谈话中，胡乔木同志甚至要求杂志社的同志为作者到北京写稿、改稿、定稿提供必要的方便。在给《中国社会科学》刊物的定位中，乔木同志提出自己的想法就是希望办起一个将来能跟《中国科学》媲美的刊物。在同北京出版社的期刊编辑交谈中，乔木同志对他们出书出刊的严肃态度大加赞赏，他特别提到“你们的《父母必读》我看过，是办得比较好的。你们的内容是严肃的，不是搞投机取巧的东西。我看办这样一个刊物很有必要，对年轻父母可以起到好的指导和帮助的作用”。在对《连环画报》工作的意见中，乔木同志就具体办刊途径一共谈了近十条意见，从题材选择，内容确定到表现形式和通联工作、作者工作、读者工作都提出了具体的建议。阅读这些精到的论述，对于期刊出版工作者的确具有直接的借鉴作用。

期刊也要注意出版权益问题和编辑教育

保护出版权益问题，不仅对图书出版重要，而且对期刊出版亦十分重要，这是胡乔木同志一贯的思想。在多次关于保护出版权益的讲话中，胡乔木同志都没有忘记将期刊出版列入其中。他指出："近年各地出版的所谓文摘、选刊之类的刊物日益繁多，有的畅销全国。这些刊物根本不需要什么编辑力量，只是盗印盗版，所以很易获利，而严重危害各正当刊物及出版社（有些被选刊的作品已出单行本）的利益。虽有数十家刊物联合声明不许转载，但因出版法迟迟未能产生，以致无法获得国家的保护。"为此，他建议，今后在期刊出版中应当规定："此后全国各刊物除获得原载刊物同意并按出版局规定付给报酬者外，一律不许转载。"同时他希望"人民出版社所出《新华月报》和由该刊分出的《新华文摘》，两刊仍然合并，认真提高编辑工作质量，并对除文件外的转载文字一律付给出版局规定的报酬，以为全国的表率"。在期刊编辑素质提高和开展编辑教育方面，胡乔木同志一直十分关注这个问题。他在 1982 年就多次提出建立编辑学问题，并且热情支持 1985 年秋，由上海市编辑学会创办的会刊《编辑学刊》。在创刊号上发表了他就编辑学和编辑专业的问题给教育部的信，信中希望促成这个专业的诞生。并希望一些"有定评的刊物，丛书、辞书、年鉴的编辑"提出"许多具体的指示"。以尽快在有些大学开设包括期刊编辑在内的编辑专业。乔木同志要求要把"出版发行人员的素质提高，没有经过训练的不能当。北京许多出版社靠老编辑。做一个好编辑很不容易。一个老编辑比一个教授辛苦得多，社会上又不知道他，而没有很多知识的人又当不好编辑。对编辑人员要培训。大学里有五十多个新闻系，不需要这么多，是否可以改办编辑专业？复旦大学编辑专业招了16个学生，不够，要增加。国家出版局要在杭州大学办编辑系，很好”。他又说：“大学办出版系，是我提的建议。不要办那么多的新闻系，要办出版系。出版是个很大的领域，但很薄弱。”聆听这些亲切而又有真知灼见的话语，我们不难感到，胡乔木同志关于期刊工作的论述，既是对实际工作的分析总结，也是对当代我国社会主义期刊理论的丰富和补充。在我国期刊业跨越新世纪的时刻，在当前期刊出版事业迅猛发展的形势下，学习和思考胡乔木同志关于期刊出版工作的一系列重要论述，我认为，无论从哪个角度说，都是很有意义和很有针对性的。

注释：

本文引用或参考文献均见《胡乔木谈新闻出版》、《胡乔木文集》(1～3卷)、《我所知道的胡乔木》等著作。

原载《出版交流》2001年第2期

百年大计　育人为本

——胡乔木与编辑出版专业教育

宋应离

编辑出版教育的倡导者

中国是一个历史悠久的文明古国，其编辑出版活动的历史源远流长。可惜编辑工作作为一门学问，作为培养编辑出版队伍的出版专业教育，在我国却起步较晚，迟迟没有引起人们的高度重视。旧中国没有一所专门培养编辑出版人才的高等学校。新中国建立后，鉴于当时的历史条件，为了适应出版形势的需要，当时只能以短期培训的形式来培训出版干部。20 世纪五六十年代，虽然也有人从事编辑教学活动和编辑学著作的出版，开办过出版干部学校、文化学院，但教学内容、课程设置都不能适应形势需要。“文革”后，为了改变我国印刷设备落后、印刷技术薄弱的状况，经国务院批准，1978 年在我国建立第一所高等印刷院校——北京印刷学院。为了提高图书发行队伍的素质，1983 年在武汉大学设置图书发行专业。这标志着我国印刷、发行业高等教育的开始。但是作为正规完备的编辑出版专业教育，则始于20 世纪 80 年代中期。

作为中国共产党在思想文化、宣传教育战线上的杰出领导人，著名理论家胡乔木，审时度势，深谋远虑，他在 1984 年 3 月至 6 月间多次提出在我国部分高校试办编辑专业的建议。遵照胡乔木的意见，当时教育部会同文化部出版局召开座谈会讨论，并将讨论的意见于 1984 年 7 月 23 日以教育部党组名义向胡乔木写了一份《关于筹办编辑专业的报告》。当年 7 月 25 日，胡乔木复信教育部，明确表示：“编辑之为学，非一般基础课学得好即能胜任。”强调在我国编写编辑学这类书是有基础的。因为“在历史上我国著名典籍的编辑经验，也有不少记载，不过需要收集整理”，是“在有心人的努力罢了”。胡乔木还在信中表示“为促成这个专业（或编辑、新闻专业）的诞生，我宁愿不惮烦言”。在胡乔木的倡导下，北京大学、南开大学、复旦大学相继开始试办编辑专业，并在全国出版界悄悄崛起一股研究编辑学的热潮。

提倡研究编辑学，重视编辑出版专业教育，建立一支适应中国出版事业发展的优秀编辑出版队伍，是胡乔木一贯的指导思想。

早在 1951 年，胡乔木在第一届全国出版行政会议第二次会议上所作的报告中，面对出版干部不足的状况，提出“党也要负责领导教育和培养出版工作的干部的工作。应当做出培养干部的计划。目前还没有训练出版工作干部的机关，需要解决。学校中也没有这样一系,应该有这一系,应该包括出版业中各项的业务,在这系中学习的学生还应当受到严格的训练。现在应当筹备在大学中设立这样的系”①。这是胡乔木最早提出在大学设立编辑系,解决编辑队伍的培养教育问题。

1984年3月,他在讲到新闻人才的来源时说:“每个大学中文系都应该开设新闻专业或编辑专业。不但报纸编辑要有来源,出版社的编辑也要有来源,新华书店的经营管理人员也要经过培训。”②1986年,他同浙江出版部门负责人谈话时,得知浙江省办有印刷发行学校。他称赞“办学校很需要,但不大好办,要花钱,但不投资不行,这是百年大计。大学办出版系,是我提的建议……杭大办出版系好,早点定下来”③。他认为编辑不是什么人都可以干的,必须有丰富的科学知识,并且要经过严格的培训或编辑出版专业教育。1986年1月,他在同上海出版部门的负责人谈话中指出:“要把出版发行人员的素质提高,没有经过训练的不能当。北京许多出版社靠老编辑。做一个好编辑很不容易。一个老编辑比一个教授辛苦得多,社会上又不知道他,而没有很多知识的人又当不好编辑。对编辑人员要培训……复旦大学编辑专业招了十六个学生,不够,要增加。国家出版局要在杭州大学办编辑系,很好。”④

1989年10月,他《在叶圣陶研究会成立会上的讲话》中,又一次提出:“编辑是编辑,出版是出版,出版离不了编辑,但编辑是独立的学问。”⑤

出版要繁荣 关键在队伍

面对国际国内出版市场的激烈竞争,中国出版业要健康繁荣发展,及早跨入强国之林,关键是建立一支高素质的编辑出版队伍。人才特别是优秀人才是出版工作中最活跃的因子,是推动出版产业前进的强大动力。出版业的竞争说到底是人才的竞争。谁拥有一支高素质的编辑出版队伍，谁就能赢得竞争的主动权。

胡乔木关于试办编辑专业的倡议，关于强调编辑学是一门学问，有很强的针对性、现实性。其主导思想是要人们深刻了解编辑出版工作的规律，着眼于编辑队伍的建设。这一问题的提出，是他长期从事出版领导工作，善于从实际出发，深入调查研究，总结出符合中国实际的一个创举；是他为贯彻出版工作为人民服务、为社会主义服务，满足人民文化生活需要而采取的一项带有巨大战略意义的重大举措；是他从出版事业的全局出发，科学把握出版工作的性质、地位、作用，站在历史时代的高度而提出的；也是他对出版工作高度负责精神的体现。因为出版队伍的素质状况如何，事关出版事业发展的全局，直接影响出版物的质量。新中国建立之初，面对当时部分出版工作者对出版工作不负责任，出版物差错多，出版队伍素质不高等情况，提出“出版事业是关系到国家、民族、四化事业，关系到整个民族文化科学水平提高的大事”⑥。他认为出版是最重要的、最庄严的、最神圣的工作之一，它是传播知识、传播真理的一种工作；出版是一个很大的领域，但又很薄弱，出版队伍的素质和出版工作很不适应。早在1951年，他针对出版物质量低劣的问题就提出过严肃批评。他指出“大量的出版物还是粗制滥造的”。当时中央人民出版社和地方人民出版社出版了一些乱七八糟的东西，“所以，提高出版物的质量，是一项重要的任务”⑦。他要求“做到国家出版社出版的每一本书，从内容到形式都要代表中华人民共和国的水平。在毛泽东领导的政府下面，书籍和国旗一样，是代表着我们的国家”⑧。“出版社对出版物要认为能完全负责，然后才去印刷，发行到市场上去。”⑨胡乔木的这些要求既体现了他对出版工作的高标准要求，又指出了对出版队伍加强培养的紧迫性。

编辑出版队伍的建设是一个关系到出版业持续健康发展的百年大计的系统工程，必须像胡乔木那样高度重视，花大力气，长期抓下去，要经常化、制度化。我们的目标是要建立一支具有坚定正确的政治方向、懂得出版工作规律、掌握最新科学技术、具备出版专业知识、富有高尚的职业道德、高度认真负责的编辑出版队伍。这样,我们的出版专业就一定会健康持久的发展,为人类做出重大贡献。

出版教育在探索中前进

胡乔木关于试办编辑专业的建议提出已20年了。在这段时间里,我国的政治、经济、文化发生了历史性变化,出版事业也出现了前所未有的繁荣。在胡乔木的倡导下,我国的出版专业教育也有了长足的发展,并呈现出良好的发展态势。

出版专业教育由初具规模到进一步发展。1985年继北京大学、南开大学、复旦大学试办编辑专业之后,相继有清华大学、中国科技大学建立科技编辑专业。河南大学、四川大学、上海大学开办了编辑学专业。清华大学、武汉大学开展了编辑学专业的第二学士学位教育。河南大学、南京大学、西安交通大学、四川社科院新闻研究所、华中科技大学,都先后招收了书报刊科技编辑方向的硕士研究生。河南大学除设有本科专业外,还招收了编辑学硕士研究生,目前新闻传播学硕士点下设四个研究方向:新闻学、编辑出版学、广播电视、广告;北京印刷学院传播学硕士点,以出版传播学为学科领域,下设书刊编辑学、出版产业、出版美学、数字媒介传播四个研究方向。据新闻出版总署信息中心编写的由新华出版社2004年1月出版的《中国媒体概览》一书显示,目前我国有七十多所高校设有新闻系、新闻传播学系(院),其中有二十多所院校专业中设有编辑出版专业。目前我国有两所培养印刷出版和编辑专业人才的本科院校。在胡乔木的倡导下,在教育、出版部门的努力下,我国编辑队伍的培养教育,我国出版高等教育已走上了一条创新之路。“据不完全统计,十五年来高校的编辑、出版、发行各专业为新闻出版行业输送了十届一千三百余名本科毕业生”。“编辑出版学专业得到教育部的正式确认。1998 年教育部公布的高校本科专业目录中，确立了编辑出版学的应有的地位……国务院学位委员会于 1998 年批准北京印刷学院出版系和河南大学文学院招收新闻传播硕士研究生……编辑出版专业培养高层次人才，迈出了可喜的一步"；"我国早期开展编辑学、图书发行学高等教育的南开大学、武汉大学、清华大学、河南大学等十五所高校，编辑出版学专业建设已基本成熟，正在成为出版教育的排头兵。"[10]出版专业经过广大教育、出版工作者的努力，把一个充满生机、发展前景广阔、与中国出版产业相适应的出版专业带入 21 世纪。

教学研究、教材建设不断探索。鉴于我国出版专业起步较晚，教学工作、教材建设无先例可以借鉴，广大教师边教边学，边进行教学边进行教材写作，在不断摸索中前进。为了解决教学工作游离于编辑出版实践之外的问题，苏州大学编辑出版专业的教学提出"五个一"的要求，即让编辑出版专业的学生在校初校书稿一百万字、重校一百万字、责编一本书、上一次图书订货会、下一次印刷厂。华中科技大学在培养高层次科技编辑中，在教师指导下，开办了学术沙龙，教师同研究生两周进行一次聚会，参加者根据自己的兴趣提出自己的研究课题，本着百家争鸣畅所欲言的精神，展开讨论，互相启发，收到明显效果。河南大学在研究生教学中强调培养学生的三种能力：创新能力、研究能力、实践能力。坚持自学、研究、写作三结合和以课题任务带学习的方法，到出版社、杂志社参加调查和编书、评刊活动，解决入大学几年间，没进出版社、杂志社门的理论脱离实际现象，扭转了学生会说不会做的状况。

在教材建设上也取得了显著成就，除辽宁教育出版社出版的一套试用教材外，一些教研出版单位也分别推出了一些教材，为专业教育服务。

20 年来编辑出版教育和编辑学的研究，取得了令人信服的成绩。这些成绩是在有关部门支持下，也是在不断清除"编辑无学”、“出版无学”的影响中取得的。可以说由初创期开始进入建设期。经过广大师生的努力，已积累了一些宝贵经验。但也要清醒地看到，由于专业发展过快，也带来了不少问题，诸如师资严重不足、教材建设跟不上形势发展、教学内容脱离实际；在学生就业问题上，虽然社会上客观有需求，但用人单位又不乐意接收。凡此种种，都应该引起我们的重视。

历史的发展证明，20 世纪 80 年代中期，胡乔木提出在大学办编辑专业，加强编辑出版教育，开展编辑学研究，是他在出版领域的一次有远见的大胆的尝试。这种尝试适应了出版事业发展的需要。可以无愧地说，它复兴再生了一门古老的学科——编辑学；它催生了一门新的专业——出版专业。“编辑出版专业的建立引起了国内外的重视，它是中国出版史和中国教育史上一件创先例的大事。”⑪编辑学、编辑出版教育毕竟是一个年轻的学科和专业，要成熟、完备，我们需要做的工作还很多，要走的路还很长。

注释：

①②③④⑥⑦⑧⑨ 《胡乔木传》编辑组编. 胡乔木谈新闻出版. 北京：人民出版社，1999 年，464、367、539、542、550、457、458、459.

⑤ 胡乔木. 在叶圣陶研究会成立会上的讲话. 编辑学刊，1990(3).

⑩ 李敉力、孙文科. 我国编辑出版学专业的建设与发展. 河南大学学报，1999(6).

⑪ 卢玉忆. 重视编辑出版专业人才的培养. 求是，1992(17).

原载《中国编辑》2004 年第 4 期

乔木同志三谈《白求恩》的编辑工作

章学新

我和胡乔木同志有过一次直接的交往，但却是一次难得的受教。

一

1964年底,我在中国青年出版社文学编辑室主编革命回忆录和人物传记的读物。一天,乔木同志办公室的东生同志在电话中传达,希望中青社出版一本白求恩的传记,以辅导青年学习毛主席著作。

出版一本传记,从物色作者、搜集资料到成稿,需要较长的时间,而辅导青年学习毛著是争朝夕的事。正在这个时候,机遇来了。《解放军报》载:为纪念白求恩逝世25周年,总政治部邀请白求恩在华的战友来京参加纪念活动。借此机会,我们特请这批老同志留下来,进行座谈回忆,编辑部派人记录整理。他们欣然同意。参加座谈的有:原晋察冀军区卫生部长叶青山,副部长游胜华;白求恩的译员董越千和郎林;原"模范医院"政委刘小康,医生林金亮、王道乾、陈仕华和警卫员何自新,基本上是当年驰骋在晋察冀、冀中和冀西解放区战地医疗队的原班人马,并由叶青山同志和时任外交部部长助理的董越千牵头。

1965年4月中,回忆录《伟大的国际主义战士——白求恩》成稿,原晋察冀军区司令员聂荣臻同志为此书写了序言。我们特把清样送给胡乔木同志。

为什么送给胡乔木同志呢?有两个原因:一是选题是他下达的,但回忆录的内容限于白求恩在中国抗日战场的事迹,虽然材料非常可贵,但并不是系统的传记。二是对出版革命回忆录,编辑部是心有余悸的。早在1956年,中青社推出革命回忆录丛刊《红旗飘飘》,读者是欢迎的。1962年9月,丛刊第17集登载了一篇写西安地下斗争的回忆:《古城斗胡骑》,文稿请习仲勋副总理审定,但是康生却说文中的主要人物是叛徒,和党的八届十中全会上指斥"利用小说反党"的《刘志丹传》同属于"严重的政治错误",立即派工作组前来检查。虽然结论是编辑部政治上“麻木不仁”、“上了当”,康生却因此下了一道禁令,说中青社没有资格出版党史回忆录。不但第17集丛刊不准发行,连《红旗飘飘》也被迫停刊。事隔两年多,我们又以回忆录的形式来写白求恩的事迹,能不能出版呢?我们把清样送给乔木同志,一是向他复命,二是请他为此书从政治上“把把关”。

不料胡乔木同志收到清样后,非常支持。

4月20日,他第一次来信,开头就说:“这部清样我从头到尾看了一遍,觉得很好。”还说,“由于学习《纪念白求恩》的人很多,估计此书是会受到广大读者注意的。”信中又指示我们:“白求恩本人的文字,如果今天还适于公开发表的,最好能选一两篇作为附录。”我们立即去中央档案馆查阅,叶青山同志还提供了八路军卫生部编印的年刊和有关资料,从中选出白求恩日记六则,《在晋察冀边区模范医院开幕时的讲话》,《在冀中四个月的工作报告》和《游击战争中师野战医院的组织和技术》一书的自序。我们正在增补白求恩遗稿的时候,4月28日,乔木同志来了第二封信,问“不知所提建议,哪些能办到,哪些不能?”信中反映出他对出版学习毛主席著作辅导读物的迫切心情。5月初,我们把增补后的清样再次寄给乔木同志。5月10日,乔木办公室又来电话,约编辑部派人前去面谈。这就是我和乔木同志一次受教育匪浅的交往。

二

5月10日下午3时,我到达中南海西门时,东生同志已经等在门口。我随他走进西门,到怀仁堂附近往右拐弯,过长廊便是乔木同志住的颐园。后来知道,颐园离毛主席住的丰泽园、颐年堂和菊香书屋都不远。进了颐园院门,登上台阶就步入客厅。客厅不大,中间一圈沙发,迎面一联,上联是“一心无我”,下联是“四时有为”。字体记得是结构严整、笔力强劲的魏碑，教人意会这是主人的座右铭。

会客室的邻室是书房。这时乔木同志已坐在书桌旁，面前放着书稿的清样。

“乔木同志那么忙，还为我们审读清样，编辑部让我向您致谢。”我遵嘱坐下后说。

“就是因为不忙，才有时间读你们的书稿。”稍停，他又说，“我在杭州养病时，帮助招待所里的服务员学《毛选》，发现《纪念白求恩》这篇文章对他们教育很大，可是白求恩其人其事，他们知道得不多。所以想让你们出版一本《白求恩传》。”往下，他除了问我一些情况外，就对书稿中存在的问题，娓娓道来。我集中精力记录。

通过两次来信和一席谈话，乔木同志从书稿清样中检剔出来的问题和处理办法是：

第一，对白求恩遗稿的编排。他非常赞赏白求恩的遗稿，特别是白求恩在延安会见毛主席后写的日记，他说，“这是非常珍贵的”。对在“模范医院”开幕时的讲演，他说，“热情洋溢，思想很好”。白求恩对医务人员说，“你们必须把每一个伤病员看做是你的兄弟，你的父亲，实在说，他们比兄弟和父亲还要亲切，因为他们是你的同志。”乔木同志说，“这就是毛主席称赞的‘对工作极端的负责任，对同志对人民极端的热忱’。这种精神，对任何岗位上的人都有教育意义。”至于白求恩在讲演中强调要学习技术，乔木同志说，“这话还是正确的，我们提出‘超英赶美’，包括学习他们先进的科学技术，而且毛主席还说过向敌人学习的话。”他又说：“白求恩是懂政治的，他说过，‘我们要医治被法西斯枪炮所创伤的伤员，我们更应消灭制造创伤的法西斯帝国主义’，这句话至今还有深远意义。”

这样，他对书稿的编排格局，提出了新方案：第一次来信时，他提出选一二篇遗稿“作为附录”，这时他说：“作为附录，对白求恩不够尊重。全书应该分上下辑，上辑是回忆录，下辑是白氏遗稿；标题不要用‘遗稿×篇’，那样容易造成错觉，以为只有这几篇，应改为‘白求恩遗稿选’。”他还说：“毛主席《纪念白求恩》这篇文章，是群众中影响最大的文章之一：学习毛著的许多积极分子，都是这几篇文章开头的。不知毛主席《纪念白求恩》一文的手稿能否找到？难查，你们不必等”，真是深思熟虑，精雕细刻。

第二，关于注释。乔木同志认为文稿中的注释是为了“便于广大读者”，经他检剔，我们的清样中存在两种情况：一种是“比较难懂的医药名词”，该注的不加注。如“锰剥水”。在第一次来信中，他打了一个问号，第二次来信他告诉我们，“当时曾问过一位医生，他也没听说过，不懂是什么东西，所以我觉得要加注。今天遇到两位医生，一位年轻些的也不知道，另一位年长些的告诉我，他猜想这可能是从日文来的，剥音指（Potassium，Po = 剥），锰剥水也就是常用的消毒防腐剂高锰酸钾（或过锰酸钾 $KMnO_4$，Potassium Permanganate = P. P. = 灰锰氧，灰字也是从钾字来的）的溶液，因此，这里的锰剥水似宜改用现在通用的名词”。二是一知半解，给读者增加麻烦。如文稿中写到“加拿大共产党”时，有时加了（加拿大劳工进步党）的括弧，有时没有加，不但体例不统一，而且意思含糊不清，是说明加拿大共产党又称劳工进步党。乔木同志信中说：“这些地方我都改了，因为劳工进步党的名称只用于 1943 ~ 1959 年这段时期内，与白求恩在华时固然没有关系，与今天也没有关系，用不着给读者增加麻烦。”他把来龙去脉讲清了。

第三，纠正文字上的弊病。他指出清样中有一文，行文中的“改正缺点”，用词搭配不当，指出“这个用法现在用得很多，但其实是欠通的，只能说‘克服缺点’或‘改正错误’，在该文中似应改为‘克服缺点’，当时未改，现因写此信，故一并附告”。堪称一丝不苟。

在这次谈话中，乔木同志叮嘱我说：“编青年读物更加多地注意注释、注解，不要放过锰剥水一类词的注释，这是学习白求恩的极端负责精神,过去我也看不懂。”又说:“很多人遇到不认识的字,跳过去了,下次见了还是不认识;‘独有英雄驱虎豹,更无豪杰怕熊罴’,罴字连我的秘书也不认识,要加注,要多做这方面的工作,吴晗同志主编的《地理小丛书》注意了这一点。”

乔木同志的两次来信和一次面谈,使我终身受教。当时,我虽然在编辑岗位上已经11年,但仍然是功底不深,知识不厚,作风不细,比如对锰剥水,我没有如乔木同志那样,追本溯源,甚至一再地去请教医生,而是加上一个引号,表示这是专门名词;对加拿大共产党名称的沿承,没有去查阅史书,因此对括弧里的“说明”一知半解,去留无据,以己之昏昏,自然难以使读者昭昭。面对乔木同志那般缜密周详的思索,精细入微的推敲,虚怀若谷的求知和锲而不舍的治学精神,深感汗颜。

三

在这次谈话中,乔木同志还提出了出版青年读物的意见。抗战初期,他到延安时是中央青委的委员,主持过青年训练班,主编过《中国青年》杂志,对青年进行宣传教育是驾轻就熟的。1965年,毛泽东著作乙种本已由中青社出版,全国青年中已掀起学习热潮;而美国侵略越南的战火已逼近我国的南大门,因此4月中共中央发出了关于加强战备工作的指示。结合当时的形势,对出版当时急需的几种青年读物,乔木同志的意见是:

第一,强调出版学习毛主席著作的辅导读物。他说是否可以甲种本和乙种本所收的文字为纲,出版一套辅导读物,人物和背景方面的如白求恩传,张思德的故事等;还可以介绍积极分子的学习经验,像雷锋、廖初江、孙乐毅等的心得体会。他说:我读过一本小册子,题目是《毛主席给予我一双明亮的眼睛》,作者是盲人,右手指又断了,他用左手摸盲文,顽强地学习毛著。许多人读后很感动,说“我们眼睛明亮,却不好好学习,太不应该了!”但是要有选择,要谨慎。

第二,进行传统教育的读物。可以把解放军、八路军、新四军和红军的英雄传统编一套书,如三大纪律,三八作风,好八连,硬骨头六连等,上海出版的解放军政治工作经验丛书,是总结性的,作为青年读物差一点,不如具体描写的东西好理解。中青社出版的《青年英雄故事》很好,重于写人。有些人,虽然不是英雄,但工作出色,事迹动人,也可以写。用第一人称写,有些话自己不好讲,别人来写,话就好说。可以先在《中国青年》、《解放军文艺》发表,然后选编集子。

第三,出版一套配合战备的读物,题材很广泛。他说:“我看过纪录影片《战地炊烟》,《草原铁骑》,后者写一个中学生,参军后练骑兵,克服了种种困难,终于成为一个好骑手。这些形象的影视材料,可惜没有形成文字的读物。要从多方面选材,比如通信兵、侦察兵、后勤运输、炊事兵;还有民兵,公安部队;和战时状态下如何应付各种局面,逢山过山,遇水涉水,防空袭,遭突击,这些平时鲜为人知,战时必不可少的知识都应该宣传。”这次谈话进行了约两个小时。

5 月 12 日,我把乔木同志谈话的内容整理成文字,刊登在中国青年出版社的内部简报《出版情况》上,上报共青团中央。后来出版的《胡乔木文集》第 3 卷第一篇《对出版几种青年读物的意见》就是这次谈话的主要内容。

1965 年 6 月,《伟大的国际主义战士——白求恩》出版,初版印了 30 万册。回忆录出版后,我把收集到的白求恩遗稿和纪念白求恩的文章、报告、歌曲等分类编排,准备印成资料汇编,供请人撰写传记使用。董越千同志告诉我,白求恩临终嘱咐,要把他的遗稿、遗物送给加拿大共产党。那时还没有复印机,没有留下副本,我们曾考虑通过中联部或卫生部,请加拿大共产党帮助复制。可惜“文革”开始,工作中断了。

1975年,我离开了中国青年出版社,到原教育部工作。后来,利用原积累的材料和去加拿大访问时所积的新材料,应福建人民出版社之约,写了《白求恩传略》,王震副主席写了序言。出版后,我曾寄给乔木同志一册,仍然是为了向他复命。

原载《百年潮》2002年第1期

存　目

著　作

胡乔木　《胡乔木文集》(一、二、三集)

人民出版社1992、1993、1994年

《胡乔木传》编写组编　《胡乔木谈新闻出版》

人民出版社1999年

杨尚昆等　《我所知道的胡乔木》

当代中国出版社1997年

论　文

胡乔木　《胡乔木谈著书立说》

《出版工作》1978年第2期

胡乔木　《胡乔木同志关于提高文化修养问题的一封信》

《编创之友》1982年第2期

胡乔木　《胡乔木同志在全国地方志第一次工作会议闭幕会上的

讲话》

《中国地方志》1987 年第 1 期

胡乔木 《校读后记》

《求是》1990 年第 3 期

胡乔木 《关于写作〈回忆毛泽东〉一书的设想》

1993 年 10 月 15 日《人民日报》

谷　雨 《五十年共风雨——怀念乔木》

《我所知道的胡乔木》,当代中国出版社 1997 年

胡木英 《难忘的两个月——回忆随父亲在湖南农村的日子》

《我所知道的胡乔木》,当代中国出版社 1997 年

胡　扬口述、曹晋杰整理 《胡乔木同志早期在盐城的办报活动》

《新闻研究资料》1983 年第 21 辑

茆贵鸣 《胡乔木与地方志》

《陕西史志》1984 年第 2 期

倪墨炎 《永远记住胡乔木对我的指点》

1992 年 10 月 11 日《文汇报》

萧　乾 《想当初,胡乔木》

《读书》1993 年第 10 期

张铭清 《小稿数改方心安——乔木同志审稿追忆》

1993 年 6 月 5 日《新闻出版报》

逄先知 《永远怀念胡乔木同志》

《党的文献》1994 年第 3 期

商　恺 《“最好称我为同志”——回忆在胡乔木身边工作的日子》

1994 年 9 月 7 日《新闻出版报》

陈　原 《胡乔木同志与商务印书馆》

《陈原出版文集》,中国书籍出版社 1995 年

吕何生 《论胡乔木的修志思想》

《河南史志》1996 年第 2 期

宋木文 《百科庆典忆乔木》

《宋木文出版文集》,中国书籍出版社 1996 年
李今中　《在胡乔木身边工作的 330 天——〈胡乔木文集〉编辑经过》
《出版广角》1997 年第 3 期
龚育之、郑　惠、石仲泉　《弦急琴摧志亦酬——乔木同志的最后岁月和〈回忆毛泽东〉的写作》
《我所知道的胡乔木》,当代中国出版社 1997 年
薛德震　《需要大力提高中国的马克思主义文化水平——回忆胡乔木同志在人民出版社座谈会上的讲话》
《出版广角》1997 年第 3 期
武在平　《胡乔木关心少年儿童读物》
《世纪风采》1998 年第 8 期
吴乐平　《胡乔木出版思想和实践》
《编辑之友》1999 年第 3 期
张笑天　《胡乔木印象》
《作家》2000 年第 2 期
姚雪垠　《纪念与感激——忆胡乔木同志帮助我的两件事》
汝捷、海天主编《姚雪垠书系》第 16 卷,中国青年出版社 2003 年
杜玉芳　《胡乔木关心少儿文化事业》
2005 年 4 月 7 日《中国新闻出版报》

邓 拓

邓拓(1912～1966),原名邓子健,笔名马南邨、向阳生、丁曼公等,福建闽侯人。1930年加入左翼社会科学家联盟,同年加入中国共产党。先后担任中共上海法南区委宣传部长和南市工委书记。1932年被捕,次年出狱。1934年到开封河南大学学习,致力于中国历史研究。抗日战争爆发后,进入晋察冀抗日民主根据地。历任中共晋察冀中央局宣传部副部长、《晋察冀日报》社社长兼总编辑、新华通讯社晋察冀分社社长等。新中国建立后,先后任《人民日报》社社长兼总编辑、中华新闻工作者协会主席、中共北京市委书记处书记、中共中央华北局书记处候补书记。曾任北京市委理论刊物《前线》主编。

邓拓同志是一位杰出的新闻工作者、政论家、史学家、杂文家。在担任《人民日报》社社长和《前线》主编时,写了大量重要社论。1961年3月起,他曾以"马南邨"为笔名在《北京晚报》副刊《五色土》开设"燕山夜话"专栏,发表153篇杂文。这些短小文章,谈古说今,天南海北,重史实史论,广征博引,切中时弊,含蓄委婉,富有寓意,雅俗共赏,引人入胜,深受读者欢迎。其后,因与吴晗、廖沫沙合写杂文《三家村札记》,在“文化大革命”开始后,被打成“‘三家村’反党集团”,受到残酷迫害。1966 年 5 月 18 日含冤自尽。

欢迎“杂家”

邓　拓

无论做什么样的领导工作或科学研究工作,既要有专门的学问,又要有广博的知识。前者应以后者为基础。这个道理十分浅显。

专门的学问虽然不容易掌握,但是只要有相当的条件,在较短时间内,如果努力学习,深入钻研,就可能有些成就。而广博的知识,包括各种实际经验,则不是短时间所能得到,必须经过长年累月的努力,不断积累才能打下相当的基础。有了这个基础,要研究一些专门问题也就比较容易了。马克思在许多专门学问上的伟大成就,正是以他的广博知识为基础的。这不是非常明显的例证吗?

但是,有的人根本抹杀这两者之间的关系,孤立地片面地强调专门学问的重要性,而忽视了广博知识的更重要意义。他们根据自己的错误看法,还往往以“广博”为“杂乱”,不知加以区别。因而,他们见到知识比较广博的人,就鄙视之为“杂家”。

殊不知,真正具有广博知识的“杂家”,却是难能可贵的。如果这就叫做“杂家”,那末,我们倒应该对这样的“杂家”表示热烈的欢迎。

古人对于所谓“杂家”的划分本来是不合理的。班固在《汉书·艺文志》中把春秋战国的诸子百家,很勉强地分为“九流”,即所谓儒家流、道家流、阴阳家流、法家流、名家流、墨家流、纵横家流、农家流和杂家流。他所说的杂家是“合儒墨，兼名法”，如《淮南子》、《吕氏春秋》等等。后人沿用这个名称，而含义却更加复杂。其实，就以《淮南子》等著作来说，也很难证明它比其他各家的著作有什么特别“杂”的地方。以儒家正统的孔子和孟子的传世之作为例，其内容难道不也是杂七杂八地包罗万象的吗？为什么班固不把孔孟之书列入杂家呢？

现在我们对于知识的分类，以及对于各种思想和学术流派的划分，比古人高明得多，科学化得多了。我们本不应该再沿用班固的分类法；如果要继续用它，就应该赋予它以新的观念，就应该欢迎具有广博知识的杂家在我们的思想界大放异彩。

旧时代知名的学者，程度不等地都可以说是杂家。他们的文集中什么都有。同样的一部书，对于研究社会科学的人有用，对于研究自然科学的人也有用。随便举一个例子吧。清代学者洪亮吉，他的文集和历来其他学者的文集一样，几乎无所不包，其中就包含有他的人口论著作，比达尔文还早半个世纪。我国古代学者的文集，几乎都可以算是百科论文集，都是值得珍视的文化遗产。

现在我们如果不承认所谓“杂家”的广博知识对于各种领导工作和科学研究工作的重要意义，那将是我们的很大损失。

一九六一年三月

选自《邓拓全集》第3卷，花城出版社2002年

文章长短不拘

邓　拓

看了这个题目，也许有人不了解是什么意思。文章的长短问题不是早有定论了吗？为什么又要提起它？难道它还没有解决不

成？是的。文章的长短问题从表面上看好像已经解决了，实际上并没有真正解决。

文章爱看短的，怕看长的，这是一般读者的呼声；近来许多作者写文章，力求短小，适应读者的要求，这是应该受到普遍欢迎的一种好现象。由此看来，似乎文章短的总比长的好，问题不是已经解决了吗？

然而，有些读者来信说："翻看近来报刊上发表的短文章，有一部分不能令人满意。它们有的内容还不错，也有些新鲜的观点；但是，有的内容十分空洞，既无新材料，又无新观点，看了毫无所得。这一些短文章，仅仅是比其他文章短一些，但是，不能认为它们是好文章。"从读者的这种反映看来，仅仅要求文章写得短还不能真正解决问题，或者说，还没有完全解决问题。

本来，文章无论长短，关键是要看内容。如果内容很好，即便文章写得长，读者还是愿意看的。如果没有什么内容，写得很长固然没人爱看，假使分开写几篇短文章，是否有人愿意看呢？也不见得。因为内容空虚的文章，纵然作者费尽心机，化整为零，把一大篇改成几小篇，表面看去，文章似乎很短，但在实际上不过是为短而短，内容仍旧换汤不换药，而且篇数更多了，不仅骗不了读者，反而会更加引起读者的反感。

晋代的陆云，寄给他哥哥陆机的信中写道："有作文唯尚多。而家多猪羊之徒，作蝉赋二千余言，隐士赋三千余言，既无藻伟体，都自不似事。文章实自不当多。"在这封信里，陆云骂尽那些以多为胜的作者。他认为两三千字的文章已经是够长的了，而又没有文采，内容也空虚，简直不像一回事，这样的文章当然不应该多写。

大家知道，陆机和陆云兄弟二人，都是西晋的辞赋名家，特别是陆机的声名更大。当时另一个有名的辞赋作者，叫做崔君苗。他见到陆机的文章比他的更好，自愧不如陆机，气得要把自己的笔砚都毁掉了。陆云在另一封信中写到:"君苗文,天才中亦少尔。……见兄文,辄云欲烧笔砚。"这证明,陆机的文章确实写得好,人们都爱读,而不厌其多。甚至于在他的文章中,虽然有时存在一些缺点,也无伤大体。所以陆云又说:

> 兄文方当日多。但文实无贵于为多。多而如兄文者,人不餍其多也。屡视诸故时文,皆有恨文体成尔。然新声故自难复过。九悲多好语,可耽咏,但小不韵耳;皆已行天下,天下人归高如此,亦可不复更耳。兄作大赋必好,意精时故愿兄作数大文。

当时所谓大赋及其他大文章,大约只有两三千字左右,在我们现时看来,这又算得什么长文章呢!我们目前常见的文章,动辄万言以上,有些作者还嫌字数少了,意思说不清楚。可是,要等到他们把意思全都说清楚的时候,字数不知道还要增加多少!

这里所说的长文章,当然不包括若干重大历史性的文献和经典著作在内。这些文献和著作都总结了丰富的革命和建设的经验,一字一句都是集体智慧的结晶,虽长无妨,人们都愿意读,何况还并不很长。人们读不下去的文章主要的是文风不正的产物,其特点是大量地重复人所共知的论调和事例,而很少或者没有新的东西。这种文章写长了固然没有人愿意读,写得短仍然不会受人欢迎。道理很简单,就因为它不耐读。

短文章要能耐读,必须有精彩新鲜的内容,最好要比长文章更多地解决问题,不为陈言肤词,不为疏慢之语。唐代冯贽的《云仙杂记》对此早有中肯的评论,他说:"人之为文,语意疏慢者,真脱丝布。文士之病,莫大乎此。"他用了"脱丝布"这么富有形象性的比喻,批评那些非常枯燥、干瘪、没有光泽的文章,这是很恰当的。

按照这个道理,我们日常写文章,不但应该力求其短,更应该力求其精。内容不精,形式无论怎么短也是枉然;内容精彩,文字长短可以不拘,该长就长,该短就短,那毕竟是次要的问题了。

选自《邓拓全集》第3卷,花城出版社2002年

奉告读者

邓　拓

由于近来把业余活动的注意力转到其他方面,我已经不写《燕山夜话》了。现在将三十二篇未编的文稿重阅一遍,选得二十九篇。又把在别的报刊上发表的短文选了一篇加上,补足三十篇。这一集仍按以前的办法编定付印,疏漏之处恐怕还很难免,请大家指正。

据熟悉各地报刊情况的同志告诉我:在《燕山夜话》出版之后,其他地方有些报纸,为了满足读者的要求,也采取了同样的形式,发表知识性的专栏杂文。如山东《大众日报》在第三版右上方开辟了这样的专栏,名为《历下漫话》;《云南日报》在第三版右上方也开辟了这样的专栏,名为《滇云漫谭》。我衷心祝愿这些报纸的专栏杂文,能够长期坚持下去,并且不断地改进内容,更好地为读者服务;同时希望读者们也能够从这些报纸的专栏杂文中得到有益的知识。

许多朋友来信问我,对这样的专栏杂文应该如何看法?如何写法?应该提出什么要求?我认为这问题可以有种种答案,但是,最重要的一点是要开门见山。我在别处发表文章讲过这个意见,我认为现时文章的通病,就在于不能开门见山。许多文章的作者,即便有一二可取的见解或新鲜的知识,以及动人的事迹要传达给读者,但是他们往往不肯直截了当地写出来,却要写上一大套人云

亦云的废话,然后才夹杂着写出自己的一点点新东西。如果这一点点新东西确有可取之处,那么,这样的作者未免不智,他好比把珍珠丢进了沧海,让泥水冲掉了金沙,多么可惜!如果连这一点点东西也不新,并无可取之处,那末,这样的作者就未免令人可恼,他似乎没有什么真本领,只是存心骗人而已!至于有许多文章不属于这两种情况,而仅仅因为作者写惯了长文章,扭不过来,那就需要大家给以帮助,劝告作者极力写得越短越好,否则要使广大读者每天花很多时间和精力,才能得到很少的一些收获,未免太浪费了。

其实,我们每个人既是作者又是读者,大家应有同感,因此,人人也都有责任督促报刊编辑部,在发表文章的时候,尽可以大胆地删去来稿中人云亦云的重复内容,使作者自己的新内容开门见山地摆到读者的面前。如果因此招致报刊缺稿,那倒是好现象,大报就应该缩为小报,杂志期刊就应该减少篇幅,书籍也可以少而精了。

这一番议论并非只说别人,不说自己。我对自己也是非常不满意的,每写一点东西,到了发表出来一看,就觉得自己没有写好,心里很惭愧。前一个时期写《夜话》是被人拉上马的,现在下马也是为了避免自己对自己老有意见。等将来确有一点心得,非写不可的时候,再写不迟。

马南邨

一九六二年十月中旬

选自《邓拓全集》第3卷,花城出版社2002年

是简化字还是错别字呢

邓　拓

前些日子,我同老王去首都图书馆,路过雍和宫大街,无意中

在一个商店门口停了一下。老王忽然指着商店的招牌,发表了一通很激烈的意见。他说:"现在流行的简化字实在要不得,它没有给识字的人以多少便利,不认识的字照旧不认得,这且不说,已经认识的字反而认不得了,这不糟糕吗?"我平日知道他对简化字很有意见,但是没有想到他在这大街上突然又大发起议论来。我不免抬头看看那招牌,原来上面写着十个大字:

拥和宫大亍商店青芽卩

我一看这个招牌,的确有几个不认识的生字。不过,有的生字连上接下一想也能懂得。比如,"拥和宫"当然就是"雍和宫","大亍"一定是"大街",这些都还没有问题;只是"青芽卩"一时怎么也想不出,到底是什么呢?一边想,一边走近这家商店的门口,往里一望,原来卖的都是各种蔬菜,我这才明白过来,"青芽卩"大概就是"青菜部"的简写了。

据目前的情况看来,在文字改革委员会正式公布的"简化字表"以外,还有大批的所谓"简化字"流行在社会上,这是事实。许多报刊近来对这种现象都提出了批评,这也是正当的。老王的意见和议论,我觉得同样是值得重视的。事实上,问题远比雍和宫大街这个商店的招牌要严重得多。最突出的是在许多饭馆里,菜牌上常常见到各种各样的怪字。例如:"米反"、"代于"、"九才"、"波芽汩"、"皮氿"、"卜缶氿"、"平果哥"等等,任凭你的文化水平有天高,乍一看,你就能懂得它们是"米饭"、"带鱼"、"韭菜"、"菠菜汤"、"啤酒"、"葡萄酒"、"苹果酱"吗?

最近有一位朋友,从江苏无锡给我寄来一封信,封面下方写着"无夕旮咸",使我莫名其妙,根本想不起是谁寄的。后来打开信封,仔细读完了来信,我才恍然大悟,原来封面写的是"无锡曹缄"的简化字。这四个字当中,特别奇怪的是"旮"字,怎么能当做

“曹”字呢？后来请教了许多人，才知道曹字包含了九个口字，所以竟被简化为“㕣”。这完全是牵强附会，太不成话了。

毫无疑问，我们大家都是积极赞成实行简化字的，认为这是中国文字改革的必要步骤之一。然而，简化的原则应该是约定俗成稳步前进，要有领导有计划地进行，不应该听任自流，不是任何人都可以毫无根据地乱造简化字。现在恰恰就有这样的毛病。为了使文字简化工作能够顺利进行，我们大家都有责任帮助文字改革部门，防止和纠正文字简化工作中的混乱现象。这里，最重要的是必须严格划清简化字和错别字的界限。前头举出的许多例子表明，现在有一些人竟然把错别字和简化字混同起来了，其实，他们写的是错别字，而不是简化字。

应该明确地指出，简化字必须是约定俗成，人人都认得，并且经过专家研究，一致同意，由政府批准公布的；除此以外，任何人乱写的简笔字，应该一律当做错别字来看待。谁也没有理由把自己写的错别字强迫别人接受。因此，社会上要养成一种风气，拒绝接受错别字，反对写错别字，不允许把错别字当做简化字，以致败坏简化字的名誉，破坏文字简化的工作。我们要把这个问题提到原则的高度上来，普遍引起人们的严重注意，才能有效地纠正这种混乱现象。

原载《前线》1963 年第 5 期

邓拓办报

陆　灏

1949 年春夏，正当大军南下，势如破竹，胜利之师席卷全国之际，由《晋察冀日报》和晋冀鲁豫边区《人民日报》合并而成的人民日报社，跟随毛主席、党中央到了北京。

从农村搬到城市，从战争转向建设，报纸工作如何适应这个转变，这是大家都在考虑的问题。当时，中央许多机关正在筹建，报纸编辑部的人都集中在北京活动，而每天发稿则感到经常不足，有分量的稿件更是缺少，大家都在议论，如何才能改变这个状况。有些同志认为，要扭转局面，先要整顿日常的工作秩序，内部的工作走上了轨道，事情就好办了。有些同志则觉得，要解决稿源问题，大家光蹲在家里不行，只有把报纸工作建立在广泛的群众基础之上，报纸才能办好。究竟该怎么办？人们不约而同地去问邓拓。

老邓说："决胜于社门之外。"人们都说这是他的一句名言。

老邓解释说："编辑部工作的重点应在报社大门之外，不应在报社之内。我们要想出一切办法，把千万根线索伸展到群众中去！"他还说："不把报社主要的力量撒出去，就不能了解党的政策在各地执行的情况，《人民日报》就不能起到党的耳目喉舌的作用，就不能改变现在的被动局面。"

这就是曾经担任过《晋察冀日报》（包括它的前身《抗敌报》、《人民日报》）近20年总编辑的邓拓在长期实践中凝聚的一个重要办报思想。早在《晋察冀日报》期间，所以能够在异常艰苦的敌后游击战争环境下坚持出报，极其重要的原因之一，就是它在战争中能和群众保持着血肉般的联系。

老邓经常对报社的同志们说："最根本的是要深入到群众中去，深入到实际中去。只有不断加强报纸同群众的联系、同实际的联系，才能把那里的情况和问题反映出来。"为了使报纸同群众、同实际保持密切的联系，老邓常常采取各种方式把编辑、记者派到第一线去参加实际斗争。在敌后游击战争中，除了一部分人坚持日常工作，不少编辑、记者和晋察冀的子弟兵、地方的游击队、游击小组战斗在一起，袭据点，攻堡垒，炸铁路，埋地雷，报社的工作人员都是普通的战士。报社许多随军记者，在抗日战争、解放战争中，始终随着部队在前沿阵地，在战壕里，出生入死，英勇战斗。在生产运动中，在土改、整党中，好多编辑、记者被派到乡村去做实际工作，同群众吃一锅饭、睡一条炕，一起下田劳动。平分土地，促膝谈心，同患难，共甘苦，了解他们的思想，反映他们的愿望，不但使编辑、记者汲取营养，受到锻炼，而且使报纸同群众同实际更紧密联系在一起。那时候的《抗战报》、《晋察冀日报》有一个庞大的通讯网。各地委、各县都有报社的特派记者、特约记者，通过他们联系各系统、各部门的特约通讯员、通讯员，这样自下而上的通讯组织，保证了边区各地能把各种情况及时地反映到编辑部来。平山县东熟泥沟村妇救会主任陈珠妮因为积极参加抗日救亡工作，引起了她的丈夫王栓庆和公公王殿元的嫉恨而惨遭杀害的报道，就是当年曾担任过县妇救会副主任的丁一岚同志在 1941 年向《晋察冀日报》投稿揭发的。边区政府接受抗日人民的要求，枪决了杀人凶手王殿元父子，报纸伸张正义，为民除害，人心大快，提高了党的威信，也提高了报纸在群众中的声誉。

在战争中办报，老邓不但是报社的社长和总编辑，还是个沉着坚定的军事指挥员。每逢反“扫荡”战斗一打响，报社立即拉出精干的队伍，带着改造过的轻便印刷机、电台，坚持出报。1943 年秋冬，晋察冀北岳区经历了一次最残酷的反“扫荡”战争。日军35000余人，在边区腹地拉锯“扫荡”3 个月，报社在灵寿、平山、阜平的深沟高山上，日夜同敌人周旋。敌进我退，敌退我进，有时四面是敌人，我们在夹缝中突围。有时和敌人仅仅相隔一个山头，大家还照常编报写文章。有时村口已经响起了枪声，人们几次催老邓快快离开，他总是说：“不要紧，敌人又不知道我们在这儿。”一次，队伍从灵寿的陈庄后山向五台、阜平间的白草坨转移，天黑进了北营村，打算通过这里，但刚进院子，撞上了比我们早到一步的敌人的运输队，意外遭遇，双方开枪，老邓面前一位工人、后面一位马伕都牺牲了，他骑的马也中弹倒地，摔下来后跃然站起，继续指挥队伍撤退。几天以后，转移到了一个小山村，他马上指挥大家在草房里架起电台，安装机器，继续出报纸。老邓在昏暗的小油灯下，吸着自卷的纸烟，赶写社论。就这样，一个月内出了26期八开铅印的《晋察冀日报》，根据地的老百姓看到报纸天天在出版，他们说："《晋察冀日报》还在出，我们的边区决垮不了！"

是什么力量鼓舞着邓拓和《晋察冀日报》的干部和群众在激烈的战争中，把个人的安危置之度外，以苦为乐，坚守着战斗的岗位？是共产主义的伟大理想，是拯救民族苦难的高度革命责任感。这种伟大理想和高度的责任感是在长期的斗争实践中刻苦学习马列主义、毛泽东思想而树立起来的。老邓在实践中亲身感受到马列主义、毛泽东思想确实是取得一切胜利的最可信赖的武器。人们都不会忘记邓拓是晋察冀边区最积极宣传毛泽东思想的领导人之一。早在1942年7月1日，老邓就为《晋察冀日报》写了一篇题为《纪念七一全党要学习掌握毛泽东主义》的社论，长达4000字。社论热情洋溢地歌颂了毛主席的正确领导，对毛泽东思想进行了精辟的论述和分析。在这天报头两边的报眼里，老邓还写了两段话，简要地提示了如何学习毛泽东思想。一边写的是：在党的21周年纪念日，全党切实深入学习掌握毛泽东主义，真正灵活地把毛泽东主义的理论与策略，应用到一时一地的每一个具体问题与实际斗争中去！另一边写的是：学习掌握毛泽东主义的关键就在于以毛泽东主义的思想方法，改造与武装自己。老邓在43年之前写下的这篇社论和这两段话，不但表现他是马克思主义的忠诚战士，而且他早就是一个毛泽东思想的积极宣传家了。

1944年5月，晋察冀日报社编印出版的《毛泽东选集》，是邓拓热情宣传毛泽东思想作出的重大贡献。选集共有五卷，约50万字。此书出版最早、流传最广，是中国革命出版史上系统编选毛泽东著作的第一部选集，它是经中共中央宣传委员会批准，由中共中央晋察冀分局聂荣臻、程子华、刘澜涛委托邓拓主持编选和出版的。《晋察冀日报》曾为《毛泽东选集》的出版发了两次消息，说历史证明毛泽东主义是中国的马克思主义，只有依靠他的思想指导，才能取得中国革命的胜利。当时的物质条件相当艰苦，老邓为了编印出版这部选集，真是呕心沥血。有些稿件是辗转抄来的，需要一一仔细核对。凸版纸和好油墨是从敌区通过各种关系采购来的。编排的样式、印刷的质量，老邓都具体过问，亲自动手。邓拓还为这部选集写了一个《编者的话》，要求"一切干部，一切党员虚心和细心地学习毛泽东同志的学说，用毛泽东思想武装自己……这是异常迫切的任务"。

邓拓始终紧紧抓住马列主义、毛泽东思想的灵魂和基石——实事求是，作为他的行动指南。在革命战争时期办报要一手拿枪、一手拿笔，根据党的方针政策，为巩固和发展根据地，英勇地和敌人进行坚决斗争。而在和平建设时期办报，如何根据任务的变化和实际的情况，反映和推进社会生产力的发展，维护人民的利益，成了报纸的重大新课题。1956 年 6 月，《人民日报》发表了题为《要反对保守主义，也要反对急躁情绪》的社论，对当时的形势进行了比较实事求是的分析，认为一方面是在一些工作中仍然有右倾保守思想在作怪，另一方面是在最近一个时期中，又发生了急躁冒进的偏向，有些事情做得太急了，有些计划定得太玄了，没有充分考虑到实际的可能性。这篇社论是由刘少奇授意有关部门写的，认为在当时的形势下，只有既反对了右倾保守，又反对了急躁冒进思想，我们才能正确地前进。这样的观点代表人民的意愿，邓拓领导的《人民日报》发表了这篇社论。如果当时能够冷静地听取这些意见，按照这篇社论的精神处理面临的问题，也许就不会出现后来那一段劳民伤财的局面，至少是可以使那种急躁的片面的情绪不致那末走向极端。可是这篇社论发表后，老邓受到了批评；到了 1958 年，更被说成有原则性的错误，说反左反右同时并举，形式辩证，实际上是把辩证法庸俗化了。自那以后，老邓在精神上受到的压力是可想而知的。别看他平时性格温和，从来不会对人发脾气，但只要把问题看准了，写起文章来，却是文笔犀利，火辣辣的，可以让人坐立不安。1957 年 5 月，老邓以卜无忌的笔名写了一篇题为《废弃“庸人政治”》的文章，表现了他有胆有识的炽烈胸怀。他以唐朝陆象先所谓“天下本无事，庸人自扰之”的古话，指出凡是凭着主观愿望，追求表面好看，贪大喜功，缺乏实际效果的政治活动，在实际上都可以说是“庸人政治”。这是何等有的放矢的好文章！人们都知道他在《燕山夜话》中写的《专治健忘症》、《伟大的空话》等名篇，对那种自食其言、言而无信和说大话、不依靠群众、不按照客观规律办事的不良现象，讽刺挖苦得多么一针见血！

邓拓这种耿直不阿、光明磊落的精神，既表现在他对国家政治生活的关心，也表现在他能够正确地对待批评与自我批评。1957年，毛主席在最高国务会议上发表了著名的《关于正确处理人民内部矛盾的问题》，他回到编辑部后马上作了传达，并拟订了评论计划，准备了两篇文章，但后来被批评为按兵不动，是书生办报，死人办报。当他在报社编辑部大会上传达这一批评时，许多同志明知他受了委屈，心里很难受，我们这些驻在各省市的记者听到这次传达后，心情也很茫然。但他一直任劳任怨，顾全大局，保持着冷静的头脑，在多变的政治风云中，不是街上锣鼓一响就沉不住气，而是独立思考，为《人民日报》掌握了正确的方向，使不少同志免受政治的厄运。

一张报纸，每天要发几万字的消息、通讯、文章、评论等，文章的来源、内容、编排，都要尽可能体现党的路线、方针、政策，上下之间，左右环节，偶一照顾不到，就会发生失误，作为一个总编辑，是够操劳的了。可是有时候还难免发生问题，受到批评。老邓凡是碰到这种情况，从不诿过于人，而是勇于承担责任。1956 年孙中山先生诞辰 90 周年，报纸对邵力子先生一篇文章处理不当，标题字小了，地位也不够显著。当天全国政协举行会议，周总理当众批评了老邓，说《人民日报》对民主人士的文章就是不重视。他当场承认错误，说："我疏忽了，以后一定改正。"老邓回来以后，只是正面说，我们以后要重视民主人士的文章，没有对有关同志提出任何批评。有人问他："你怎么不说说这个问题？"他说："只要在今后工作中注意就是了，何必让大家都很紧张呢？"这种严于律己、爱护同志的高尚情怀，说来是很令人感动的。1955 年春天，《人民日报》在一则内部情况上，批评了上海市委有关贯彻"新三反"的问题，上海市委对此很有意见。中央宣传部领导为此专门召开了会议。在中南海，有关记者受到了批评。老邓说："这件事我有责任。是我派记者到上海去的，稿子是我签发的。不要批评记者，应该批评我。"他态度诚恳，使会议的紧张气氛也随之缓和了。

这当然并不是说老邓对下面的同志过于宽容，恰恰相反，在原则性的问题上，他是不含糊的，不过他的批评总是采取说服教育的方式。听说 40 年代在晋察冀的一个隆冬深夜，勤务员给老邓送来了报纸的清样，请他审阅。可是因为他实在太累，睡着了。人们推醒他，他拿了清样又睡着了。几次推醒，几次睡着，他疲劳地实在睁不开眼睛，谁也不忍心再叫醒他。一位好心的编辑代他看了清样，空下的一块几百字的版面，编辑拿了一篇国民党某官员的讲话补上。等到报纸开印，老邓醒了，他一看版面的情况，觉得那篇补上去的稿子是不应该登的。他说："无论如何应该叫醒我。"后来，报纸重拼重印。《人民日报》的老记者在外面工作，要注意些什么问题，老邓都是事先作了关照，在政治上提出严格要求。譬如不要随便说我们是中央党报，或者以中央党报自居。不能随便议论中央的意图。发现了地方上有什么问题，或者对某个问题有不同的看法，不要在会议上随便发言。不要在个别谈话时批评别人的工作。如果发现了重要问题，可以直接找负责同志谈，不要在下面乱说；如果人家不同意，可以写信向中央或报社反映。如果发现高级领导机关有路线、政策上的问题，在当地可以不提，可径自写信给报社与中央，等等。多少年来，记者们都是作为纪律自觉地遵守着。

老邓办报当总编辑，总是亲自提笔写各类文章。他希望编辑、记者要“十八般武器件件皆精”，要什么都能拿得起来。他自己身体力行，二十年左右，总计大约写了几百万字。老邓是个忙人，白天不少时间要用于开会；写稿、改稿、看大样，都得在晚上干。有时，我们早晨上班了，他还没有下班。他的身体很不好，腰间用钢骨支持着，坐椅子背后总要用个靠垫，两手出虚汗，要常常戴着手套，而手套又常常湿透，即使是这样，几十年来他从不停笔。1952年春天的一个深夜，党中央要《人民日报》就朝鲜战争的问题在明天发一篇社论。时间紧迫，许多人都睡了，老邓立即自己动笔，三小时后，社论送到中南海，毛主席添了几个字，批示“照发，很好”。进城不久，社论比较少，有一年才发八篇社论。为了改变这种状况，老邓除了自己写，还热情地帮助大家写社论。1956年党的“八大”通过了新党章，本来已经准备好的一篇社论，被领导上否定了，时间已到了晚上七八点钟。党的生活部的编辑宋琤焦急地走进了老邓的办公室，问他怎么办？他说：“你就在这里写吧。”于是，老邓告诉她怎样根据胡乔木所谈的意见写这篇社论，宋琤坐在他办公室的另一张桌子上动起笔来。她写一张，老邓改一张，写到子夜，《新党章鼓舞我们前进》的社论完稿了。编辑部许多人动手写社论，社论就慢慢多起来了。朝鲜战争期间，我在《抗美援朝》专刊做编辑工作。有一次，朝鲜派来了代表团访问我国，《人民日报》要发一篇社论。老邓对我说：“这篇社论你来写吧。”我心里感到没有把握。老邓说：“没有关系。你放手写。”我写了这篇社论，后来在中央领导同志那里顺利通过了，这使我对写社论文章增加了信心。

老邓的写作真是多才多艺，“十八般武器”，他是样样精通，消息、通讯、散文、评论、诗词，什么都拿得起，他的才华横溢引起了许多人赞叹！

有人问他："你写文章怎么能这样快？"

老邓说："我没有什么秘密，因为有些文章事先有了腹稿。过去战争时期在马背上思考，现在利用乘车、吃饭的时间想问题。有了腹稿，写起来就快了。"

又问："有些紧急的事情，你怎么也能写得那么快呢？"

他说："这就需要积累。经验、知识，都是在前人的基础上积累起来、发展起来的。没有积累，什么也说不上。"

老邓还打过一个很有意思的比喻。他说："你看农民出门，常背个粪筐，随手捡粪，成为习惯。积累知识，也要有农民那个劲头，不管是牛粪、羊粪、人粪，要见了就捡，统统把它变成肥料。积累知识也是这样，范围要宽，不要限制太多。"

老邓不但自己勤奋动笔，而且一直关心、帮助、鼓励大家写作。1953 年夏天，记者白原在山西柳林、汾阳的途中，看到庄稼长势很好，他把这里农业可望丰收、农民欢乐的景象写了一条消息发回编辑部，老邓看了很喜欢，等白原回到北京，老邓对他说："你的那条农业消息写得很好，把农村丰收在望的景象都写出来了。现在是否马上到唐山去，用写农村的笔法写一条有关工业的消息。"老邓自己常常写东西，所以他懂得写作的甘苦，在处理稿件的时候，很能够设身处地为作者着想，尊重作者的劳动。50 年代，他作为全国人大代表到济南去视察工作，他找到报社驻山东的记者陈勇进同志，从口袋里摸出一张陈勇进在编辑部存稿的题目。告诉他某篇稿件是准备刊用的；某篇稿件需要修改，应该怎样修改；某篇稿件则因为不合报纸需要，不能用。老邓在济南期间，听说货郎担下乡给农民的生活带来了很多方便，他兴致勃勃地采访，为《人民日报》写了文章。只要能挤出时间来，在他的新闻工作生涯中，曾多次作为一个记者深入实际采访。"葡萄常"住的下唐刀胡同有他的身影，门头沟矿井下留过他的足迹。1957 年底他去宝成铁路采访，为了歌颂铁路工人的英勇劳动，他越过秦岭、跨过嘉陵江，通宵不眠，写了通讯《英雄之路》。在采访期间，他问记者有没有稿件给他看，一位青年记者交给他一篇7000字的通讯，尽管他日程紧张，第二天早晨就编好了，而且提出了很好的意见。老邓和编辑、记者们的友谊真是情同手足，我们这些人谁都可以说出他给过我们的许多帮助和指点。朝鲜战争结束后，我从开城回来，当天去看他，我当时穿了一身志愿军军服，他一见我就说："志愿军回来了！我打过几次电话，要你回来。"他对朝鲜停战谈判的问题、遣返战俘问题、南朝鲜问题，问得很详细。他要我休息几天，再谈下一步的工作。他说："第一个五年计划开始后，现在许多重点工程都在展开，你是否选择一两个地方走一走。"我还没有回来，他已经为我考虑到下一步的工作了。和老邓谈话，他总是平等相待，和你商量，征求你的意见，看是不是可以这样办，这样办会不会有什么困难。所以和他多年相处，心情舒畅，即使在离开以后，还会保持着愉快的同志式的感情。1963年春天，沈重和我都在北京开会，几位《晋察冀日报》的老同事多年不见，自然欣喜万分，由丁原出面，组织了当年《晋察冀日报》的编辑、记者和行政部门、工厂的二十几位同志在四川饭店自费聚餐。此事告诉了老邓，他和丁一岚欣然前来参加我们的聚会，大家合影留念。当时还托在北京的同志印了通讯录。这本来是一次平常的友谊的聚会，想不到在"文化大革命"中，合影的照片和通讯录都成了同"三家村黑帮"勾结的罪证，老邓夫妇当然首当其冲，而参加这次聚餐的同志，都受到了莫名其妙的追查、迫害。

邓拓饮恨而死已二十多年了。记得1948年6月，在《晋察冀日报》终刊的时候，老邓写了《晋察冀日报终刊》的诗，抒发他在抗日战争、解放战争时期办报同根据地军民的战斗豪情和胜利情景。

毛锥十载写纵横，不尽边疆血火情。
故国当年危累卵，义旗直北控长城。

山林肉满胡蹄过，子弟刀环空巷迎。

战史编成三千页，仰看恒岳共峥嵘。

10 年之后，1958 年，邓拓调往北京市委工作。在离开《人民日报》前，写下了《留别人民日报诸同志》的诗，他带着复杂的心情离开 20 年新闻战斗的岗位，虽然他受了这么多难言的委屈，但他对党的忠诚一如往昔。谁也没有想到，等待他的却是一场残酷无情的迫害。现在我们再来重读这首深情绵邈、寄托遥深的七律时，我们的心情沉重，感慨万千。

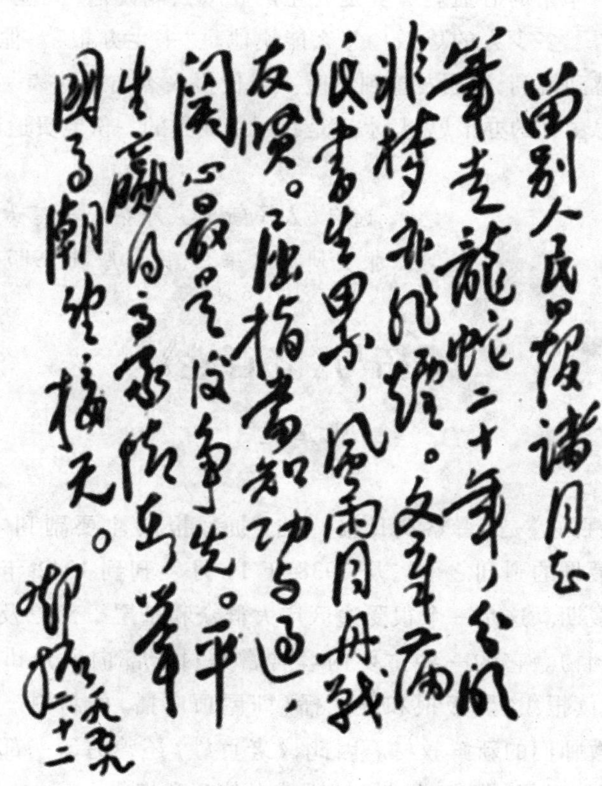

留别人民日报诸同志

笔走龙蛇二十年，分明非梦亦非烟。文章满纸书生累，风雨同舟战友贤。屈指当知功与过，关心最是后争先。平生赢得豪情在，举国高潮望接天。

邓拓

《留别人民日报诸同志》手迹

笔走龙蛇二十年,分明非梦亦非烟。
文章满纸书生累,风雨同舟战友贤。
屈指当知功与过,关心最是后争先。
平生赢得豪情在,举国高潮望接天。

每当我们回忆起战争时期《晋察冀日报》(包括《抗敌报》)的10年、和平建设时期《人民日报》的10年,我们深切地知道每天的报纸都留下了邓拓的心血。历史是公正的。怎么能说他"无能"?他的才华赢得了多少人的尊敬!怎么能说他是"书生办报"?他的笔锋使敌人感到锐利,使朋友感到温暖。当代报人杰出的代表——邓拓的马克思主义的办报思想,永远是我国新闻界的一份宝贵遗产。

选自《人民新闻家邓拓》,晋察冀日报史研究会编,人民出版社1987年

邓拓与《老百姓》

张正光

《老百姓》是《晋察冀日报》(含《抗敌报》)主要副刊之一,也是创刊最早的副刊之一。从1938年11月发刊到1942年末共出了一百多期。这是一个很受边区广大群众和基层干部以及教师们欢迎的刊物。它的一些主要内容常常是村干部向群众讲话的材料,也是读报组、黑板报和土广播(即屋顶广播)的材料。有的文章成为教师们的新鲜教材。因此,《老百姓》还曾另印一部分单张随《晋察冀日报》发行,以供张贴、读者传阅和携带。

《老百姓》副刊是在邓拓的倡议下办起来的。他不只号召大

家给《老百姓》写稿,而且还身体力行带头亲自写稿。在《老百姓》第一期上就发表了邓拓题为《先讲几句》的短文,这也就是《老百姓》的发刊词。他在这篇短文中说:"俗语说得好:秀才不出门,能知天下事。咱们老百姓不是秀才,但天下事还是要知道的。《老百姓》这个报,就是告诉老百姓知道天下事。在今天,就是告诉老百姓知道日本鬼子怎样不讲理来欺负咱们,咱们又怎样起来赶走日本鬼子……咱们中国老百姓,向来是不敢随便说自己想要说的话的。现在一天一天民主啦,当官的是咱们老百姓自己选举出来的,当然是不能不许咱们老百姓说话。所以《老百姓》报还要咱们老百姓大家都在上面来说咱们自己想说的话。同胞们!在这'打日本,救中国'的时候,咱们有什么话要说……大家都要写出来把它登在咱们这个《老百姓》报上。"这一短文对《老百姓》副刊的任务、对象、依靠什么力量办刊等问题都通俗简明地指出来了。在办这个副刊的整个过程中,编辑们就是尽力按照邓拓的指导去努力工作的。

《老百姓》能够受到群众的欢迎,首先是由于它说了老百姓想说的话,报告了、传达了老百姓想知道的国家大事,边区大事。在创办初期,它以较多篇幅驳斥了国民党反动派和汉奸走狗们的"亡国论",宣讲了中国人民在中国共产党领导下抗战必胜的决心和信心。它及时地根据边区的军事、政治形势和配合中心工作宣传了人民子弟兵的胜利,讲解了中国共产党和抗日民主政府的方针、政策。如在实施志愿义务兵役制和修正的统一累进税办法时,都及时进行了宣讲解释,以提高群众执行这些法规的自觉性。反"扫荡"前夕,《老百姓》抓紧时机动员群众备战。麦子快熟了,为粉碎敌人的抢粮阴谋,及时动员群众抢收抢种……

《老百姓》能够受到群众的欢迎,也由于它文字通俗,说理浅近,一般文稿是简明扼要的。这是办刊一开始就确定的一条方针。这一方针是根据边区农村群众文化较落后的实际情况而确定的。在四年多办刊过程中,我们总是努力去做到"识字的人看得懂,不识字的人听得懂”这个要求。为了写、改稿件口语化，编者是下了不少功夫的。即使一些政治理论性较强的文章，也要想办法写得生动活泼些。为在宣讲毛泽东同志“持久战”思想时，分几次讲解了《中国能马上打败鬼子吗?》《为什么说抗战是熬年月的打法?》《熬年月打法的三个阶段(三阶段论)》。编写科学知识方面的稿件，随时注意联系生活实际写得趣味化些，尽量不使读者感到枯燥乏味。

《老百姓》能够受到群众的欢迎，还由于它和群众的生产、生活息息相关，因而被群众当做他们的好老师、好朋友。党和政府在抓好生产的同时，也力争在可能条件下改善群众生活，并发展文教事业。这样，《老百姓》也就以较大篇幅介绍了农、副业生产的经验，从春耕、秋收、选种、开渠到制备饲料、熬柿子糖等都有专文。在防治病虫害方面，及时介绍、交流了麦子黑穗病、锈病的防治方法和消灭蝼蛄、瓢虫、枣步曲等的有效方法。这些文章在一定程度上指导了群众的生产。根据群众的需要《老百姓》增加了一些自然科学常识(科学小品)及卫生知识等。从风、雨、雷电等的成因到人为什么会生病等都讲过。冬、春讲流感、麻疹，夏天宣传怎样讲究卫生，减少疾病。敌人搞细菌战、化学战，我们就讲关于鼠疫等传染病的知识和对付鬼子放毒气的简便办法。这些内容有助于备战，有利于清除群众中的一些迷信落后思想，并有助于他们树立唯物主义的观点。

《老百姓》在内容形式上还注意了多样化，它既有评论、时事讲话、通讯，也有故事、诗歌等，其中，八路军和民兵英勇杀敌的战斗故事读者非常欢迎。著名诗人田间、邵子南等的街头诗，短小精干，紧跟形势，战斗性很强。

邓拓对《老百姓》副刊一直是非常关心的。对这个副刊的编辑同志的工作也是大力支持的。下述事例就足以说明这一点。1941 年到 1942 年秋这段时间里，我和曾易接编《老百姓》，除日常工作，我还分工写自然常识和卫生知识。我因这些方面的知识很少,编辑部也缺乏这类参考资料,工作中有困难。听说邓拓那里有些平、津沦陷区的报纸,上面可能有可供参考的材料。我就在一天晚上到他那里去借阅那些敌伪报纸,这在当时一般工作同志是不得阅读的。但邓拓答应了我的要求,同时指出这些报纸上的这类文稿多半是些“集锦”性的东西,没有多大价值和内容。参考时要注意分析,利用其可用部分。在他的指导下,我在写稿时就根据已有知识,同时考虑读者对象的接受能力,尽可能写得内容准确些,文字通俗生动些。邓拓对我们的工作就是这样细致地给以帮助的。

《老百姓》创办后,大部分时间每周出一期,用日报第四版整版篇幅。稿件来源有邓拓写的,也有编辑部同志写的,有时也从地方通讯员来稿中选用,再就是向边区各有关单位组稿。创办这样的一个副刊也给如何在农村办通俗报刊提供了一些初步经验。1943 年边区各界抗日救国联合会办起了边区《群众报》(边抗联机关报,后改为《冀晋群众报》)就是参照《老百姓》副刊的一些经验去办的。

选自《人民新闻家邓拓》,晋察冀日
报史研究会编,人民出版社 1987 年

从《燕山夜话》学习邓拓的办报思想

成美　顾行

邓拓在党的新闻工作岗位上战斗了一生,经历了壮怀激烈而又坎坷曲折的道路。他的一生是英勇而又悲壮的。《燕山夜话》是邓拓在新闻战线上工作了近三十年之后写成的一个集子,10 年动乱中,竟被林彪、“四人帮”用来作为制造当代文字狱的导火线,

燕山夜话

堵塞不如开导

马南邨

《北京晚报》的“燕山夜话”专栏

邓拓因此被迫害致死。今天，在这场历史的浩劫过去 10 年之后，我们再一次重读《燕山夜话》时，不仅为那一篇篇切中时弊的文章感叹不已，而且它所体现的无产阶级的办报思想和革命新闻工作者的战斗精神，也使我们获得深刻的教益。

立定脚跟做圣人

《燕山夜话》写在 1961 到 1962 年，正是实践对 1958 年以来的许多做法进行无情检验的严峻时刻。由于“左”倾错误而造成的人祸，加上连续三年的天灾，给我国的经济建设和人民生活带来了严重的破坏。在党中央“大兴调查研究之风”，“认真总结经验”的号召下，邓拓坚持马克思主义的思想路线，坚持党的优良作风，实事求是地总结了历史上的和现实生活中的经验教训，对主观主义、弄虚作假、强迫命令、说大话、空话等等“左”倾思想的表现进行了尖锐的揭露和批评。《燕山夜话》中的许多文章是谈论这方面问题的。

在《爱护劳动力的学说》一文中，邓拓针对 1958 年以来全国普遍出现的滥用民力的现象提出了自己的看法。尽管彭德怀已经由于在这个问题上直言上谏而被打成“右倾机会主义分子”，遭到贬斥，邓拓仍然出以公心，忠于事实，态度鲜明地维护真理，批判谬误。他坚持马克思主义的基本观点，认为人的劳动力本身就是最大的社会财富，因此，爱护劳动力是发展生产，使国家富强的重大措施之一。为了说明这个问题，他从春秋时代《礼记·王制篇》中就提出过的“用民之力，岁不过三日”谈起，进一步发挥了“耕三余一”的思想。他用管仲的话说，“不为不可成者，量民力也”，强调要注意民力的限度，注意劳动力消长的客观规律，不要做民力过于勉强胜任的事。邓拓在这篇文章里讲出了当时大多数人心中所想而又不敢直言的话，批评了“左”倾的思想和行为。在1961年就提出这个问题，是多么中肯而及时！联系到“文化大革命”十年中，林彪、江青、康生一伙残酷压榨人民，把我国国民经济破坏到濒临绝境的事实，更使人感到这篇文章的难能可贵。

如果说《爱护劳动力的学说》、《围田的教训》等一些文章还只是从工作上批评了“左”倾思想的表现，那么，《三种诸葛亮》一文则是从认识论的高度揭露了“左”倾思想的根源。在这篇文章里，邓拓分析了三种诸葛亮：事前诸葛亮、事后诸葛亮和带汁的诸葛亮，指出，只有在实践的基础上认真总结成功的经验和失败的教训，才能取得先见之明，从事后诸葛亮变成事前诸葛亮。如果离开了实践和对实际情况的调查研究，那么任何所谓先见之明都不过是吹牛皮而已。带汁的诸葛亮就是岳飞的孙子岳珂在《桯史》第15卷中记载的冒充诸葛亮的郭倪，是一个不懂装懂，好吹牛皮，结果在事实面前原形毕露，被天下人所耻笑的典型。有一次邓拓和我们谈到这篇文章的时候，他这样说过：“人们总是把诸葛亮作为料事如神的人物来宣传，其实，诸葛亮是人，不是神。诸葛亮的长处，在于他遇到了失败，决不灰心丧气，也不蛮干，而是注意调查研究，善于从失败中总结经验教训，自己承担主要责任。如果没有这么多次事后的诸葛亮，事前的诸葛亮就不会形成。在千变万化的客观事物面前，我们不必过分强调事前的诸葛亮，宁可多一些事后诸葛亮。有一种人，事前，以诸葛亮自居，大话连篇，成了‘三年早知道’；事后，哭鼻子抹眼泪，一副狼狈的面孔。这样的人，就是那种带汁的诸葛亮，过去有，现在也有，因此提出来，引起大家注意。”这样精辟的分析，直到今天读来仍感到有一针见血的力量，对于我们正确总结历史经验是很有启发的。

作为一个长期战斗在党的新闻战线的忠诚战士，邓拓以他的高度的政治敏感觉察到，1957 年以来党内民主生活的不正常是“左”倾思想得以发展的一个重要原因；而某些别有用心的人，正在利用党内民主生活的不正常，巧言令色，谄媚邀宠，谋取个人利益。因此，他在《智谋是可靠的吗?》一文中恳切坦率地提出了忠告。他在这篇文章里着重说明，只有群众的实践，才是产生真知的源泉，也才是检验真理的标准。他说，所谓智，是指人们的聪明智慧；所谓谋，是指人们对问题的计议和对事情的策划。这一切，都只能来源于实际知识。而任何人的实际知识都比不上广大群众的实际知识那样丰富，所以，任何智慧都不是神秘的，不是属于少数天才的，而是属于广大群众的。他特别提到宋代范仲淹的儿子范尧夫曾经劝告司马光的一句话：“不必谋自己出”，认为这个见解很有道理。“谋自己出，则谄谀得乘间迎合矣”。他提醒人们注意：“有的人常常喜欢自己逞能，自作聪明，看不起群众，不管什么事情总要自己出主意，企图出奇制胜，而不接受下面群众的好意见。有这种毛病的人，如果自己不觉悟，不改正这种毛病，终究会有一天要吃大亏。”不幸为邓拓所言中，三十多年的历史表明，确有一些喜欢“谋自己出”的同志，轻视群众，不听忠告，对谄谀迎合之词倒是听得进去，结果给人民，也给自己带来了不幸。这个教训实在是太惨痛了。

这样一类文章，占了《燕山夜话》这个专栏的大部分，构成了《燕山夜话》的主要风骨。从这些文章里，我们可以看到邓拓一个重要的办报思想，这就是面向实际，坚持真理，一切对党负责，对人民负责，绝不凭风办事。1962 年，也就是邓拓为《北京晚报》撰写《燕山夜话》的期间，他曾写了这样一副对联送给我们："深入实际兼读史，立定脚跟做圣人。"他解释道："我所说的这个圣人，是马克思主义的圣人，就是要经得起历史检验的意思。要做圣人，就必须立定脚跟，要敢于坚持原则，坚持真理，不做人云亦云、随风飘荡的氢气球。而要做到立定脚跟，必须深入实际，认真读书。只有植根于实际和人民之中，才能够不动摇。"

邓拓在自己的办报实践中正是这样做的。从 1949 年他主持《人民日报》以来，始终坚定不移地宣传贯彻党中央的正确路线，报纸对指导土地改革、镇压反革命、抗美援朝以及社会主义改造运动起了重大的作用。1957 年，当不少报纸闻风而动，率先鸣放的时候，邓拓坚持报纸的党性原则，对复杂的政治形势进行了冷静的思考和分析，他说："我们是中央党报，一切要听中央的安排，不要街上锣鼓一响就出来。"正因为邓拓立定了脚跟，使报纸在风云变幻的形势中避免了错误，坚持了正确的政治方向。后来，在主持《前线》工作期间，邓拓同志一再提醒编辑部的同志要珍惜时间，多读书，多接触实际，多思考问题。他说："我们的理论学习、工作、调查都挂在革命的账上，每一件事都直接关系到革命，于革命有益。我们搞研究、学习、写作，都是为了摸清客观规律，何必有私心？古人说，朝闻道，夕死可矣。我们为真理而斗争，为何不能为追求这个道——真理，为了寻求客观规律而献身努力呢?"正是这种刚直不阿、坚持真理的革命气节，使邓拓成为一个深受人民尊敬和爱戴的党的新闻工作者。在林彪、江青、康生一伙豺狼肆虐的时期，也正是由于他的刚直不阿，才遭到了非人的折磨而被置于死地。但是，历史终究是人民写的，在历史对一切作出公正的判决之后，人民就更加怀念这位为真理而献身的战士了。

把千万根线索伸展到群众中去

《燕山夜话》自从在《北京晚报》刊载之日起，就受到广大读者的热烈欢迎。它的第一篇《生命的三分之一》发表以后，很快在群众中引起强烈的反响。有的读者给报社编辑部来信说："看了《生命的三分之一》，我们才知道原来我们每天都在浪费着自己生命的一部分。感谢作者给我们做了重要的提醒，我们一定要加倍珍惜自己生命的三分之一，让它也发出光来。"仅 1961 年 3 月到 1962 年 3 月的一年中，《北京晚报》编辑部就收到读者给作者的来信四百多封，信来自全国各地，远自云、贵、新、藏，来信的有工人、教师、学生、科学工作者，也有中央的领导同志。人们在信中不仅谈到从《燕山夜话》中得到的启示和教育，而且纷纷给《燕山夜话》出题目，找资料，提出自己的见解。作者和读者之间这样广泛而生动的思想交流，这样畅所欲言地通过报纸进行交谈，是我们在多年报纸工作中所仅见的。

这一篇篇千把字的短文，发表在一张小小的晚报上，为什么竟能得到群众这样的关切和喜爱呢？重要的一点，正是因为《燕山夜话》关心着群众，它的脉搏和群众是相通的。邓拓一再对我们说过："报纸是办给群众看的，人民群众是我们的服务对象。报纸一定要做'热心人'，要关心群众，做群众的好朋友。广大群众关心的问题，不论是思想的、工作的、生活的或者是学习的，报纸都要敢于触及，给以回答。这样，报纸的读者会时时刻刻感到你是在关心他，报纸才能办得得人心，才能成为读者的知心朋友。"《燕山夜话》用它的实践证明了这一点。

《燕山夜话》中有大量的内容是谈读书和学习的。因为当时有一些同志面对三年暂时困难，意志消沉，不够振作。特别是有的青年人，下班后无所事事，把许多宝贵的业余时间白白地浪费掉了。针对这种现象，邓拓满怀激情地鼓励人们读书："我们生长在这样伟大的时代，活动在祖先血汗洒遍的燕山地区，我们一时一刻也不应该放松努力，要学得更好，做得更好，以期无愧于古人，亦无愧于后人！"他陆续写了《一把小钥匙》、《不要秘诀的秘诀》等二十多篇文章，独有见地地介绍正确的读书态度和方法，帮助人们树立学习的决心和信心。正因为这些文章言之有物，切合实际，有与人为善之心，无哗众取宠之意，所以拨动了读者的心弦，得到了广大群众的共鸣。

如果说，《燕山夜话》在开始的时候，邓拓自己拟的题目居多，到后来，读者来信日益增多，提出的要求也随着增多，邓拓就把回答读者的提问，当做《燕山夜话》应尽的义务了。例如，《说志气》、《行行出状元》、《自学和家传》等等，都是对回乡知识青年、毕业待分配的学生、因病失学的青年来信提问的回答。《昭君无怨》一文，是应谢老——谢觉哉的要求写成的。同时，邓拓还经常进行实地考察，同从事各种工作的人交朋友，其中有专家、学者、教授、作家，也有工农兵。《燕山夜话》中有许多文章是经过实际调查和同群众广泛交谈后写出来的，《"批判"正解》、《学问不可穿凿》、《两座庙的兴废》等就是如此。

《燕山夜话》和群众之间的这种紧密的、生动活泼的联系，体现了邓拓一贯的办报思想。长期的党报工作实践，使邓拓树立起一个明确的观念：新闻工作者不能是生活的旁观者，而必须是生活的参加者。报纸编辑部的工作重点不应在报社之内，而应在报社之外。要想尽一切办法，把千万根线索伸展到群众中去。1950年，在总结《人民日报》工作的时候，邓拓同志强调指出："要办好报纸，必须联系群众，联系实际，开展批评和自我批评。这应该是人民报纸的方针，对于党报来说，更是惟一的方针。过去的经验证明，能照着这个方向做得好的，报纸就办得生气勃勃；做得不好的，或是离开这个方针的，报纸就办得奄奄一息，没有生机。"为了贯彻这个方针，邓拓带头身体力行。他深入到门头沟矿区，下到矿井深处，爬过深坑窄巷，访问工人。毛主席提到"葡萄常"，他就去"葡萄常"调查。北京的王麻子剪刀铺、宣武门前牛肉馆、六必居酱园、琉璃厂的书店等，都是他常去访问的地方。时隔30年，重温此话此景，倍感他的可贵、可敬、可亲。

记得有一次问起邓拓怎样办好晚报，他毫不迟疑地回答："要站在群众之中办报。"他说："人民群众是报纸的服务对象，是报纸的真正主人。我们一定要摆正报纸和群众的关系。我们切不可站在群众之上办报，向群众发号施令，指手画脚。我们应当站在群众之中办报，和群众平等相处，想群众之所想，急群众之所急，既教育群众，又反映群众的呼声。报纸要引导、教育好群众，首先要站在群众之中向群众学习。所以，你们应该走出报社的大门，深入群众，广泛交朋友。各行各业，工人、店员、手工业者、作家、演员、教授……都应当交。否则，编辑记者活动的场所只是从市委到区委到基层党委，从办公室到办公室，路就太窄了。有了各方面的知心朋友，和他们共休戚，通血脉，随时听取他们的意见，并经常向他们约稿，使他们在报纸上有用武之地。这样，报纸才能真正做到上情下达，下情上达，和人民群众心连心。"在邓拓的亲切关怀和精心指导下，《北京晚报》的工作取得了一定的成绩，受到群众的欢迎。如今，《北京晚报》已拥有一百万以上的读者，这和邓拓付出的心血是分不开的，他的办报思想，经过实践的检验，已经更加显示了它的正确性，在新闻战线日益深入人心。

杂家精神

《燕山夜话》中有一篇文章的题目是《欢迎杂家》。它提出，无论做什么样的领导工作和科学研究工作，既要有专门的学问，又要有广博的知识。这种具有广博知识的"杂家"，是难能可贵的，应该欢迎杂家在我们的思想界大放异彩。邓拓就可以称得上是一个既有专门学问又有广博知识的杂家。《燕山夜话》所以受到群众欢迎,一个重要的原因,就是它的杂家精神。

所谓杂家精神,就是尊重知识,热爱知识,探求知识的精神;就是高度的理论性和广博的知识相结合;每一个见解的提出,总是以丰富的知识作为依据。因此,《燕山夜话》闪烁着智慧的光辉。它充实、精炼、朴素、可信。这和那些打着"左"倾印记的空话连篇的滥调文章以及那些舞棍弄棒的吓人文章,形成了鲜明的对比。

《燕山夜话》所涉猎的知识领域是极其广阔的。在这里,举凡时事政策、思想作风、治学方法、品德修养、经济理论、农田建设、哲学、文学、艺术、绘画、书法、教育、医药学、植物学、动物学、地理、历史、天文、航海、文物保护,以至交友待客的礼貌,我国古代的风俗习惯等等,几乎无所不谈,议论风生。大到抽象的世界观,小到北京一个古迹的考证,都是它的论题。《燕山夜话》里有一篇叫做《平龙认》的文章,讲到了一般人很少知道的"堪舆学",也就是过去的风水先生们总结出来的看风水的经验。邓拓经过相当仔细的考查,发现德国 19 世纪一位著名的东方学家,曾经根据一千多年前一本叫做《平龙认》的书,得出了中国人早在 8 世纪就能分解出氧气,比欧洲人早了一千多年的论断。这篇科学论文曾经震动了整个欧洲。这本书名稀奇古怪的《平龙认》,是我国古代一位不著名的风水先生写的堪舆书。由于不被重视,早在一百多年前就流落到外国去了,幸而被一位外国学者所发现,发掘了它的科学价值,而我们中国人却一直没有见过。因此,他提出了这样的见解:要珍惜历史遗产,对于古代的任何一种著作都应该先看看内容,多加以研究,而不应该轻易抹煞它们的科学意义。

《燕山夜话》中还有一篇《一块瓦片》,在这篇 1700 字的文章中,邓拓讲出了多少学问,引征了多少知识啊!我们粗略地数一下,他竟采用了 14 种史料,对于三国、南北朝、唐、五代、宋、明、清等好几个朝代的史书、笔记、诗词、碑文中不少有关瓦的记载,他运用自如地作了引证;仅仅是咏瓦的诗,他就引了六首之多,其中有些是不大为人所见的。通过这些知识,邓拓告诉人们,不要小看一块瓦片,它仿佛是历史的见证,表明了人类社会长期存在的阶级剥削的情形。历代的剥削阶级、豪门贵族穷奢极侈,用琉璃、用铁、用铜,甚至用银子、用金子作瓦;而广大的劳动人民只能用石片、竹片作瓦,更贫苦的则是“头无片瓦”,过着“贫无立锥之地”的艰难生活。他同时也告诉人们,对待任何事情,都要采取分析的态度,即使是小至一块瓦片,也有种种复杂的情形;而科学研究的任务,正是从具体事物的分析中找出普遍的规律。从小小的一块瓦片开始,可以引人进入探求科学知识的海洋。

我国著名的作家老舍先生曾经夸奖邓拓写的《燕山夜话》是“大手笔写小文章,别开生面,独具一格”。这个评论是精辟而中肯的。邓拓确是大手笔,他写《燕山夜话》的时候,虽然刚满 48 岁,却已经积累了近三十年学术研究和新闻领导工作的经验,是著名的政论家、历史学家、文艺评论家和诗人,有着十分广博的知识、丰富的实际经验、高度的理论修养和精湛的写作才能。《燕山夜话》又确实是小文章,每篇都不过 1000 来字,但它的知识面之广是惊人的。其中所引资料包括诸子百家、“四书”、“五经”、“二十四史”、《资治通鉴》;汉、唐、宋、元、明、清以来的笔记、小说;正史野史、传记、地方志、中外寓言……几乎无所不引。所有这些材料,在邓拓手里都成为古为今用的活生生的东西,贴切地说明着一定的思想和道理。如果说《燕山夜话》的小文章像一杯水,那么,这杯水是从大海里舀出来的,而不是从缸子里倒出来的。这就是它的大手笔。

办报纸,写文章,必须具有丰富的知识,这个不成问题的问题,一段时期内,在我国新闻界居然成为一个禁区。邓拓用他的实践,甚至于用他的生命捍卫了这个平凡的真理。他常说:“无产阶级是需要知识的。报纸天天和读者见面，向人们输送精神食粮，应该承担起传播知识的职责，满足读者渴望知识的要求。就一定的意义说，报纸应该是给人知识的百科全书。所以，新闻工作者一定要有广博的知识，知识的范围越广越好。”

为了提高报纸的理论性、知识性和战斗性，邓拓不知疲倦地学习、涉猎、开拓、探索。他的一生，是勤奋学习的一生，刻苦钻研的一生。他要求报纸上发表的每一篇文章都必须是言之有物的。当有人问起他怎样写好文章时，他答道：“一个人写每一篇文章，总要有自己的见解，要有新的思想，要有所发现。在你的文章里要有别人没有发现的东西。如果在文章中不可避免地要涉及一般性内容时，只需一笔带过，不要多费笔墨，而对于所要突出的重点，新的思想内容，则要充分发挥，切忌人云亦云，空洞无物的东西。”他在主持《前线》杂志期间，明确提出办刊物要坚持一个指导思想，就是一定要有知识性。他主张刊物要开辟多种栏目，给读者以广泛的知识教育，包括中外古今，天文地理，文史哲经；就是说，“要把杂家的灵魂加进去”。1963 年在《前线》创刊三周年的编辑部会议上，邓拓同志说：“我曾经有一个兴头，办个《杂家旬刊》，十天出一期，每篇文章不超过千字，内容什么都讲，一字不空。要政治，整个都是政治眼光贯穿着，但是要生动。不光是为了给人一些知识，而且是广泛地谈论一些问题，使人从中吸取一些有用的东西。搞出来的东西，要使人感到充实。”他号召办刊物的同志要努力当杂家，刻苦学习各种知识，博览群书，接触三教九流。他说：“不要怕人说杂七杂八，只要有马列主义的根底，就不怕杂，不怕乱。”可惜邓拓的这些设想还未能付诸实现，林彪、江青、康生一伙已经向他举起了屠刀。

粉碎“四人帮”以后，党的新闻事业有了生机。扫去那些用污言秽辞织成的蛛网，邓拓所提倡杂家精神又重新放出光彩。“只有用人类创造的全部知识财富来丰富自己的头脑，才能成为共产主义者。”列宁是这样看待知识的作用的。今天，我们也必须站在这样的高度，理直气壮地为杂家正名，努力加强报纸的知识性和理论性，使新闻事业在社会主义物质文明和精神文明的建设中更好地发挥作用。

不做“新闻官”

邓拓在写《燕山夜话》的时候，已经离开了人民日报社，担任北京市委主管思想文化战线的书记。他处于领导岗位，但是他从来不把领导工作当官来做。他始终没有放下他手中的笔。在此期间，他兼任《前线》杂志的主编。他一如既往，孜孜不倦地投身于新闻工作的实践，像一个战士一样，始终紧握着手中的枪——那支伴随了他一生的笔。《前线》创刊后的一个时期里，每半月一篇社论，都是邓拓亲自写的。在《前线》出版的七年半中，每一期稿件，无论大小，都是他亲自审改签发。与此同时，他还同吴晗、廖沫沙一起，开辟了《三家村札记》专栏，并写了许多诗词和文艺评论。一百五十多篇《燕山夜话》也是在这个期间写成的。

邓拓认为，一个报刊的总编辑，只有自己不断地写作，不脱离新闻工作的实践，才能取得领导的资格。他说：“一写东西，就会逼着你去关心实际问题，研究各方面的政策；逼着你去学习；逼着你联系群众，改进作风。高高在上的‘新闻官’是写不出东西来的，而不写东西的总编辑、编委又何以说服记者呢？”他认为，记者是一辈子的职业。记者不论担任了什么行政领导职务，组长、部主任也好，编委、总编辑也好，对报纸来说，他都是本报记者，都应该不断地采访和写东西。他说：“可惜现在有的同志把新闻工作岗位当‘官儿’来做，光坐在屋里开开会，动动嘴，而不采访写文章，这是不宜于做新闻工作的。”他说，“投笔从戎”可以，“投笔从官”不行，一定要反对“新闻官”。

那么,时间从哪里来呢?邓拓的回答是:抓紧一切空隙。他说,一个人的生命是有限的,如果东浪费一点,西浪费一点,好像算不了什么,总起来大为可观,会使你为之震惊。所以,珍惜生命的关键在于有效地运用时间。至于写文章,并不神秘。欧阳修曾经说过:“吾平生作文章,多在三上——马上、枕上、厕上也。盖唯此可以属思耳。”可见古来有许多伟大的作家,说老实话,他们的“文思”并不像一般设想的那样,一定要正襟危坐,或者如演戏那样用手指敲着自己的脑门才挤出来的。恰恰相反,只要有思索的机会,到处可以运用思考。我们现在很少骑马,却无妨在路上、车上、船上等空隙构思,这样,就能写出新的“三上文章”。后来,他把这个思想写进《燕山夜话》,文章的题目就是《新的“三上文章”》。

像春蚕那样为人民工作

长期以来在极其艰苦和复杂的环境下从事报纸工作,使邓拓同志养成了一种特有的政治素质和工作精神。他有着高度的政治敏感,思想充满活力,善于高屋建瓴地观察问题和分析问题;同时,他又有着扎扎实实、精密细致的工作作风。对于报纸工作的任何一个环节,大至编辑计划的制定,小到一个标点符号的改动,他都抱着极端认真负责的态度,一丝不苟。他对我们说过:“要做一个称职的党的新闻工作者是很不容易的。我们的新闻工作和资产阶级的不同,我们的报道实际上是用公开形式出现的对党和人民的负责的报告。报纸工作是重大的政治工作、思想工作,但表现出来的却是日常的具体工作和技术性工作,例如排版、组版、标题、校对等等。如果我们一个环节上不注意,就可能出现差错,损害到党和人民的利益。对待琐碎的技术性工作,我们应当从政治着眼去看待它。做编辑工作,要注意小事,越是大家不注意的地方,编辑就越要注意。要尽可能把一切都办得让作者和读者看了舒服、满意,对你放心。或者，我们干脆可以说：编辑工作无小事！”这是邓拓的亲身体会，他正是用这种精神几十年如一日地从事党的新闻工作的。他的夫人丁一岚同志曾经告诉我们，邓拓在《人民日报》工作期间，总是亲自审定签发报纸大样，常常工作到深夜甚至黎明才回家休息。躺在床上，他还继续考虑版面的安排是否合适，标题的用字是否恰当；想到了更妥善的修改意见，就马上起来打电话，通知夜班改版改字。

在《北京晚报》连载《燕山夜话》期间，我们和邓拓有较多的工作联系，亲身感受到他的工作精神，这是我们终生难忘的。《燕山夜话》刊载在晚报副刊上，因为副刊必须头一天预先拼版，我们和邓拓说好，副刊预拼时右上角留出 1500 字的版面，他头天夜里把文章写好，当天一早由报社派人取回，看完就发排上版。我们还说好，由于《燕山夜话》文章引证的材料浩繁，很多篇章的出处在报社的图书资料室无法找到，因此所有引文只得由他自己核对。这以后，一篇篇字迹潇洒有力的《燕山夜话》文稿便源源不断地来到晚报。一年半的时间，154 篇文章，基本上都是头天夜里写好，当天一早交稿，一次也没有脱期。当时，邓拓是北京市委书记、全国人民代表大会代表，即使他到外地视察工作，也都准时把稿件寄到编辑部。只有偶然的两三次，由于工作太忙，他头天夜里没有时间动笔，就在当天一早赶写出来发到报社，一次没有影响报纸发稿。邓拓同志的写作态度和工作作风十分严谨，时时、处处为编辑部和印刷工人着想，提供方便。他的每一篇文稿总是字迹清楚，干干净净；他所引的资料，翔实有据，连标点符号也准确无误。自《燕山夜话》在晚报刊载以来，对文中所引用的浩如烟海的史料，除一处有一位读者来信提出质疑外，没有发生过差错。作者和编者配合得这样默契，编辑工作做得这样得心应手，在我们从事报纸工作的经历中是难得的。邓拓一再要求我们做“放心编辑”，他自己首先就是个“放心作者”啊！

邓拓不仅对自己要求十分严格，而且非常关心新闻队伍的培养和提高，满腔热情地帮助年轻的新闻工作者学习、成长。《燕山夜话》在《北京晚报》刊出期间，工作之余，邓拓常常和我们谈论学习。他像一个对学生抱着殷切期望的老师那样，热心地勉励我们学习，还告诉我们许多他自己总结出来的学习方法。他说，新闻工作很忙，学习时间是在忙里挤出来的，总是很零碎；想要找出一大段时间来专门学习，是不大可能的。但是，用零碎时间同样可以学到不少东西，这就需要有计划。一定时期内要有一定的主攻方向，要有目的地一本一本地读书，同时注意涉猎和积累多方面的知识。这就像穿珠子一样，用一根线把一粒粒珠子穿起来，零碎的东西就成为一个整体了。能不能有效地利用零碎时间学习，是新闻工作者成长得有快有慢的一个重要原因。他要求我们认真学习马列主义的经典著作。他认为，有计划地选择几本马列经典著作，认真学懂学通，这是建梁立柱的功夫。掌握了马列主义的基本观点，多种多样的知识就活了，就能够融会贯通，运用自如。否则，即使读了许多书，也无非是书架子、书柜子，于实际没有什么用处。

怎样有效地利用零碎时间学习呢？邓拓向我们介绍了他的学习方法，特别强调要做学习上的有心人。他说，你们平日读书，读报，读杂志，要准备一个小本本，有用的东西，要随手记下来。实在忙不过来的时候，记个页码、日子、期数也好。这样，要用的时候，也有个地方好找。他说，在这一点上，很应该向农民学习。你看农民出门，总随手拿个粪筐，见粪就拣，成为习惯。积累知识，也应该有农民积肥的劲头，拣的范围要宽，不要限制太多，不要因为我管的是牛粪，见羊粪就不拣；应该是只要有用的，不管它是牛粪、人粪、羊粪，都一概拣回来，让它们统统变成有用的肥料，滋养植物的生长。他说，古今中外有学问的人，有成就的人，总是十分注意积累的。知识是积累起来的，经验也是积累起来的。我们对什么事都不应该像“过眼烟云”。真正的所谓成就，也就是在前人的知识和经验的基础上有所发展。没有积累,就什么也谈不上。我们看看鲁迅的一生,他抄录过多少东西,整理过多少东西!

在和邓拓有了直接的接触,了解了他的工作和学习情况之后,我们才知道他为了做好党的新闻工作付出了多少心血和汗水!《燕山夜话》所以能以它深邃的思想和广博的知识赢得读者的喜爱,不正是因为它是邓拓几十年心血的结晶吗?我们原以为邓拓博问强记是由于他天资过人;后来我们才知道,在他的每一点知识里面,都包含着惊人的毅力。邓拓曾多次对我们说过,他的知识主要是靠自学得来的。他在学生时期的业余生活几乎都是在图书馆里度过的。星期日带着干粮到书店看书,一站就是一天。他用业余学到的知识,写了许多篇有关中国社会史的论文发表,受到学术界的重视。而当时,他还只是一个仅仅二十一二岁的青年。邓拓同志能够在新闻战线上做出卓越的成绩,在文学、历史、书法等各个领域取得很高的成就,就是靠这样珍惜一分一秒的时间,一点一滴积累起来的。在《燕山夜话》的第一篇文章《生命的三分之一》中,邓拓同志语重心长地勉励人们读书,提出抓紧业余时间等于抓住了生命的三分之一。这实际上正是他自己刻苦学习、奋斗一生的生动写照。

我们永远记得,邓拓曾经用春蚕作比喻,鼓励我们为党、为人民多写东西。他说:“你们要把写作当成蚕吐丝。春蚕到死丝方尽。是蚕,就要吐丝,何惧一死。”邓拓同志用他毕生的实践为我们做出了榜样。他就像春蚕一样,一生辛劳勤恳地为人民吐丝,把自己的一切毫无保留地献给了人民的革命事业。即使在他无端受到斥责和冷遇,感叹“笔走龙蛇20年,分明非梦亦非烟”的时候,他仍然不停地为人民吐丝、吐丝。他始终是乐观的。他的心向着亲爱的党,向着风雨同舟的战友。他满怀激情,赞美“举国高潮望接天”的火热生活。但是,他毕竟不是春蚕。春蚕吐了丝,实际并没有死,而邓拓却在他正可以大有作为的时期,被林彪、江青、康生一伙夺去了生命！

今天，“举国高潮望接天”的日子真正到来了。邓拓同志并没有离开我们，他仍然活在我们中间。“燕山化凤吐悲音”，邓拓的办报思想将永远指导和激励我们前进。

选自《人民新闻家邓拓》，晋察冀日报史研究会编，人民出版社 1987 年

邓拓与《前线》的办刊思想

李　筠

邓拓同志原名邓子健，福建省闽侯县人，生于 1912 年 2 月 26 日（阴历正月初九），今年是邓拓同志诞辰 75 周年。邓拓才华出众、学识渊博，在他的一生中，对党的新闻事业、思想理论和文化艺术工作，做出了突出的贡献，赢得了人们的崇敬。令人痛惜的是，他离去得太早，太匆匆了。20 年前，年仅 54 岁的一代才子，竟然惨死于林彪、江青反革命集团罗织的文字狱中。我想，对邓拓最好的纪念，莫过于将他的精神财富介绍给读者，以寄托我们的哀思。在这篇短短的纪念文章中，我打算把邓拓主编《前线》杂志的办刊思想择其要者记述之，也许，对今天的刊物建设和理论宣传工作会有所裨益吧。

中共北京市委主办的政治理论刊物《前线》半月刊，创办于 1958 年 11 月 25 日，1966 年 4 月被迫停刊，共出刊 154 期。在这七年半的时间里，邓拓一直担任着主编职务。《前线》在邓拓主持下创刊，他费尽心血哺育了这枝精神的花朵，在思想理论战线上，同教条主义、唯心主义、形而上学等种种反马克思主义的思想言行进行了坚决的斗争，最后悲壮地牺牲在“前线”。邓拓的名字将永远

同《前线》杂志连结在一起。

理论联系实际是《前线》办刊的基本指导思想。《前线》发刊词开宗明义地指出,《前线》将用马列主义普遍真理跟中国革命和建设的具体实践相结合的思想指导自己,努力使自己成为北京市党的组织及时地反映现实,指导实践,改造现实的思想武器。邓拓强调,要学会用马列主义的立场、观点、方法研究生动的实际生活。掌握马克思主义的基本观点是革命工作者的基本功,有了这个“根底”才不致当“氢气球”,随风飘荡而迷失方向。他经常用切身的体会说明,要真正掌握实事求是这个马克思主义的基本点是非常不容易的。不仅要有丰富的理论知识和修养,更要有观察分析和解决实际问题的能力,还需要敢于干预生活的勇气。邓拓高人一筹的地方,往往是在众人沉浸在某种热流中,他却能敏锐地看出问题的所在。邓拓不是超人,但他敢于实事求是,使他总比我们离实际近些。大跃进中,大家的头脑都很热,而他勇于面对现实,有胆有识地写下了反对说空话、说大话、搞浮夸等许多针砭时弊的宏文。他带头实践这一基本指导方针,为整个编辑部作出了榜样。

在邓拓的指导下,《前线》还形成了一个鲜明的特点,就是敢于干预生活。它先后开辟了《思想评论》、《思想杂谈》以及《三家村札记》等栏目,用杂文的形式同各种错误思想和不良倾向作斗争。例如创刊初期,邓拓组织部分编委和编辑人员,成立思想评论小组,定期开会议论党内外带有倾向性的思想问题,拟定题目,以“石思平”(即市委思想评论小组)为笔名,连续发表思想评论文章。后来,杂谈思想的文章就更多了。邓拓一贯主张:勇于干预生活,敢于发表意见,刊物才有指导性。当然,这不是好为人师,乱舞指挥棒。邓拓的思想是敏锐的,他坚持实事求是的原则,对当时冒出来的不良倾向,进行了抵制和斗争。他指出,古人说:“朝闻道,夕死可矣。”我们为真理而斗争,为何不能为追求这个道——真理,为了寻求客观规律而奋斗献身呢?

邓拓十分强调刊物的理论性和地方性的结合。《前线》是理论刊物，它必须具有强烈的浓厚的理论色彩。《前线》又是地方性的刊物，它必须反映和指导北京市的实际。理论性与地方性的结合就是理论密切联系实际的具体体现。他再三指出，刊物要经常宣传马列主义的基本观点，经常宣传党的最根本观点。不仅每期要有较高质量的理论文章，而且每个栏目都要有理论色彩，结合实际阐述某一个基本思想。七年半中，《前线》举办了许多马列主义基本理论的讲座，长期连载，给读者以基础的理论知识。例如《社会主义经济问题学习纲要》、《资本主义经济问题学习纲要》、《逻辑漫谈》、《政治理论常识讲座》、《社会主义革命学习笔记》、《党的建设问题讲话》、《共青团生活》、《社会主义工业管理问题讲解》等。邓拓指出：理论刊物最好有固定的理论讲座栏目，使读者了解刊物的基本内容，便于系统地学习。这是联系固定读者的好方法。

邓拓常常说，理论联系实际是基本的硬功夫，不能玩花架子。引几段马列的论述，加上随手拈来的例子，得出实用主义的结论，那是极其浅薄的错误的做法。这种坏学风本身就是违背理论联系实际原则的。他还指出，所谓实际，是社会实践中群众的活生生的实际。因此，联系实际和联系群众是紧密结合在一起的。联系实际和联系群众应成为编辑部的工作作风。

邓拓有一个著名的口号："决战于编辑部之外。"他说：关门办刊物，一定会脱离群众，脱离实际。编辑至少要有 1/3 的时间在下边，直接了解群众政治生活中的问题，跑工厂、跑农村，找人谈话，广交朋友，把北京市的情况摸透，用各种形式反映出从实际中来的思想动态，针对这些问题写理论文章，以理论指导实际工作。每一期都要有特色，有点实际的东西，恰当地说明一些观点。要及时地运用新材料，抓住典型进行研究。通过典型讲理论才能生动，才能避免教条主义。他十分强调，北京市的理论刊物要同北京市的工作密切结合起来。要从实际出发，深入调查研究，不要凭什么风来办事,而要根据实际情况决定问题。邓拓曾形象地指出,搞理论宣传,千万不能像“武大郎攀杠子”,上不着天,下不着地,脱离实际。

邓拓的视野宽阔。他希望刊物要引导读者看到全局,看到世界,认识全国和全球的实际。因此,他非常强调刊物的时事性。从创刊初期,在他的倡议下,就办起了《半月时事》的栏目,直到停刊前,从未间断过。他指出,每期都要给读者讲点国际形势和国内形势,引导大家关心国内外大事。凡是重大事件都不要漏掉。写法是大事记加评论,有观点,有材料,夹叙夹议,文字精炼,一个页码,内容简明、扼要;要常年坚持,积累一套材料,谁要作时事报告,拿来就可以用;学校要举行时事测验,它就可以作为复习教材。总之,要帮助读者读报,辅导读者对国内外大事有正确的观点。

邓拓办刊的另一个主要指导思想,就是十分强调刊物的知识性。他学富五车,多才多艺,政治、经济、历史、新闻、诗词、书画等等无所不通。正是他具有如此高超的文化素质,才真正通晓知识性对刊物的真谛。他所谓的知识性,并不是在刊物上增添一点吸引读者的佐料,他是把知识性作为方针问题提出来的。知识素质差,无从弄懂马克思主义的真义,不能做到理论同实际的联系,也不能提高读者的精神境界。他针对当时对红专问题的片面认识,尖锐地指出:“无产阶级是需要知识的!”他主张,理论文章本身要有知识性,同时还需要刊登有关知识性的东西与之相配合。这样,才能做到观点与材料的统一,才能避免空对空的教条主义。在规划刊物的内容时,他提出,刊物要开辟多种栏目,给读者以广泛的知识教育,包括中外古今,天文地理,文史哲经。1963 年 11 月 25 日,邓拓在《前线》创刊三周年的编辑部会议上说:“我曾经有一个兴头,办个杂志叫‘杂家旬刊’,10 天出一期,8 个页码,半张报纸,每篇文章不超过千字,内容什么都讲,不讲一字空话。要有政治眼光,要非常生动。不光给人以丰富的知识,而且是广泛谈论一些问题,使人从中吸取一些有用的东西。搞出来的东西,要使人感到充实。”他号召办刊物的同志努力当杂家,刻苦学习各种知识,博览群书,接触三教九流。他说,不要怕人说杂七杂八,只要有马列主义的根底,就不怕杂,不怕乱。刊物和报纸天天与读者见面,应该承担起传播知识的职责,要向人们输送精神食粮,满足读者渴望知识的要求。从一定意义说,报纸刊物应是给人知识的百科全书。所以,作为编辑、记者,一定要有广博的知识。

在邓拓的倡导下,《前线》先后开辟了多种知识性栏目,如《知识小品》、《小资料》、《学术资料》、《学术动态》、《问题解答》、《读者信箱》、《技艺话丛》、《求知录》等等,为读者提供了广泛的知识,受到了读者的欢迎。

《前线》在办刊的七年半中,每一期坚持发一篇社论,宣传党的方针政策,指导北京市的工作;每期都有几篇理论文章,阐述马克思主义的基本观点,还有连续刊载的理论基础知识讲座,系统地宣传马列主义。与每一期中心相配合,有一系列的专栏文章,提供资料和知识,使理论与实际、观点与材料紧密地结合起来,作到绚丽多彩,生动活泼。《前线》倡导的“杂家”,就是尊重知识,热爱知识,探求知识的精神;就是高度的理论性和广博的知识性相结合。

今天,我们回顾二十多年前的那个时期,邓拓如此强调知识性的重要,是非常难能可贵的。在这里,邓拓的办刊思想放出耀人的光彩。

理论联系实际也好,刊物具有丰富的知识性也好,这一切都是靠人靠编辑来实现的。因此,邓拓十分重视编辑队伍素质的提高。他认为,刊物的质量与编辑的质量成正比,编辑的素质提高了,刊物的质量才能提高,这是编辑部的基本建设问题。他对编辑人员既很严格,又很宽厚,不仅要求奋力提高业务水平,而且要求具有很高的精神境界。他提出,每个编辑必须做到“三勤”:勤读、勤跑、勤写。既要苦读马列,提高理论水平,又要深入实际与群众交朋友;既要有广博的知识,又要有较高的写作能力。他主张每个编辑应是“拼命三郎”,有“小毛驴”精神。邓拓鼓励大家奋发向上,有所作为。他说,天地之阔,任你各显神通,要死心塌地钻进去,终究会有成就的,但是要毫无私心。我们学习、研究、写作都是为了认识客观规律的,何必有私?无私才能无畏。野心不可有,雄心不可无。这应该是编辑工作者们的座右铭。邓拓这样要求编辑人员,他自己更是这一信条的带头实践者。他从来不做“新闻官”,没有半点儿“编辑老爷”的作风。他写论文、写通讯、写杂文、写诗也写文艺评论,笔走龙蛇,终生耕耘。“文章满纸书生累”,这可以说是邓拓一生的写照。但可叹的是,他并不是劳累而死的,而是在“史无前例”的年代,反被文章所牵累,演出了以死相抗争的悲剧。但是,邓拓同志在人们的心中并没有死。他的道德文章将永远激励着四化建设大道上的人群。

原载《学习与研究》1987 年第 2 期

巨星陨落在“文革”序幕中

苏双碧　王宏志

邓拓是党的优秀领导者,杰出的人民新闻家。他的《燕山夜话》、“三家村”杂文、诗词为中国文学宝库增添了丰富的内容。邓拓又是著名的意识形态专家,在理论、历史、哲学等方面都有独到建树。是一位实事求是、光明磊落、无私无畏、为共产主义的理想奋斗终生的革命者。在十年动乱拉开序幕之时,邓拓出于维护党和国家的利益,进行不屈不挠的斗争。他显然希望能够借助当时党中央一部分具有清醒头脑的领导者的支持,把由姚文元评《海瑞罢官》一文而拉开的“文化大革命”的序幕重新关上。为此,邓拓在彭真等同志的支持下,进行了巨大的努力,直到最后在大势无可挽回之时,用生命来作最后的抗争和维护人格的尊严。这颗文化学术界的巨星终于陨落在“文革”的序幕中。

邓拓不同意转载姚文元的评《海瑞罢官》

1965年11月10日,上海《文汇报》发表姚文元的《评新编历史剧“海瑞罢官”》,最后一部分无限上纲,说吴晗是鼓吹“单干”的“优越性”,是搞“翻案风”,是“希望有那么一个代表他们利益的人物出来,同无产阶级专政对抗,为他们抱不平,为他们‘翻案’,使他们再上台执政”。并说,吴晗的“《海瑞罢官》就是这种阶级斗争的一种形式”。断言《海瑞罢官》是一株“毒草”。文章的出笼对知识界、政界震动很大,首先冲击的当然是北京市委。也就是说北京市委必须对这篇文章有个态度,是赞成还是反对,是转载还是不转载。

姚文元的文章出来当天,《北京日报》社社长范瑾就给当时市委分管《北京日报》工作的市委书记郑天翔打电话,请示是否转载。郑天翔手头没有《文汇报》,让范瑾送来,这时已是下午五六点钟。郑天翔匆忙看过,就给范瑾打电话,让她第二天转载。理由有两条:一是此前北京市委已经布置过,说上面提出要批吴晗,咱们得批,别人批了,咱们转载也好;二是,当时是讲阶级的,这种事要阶级分析。郑天翔是分管工业的,用他的话说:“是搞具体事,是搞砖瓦灰沙石的,什么盖个工厂啦,弄个房子啦,修个马路啦,忙个不可开交。”一个正直的党的领导者,按常规办事,这样处理是很正常的。况且姚文元是一家之言,他的无限上纲在讨论中是不会有多少人同意的。天翔同志说:“姚文元的文章后面和庐山会议联系起来,我很反感。”他让范瑾转载,并说“登了再说”。“再说”就是可以发表不同观点的文章,可以讨论。可是,第二天《北京日报》没有转载,郑天翔给范瑾打电话,范瑾说:“邓拓同志不赞成登,他说不能轻易登,等请示彭真同志再说。”彭真不在北京。邓拓当时主持意识形态工作,但不分管新闻,而郑天翔分管《北京日报》,而不分管意识形态。之所以这样分工,是因为邓拓被毛泽东批评为“书生办报”、“死人办报”并逐出了《人民日报》之后,市委不让邓拓过于为难,就把新闻这一块摘出来让郑天翔管。

邓拓不同意转载,自然有他的道理。毛泽东提出来要批吴晗,彭真早就向市委打过招呼。但是,对于市委领导,包括彭真在内对批吴晗至少有这么三点心理障碍:一是吴晗为人正直,一贯忠于党、忠于社会主义事业,政治上是靠得住的;二是吴晗是明史专家、教授,但又是来自旧社会的知识分子,在历史观上不免有许多旧的东西。因此,从学术的观点上批判吴晗可以,从政治上全盘否定吴晗,不能接受;三是中央过去曾说过:郭沫若、范文澜、茅盾、翦伯赞、吴晗要保。现在公开点名,至少也应向文化革命五人小组或中宣部报批,姚文元的文章没有迹象说明是经过批准的。尽管在1965年9月,即在姚文元文章发表前两个月,在有各大区同志参加的中央常委会上,毛泽东从阶级斗争的观点出发,问彭真同志,“吴晗是不是可以批判?”彭真只回答说:“吴晗有些问题可以批判。”(见1965年9月到1966年5月文化战线上两条道路斗争大事记,以后凡引此文称“大事记”)彭真说“有些问题”主要是指学术问题。其实,这次谈话,毛泽东不仅是问彭真吴晗可不可以批判,而且明确地告诉彭真要批吴晗的《海瑞罢官》,但没有说明性质。彭真当即向北京市委的几位书记作了传达。对姚文元无限上纲的文章,他们并不认为这是中央的意思,更没有想到是毛泽东的意思。因为市委的几位主要领导都知道毛主席曾经提倡海瑞精神,也就不认为吴晗有关海瑞的文章能有多大问题。对这件事,郑天翔同志作了生动的回忆:1965年冬的一次中央工作会议,“我和万里在出席会议期间,彭真对我说,毛主席要批吴晗,还让批《海瑞罢官》,你要准备准备,总之是一句话:毛主席要批判《海瑞罢官》,

并让我转告万里。《海瑞罢官》剧本我没有看过，戏我也没看过。我赶紧找宣传部的张大中，让他找了两本，一本给万里。我很忙，硬着头皮看，但看不出问题。在一次会上，要我说说对《海瑞罢官》的意见，我说看不出问题，确实看不出所以然。后来这成了我的罪状，说‘毛主席要批《海瑞罢官》，你说没有问题，这不是包庇吴晗吗？’”其实，不只郑天翔、万里，刘仁也是一样，他们都不以为《海瑞罢官》有什么重大政治问题。所以，北京市委对姚文元文章的抵制，在开初只是一种意念，是无形的，即无计划、无组织的抵制多于有思想准备的抵制。但邓拓、彭真则有所不同，邓拓是管意识形态的，他对这场批判运动应当怎样搞才是有利于党的事业的，当有更多的考虑。

邓拓不赞成转载姚文，并不等于他不赞成批吴晗。因为批吴晗是毛主席定的，他只有认真去执行。而当时姚文元的文章发自上海的《文汇报》，况且姚文元是一根棍子，贯于写批判文章，没有任何迹象说明这篇文章是毛主席让发的。他同样只能按常规办事，即各批各的。就在姚文元文章发表后的第三天，即11月13日，邓拓召集市委宣传部李琪、《北京日报》总编辑范瑾开会决定：一是摸摸上海发表姚文元文章的由来，有什么背景。这一条因上海方面严密封锁而一无所获；二是决定批判吴晗的历史观。即由邓拓写批判吴晗的“道德继承论”，由李琪写批判吴晗的历史观；三是请示在外地的彭真同志，彭真明确表示暂不转载。邓拓不同意批吴晗的所谓“反党反社会主义”，如果按这个思路去走，被姚文元文章拉开的“文革”的序幕，便可以悄悄地关上。

邓拓披甲上阵

邓拓凭着他深厚的理论功底，凭着他对党、对人民事业的耿耿忠心，他抱着一种实事求是的态度，想扭转局面。但他所能做的，只是摆事实、讲道理,只是相信老上司的“在真理面前人人平等”的信念。彭真回到北京后,形势所然,北京对批判吴晗不得不有所动作。但他认为中央报刊是否发表批判吴晗的文章,还要考虑一下再说,并再一次申明:吴晗的性质不属于敌我矛盾。至于《北京日报》是否转载,市委书记处讨论后认为:一、不同意姚文元文章第四部分从政治上批判吴晗的观点;二、如果必须转载此文,则应在“编者按”中表明自己的态度。11 月 28 日,由于周恩来的建议,彭真在人民大会堂西大厅召开会议,讨论转载姚文元文章事。会上,彭真问邓拓:“吴晗现在怎样?”邓拓说:“吴晗很紧张,因为他知道,这次批判有来头。”彭真说:“什么来头不来头,不用管,只问真理如何,真理面前人人平等。”

11 月 29 日,《北京日报》被迫转载姚文元的文章,按语是由邓拓、范瑾修改审定,并由彭真亲自定稿的。按语强调提倡毛泽东倡导的“百家争鸣”,并说:“几年来,学术界、文艺界对《海瑞罢官》这出戏和吴晗同志写的其他文章是有不同意见。我们认为有不同意见应该展开讨论。”明显地抵制了姚文元对吴晗“反党反社会主义”的诬陷。但既然转载,北京市委就得参与这个“争论”,彭真和邓拓都得站出来,指挥并影响这场争论。

按照彭真的意见,由邓拓来主持这个“争论”。邓拓当时做了两件事:一是和范瑾一起抓《北京日报》有关《海瑞罢官》的讨论。并由北京大学、中国人民大学、河北北京师院以及北京市历史学会抽调七八个人,成立一个讨论《海瑞罢官》的写作组,办公地点设在《北京日报》四楼。邓拓亲自担任组长,范瑾负责具体联系和领导工作。二是赶写批评吴晗“道德继承论”的文章,认认真真地准备从学术上和吴晗讨论。

12 月 3 日,邓拓在他的办公室召开了写作组全体成员会议,范瑾和《北京日报》几位同志出席了会议。当时我是写作组成员之一,据我的记忆,邓拓一开始就说:“《北京日报》转载了姚文元的《评新编历史剧‘海瑞罢官’》，想就这个问题进行讨论。姚文元的文章不是结论，可以讨论。姚文元文章的引文和结论多有歪曲吴晗的原意之处。当然，吴晗这几年写的文章，也有可讨论之处。把你们找来，可以研究些问题，写些文章。要提倡好的学风，摆事实、讲道理。学术问题要采取商榷的态度，不要扣帽子。有什么看法就写什么。”并说：“我们不采取出题目做文章的办法。因此，不研究选题，也不集体写文章，以个人的名义写好。”邓拓还一再强调“要在学术讨论中提倡好的风气。《海瑞罢官》的讨论还是当做学术探讨为好”。邓拓的讲话和吴冷西当天给首都新闻单位传达彭真意见是一致的。彭真说：“姚文元的文章提出两个问题，一是学术问题，一是政治问题，两个问题都可以讨论，估计政治问题的讨论不可能发表太多文章，主要放在学术问题讨论。通过这次讨论，要在学术界造成贯彻‘二百’方针的空气，要贯彻自由讨论的方针。在讨论中，批评吴晗的文章可以发，批评姚文元的也可以发。”邓拓和彭真都把《海瑞罢官》的讨论当成正常的学术讨论，希望通过这场讨论繁荣祖国的文化与学术，借以扭转和纠正由姚文元开创的以势压人、扣政治大帽子的恶劣学风。至于有人说邓拓关于吴晗问题的学术性质的说法是为了包庇吴晗、掩盖吴晗的政治问题，这种说法是缺乏根据的。邓拓是讲究实事求是的。他确实认为吴晗有些观点是可以讨论的。关于在“道德继承论”的问题上，邓拓就不同意吴晗的观点。至于姚文元说吴晗有“反党反社会主义”的政治问题，邓拓没有发现过，他当然不能轻信姚文元的诬陷。所以谈不上是有意替吴晗“掩盖”政治问题。这一点，邓拓如此，彭真也是如此。直到 12 月 21 日，毛泽东在和陈伯达、艾思奇、胡绳、田家英、关锋谈话时，指出《海瑞罢官》的“要害问题是罢官”，并说：“嘉靖皇帝罢了海瑞的官，1959 年我们罢了彭德怀的官，彭德怀也是‘海瑞’。”明白无误地把吴晗的《海瑞罢官》同庐山会议挂上钩。彭真听了还非常坦然地告诉毛泽东：“我们经过调查，没有发现吴晗同彭德怀有什么组织联系。”说明有人把吴晗和彭德怀挂上钩完全是一种政治需要。不论是彭真还是邓拓，都不是有意要包庇吴晗的“政治问题”，而是认为吴晗在政治上没有什么问题。

学术问题和政治问题之争，含括着有关祖国前途和命运的一场争论，在当时绝大多数善良的人们并不太清楚。至于后来毛泽东在“五一六通知”中说“是一场你死我活的斗争”，如此严重的性质，更不可能认识到。但对姚文元任意把学术问题上升为政治问题，则很少有人敢于苟同，甚至非常厌恶。所以，彭真断言“政治问题的讨论不可能发表太多文章”。范瑾在一次会议上也说：“他们（指姚文元等人）从政治上批判吴晗，我们有我们的做法。”即主要谈学术，但“不避免涉及政治”。邓拓和北京市委其他领导，当时态度是鲜明的，《海瑞罢官》的讨论主要应是学术问题，而不应是政治问题。

为争取更多的人来参加《北京日报》关于《海瑞罢官》的讨论。《北京日报》召开一次北京文科大学生座谈会，邓拓要求这些青年学生解放思想，下决心练练笔。邓拓说：“我们要按照党的方针、政策、指示，按毛主席的指示积极参加讨论。”那么，毛主席的指示是什么呢？在有关学术问题的讨论时，当然是指“百家争鸣”的方针。作为一个正直的共产党员，他做梦也不会想到姚文元颠倒黑白对吴晗的指控竟是出自毛主席的本意。在邓拓看来，他心目中的巨人是绝对不会同意姚文元对吴晗进行诬陷的。所以，在会上，他对这些青年循循善诱，他说：“姚文元的观点不一定都对，难道没有一点错误，或不确切的地方？都对的话那就做结论了，还讨论干什么？吴晗同志的观点有许多根本性的错误，但是否就一无是处？是不是一棒子打死？根据吴晗的表现，还不能说他是反党反社会主义。这是真的，不是唬弄大家。”根据他对吴晗的了解，市委对吴晗的调查，他向青年学生交了底，表现出一位党的领导者的高度负责的精神。他要求青年学生参加这场讨论，他说："思想要解放，写文章不要有顾虑，不要怕你的观点是否与姚文元不同，不要怕和吴晗有共同之点。不要扣帽子，要摆事实讲道理，力求创造一种'百花齐放、百家争鸣'的空气，改变过去讨论中的紧张气氛，要养成畅所欲言的习惯。"邓拓抱着一种善良的愿望，希望青年树立一种平心静气进行学术讨论的良好学风。但这些后来都被指控为"毒害拉拢青年的铁证"，并在他去世的前四天，即5月14日报纸公布这些谈话，对他进行讨伐。问题是，三十多年过去，即使完全抛开吴晗、姚文元的是非，邓拓的讲话仍然是无可挑剔的，仍然在闪烁着对祖国学术文化高度负责的思想光辉。他是一位学者，也是一名战士，他当然知道这场斗争的复杂性，据《前线》编辑部的同志回忆，姚文元的文章出来后，邓拓就说过："听人说，《海瑞罢官》和彭德怀有关，不知是怎么回事。"虽然"不知是怎么回事"，但问题的复杂性，事关重大，邓拓却是不可能不想到的。即使这样，为了党的事业，为了正义和真理，邓拓还是站了出来，站在"有来头"的姚文元之流的对立面上，指挥这场事关国家前途、民族命运的有关《海瑞罢官》的讨论。

关于"向阳生"的文章

彭真、邓拓既然认为《海瑞罢官》的讨论是学术问题，邓拓除组成一个写作小组，写一些参加《海瑞罢官》讨论的文章外，还必须有几篇有分量的，即作者和文章内容都有分量的学术批判文章。邓拓之所以选择吴晗的"道德继承论"批判，当然也不是偶然的。吴晗先后在1962年5月至1963年8月在《前线》杂志和《光明日报》发表了《说道德》、《再说道德》、《三说道德》等三篇文章，中心意思是说："道德是阶级的道德，道德是随着阶级统治的改变而改变的。但是，也有另一方面，那就是无论是封建道德，还是资产阶级道德,无产阶级都可以批判地吸取其中某些部分。”他指出那些“以为古人一无足取,没有值得批判继承的东西,看来也是不正确的”。吴晗的“道德继承论”发表后,当时在学术界掀起了轩然大波。在阶级斗争为纲的年代,吴晗居然主张封建、资产阶级道德可以批判继承,这还了得。许多论者认为在封建社会、资本主义社会,能够继承的道德也只有到“劳动人民”中去寻找。批判几乎是一边倒。其实吴晗除了论述不够周密外,立论却基本上是正确的。

1964 年,由康生之流发动的对“合二而一”的批判、对李秀成的批判,对“时代精神汇合论”以及电影《北国江南》等等的批判,正如火如荼地展开。吴晗的“道德继承论”要不要拿出来公开批判,北京市委压力很大。是年 8 月间,在北戴河开了一次有彭真、刘仁、邓拓等参加的会议,专门研究了吴晗的“道德继承论”并特地把吴晗请到北戴河,让他就这个问题作检讨,并写出检讨文章。由于吴晗的“道德论”有两篇发表在《前线》杂志,市委对此要承担责任。会上决定由邓拓通知《前线》编辑部李筠,要他在两天之内写出一篇对吴晗“道德继承论”的批判文章。两天之后,李筠写成文章初稿,标题是《是革命,还是继承?》,并派专车送到北戴河。邓拓为这篇文章写了按语,正式作了自我批评,其中特别说到“三家村”专栏的名称是随便起的,发表了两篇“说道德”,编辑部有责任。邓拓把文章连同按语退回编辑部,发不发表,让李筠等电话。邓拓还为这篇文章署上“金世伟”的笔名,“金世伟”的谐音是“京市委”,即以“北京市委”的名义批判“道德继承论”。可见,当时邓拓处境已很难,如果公开批判吴晗的“道德继承论”,就必然要涉及《前线》编辑部,作为主编的邓拓就不好开脱。后来中央说不公开批判为好,作内部处理,“金世伟”的文章也就没有发出来。吴晗为此作了三次检讨,才通过,并写成一篇《是革命,还是继承?——关于道德讨论的自我批评》。后来吴晗曾经说:“关于道德讨论的检查最难了,总是想不通。”检查是迫于形势,思想上并没有想通。不过,当时上面不作公开批判,对吴晗是出于保护,还是怕“打草惊蛇”,现在不得而知。但是,如果在1964年就公开批判吴晗的道德论,吴晗也就不会在一年后被当做“文革”开刀祭旗的对象了。而彭真、邓拓因主动批评了吴晗的道德论,并在按语中主动作了检讨,“文革”初期也就不会被说成包庇吴晗而受到挞伐了。

邓拓从学术观点上批判吴晗,选了《从“海瑞罢官”谈到道德继承论》这样一个题目,是有其特殊用意的:其一,道德能不能继承确实是个学术问题,或者是个认识问题,不好上升为政治问题;其二,邓拓确实认为剥削阶级的道德不能继承,尽管他的观点未必正确,但他从道德论来批评吴晗却是善意的,是真心的,并非违心作假;其三,上面在1964年就曾经有过考虑批吴晗的道德继承论,在正常情况下,容易和中央保持一致。因此,邓拓撰写此文时是认真的、说理的。邓拓认为《海瑞罢官》的“思想基础”是“道德继承论”。理由是“吴晗同志企图通过他所加工塑造的舞台上的历史人物和故事情节,尽力宣扬忠孝节义、礼义廉耻等一整套的封建的道德,要今天的人们去学习、去提倡”。并通过剧中人物极力宣扬“一整套封建道德观念”。认为吴晗的“道德继承论”是吴晗许多文章的中心思想,当然也是他创作《海瑞罢官》的“思想基础”。邓拓对吴晗的批评不论是写作动机还是对问题的提出都是严肃的。邓拓在文章的开头,特地写了这样一段说明:“我看过姚文元同志的文章之后,重新翻阅了北京出版社出版的吴晗同志1960年11月13日七稿、1961年8月8日改定剧本,同时参看了从1959年到1962年这个期间的《人民日报》、《北京日报》和《晚报》、《解放日报》和《文汇报》等所刊登的有关海瑞的其他文章和几种剧本,加以比较,反复探索”,才得出《海瑞罢官》的思想基础是“道德继承论”的结论的。这就有力地驳斥了《海瑞罢官》是“反党反社会主义”说法的。那么《解放日报》、《文汇报》不是也登过许多有关海瑞的文章吗？这又算什么呢？

这篇署名向阳生的文章发表后，邓拓大约是希望这个论点能得到呼应，也减轻吴晗一点压力，他提出“吴晗同志有什么意见，我也希望他继续写出文章，把自己的思想真正同大家见面”。同时，又让《前线》编辑部的同志去找吴晗，让他把在1964年写成的《是革命，还是继承？——关于道德讨论的自我批评》拿出来发表，全文只改了一句话，即“金世伟的文章发表后”改成“向阳生的文章发表后”。应该说，吴晗不论是有关《海瑞罢官》的自我批评，还是有关“道德继承认论”的自我批评，态度都是好的、认真的。如不抱偏见，读者都会欢迎的。而向阳生的文章，如果作为正常的一篇学术文章，也确实可以起到争鸣的作用。但当时一股不可阻挡的势力已经把吴晗、邓拓推到绝对的被告席上了。他们的文章被禁止转载，被说成是假检讨真进攻。邓拓对吴晗的招呼表现出邓拓的真诚和善意，他是以一个正常人的心理来看待当时所发生的一切的。但是，就在12月12日当天，即向阳生文章发表的当天，康生的“大事记”写上这么一段话：“《北京日报》、《前线》发表邓拓的文章。署名向阳生，题为《从〈海瑞罢官〉谈到‘道德继承论’》，企图把对吴晗的批判，从政治问题拉到所谓道德继承的‘学术’问题上。这篇文章是在彭真亲自指导下写的，最后由彭真亲自修改，经北京市委书记处传阅定稿。”这个记事从政治上否定了邓拓的文章，又把邓拓和彭真、市委书记处都拉在同一政治态度上，可谓一箭三雕。其实在既定方针是要以批吴晗为突破口把矛头指向“三家村”和彭真的，在这种情况下，邓拓再作多大的努力，写出再有说服力的文章也是无济于事的，而吴晗同样是不必作任何检讨的，不检讨恐怕比检讨还好些，省得给人以口实。

最后的岁月

从姚文元评《海瑞罢官》发表,即1965年11月10日到1966年1月5日邓拓被停止工作进行检查,通共只有55天。在一个长达10年的政治运动中,姚文元的文章作为序幕拉开,序幕也就是准备阶段,这个阶段长达6个月零6天,邓拓的抗争只是在这6个多月中的55天。时间虽然短暂,但邓拓的所作所为,不管主观意识如何,都是起到力图把制造十年动乱的序幕关上,不希望朝着疯狂的、无原则的政治批判方向发展。在这段时间,他发表过演说,组织过写作组写学术批判文章,亲自出马写了"向阳生"的文章。但所有的努力,都只是一步一步被人把矛盾推向激化,都被当做加罪于邓拓、彭真的口实。

我在另一篇文章中,曾经说过,姚文元的评《海瑞罢官》的发表,是毛泽东发动"文化大革命"的重大战略部署。因为拿吴晗开刀是指向"三家村"、指向北京市委和彭真的最好突破口。邓拓和吴晗都是《三家村札记》专栏作者,抓出吴晗,自然也就抓出邓拓。在江青、张春桥的日程表上,批判邓拓和批判吴晗几乎是在同一时间表上。曾经是中央文革小组成员的穆欣同志,他在近作《十年长忆》一书中写道:"从批判吴晗《海瑞罢官》开始,进一步以邓拓为突破口,锋芒直指彭真。江青当时就兴高采烈地说:'一个吴晗挖出,后面就是一大堆啊!'"张春桥讲得更露骨,他在1966年11月24日一次讲话中说:"因为批《海瑞罢官》,就要带到吴晗,提出吴晗,就要提到邓拓,把邓拓提出来,'三家村'就揭出来了。"可见,提出吴晗和提出邓拓几乎是同时的。在我的记忆中,邓拓主持写作组时间很短,通共只主持过两次会。但写作组的文章他是都要看的,并由他签署意见。记得有一天我来到他家里取样稿,有一篇是我写的,题为《吴晗强迫海瑞站在农民一边》,另一篇是别的同志写的杂文,其中谈到吴晗写《海瑞骂皇帝》的“险恶用心”。邓拓对前一篇文章签了“可以用”三个字,后一篇文章他很犹豫,神情很严肃,自然他不相信吴晗会“骂皇帝”。最后他写了让编辑酌定的意见。此后不久,他和写作组就没有什么联系了。春节过后上班的第一天,下午临下班前,李琪亲自给我打来电话,要我立即到宣传部找他。十分钟后,我从北京日报赶到市委宣传部。李琪让我坐下,神情很不好,过了一会才说:“上面决定要批邓拓,老邓这几年写了不少东西,我们先准备一下,看看他的作品。从明天起你就不用到北京日报了。”善良的李琪还以为上面仅仅是要批邓拓呢?他说:“老邓的问题解决了,我们日子就好过些了。”他哪里知道连同彭真、连同他自己都早已被牵涉其中了。由李琪、范瑾、张文松主持的批邓拓写作组,一共四五个人。每人抱着一本《燕山夜话》、一本《三家村札记》,翻来覆去地看,谁也找不出一个像样的“要害”问题来。在我的印象中,这个小组几乎没有什么作为,至少我是连一篇短文都没有写出来。

邓拓是一位坚持原则,讲求实事求是的人。让他检查自己的错误,其实,他写了那么多杂文,涉及历史题材的不少,本来都是宣传历史的光明面,他自然不能接受对他不怀好意的政治指控。1月5日之后,大约在1月底,由《前线》、《北京日报》、《北京晚报》等单位召开一个小型会议,让邓拓检查。邓拓只检查了他写文章“厚古薄今”,无非是说写古代的题材多,用古代的材料多。这只是一种学风,而且不能说是不好的学风,事实上《燕山夜话》许多文章“古为今用”都很得体。事后,大约在4月初市委又组织一次会对邓拓的批评,刘仁、郑天翔、李琪、范瑾、宋硕等都出席了会议。邓拓仍然没有违心地检查出什么政治性的问题来,而参加会议的也只是说他写了那么多文章,“到底举的是什么旗,是灰旗,还是白旗”。作为北京市委,他们不得不有这些举动,但说实话,他们也不知道上面为什么要批邓拓,邓拓有什么问题,所以也提不出什么

“要害”的意见来，况且刘仁、郑天翔在发言中还肯定了邓拓的政治立场。

然而，这个批判的基调和江青、张春桥等人的批判是不一致的。1965 年 12 月 21 日，毛泽东就明确指出《海瑞罢官》的要害问题是“罢官”，并把它和彭德怀挂上钩，这当然也包含着对 12 月 12 日向阳生文章的批评，是对邓拓认为《海瑞罢官》的思想基础是“道德继承论”的反驳。随后，上海的罗思鼎，以及北京关锋、戚本禹等一起出动，狠批吴晗的“海瑞骂皇帝”，并说“骂皇帝”是吴晗研究海瑞的“一味极其重要的药方”。上政治纲上到这个份上，吴晗确实是罪责难逃了，而把这种严重问题说成是学术问题，是“道德继承论”的邓拓，当然也难逃对吴晗政治上的包庇责任。1966 年 3 月 28 日到 3 月 30 日，毛泽东“批评彭真同志、中宣部和北京市委，包庇坏人，压制左派，不准革命”。北京市委包庇坏人，所指当然是明确的，当时被揭出来主要是吴晗，还有邓拓、廖沫沙。所有这些，对邓拓的处境当然是更为艰难了。

在毛泽东严厉地批评北京市委之后，彭真在 4 月 3 日召开了市委常委会，在传达毛泽东的上述批评之后，还谈到“邓拓政治上是拥护总路线的”，并说“邓拓已在 1 月 5 日开始检讨”。我很赞成一位当时处在漩涡中的同志，在他的著作中写了这么一段话：“那时候，江青一伙的锋芒正对准邓拓，意在以邓拓为突破口冲击彭真。毛泽东在谈话中也点了邓拓的名。彭真毕竟是久经风霜的政治家，面对 12 级台风的侵蚀，依然沉着冷静。邓拓闻讯找他问询时，彭真曾劝慰邓拓说：‘事情并没有最后下结论。我还要再向毛主席解释，希望他能调查研究，改变他的看法。’这里，彭真仍然把邓拓列入左派，对他在思想上严厉批评，意在使他免受政治伤害，极力给予保护。”但是，此后 6 天，即 4 月 9 日至 12 日中央书记处便奉命召开会议，由康生传达毛泽东 3 月 28 日到 3 月 30 日的三次谈话，并由康生、陈伯达等在会上对彭真进行批判，他们说“党的最大威胁来自混进党内的修正主义分子，来自邓拓、吴晗、廖沫沙一类的资产阶级代理人”。彭真在检讨中，表示拥护毛主席对他的批判。他申明：“我在过去、现在和将来都不会反对毛主席，也没有反对过毛主席。”并说，关于《二月提纲》“我只是想突出一下毛主席多年来强调的‘放’的方针，让大家多了解各方面的意见，不存在着反党问题”。表现出彭真的高度原则性和实事求是的大无畏精神。

形势所逼，彭真只好同意在4月16日公开发表批判“三家村”、《燕山夜话》的文章和按语以及有关材料。声势很大，《北京日报》整整用了三个版。彭真此举当然是想让市委争取主动，但实际上此时他已经被揭发批判，北京市委被拟议中要解散。因此彭真的努力是无济于事的。当天，康生、江青就认为《前线》、《北京日报》旨在包庇邓拓，是假批判真包庇，并立即通知各报不能转载。但是，不管怎样报上公开点名批判邓拓却是第一次。彭真是不得已而为之，当天他给邓拓打电话，要他正确对待，不要过于紧张，还让他“保重身体、注意健康”。刘仁也特地派人去看他、安慰他。

邓拓处在被批判、被挞伐的地位，经过几个月的激烈抗争，他当然是清楚的。但促使他走完最后的人生之路，主要并不仅是他被批判的处境，而应是有更深层次的思想内涵：其一，彭真的被批判，并打入彭、罗、陆、杨的反党集团之中，他从感情上无论如何接受不了。这不仅是因为彭真是他的领导和知己，彭真在关于《海瑞罢官》讨论中的一系列主张是以党、国家、民族利益为重的，都是正确的。彭真的被打倒，说明这场讨论的正确主张已被扼杀；其二，士可杀，不可辱，在邓拓思想中有相当地位。优秀传统文化铸成了他的刚正气节，使他接受不了康生、江青等这股恶势力，任意践踏党的正确路线和方针的行为。5月8日《解放军报》高炬的文章诬蔑邓拓是“三家村黑店的掌柜”，说他以《前线》、《北京日报》、《北京晚报》为阵地“猖狂地向党向社会主义进攻”。同一天《光明日报》何明的文章说邓拓是“反党反社会主义的所谓‘三家村’的一名村长”。随后，于5月8日、5月10日、5月14日、5月16日先后发表了姚文元、戚本禹等诬陷邓拓的批判文章，揭发邓拓是所谓“反党反社会主义头目”，并且无中生有，血口喷人地声称：“邓拓是什么人？现在已经查明，他是一个叛徒。”邓拓当然知道这种诬陷是欲把他置于死地，是为了达到某种政治目的才这样说的。邓拓当然也知道，姚文元、戚本禹等这股恶势力在当时是无法抗拒的。其三，上引“大事记”4月10日到15日条称：“彭真同志背着中央，把中央的《通知》(指五一六通知——引者)草稿交北京市委的同志传阅。”据《前线》编辑部的同志回忆，也说“五一六通知的草稿，在市委常委传阅过”。邓拓是否看过这个《通知》，现在不得而知，但既然在市委常委传阅过，邓拓就有可能知道《通知》的内容。特别是这个《通知》在16日通过之前毛主席加进去许多性质十分严重的内容，指明这次斗争“是一场你死我活的斗争”。《通知》并且点了彭真的名，“五一六通知”中央正式通过，这种压力，邓拓是很难承受得了的。

鉴于上述，邓拓在“五一六通知”通过后的第2天晚上或第3天凌晨，以死来作最后的抗争。之前，邓拓给“彭真、刘仁和市委同志们”写了一封长信，此时彭真早已被批判，并在5月16日这一天失去了自由。邓拓临死之前给彭真等人写信，表明了他对彭真和市委的信赖。同时申明自己绝不是“混进党内，伪装积极，骗取了党和人民的信任”的人。并坦然地相信那些构成他“反党反社会主义”罪名的杂文，到底是“什么性质”，“一定会搞清楚的”。信的最后他诚挚地写道：“我的这一颗心，永远是向着敬爱的党，向着敬爱的毛主席。”这不仅是表示他对革命事业的一种理想和信念。同时也如同彭真在1966年4月9~12日在中央书记处的会议上申明的：“我在过去、现在和将来都不会反对毛主席，也没有反对过毛主席。”这是彭真的本意，也是邓拓的本意。

原载《炎黄春秋》1998 年第 9 期

邓拓自杀的前前后后

——对邓拓夫人丁一岚的访谈

任　捷

虽然从没有见过丁一岚，可在电话里已经感受到她待人的谦和与友善。因为要采制一个关于文革后平反冤假错案的节目，我打电话找到了丁一岚，讲明自己的采访意图，她答应我去她家里采访，她非常详尽地告知我乘车和骑自行车的线路，并且提出了三个时间供我选择。我选择了 6 月 15 日，碰巧 1998 年 6 月 15 日是《人民日报》成立 50 周年。在这样一个日子，在挂着邓拓遗像的书房里，听着丁一岚追忆往事，我好像总是感觉到墙上相框里的逝者俯视我们的目光。

《人民日报》也没有忘记邓拓这位总编辑，特别敬献了一只花篮。

也许是这个日子，也许是这些鲜花，丁一岚时不时因为哭泣而不得不中断谈话，我不知道该如何劝慰这位历尽沧桑的老人。我想，她心中的创痛，是我无法劝慰的。我只能默默地递上餐巾纸，默默地聆听，默默地等待她的平静。

第二天一大早，丁一岚就传呼我，我急忙回电话。她很客气地向我抱歉，说她昨天情不自禁，在采访过程中，哭了许多次，增加了我做录音访谈的难度。她说，她是很坚强的，很少在记者面前流泪。她担心自己由于情绪激动说了过激的话，对党造成不好的影响，让我好好地把一下关。说完这些，她放心地挂断电话。我仔细地听了她的全部谈话录音，那些浸透着泪水的历史，一幕一幕在我眼前铺展开来。

“三家村”无非就是一个导火线

“文化大革命”这场历史浩劫最早的牺牲品就是写作《燕山夜话》和《三家村札记》的邓拓、吴晗、廖沫沙，他们所写的知识性强、文笔生动、针砭时弊的文章，被称做是向党和社会主义射出的“一支支毒箭”。抛出“三家村”，成为引发“文革”的导火索。丁一岚对三十多年前的往事记忆犹新：

从邓拓、吴晗、廖沫沙 3 个人的问题说起来，比“文化大革命”开始的时间要早一些，因为最初是有一个廖沫沙的《有鬼无害论》，那时还没有和“文化大革命”联系起来，然后，就是 1965 年开始的对吴晗《海瑞罢官》的批判。

当时，毛主席大讲海瑞，所以，有些领导人就示意吴晗写关于海瑞的剧本，吴晗接受了中央的要求写了《海瑞罢官》，但后来居然变成吴晗借此反党了，我们都觉得实在是有点冤屈吴晗。当时北京市委是想保护吴晗的，希望能把事情说清楚。所谓“文化大革命”，就是从文化这上面挖，那时候，邓拓、吴晗、廖沫沙他们 3 个人给北京市委的机关刊物《前线》写专栏，题目叫“三家村札记”，最后把邓拓的《燕山夜话》也连上一块批判，这 3 个人就这样被捆在一起，就成了“三家村反党集团”。

1966 年报上公开提出，没有人支持，他们 3 个人怎么敢于这样进行反党活动？他们背后还有人，得挖出来。大家也逐渐看清楚了，其实这“三家村”无非就是一个导火线，而真正它的目标是后面的北京市委，而北京市委后面又是彭真、少奇同志和周恩来总理，他们对于国家建设的意见是比较一致的，所以，批判“三家村”

的矛头是对着刘、周，就是从“三家村”这条线转过来的。我们总还以为批判一段时间就结束了，我记得杨述(“文革”前曾任中共北京市委宣传部部长，北京市高教党委书记，韦君宜的丈夫)同志去看邓拓，邓拓说，嗨，好好检讨吧，有一年也就过去了。杨述还说，哎呀，我怕一年还结束不了，恐怕得两年三年。所以大家总还想着这是一段时间的理论斗争、政治斗争，然后结束了嘛，也就完了，最后，根据过去的经验还有一个甄别平反，但是没有想到这场批判后来发展到那么残酷，简直不讲任何道理，并且还引起全国的混乱以及武斗。

直到1966年初，中央点名批评北京市委对“三家村反党集团”是假批判、真包庇，邓拓可能才真正明白他和他的两位朋友在这场党内政治斗争中扮演的角色。早在1956、1957年，毛泽东与刘少奇、周恩来在关于国家经济建设的诸多问题上有过严重分歧，邓拓也是在不知不觉中被扯进党内高层领导之间的斗争。丁一岚回忆——

毛主席为什么批邓拓

当时邓拓是《人民日报》的总编辑，少奇同志要求《人民日报》发表社论，既不要“左”倾盲动，也不要右倾保守。当然，按照少奇同志的意思，主要是以反左反冒进为主。这篇文章作为社论必须要经过总编辑发稿的，邓拓很明白，毛主席是不同意发表这样的文章的，所以夹在中间很为难。社论大样送到毛主席那里，毛主席批了一句：我不看了！这么重要的社论都是要经过毛主席批准才发表的，毛主席批了个我不看了，这意思也很明显，就是不同意社论的观点。因为以前发社论同意不同意，毛主席看完以后都会发表意见。但他这次说我不看了，也不是说我不看了，你们就去发，不是这个意思。

面对毛主席退回来的社论大样,邓拓陷入冥思苦想。

你说发了吧,毛主席不同意。不发吧,少奇同志和周总理那边又没法交代。邓拓本人也同意社论的观点。想来想去,最后还是决定发表这篇社论。可是,他毕竟还是书生气十足,原来社论是4号字,他改成了5号字,想着字小一点,这样可以避免特别醒目,引人注意,其实这无济于事。因为这件事,毛主席对邓拓很不满意,就批评他是:书生办报。“书生办报”是缘于这里。

说邓拓是“死人办报”是从反右开始的。毛主席要钓大鱼,让《人民日报》刊登一些批评我们党和国家的比较尖锐的文章,不加任何按语就登出来。邓拓认为党的机关报这样登不妥,影响也不好,就还是在这些文章上加上了按语登出来。这样做不符合毛主席的那个钓大鱼的思想了,把阴谋阳谋稍微暴露了一些,所以,毛主席又说邓拓是“死人办报”。有了毛主席的这两句话,邓拓就没法再在《人民日报》干下去了。邓拓跟毛主席的路线和做法都跟不上,他也理解不了,最后连总编辑也给撤了,邓拓本人也要求辞职。有了这些历史上的原因,等到最后“三家村”的问题拉出来的时候,邓拓也觉得在劫难逃了。

邓拓夫妇都凭良心讲过真话

邓拓带着毛主席的两句评语:“书生办报,死人办报”,离开了《人民日报》,回到北京市委。他终究还是一个文人,他离不开他所热爱的写作,他用杂文的形式,写一些对现实有针对性的文章,这些杂文很多是批评当时不实事求是的作风、缺乏民主的作风和官僚主义作风的。像《一个鸡蛋的家当》、《“推事”种种》等等都是借古喻今。这些文章在《北京晚报》周二、周五刊登,为他赢得了巨大的声誉,也招来了最后的杀身之祸。邓拓的这段沉浮,似乎并没有使他和丁一岚认识到政治斗争的残酷无情,否则,他就不会写出《废弃"庸人政治"》这样尖锐辛辣的文字。

当今天重读这些文字，我深深地钦敬邓拓的勇气和犀利。而丁一岚在 1959 年的遭遇，也可以使许多并不了解她的人，认识到她的刚直和执着。当人们把目光聚集到邓拓这个名字时，我觉得，我们是多么不应该忽视了丁一岚的存在。

1959 年庐山会议上，彭德怀写了万言书。庐山那边就传来指示，让北京的三大新闻单位(《人民日报》、新华社、中央人民广播电台)讨论时事问题，号召知无不言、言无不尽，提倡向党交心。我那时在中央台总编室，也思考社会上的一些问题和国家经济面临的困难。我想，人民公社是不是办早了？大炼钢铁是不是得不偿失？毛主席说过，我们的粮食多了怎么办？即使我们先进入共产主义，我们也不要宣布，我们还是推崇苏联老大哥，把他们摆在前头。这个提法对不对？毛主席常常说，小资产阶级容易头脑发热，把事情搞糟，毛主席自己是不是也有些头脑发热了？我把自己的想法如实在座谈会上谈出来，这些话太尖端了，在当时这么说话，实在是有点冒犯了。可是我想，经过 1957 年反右，许多党外人士都不说话了，我 16 岁就到了延安，也是老党员了，这个时候我们共产党员不挺身出来讲真话，好像从良心上也说不过去。我真觉得，党很想了解下面的意见和情况，我确实也是以向党交心这种心态来谈这些问题的。结果，我的发言被看做是向党进攻，说我是反党，在中央台食堂的饭厅里，贴满了对着我的大字报。这以后把我下放到"穷棒子"合作社劳动改造了一年多。

两年后，丁一岚才被调入当时的国际广播电台，重新成为革命队伍中的一员，这对于一个忠于党的革命战士来说是多么重要啊！但是，她没有想到，几年后，她将和邓拓一起，再次被贬斥出革命的阵营。

孩子的困惑,“大参考”被收走

批吴晗的时候,我们就考虑到要批邓拓了;他保吴晗也没保住。1965 年底、1966 年初,党内在北京范围内就批邓拓了,北京市委不能不批邓拓。因为已经在内部点了北京市委的名,说北京市委包庇反党集团。大家都是组织纪律性很强的嘛,北京市委能不执行党中央的意图吗?大概在批判邓拓以后不久,北京市的领导彭真、刘仁同志就受到批评。我们也已经知道,这一场批判真正的对象是谁了。

当时担任北京市委书记处书记的邓拓被停止了工作,他一直呆在家里期待着有一天能向党说清楚自己的创作思路、写作意图。虽然呆在家里,但他实际上已经没有了人身自由,家里的警卫员这时已经成了监督员了。曾经是温馨而热闹的家,变得静悄悄,父子相见,都默默无语。

我们家的孩子一直受党的教育,都非常热爱党,相信党。可报上说他们的爸爸是反党集团分子。在孩子们眼里这可是最坏的人,是最肮脏的。可他们又不愿意相信,一向那么温柔、那么爱他们的爸爸怎么会是反党分子?我又不能跟他们解释,说你们的爸爸是无辜的,我怕他们在外面这样说会惹出什么乱子。可你让我说,爸爸是反革命,我又于心不忍。每次孩子们走过爸爸的书房都踮着脚,轻轻地,轻轻地,怕碰见爸爸,不知说什么。邓拓一向非常爱孩子,他怕孩子们为难,也尽量避着孩子,装做没看见他们。只有我知道他心里有多难受,他多想像从前一样和孩子们说说话,聊聊天。

孩子们对父亲的怀疑,令邓拓心如刀割,但他理解孩子们对党对领袖的那份至高无上的忠诚。可是发生在 4 月的这件事,对于邓拓来说又是一次沉重的打击。丁一岚回忆说:

虽然邓拓没有工作，但新华社编的内部“大参考”还是按时送到我们家里，当时每个市领导都有一份。4月的一天，市委机关忽然来了几个人到我们家，没有跟邓拓做任何解释，就把我们家的“大参考”全部都收走了，还说以后不再送“大参考”给邓拓了。邓拓问为什么，他们说这是上级的指示，具体什么指示也没说。邓拓有点激动，希望今后还能看到“大参考”，来人也不理会他，拎着那些“大参考”就走。邓拓跟在他们身后还在说：能不能继续把“大参考”给我一份。那些人走了以后，邓拓一直坐在书房里，一句话也不说。

一本“大参考”，在许多人眼里它不过是党的高级干部的一种待遇，但处在全国上下批判“三家村反党集团”的声浪中，邓拓把这本“大参考”当成是一种象征，一种党仍然信任他、认可他的象征。他在极度的孤独和痛苦中抓住这根救命的稻草挣扎着、希冀着。现在这个象征不复存在，而它透示着某种更为严酷的信息。虽然邓拓没有向任何人吐露他此时的心迹，但我们可以想象，一直在家中等待转机的邓拓接受这个事实的痛苦与绝望。在承受了许多这样的打击之后，他正一步一步向绝望的深处走去，最后，他选择了死。

绝望的邓拓以死明志

从5月8日开始，北京各大报公开批判《三家村札记》、《燕山夜话》，深挖“三家村反党集团”幕后的人物，全国各地也在传唱一首童谣：“邓拓、吴晗、廖沫沙，一根藤上仨黑瓜”，可见这场批判的深入广泛。5月16日，戚本禹在《人民日报》发表文章说已经查明邓拓是叛徒，不管邓拓背后的支持者是谁，都要一挖到底。在党报上刊登这样一篇文章，对邓拓是致命的一击。邓拓觉得党彻底不信任他了，他只能以死来证明他的清白、他的忠诚。丁一岚理解邓拓最后的选择：

说邓拓是叛徒，邓拓不能忍受，因为《人民日报》是党报，党报这样宣布，邓拓说，是不是党对我做了什么结论了。其实后来在复查时才知道这是毫无根据的，可是那个时候他们是代表党啊。在那种情况下，压力大，因为处在了和党对立的这么一个位置上。你要让他跟敌人斗，跟国民党斗，跟日本帝国主义斗，他有百分之百的信心坚持斗争。邓拓 1930 年就参加共产党了，为党做过很多地下工作，还被捕过，在监狱里跟敌人进行过不屈不挠的斗争。抗战 8 年，解放战争 3 年，在敌后背着机器，坚持为党出报纸，敌人进行"梳篦式"扫荡，他都坚持出报。那时候经常好几天都吃不上一顿饭，多少枪林弹雨他都挺过来了，因为党相信他，边区政府支持他。可现在呢，党宣布他是一个叛徒。他对面是共产党，是他一向信仰和遵从的党组织。他还要面对那些并不了解真实情况的所谓的革命群众，他成了人民的敌人。这跟过去战争年代的斗争完全不一样，这个他不能忍受。我觉得，一个对党非常忠诚的人，绝对不能忍受。

1966 年 5 月 18 日，对丁一岚来说是一生中最黑暗的一天。

我们家是三间房，我和邓拓分开住，各住一间。第二天早上，我去他房间，发现他已经去世了，全身都凉了。那时候，他有很多病，身体很不好，经常写东西，手出汗很多，写东西他总用一块手绢擦汗。我拿到他这个手绢，那手绢都是湿的，他当时写遗书时，心里有多么难过，就这样走了。我当时也不敢失声痛哭，家里还住着警卫员呢。邓拓临死之前，放在桌上一个信封，里面装的好像是稿纸，上面写着让我立即给这个东西销毁。我看见这个信封，让我马上销毁，哎呀，那时候我都想不出该怎么办，又怕惊动了警卫员。那时，邓拓的姐姐在我们家里，所以，我就急急忙忙地给她叫起来。我说，现在有这么个东西，要马上销毁，然后，我们俩就嘁哩喀喳地连剪带撕地弄碎，扔到厕所，还有澡盆里，拿水冲掉了。当时不敢烧哇,怕出火光,怕有味,可我就没看看销毁的是什么,是稿纸,那么一叠,字都朝里,我都来不及看了,我就想着,在警卫员醒来之前,我得处理完。所以,我后来一直不知道销毁了什么东西,我想来想去,我帮他销毁的这个东西可能是他遗书的底稿。你说我怎么就那么马虎,没有看一眼就销毁了呢?我一直为这件事责备自己。

这是多么凄怆、令人心碎的场面。一边是没有亲人守候的邓拓的遗体,一边是妻子和姐姐为销毁他的遗物而心惊胆战地忙碌。丁一岚在朋友和同事的眼中一直是非常坚强的,她的确非常坚强,因为她必须坚强。

孩子很久不知道邓拓自杀。每年5月18日,丁一岚都给邓拓写一封信

在通知北京市委来人之前,丁一岚有时间可以端详一下自己风雨同舟30年的丈夫。

我总觉得他生命中最后的一段日子,生活得太苦了。一个人怎么能够忍受全国几亿人的谩骂,到最后被组织上宣布是叛徒,我觉得没法活下去。所以,我也有这个想法,真是活着不如死了好。看见他那么平静地躺在那里,我跟他说:"你走吧!安安静静地走吧,你什么声音也听不见了,这是最好的解脱。"

这是怎样的一种生离死别呵!

北京市委已经调整了班子,由新市委代替原来的老市委领导工作,他们决定不许把邓拓去世的消息公开出去,凡是在场的人都要绝对保守秘密。邓拓死的时候,家里的孩子都不在家,连我的孩子也不让知道。第二天,他们又来我家抄东西,很客气,说按党的规定,邓拓的书信、照片、作品都拿走,邓拓的秘书和他们那儿秘书处的都来了,邓拓给我有一封遗书,是很小的一张纸,就说对不起

我，他这样做也可以让我和孩子解脱了，免得我们再因为他受到什么痛苦。使我感到最难受的是，邓拓给北京市委写了一封遗书，写完了搁在枕头下面了，翻了一阵才翻出来，他们当时就拿走了，也没给我看。

邓拓去了，虽然对他和“三家村”的批判并没有停止，而且愈演愈烈，但他却以自己的方式结束了所有强加在他身上的诬蔑和屈辱。他并不知道，吴晗在“文革”中被毒打致死、廖沫沙长期被监禁。

邓拓的死，并不如他所期望的那样使亲人们得到解脱，痛苦依然绞着丁一岚的心。

在“文化大革命”10 年，我真觉得难熬得很，比抗战 8 年还难熬。我在我们机关里，有 5 年时间没有一个人跟我说话，绝对的孤独，绝对的寂寞。我是绝对忠实于党的决定的，所以，很长时间我没跟我的孩子说，爸爸已经死了。我对孩子绝对保密，这样的处境对我来说非常困难。孩子也不问，他们也很怕爸爸在家，怕见到爸爸。一直到两年以后，外边已经传开了，说邓拓已经死了，孩子们才回来问我，因为我一直跟他们说爸爸住院了，他们也不希望爸爸回来，怕红卫兵来家里闹，孩子们的精神负担很沉重。结果外面已经传说爸爸死了，那时候，咱们的报纸习惯说，谁谁谁带着花岗岩的脑袋见上帝了，花岗岩脑袋就是顽固不化，那就是说这个人死了。孩子们从外面听说了，回来问我，我还是先请示了北京市委，我能不能跟我的孩子说邓拓已经死了，我这个人对党是绝对忠诚、非常正统的一个人。经过请示，我才敢跟孩子们说，爸爸已经死了。孩子们都非常爱党，相信党，党的报纸说爸爸是叛徒，他们再也不愿意理爸爸了。可后来，他们被人家骂成是狗崽子，他们亲身遭遇了许多的不公正，有些事情他们慢慢就清楚了。我生怕孩子们因为爸爸的死对党不满，对群众不满，再说出什么不满的话来，最后也被逮捕或怎么样，我要极力保护这些孩子。我教育他们要爱党爱群众，他们跟我说，我们爱党，但党不爱我们。这是事实，他们下乡插队多年，想去工厂、上大学都不批准，就是因为他爸爸的问题，所以，孩子们说这样的话，我总是很痛心。

最让丁一岚痛心的是，邓拓的骨灰不知道存放在哪里才最安全，放在家里肯定不行，红卫兵随时都可能来抄家批斗。最后，她和邓拓的哥哥商量，把邓拓的骨灰放在哥哥家里。邓拓的哥哥当时在中科院，邓拓的父母的骨灰一直存放在他哥哥家中，他们将二老的骨灰合在一个坛子里，空出来一个藏着邓拓的骨灰。从表面看，两个坛子安放的还是邓拓父母的骨灰，经过这样一番伪装之后，邓拓的骨灰才得以平安地躲过"文革"这场浩劫。若是邓拓父母在天有灵，得知他们死后仍能保护爱子遗骨逃过劫难，不知二老感到的是悲恸还是欣慰。

每年5月18日，丁一岚只能一个人默默地祭奠邓拓，她总是给邓拓写一封信，告诉他这一年里她和孩子们的情况，就像邓拓活着时，他们夫妻谈着的那些家常话。她也向他倾诉自己的孤独和困惑。写这信时，她仿佛感到自己不再那么孤立无助了。然后，她划着一根火柴，把信点燃。每一年，她都按时给邓拓寄出这样一封信，她就是用这样一种方式和丈夫交流着情感，联系着两个世界。

有关平反的一些事儿

每一个从"文革"走过来的中国人，都不会忘记1976年那个金秋10月，祸国殃民的"四人帮"终于沦为人民的"阶下囚"。可是历经10年磨难、满目疮痍的中国仍然背负着数不清的冤假错案，从国家主席到开国元勋，从各部委、省委，到基层干部群众，受害面之广前所未有，"叛徒、特务、走资派、反革命"这类莫须有的罪名，依然像紧箍咒一样束缚着成千上万的人们。从1978年陆续展开的平反冤假错案工作，给丁一岚带来了新的希望，她希望邓拓的问题能够尽快得以复查。

那时我也不敢提这个问题，我得摸清楚情况才敢提。我遇到一个从前认识的同志，他说，《人民日报》的领导很关心邓拓的问题，你写个材料吧，我们那里有一个内部刊物送中央的，回头给你写的材料印在上面，这样，政治局的一些同志都可以看到。我后来就写了这个材料，登在那个内参上，中央就批示让组织部的专案复查小组复查，这才开始复查邓拓的问题。1979 年初复查时，“文革”时的专案组影响还很大，他们分析问题受“两个凡是”的影响很大，很多问题都是从这个角度提出来的。一个一个问题查，我就跟他们辩论。邓拓有一枚图章，上面刻着“书生习气不可无”。这句话，“文革”时就批判过，说邓拓是抗拒毛主席的批评。毛主席说他是“书生办报”，他有抵触情绪，就刻了这个图章。复查的时候，那些人还追问我，这个图章是什么时候刻的，是在毛主席批评他之前、还是之后刻的，就连这样的问题都还在抠唆。哎呀，争来争去，算是给邓拓平反了。给了一个结论，很简单的几行字，写邓拓、吴晗、廖沫沙 3 个人都不是反党，所有被株连的人都撤销对他们的处分，写的就这么简单。

拿到这张只有几行字的平反结论，丁一岚提出了一个要求，希望能看一看邓拓 13 年前写下的遗书。时隔 13 年，丁一岚才看到邓拓的那封长达 6000 字的遗书。在档案室里，面对着那些熟悉的苍劲有力的字迹，积郁 13 年的泪水，奔涌而出。

最后，他们同意我到资料室去看邓拓档案里的遗书，隔 13 年，我才看到遗书，这时，我真是忍不住了，在档案室里大哭了一场。邓拓的遗书写得非常动人，是写给北京市委的，整个叙述他的写作目的和他被捕的经过。他说，我的写作问题，完全是我个人负责，跟北京市委没有任何关系，因为我的稿子市委并没有审查。后来为了邓拓的追悼会怎么开，也争论了很长时间。甚至追悼会的悼词他们也没有让我先看，可能怕我有意见吧。后来北京市委有一个同志跟邓拓很好，他给我看了悼词，结果他们限定这个追悼会不能超过600人，还是要处级以上干部。很多人都对这个限定有意见，我也有意见。我说，当时跟邓拓他们一起搞《三家村札记》的编辑，哪有处级干部，这些编辑后来都受株连了，受到很大的打击，现在连追悼会都不让他们参加，这对这些同志是不公正的。我自己在电台打印了一个讣告，印了100份，寄给我们的一些朋友。开追悼会那天，很多人都去了，有1300多人，人太多了，八宝山的纪念堂里根本站不下，大部分人都站在外面。幸好把邓拓的遗像做了两个，一个摆在会场里，一个摆在外面。我想，那些站在外面的同志，那么多年没见过邓拓，看一下遗像也好呀！

丁一岚的反思

我们今天重述这些饱含血泪的往事，并不仅仅只是把它作为一段黑暗历史的见证，而更多的是为了我们能从昨天的历史中捕捉到一些真谛，使我们能够在现在和将来不会再重复昨天的黑暗。丁一岚的话是非常耐人寻味的：

我觉得“文革”从整个人类来说也是一大悲剧，为什么会产生这样一场运动？这个问题得从两方面看，一方面是毛主席在全国全党的威望非常高，到后来呢，几乎变成了神。的确，像我这样年岁的人，对毛主席非常有感情，到了解放初期，逐渐地由一种高度信仰发展成盲目尊崇他，以至于到最后是迷信他。另一方面，毛主席他自己随着威望非常高，逐渐就感觉到自己是至高无上的了，他心里将阶级斗争扩大化，就开展“文化大革命”。本来这么大个国家，这么大个党，有一些矛盾，有一些理论上的争论，这都是很自然的，可以逐步解决。我怎么也想不到，毛主席最后采用自上而下地、发动全国人民搞这场斗争，这个是我根本没有想到的。我觉得，我们党要很好地总结这个历史教训，绝对不能让它再发生了，国家和人民遭受了多么严重的打击呀。“文革”中死了多少人呀，他们当中许多人都是战争年代出生入死为党的事业战斗，那真是全力以赴呀，即使牺牲自己都无怨无悔，过去战争年代，敌人要想抓，要想杀都弄不到，结果我们自己，还有“四人帮”能把这些同志毁了。

我认为这次“文化大革命”造成的损失，它的破坏力，远超出对一个家庭或者几个家庭、或者是对一部分人的伤害。我们党和全国人民受到的伤害真是难以估计。我觉得一定要很好地总结这个经验教训，我们倒不是说，一定是谁负责怎么怎么样，而是这个事件发生，我觉得这里头有很深刻的教训，怎么样建立起我们党内的、国家的民主集中制，怎么样能够听取更多方面的意见来解决任何一个比较大的关系到全国的问题，像“文化大革命”这样的悲剧绝对不能再重演了！我希望，特别是党的领导同志要很好地总结这个历史教训，反思一下为什么会发生这样的民族悲剧。我想只有我们党从中吸取了教训，那些在“文革”中死了的人才没有白白地死，也还算有价值，为我们的国家为我们的党贡献了生命。

采访丁一岚的那个下午，隔壁邻居家的孩子一直在弹一首莫扎特的小夜曲。在丁一岚家种满花草的阳台，有几只小鸟在夏日的阳光里蹦跳鸣叫。在鸟语花香的旁边，在明快优美的钢琴声中，听着一位老人讲述着一个人、一个家庭、一个民族的悲剧，我很难表述我内心的那份复杂的感触。在这快乐与悲哀的交织中，我总是想到邓拓去世时手里攥着的那块湿漉漉的手绢，我想，那上面不知浸着多少男儿泪。

这次访谈的 3 个月后，丁一岚病逝。

原载 1999 年 6 月 25 日《南方周末》

“三家村”与北京出版社

周应鹏

看了题目，年轻人也许会问，“三家村”是怎么回事，北京出版社和“三家村”又有什么“牵连”？我作为当年和“三家村”的三家都有一些联系的编辑人员，在这里作一点历史的回顾。

一

“三家村”是“文化大革命”中的一大历史冤案，曾经轰动海内外。早在“文化大革命”的序幕阶段，林彪、江青反革命集团就发动了对“三家村”的大批判，并把“三家村”定为“三家村反党集团”。他们以此为突破口，进而整垮北京市委，又进而搞乱全国，以便乱中夺权。

所谓“三家村”，是指邓拓、吴晗、廖沫沙三人在《前线》杂志上开的一个杂文专栏，取名《三家村札记》。《前线》是中共北京市委办的理论性刊物，邓拓兼任主编。《三家村札记》专栏是从 1961 年 10 月开始的。邓拓当时是中共北京市委书记处书记，主管文教工作；吴晗是北京市副市长，也主管文教工作；廖沫沙从 1949 年到 1966 年一直在北京市委工作，是市委委员，先后担任过宣传部副部长、教育部长、统战部长。他们三个人还有一个共同点，都是专家、学者，又都能写一手好文章。发表在《三家村札记》上的文章，署名“吴南星”，这是他们三个人共用的笔名。“吴”即吴晗，“南”即马南邨（邓拓的笔名），“星”即繁星（廖沫沙的笔名）。《三家村札记》这个栏目名是邓拓提议的，邓拓说：“听说‘马铁丁’他们是三个人合用的笔名，我们也照样是三个人取个共同的笔名；既是三个人,就干脆叫《三家村札记》行不行?”

三个人共用笔名是当时的习惯。例如写思想评论的“马铁丁”,写国际评论的“于兆力”,写北京掌故的“年洛敢”等,都是三个人共用的笔名。“吴南星”的“三家村”也没有什么特殊的地方,更不要说什么“反党集团”了。粉碎“四人帮”以后,幸存的廖沫沙在几篇文章中都对此做了说明。他在一篇文章中说:“邓拓同志和吴晗同志都是杂文大师……我也爱写杂文……我们三个人一同走进了‘三家村’,可说是不期而遇,殊途同归。尽管‘三家村’是一个无计划、无组织的三个人,但当时我们都有一个共同的愿望,即歌颂党和社会主义的伟大事业,同时也批评旧社会遗留下来的一些残痕、污迹。”在另一篇文章中说:“总而言之,我可以在这里指天誓日地宣告,《三家村札记》实在是一个无组织、无计划、也无领导和指挥的三个光人、三支秃笔杆自由而偶然地凑合起来的一个杂文专栏,如此而已。”可是江青、康生一伙为了达到他们篡党夺权的目的,以“三家村”为突破口,把它打成“反党集团”。

二

北京出版社和邓拓、吴晗、廖沫沙三位的关系的确是非常密切的,这里不但有上级和下级的关系,更有作者和出版社的关系,甚至有热心祖国文化发展的学者和从事具体出版业务的出版工作者的关系。

吴晗从解放初期直到“文化大革命”,连任北京市副市长,主管文教工作;廖沫沙在20世纪50年代曾担任中共北京市委宣传部副部长,又兼任过北京市文委副主任(吴晗兼主任),所以北京市的出版工作,一些重要的出版活动,都是在他们的过问下进行的。北京出版社的前身公私合营北京大众出版社的建立,以及两年后改为地方国营北京出版社,都是由他们参与拍板敲定的。邓拓刚进城的时候，曾在北京市委任研究室主任、宣传部长，但时间很短。他重新到北京市工作比较晚，那是1958年他离开人民日报社以后，但是由于他主管文教工作，由于他的学者气质，和北京出版社的关系自然很快就密切了。

邓拓刚到北京市委工作，适逢国庆10周年，为了庆祝这个伟大节日，宣传北京市的十年成就，他要北京出版社编辑出版大型《北京》画册。他不但做了原则指示，而且具体审阅编辑提纲，直到审阅每一幅图片和说明文字，可以说他就是《北京》画册的总编辑。邓拓多才多艺，对绘画有很高的鉴赏水平，所以他的审阅意见不但是政治方面的，也是艺术方面的。这一点，作为他的主要编辑助手周毅（时任北京出版社美术组组长）深有体会。画册出版以后，无论从内容到装帧都达到了当时的最高水平。与此同时，他要我们编选重印北京古籍，他不但为我们审阅和批复编印计划，还向我们推荐书稿，例如孙殿起的《琉璃厂小志》就是他推荐和认可的。1961年初，他应北京晚报社之约，以提倡刻苦读书、丰富知识、开阔眼界、振奋精神为宗旨，开设了《燕山夜话》专栏，每周发两篇，“风雨无阻”。他作为全国人大代表在外地视察期间，也按时把文稿寄回北京，从不误期。当《燕山夜话》刊登到30篇的时候，应读者要求，也在我们的倡议下，结集出版。当年7月，就出了第1集。以后每30篇出一集，到第二年（1962年）10月已出到第5集。在第5集出版的时候，作者写了一篇“奉告读者”，作为本集的前言，也是向读者报告，《燕山夜话》的写作就要告一段落了。他说：“由于近来把业余活动的注意力转到其他方面，我已经不写《燕山夜话》了。”由于作者的写作已告一段落，加以广大读者的热切要求，我们在1963年上半年出版了《燕山夜话》的合集。邓拓为合集写了“自序”。邓拓还是一位优秀的书法家，我们对他的“自序”没有按惯例用铅字来排，而是把他的漂亮的手迹，原封不动地制版印了出来。“自序”很短，只有一面，他在最后一段说：“我们生在这样伟大的时代,活动在祖先血汗洒遍的燕山地区,我们一时一刻也不应该放松努力,要学得更好,做得更好,以期无愧于古人,亦无愧于后人!”这是一位热爱我们的伟大时代、热爱我们的伟大祖国、热爱我们的伟大首都(燕山地区)的学者的心声。我们也曾考虑出版邓拓和吴、廖二位合写的《三家村札记》,因当时数量不多,准备过一段时间再结集,后来情况变化,不久“文化大革命”就爆发了。

吴晗一直关心北京出版社的工作,但更多的直接来往是在50年代末、60年代初,即市领导要求北京出版社更系统出书以后。从50年代末直到“文化大革命”,北京出版社有几套丛书同时在吴晗主持下进行。《语文小丛书》是市委第二书记刘仁倡议由吴晗主持编的。《中国历代史话》也是在吴晗的组织下,邀请当时的史学专家共议编写计划,准备分头编写的。《历史故事》是普及历史知识的小册子,先在中央人民广播电台广播,开篇就是吴晗执笔的介绍隋末农民起义领袖窦建德。吴晗这样著名的史学专家来写通俗历史小故事,足见他对普及历史知识的重视。这些《历史故事》也交我社出版,到“文革”前已出到第6集。吴晗自己的作品,在我社出版的还有新编现代京剧《海瑞罢官》和杂文集《学习集》。

廖沫沙既是市委的部门领导,又是新闻界的老前辈。我们早就知道他笔锋犀利,下笔迅捷,也读过他早年在香港等地用“怀湘”笔名写的文章。但他行政工作繁忙,我们未便去组稿打扰。不过在他担任市委教育部长期间,我们出版教育方面的书籍,曾多次请他出面帮助。后来我们请他把近年写的杂文编成一集出版,这就是后来的《分阴集》。“文革”后我们还出版了一本《北京史》,受到好评。这部稿子“文革”前由市委领导倡议,在廖沫沙指导下编写,可惜来不及完稿。“文革”后赵洛曾陪同本稿主要编写者北京大学陈庆华教授,又一次拜访廖沫沙,在他的热心指导和积极支持下,得以完稿。

三

下面回忆我和邓拓、吴晗、廖沫沙三位的交往。

我和他们三位的接触,不是个人朋友之间的接触,而是奉了出版社领导之命,去向他们请求指导和组织书稿的。无论从职位、资历、学问来说,我一个青年编辑,对他们这些大家,都不能望其项背。他们接待我,也是把我看成出版社派来的人员,所以我和他们的交往,也是出版社和他们的联系。当然,当时和"三家村"的三家、两家或一家有过联系的还有周游、王宪铨、李景慈、周毅、赵洛等许多同志,我只能写出我所经历的一鳞半爪。

当时王宪铨是编辑部主任,由于周游是兼职,王宪铨实际上主持了全社的许多工作。我感觉到,王宪铨因为事情多,对和邓、吴、廖的联系,不可能都亲自出马,他掌握了一个"不成文的原则":对邓拓同志,一般都是他亲自出马,如《燕山夜话》的稿子,是他联系好了,指定我当责任编辑的,并嘱咐我绝对不能出错。在那几年,我记得我只去过邓拓家里两次,还是同王宪铨、刘孟洪(《北京晚报》编辑)一道去的。邓拓住在东城区遂安伯胡同一所院落里,那是平房,但很大,藏书甚多。邓拓为人随和,有学者风度。我当《燕山夜话》的责任编辑,对稿件中的个别问题或词句,不随便乱动,而是提出意见,请作者考虑。邓拓大都从善如流,有的做些解释。我不但是《燕山夜话》的责任编辑,也是《燕山夜话》的读者,认为这些文章知识面广,旁征博引,议论横生,写得引人入胜,发人深思,真个熔知识性和思想性于一炉。这个看法,很多读者来信也是这样赞誉的。我们接触到知识界的许多作者,都有一致的看法。例如,有一次我和赵洛去拜访北大侯仁之教授,谈话间他提到《北京晚报》最近连载的《燕山夜话》不错,既有思想性,又有知识性,而且文笔简练,不知马南邨是什么人?我们说就是市委书记邓拓同志。侯教授说："怪不得，一般人写不出。"我们说，我社很快就要出书了。就连后来以种种卑劣手法批判《燕山夜话》的文痞姚文元，当时也慕《燕山夜话》之名，从上海给我社来信，说什么他很钦佩《燕山夜话》，也写了一点，要求在我社结集出版。我们婉言谢绝了。倒不是我们早已看出这个文痞的"庐山真面目"，而是当时中央对地方出版社的出书范围有限制，我们一般不出外地作者的书稿。到"文革"骤起，我们的"罪名"就是："专出资产阶级右派的书，而把无产阶级左派的书拒之门外。"《燕山夜话》第 1 集出版后，我写了一篇介绍文章，主动投到《人民日报》，于 1961 年 9 月 14 日刊登了。在出版第 3 集的时候，我应《大公报》之约，又写了一篇"读后感"，抓住《燕山夜话》提倡读书，要求人们知识广博这一主题，把题目定为《争分夺秒做学问》，刊登在 1962 年 5 月 17 日的《大公报》上。这些在"文革"期间都成了我充当"三家村马前卒"的罪证。

对吴晗和廖沫沙，王宪铨则要我去联系，拿回来的稿子，有些交给文史组其他编辑处理。所以我和吴晗、廖沫沙二位接触较多，可以登堂入室，也可以聊一些其他问题。

吴晗住在北长街路东一所单独的四合院里，门口设有传达人员，进去要先通报。吴晗的书房是西房，房子不大，一张大的办公桌，一套大沙发，后面立着一长排书柜，据说是他自己设计定做的。有时能碰到其他客人，我认识的有张习孔（北京市教师进修学院教师、吴晗主编《中国历史小丛书》的助手）、苏双碧（北大毕业生，北京市历史学会秘书，吴晗是历史学会会长）等人。我去找吴晗主要是两个任务，一是请他出面组织编辑《中国历代史话》丛书，一是商谈编辑他的杂文集《学习集》。吴晗作风平易，谈吐明快。那时在我的眼里，他就是一个为人和气的胖老头。他和我多次谈到要把历史知识普及到广大群众中去，进行爱国主义教育。因此他对我们出版《中国历代史话》、《历史故事》等十分赞成，说"你们做的是功德无量的事”。他对我们提出的要求,做到了有求必应。例如在四川饭店开《中国历代史话》座谈会,他就同意以他的名义去联系,四川饭店特别提供了后院的一个宽敞大厅。吴晗还亲自点了一个菜,大概叫“豆渣鸭块”,他说“我就喜欢吃这个菜”,又风趣地说:“我只喜欢吃豆渣,你们诸位吃鸭块,你们取其精华,我食其糟粕。”吴晗吸烟有个习惯,不是一口一口地吸,而是接二连三地、快速地吸许多口,再慢慢吐出来。因为与众不同,我至今印象很深。一次我去找他,他正在看中央文件,桌上也摊了好几份中央文件,当时我不知道他已经入了党,回来问过王宪铨,是否民主党派的领导也可以看党中央的文件。有时去找他,他的女儿(当时大概有六七岁)也在他的书房里,我们边谈话,他的女儿还坐在他身上和他打闹,可见吴晗作为父亲也是很随和的。

廖沫沙住在东交民巷路北的市委宿舍里,那是一个多进的大院落。为编辑他的《分阴集》,我和他商谈过多次。开始他不同意,经过多次动员,才勉强同意了。廖沫沙为人比较严肃,处理稿件非常认真,可以说一丝不苟。《分阴集》并不厚,他反复和我商量,逐篇斟酌。这点我很理解,他也是当编辑出身嘛。有时他邀我一块看电视。当时他家有一台黑白电视机,这在60年代初期,就是稀罕的东西了。有时他又和我聊起办报、办出版社,谈到编辑、记者的职责。有一次他说现在办报人员太多,“我过去一个人就编两个版”。我只好说:“你们编报水平高,能者多劳;再一个是,现在情况比那时复杂,机构部门也比那时多。”他还谈到编辑、记者要有活动能力,说《人民日报》文艺部的姜德明就很能活动,“他经常来找我,我本来不想写《长短录》,经他一再敦促,也只好写了”。我说:“我知道姜德明,他是我们北京新闻学校第二期的同学。”他还说:“要做好编辑、记者,离不开刻苦学习,你看我的文化程度和学历并不高,但我什么都想涉猎,除了自然科学,什么文体我都尝试过。别看写社论和时事评论都是头天晚上一挥而就,那也是平日留意时事、积累资料的结果。”和廖沫沙交谈，虽然他有点长者口吻，但我感到个人受益不小，不只是为出版社拿来了他的书稿。

四

“文化大革命”爆发，北京出版社首当其冲，被诬蔑为“三家村黑帮的批发部”，我们这些与“三家村”有过交往又在出版社担负了一定领导工作的人，自然逃脱不了被打成“黑帮分子”而被批斗的命运。在“三家村”的作品中，《燕山夜话》又首当其冲，我是《燕山夜话》的责任编辑，又奉命和当时的社长安捷一道代表北京出版社参加了“批判《燕山夜话》的会”，并与北京日报社方亭、牛昆如合编了两个整版的“批判材料”，在 1966 年 4 月 16 日的《北京日报》上发表（后来这些都被说成是“丢车保帅”，即丢“三家村”保“旧市委”的假批判），当然罪上加罪。

早在 1966 年 5 月份，我就被勒令交出有关“三家村”的材料。交出什么，事隔二十多年，当然记不太清楚。幸好我最近翻出了一份当年交出材料的收据，那是 1966 年 5 月 21 日由顾平旦签收的。计有：

1. 邓拓给王宪铨便条三张（关于编《燕山夜话》四、五集的）
2. 邓拓给李续纲、王宪铨介绍张次溪的信一件
3. 邓拓要出版社代付买画款给王宪铨的信一件（本文作者现在注：系用《燕山夜话》稿费）
4. 邓拓批示出版古书计划材料一件
5. 邓拓批给王宪铨可以出版《琉璃厂小志》材料一件
6. 吴晗给王宪铨便函一件
7. 吴晗给周应鹏便函三件
8. 邓拓《燕山夜话》（合集）、“自序”手迹原稿一件
9. 廖沫沙“分阴集·后记”原稿一件

10. 读者来信 78 封和这些来信的综合材料一份(本文作者现在注:1966 年 4 月份《北京日报》已开始批判《燕山夜话》,即后来说成的“假批判”。这 78 封是读者的批判信。)

一次,顾平旦(他原是北京出版社文史组编辑,“文革”后在“红楼梦研究所”任副研究员)到我这里来,我顺便提起此事。他说:“你交的这些材料当时都锁在我的办公桌柜子里,还有你写的许多文章的剪报。后来我也被揪出来了,我的家被抄,办公桌被封,这些材料和剪报我就不知去向了。”

顾平旦所说的我的文章剪报,也是当时被勒令交出的。我从十几岁起陆续为报刊,后来又为电台写过一些文章,共有二百多篇,大多留有剪报,还有几本小册子,都已下落不明。所幸的是,“文革”中期,下放前夕,那时我已得到“解放”,并恢复了组织生活,封世辉(北京出版社文艺组青年编辑,现在北京大学工作)交给我一本材料,说是“留个纪念”。我打开一看,原来是当时造反派组织把我的一部分文章油印出来,供批判用。例如,在我介绍《燕山夜话》的文章旁边,他们用钢笔批注了“抵制毛泽东思想领导”的字样。又如,我于 1961 年 6 月 15 日在《北京日报》上发表了“说勤”一文,有这样一段话:“但在同样的时间内,为什么有人能争分夺秒,有人却得过且过?晋代陶侃说:‘大禹圣者,乃惜寸阴;至于众人,当惜分阴。’这对我们仍有参考价值。”这段话旁边用钢笔批注:“与廖沫沙的《分阴集·后记》观点相同。”的确,廖沫沙在“后记”里是这么说的,所以他把自己的杂文集取名《分阴集》。总之,造反派是要把我的文章都和“三家村”挂起钩来,以加强批判的火力。

不过,我还算是“幸运的”。“文革”前,有一次我和吴晗在南河沿“欧美同学会”开会,我和吴晗边说话边走了出来,正好碰上我的一位亲戚,当时他是北京矿业学院的讲师,也在“欧美同学会”别的房间开会。他问我:和你说话的那个老头是谁?我说他就是吴副市长。“文革”以后,我这位亲戚对我说:你们单位的造反派对你还算客气,要在我们学校,你和吴晗这样的关系,还不打个半死。

五

“文革”结束,雨过天晴。当阳光重新普照大地的时候,“三家村”中的两家已经看不到这阳光了。

邓拓、吴晗二位已在运动中先后被迫害致死。邓拓是林彪、江青一伙 1966 年大兴文字狱的第一个牺牲者。他铮铮铁骨,宁折不弯,以死抗争。他在批驳了强加在他身上的一切莫须有的罪名之后,用他最后一息高呼:“社会主义和共产主义的伟大事业在全世界的胜利万岁!”吴晗牺牲晚一些,他和廖沫沙多次同台挨斗,还相互用陶渊明“不为五斗米折腰”的故事来打趣鼓励。廖沫沙在“嘲吴晗并自嘲”一诗中写道:“书生自喜投文网,高士于今爱折腰;扭臂栽头喷气舞,满场争看斗风骚。”但是吴晗最后还是被投入牢狱,遭非刑毒打,吐血而死。

廖沫沙是“三家村”惟一的幸存者。在运动前期他也遭到江青、康生一伙惨无人道的折磨,满口牙齿都被打得脱落了,后被囚禁八年,放出来后又被流放到江西分宜林场劳动,只是凭着他丰富的人生阅历和革命斗争经验,大难未死,终于度过了黑暗的岁月,看到了大地春回。他作为“三家村”的幸存者,也作为证人,参加了 1981 年 1 月对“四人帮”的审判,与江青进行了面对面的斗争,使江青气急败坏,这是我们在电视实况转播时看到的。

北京出版社于 1978 年恢复成立,出版社不忘故旧,也适应读者的需求,很快就组织重印了“三家村”的书籍。在再版《燕山夜话》的时候,前面加了邓拓的大幅半身照片以及邓拓夫人丁一岚的文章“不单是为了纪念——写在《燕山夜话》再版的时候”,文章对邓拓的生平以及“文革”中的处境和抗争作了扼要的满怀悲愤的介绍。不久北京出版社又新出版了苏双碧、王宏志合写的《吴晗传》以及另一本纪念吴晗的专集。后来,北京出版社下定决心,投入大量资金,编辑出版了4大本《邓拓文集》、4大本《吴晗文集》、4大本《廖沫沙文集》,都有平装和精装两个版本,每个人的文集总字数都在150万字上下。《邓拓文集》由邓拓夫人丁一岚编辑,周扬写了“序言”;《吴晗文集》由李华等几位学者以及做过吴晗助手的张习孔、苏双碧编辑,而以戴逸教授纪念吴晗的专文“从爱国的民主主义者转变为共产主义者的光明大道”作为“代序言”(吴晗夫人、老共产党员袁震已在“文革”中被迫害致死);《廖沫沙文集》由廖沫沙本人编辑,他还新写了“小传”和“自序”。

12大本文集,近500万字,既可以告慰于“三家村”的逝者在天之灵,也可以告慰于“三家村”的生者。廖沫沙对此是很高兴的。对于受过“三家村”牵连的北京出版社及其工作人员也是一个心灵上的安慰。“三家村”各家的亲朋故旧以及各界人士也认为北京出版社做了一件对得起老作者、又为祖国积累了文化的好事。

1990年岁尾,廖沫沙以84岁的高龄作古了,“三家村”硕果仅存的一家也凋谢了。他未及看到我社出版的《廖沫沙的风雨岁月》。

斯人已逝,但北京出版社为他们三家出版的12大本文集将长留天地间。

原载《出版史料》2002年第2辑

邓拓对宣传毛泽东思想的贡献

金 钊

邓拓是杰出的无产阶级新闻宣传家。他一生始终是马列主义、毛泽东思想的忠实传播者。在中国政治思想史上邓拓最早提出、肯定“毛泽东思想”,并在1944年5月主持编印了我国第一部《毛泽东选集》,为传播毛泽东思想立下了开创性业绩。正如胡耀邦在邓拓的追悼大会上明确指出的:“他从事党的宣传工作近三十年之久,终生紧握战斗的笔,积极热情地宣传毛泽东思想……作出了重大的贡献。”①P2这是按照历史本来的面目,正确地肯定了邓拓在毛泽东思想史上的伟大功绩。然而,邓拓的这一贡献长期被忽略和埋没,本文拟对此做初步的探讨。

一 对毛泽东的历史地位和毛泽东思想的认识

邓拓在1942年7月1日为纪念党成立21周年所撰写的《纪念“七一”,全党学习和掌握毛泽东主义》的社论和在1944年5月为晋察冀日报社编印的《毛泽东选集》所作的《编者的话》的前言中,对毛泽东的历史地位及毛泽东思想的提法、定义、内容等做了全面而深刻的阐述,这是中国革命史上热情宣传毛泽东思想的较早声音,显示了作者敏锐的政治眼光。

(一)毛泽东的地位和作用

毛泽东本人对毛泽东思想的产生起了巨大的作用。邓拓认为:“中国共产党与中国工人阶级,中国革命的人民,在长期曲折复杂的斗争中,终于找到了天才的领袖毛泽东同志。我们的毛泽东同志,是近三十年在各种艰苦复杂的革命斗争中久经考验的、完全精通马列主义战略战术的、对于中国工人阶级与中国人民解放事业抱无限忠心的、坚强伟大的革命家;他真正掌握了科学的马列主义的原理原则,使之与中国革命实践密切结合,使马列主义中国化。”②(P48)他还进一步指出:“成为中国革命和东方被压迫民族解放斗争的杰出的伟大政治家和战略家,伟大理论家的毛泽东同志,在其理论和实践中,有着许多新的创造,给了马克思、列宁、斯大林的革命理论以更进一步的具体化与充实,使之更加适应于中国与一切殖民地和半殖民地的革命的新的历史条件。”②(P43)毛泽东是伟大的马克思主义者,是伟大的无产阶级革命家、战略家和理论家,他出色地成功地进行了马克思主义中国化这件特殊困难的事业。这在世界马克思主义运动的历史中是最伟大的功绩之一。邓拓不仅热情评价了毛泽东高度的理论修养和巨大的理论勇气,而且实事求是地肯定了毛泽东个人对毛泽东思想产生与形成的伟大作用。

(二)对“毛泽东思想”科学概念的提法

在《纪念“七一”,全党学习和掌握毛泽东主义》和《编者的话》中,邓拓论述了毛泽东及其思想在中国革命历史中的地位和作用,并分别使用了“毛泽东主义”、“毛泽东同志的学说”、“毛泽东同志的思想”及“毛泽东思想”四个概念。经过党的六届七中全会的长期酝酿和讨论,1945 年 6 月,“七大”通过的党章正式明确规定:“中国共产党,马克思列宁主义的理论与中国革命的实践之统一的思想——毛泽东思想,作为自己一切工作的指针。”至此,毛泽东思想作为一个科学概念、作为党的指导思想正式确立下来。

(三)毛泽东思想的定义

邓拓对毛泽东思想下了比较准确、科学的定义。这就是:“毛泽东主义,就是中国马克思列宁主义”②(P46),“马列主义的中国化就是毛泽东主义”;“毛泽东主义是中国共产党领导中国革命的理论与策略的统一完整的体系,是创造性的马列主义的新的发展”;“毛泽东主义就是马克思、列宁主义在殖民地半殖民地半封建社会中运用经验的结晶”;“毛泽东主义从实践中已经被证明不但是中国革命而且是东方一切被压迫民族解放斗争的科学武器”②(P42);“毛泽东同志的思想就是代表中国无产阶级及其政党——共产党的思想,就是党内布尔什维克的思想,就是最能代表中国革命人民利益的思想”。②(P48)邓拓对于毛泽东思想的这些表述,既阐明了毛泽东思想和马克思列宁主义是一致的,又阐明了毛泽东思想带有中国的具体特点,揭示了毛泽东思想的精髓所在;既阐明了毛泽东思想的科学性,是"唯一正确的思想",又揭示了毛泽东思想是中国共产党集体智慧的产物。这些论述无疑已构成一个完整的比较科学的毛泽东思想定义。

党的十一届六中全会通过的《关于建国以来党的若干历史问题的决议》给毛泽东思想下了准确而科学的完整定义,即"毛泽东思想是马克思列宁主义在中国的运用和发展,是被实践证明了的关于中国革命的正确的理论原则和经验总结,是中国共产党集体智慧的结晶"。③(P47) 两相比较,邓拓给毛泽东思想下的定义与《关于建国以来党的若干历史问题的决议》所作的定义,基本精神是完全一致的,是经得起历史检验的。

(四)毛泽东思想的内容

对毛泽东思想所包括的历史内容,邓拓在社论《纪念"七一",全党学习和掌握毛泽东主义》中进行了符合实际的概括。他循着这样一条线索,即"毛泽东主义"是马列主义关于唯物辩证法的发展和中国化,"观澜以溯源",因而他把作为毛泽东主义理论精华的思想路线、政治路线和军事科学三大部分对马列主义的新贡献一一予以论述,较具体地阐明了毛泽东思想的精髓。邓拓指出:毛泽东提出的用马列主义之"箭"去射中国革命之"的",强调调查研究的重要,反对主观主义,"这是对唯物辩证法的最有力的宣传,是马列主义的思想方法的进一步的发挥"。②(P43) 毛泽东"领导了反对一切机会主义的错误思想的斗争,从陈独秀的右倾机会主义一直到苏维埃运动后期的"左"倾机会主义。在这些斗争中巩固了党和党的正确路线,同时也更加确立了毛泽东主义的科学思想方法"。②(P44) 在政治科学中的国家与政权问题上,毛泽东在领导中国革命实践中,先后创立了工农民主专政的特殊形式的苏维埃政权、三三制的新民主主义的政权,《新民主主义论》已经成为党在中国革命的现阶段中的政治总纲领,《共产党人》发刊词中提出的统一战线、武装斗争、党的建设三大基本问题及其规律性,则是战略与策略的马列原理在中国社会历史环境中的天才运用的经验总结与指导方针。这些形成了"切合中国革命需要领导中国革命实践的一贯完整的政治路线"。对于毛泽东的军事科学成就,文章说:"只有毛泽东的军事科学,把游击战提到战略地位来考察,规定了这个战略问题的各方面,成为一个完整的体系,而且创造了中国革命武装斗争中的军队组织形式和各种制度的建设原则;也只有毛泽东主义的军事科学的远大眼光,才能预见中华民族抗日战争的三个阶段的发展,具体规定三个阶段战争中的战略方针,提出了最后胜利必然属于中国的抗战前途。"②(P46)毛泽东的许多科学预见,"竟然是惊人的被事实所证实",比如关于对日寇的三种包围和抗日战争进入第二阶段时"日寇将进攻南洋,挑起日美战争,现在也已完全成为事实"。②(P46)《中国革命战争的战略问题》、《抗日游击战争的战略问题》、《论持久战》三大军事理论著作,系统地述说了毛泽东主义关于中国民族民主革命战争的全盘理论和策略。

从中国革命历史进程中,把握毛泽东主义对中国革命的历史贡献,并作出了高度的评价,体现出邓拓对毛泽东思想和对中国革命历史发展的深切认识。这篇关于"毛泽东主义"的社论,也是最早探索毛泽东思想的理论文章之一。

(五)毛泽东思想的特点

"毛泽东同志的思想就是在与党外各种反革命思想及党内各种错误思想作斗争中,生长、发展和成熟起来的。"②(P49)在邓拓看来,新民主主义革命已经经过了北伐战争、土地革命战争、抗日战争三个时期,在每个革命时期中,毛泽东以及一切团结在毛泽东周围的同志,都是一方面向着党外的敌对思想作斗争,一方面向着党内的"左"右倾机会主义作斗争,即在反对党内无视或者误解中国革命特点的机会主义的斗争中,反对教条主义、经验主义、陈独秀主义、李立三路线以及后来的“左”倾路线与投降路线的斗争中形成和发展起来的,是在以马克思列宁主义的普遍真理与中国革命的具体实践日益互相结合的过程中发展起来和巩固起来的。“而在历史实践中都完全证明了毛泽东的思想是唯一正确的思想”。②(P48)

二 学习和宣传毛泽东思想

邓拓是毛泽东思想的积极传播者。他一贯热爱毛泽东思想,珍视毛泽东同志的著作。当他第一次读到《新民主主义论》初稿时,满怀激情地写下了这样的诗篇①(P9):

> 万水千山只等闲,长城绕指到眉端。阵图开处无强敌,翰墨拈来尽巨观。风雨关河方板荡,运筹帷幄忘屯艰。仓龙可缚缨在手,且上群锋绝顶看。

邓拓热情讴歌毛泽东的雄才大略,高度评价了这部指点江山的巨著,一片对中国革命的赤胆忠心跃然纸上。

邓拓曾高度评价了毛泽东思想的伟大意义。他说:“中国共产党所以能够领导20世纪中国的民族解放与社会解放的伟大革命斗争,所以能够成为政治上、组织上、思想上全面巩固的广大群众性的坚强有力的布尔什维克党,就因为有了毛泽东主义。”②(P42)不仅如此,“中国无产阶级及其政党与中国革命人民所有的革命事业,凡是在毛泽东同志思想指导下进行的,其结果总是前进的、上升的,也就是胜利的。凡是由于党内各种机会主义、投降主义在一定时期攫取统治地位而违反了毛泽东同志的思想原则时,其结果总是挫败,严重的损害了革命的利益”。②(P49)可见,要保证中国革命的胜利,全党同志"必须彻底地团结在毛泽东思想指导之下"。因此,邓拓同志提出每一个共产党人,都必须以毛泽东主义的科学武器更好地武装自己,"全党必须加强学习掌握毛泽东主义"。②(P43)

(一)积极宣传毛泽东思想

邓拓是这样要求全党的,他自己也是这样做的。邓拓长期从事党的新闻宣传的组织领导工作,曾任晋察冀中央局宣传部副部长、党报委员会书记、《晋察冀日报》社长、新华社晋察冀总分社社长,担任过《人民日报》总编辑、社长和中国新闻工作者协会主席。他还任过中共北京市委书记处主管文教工作的书记,同时负责主编市委理论刊物《前线》,为宣传马列主义毛泽东思想做出了重大贡献。

在邓拓的领导下,《晋察冀日报》十分注意宣传报道党中央和边区党委制定的方针、政策,对于中央领导同志和边区负责同志指导革命战争的重要活动、文章、电报、信件等,都及时予以报道。如1939年5月6日以"代论"形式发表了毛泽东的《八路军在新阶段中应该加重注意的几个问题》;全文刊载过毛泽东的《相持阶段中的形势与任务》、《新民主主义的宪政》、《新民主主义论》、《团结到底》、《反对党八股》等文章。周恩来的《论目前抗战形势》、《论今后敌人的动向》等文章,刘少奇《论党内斗争》的长篇论文、《清算党内的孟什维克主义思想》等文章,朱德的《巩固全国抗日军民的团结,争取最后胜利》、《我们有办法坚持到胜利》、《为悼念马本斋之母致冀中全体军民书》和《抗议聚歼皖南新四军的通电》等,都在报纸显著位置刊登过。彭德怀《在中共北方局高级干部会议上的报告提纲》("统一战线几个问题"、"敌后抗日根据地的经济建设"、"论目前时局的空前危机"等三章)、《三年抗战与八路军》、《我们怎样坚持华北六年的抗战》等,该报都用连载的形式介绍给读者。邓拓还邀请彭真给《晋察冀日报》写了不少社论、文章,如

《晋察冀边区汉奸托派的卖国罪状》、《关于边区救灾运动与统一战线》、《关于我们的目前施政纲领》,等等。此外,在抗战最艰苦的 1937 年至 1943 年的六年间,《晋察冀日报》(含《抗敌报》)发表了近六十篇聂荣臻的文章、报告、谈话、书信、电报、题词等。该报适时发表中央负责同志的文章,及时传达了党中央指导抗日战争和解放战争的方针、政策,对于鼓舞军民斗志,促进革命战争胜利,起到了一定作用。

邓拓不仅运用报纸这一宣传工具来传播马列主义、毛泽东思想,同时还特别重出版马列著作和毛泽东的著作,把这些著作放在出版工作的首位。邓拓负责的报社、出版社、书店,在艰难困苦的条件下,出版发行了大量马列、毛主席著作和其他书刊。早在 1938 年,邓拓就主持出版了毛泽东《论持久战》单行本,还在同年 9 月 10 日《抗敌报》上,以头版头条报道了该书出版消息;1942 年又出版了《毛泽东言论选集》;以后陆续出版了《新民主主义论》和整顿"三风"的报告等毛泽东的各种论著。邓拓让报社同志把这些著作用小说《三国演义》、《红楼梦》之类的封面伪装起来,通过做城市工作的同志秘密带进敌占区。

1944 年 5 月,在晋察冀中央分局领导下,由邓拓具体负责,编辑出版了有五个分册的《毛泽东选集》,这是在我国出版界问世最早的一部《毛泽东选集》。这部《毛泽东选集》选收了毛泽东从抗战开始到 1944 年的 25 篇公开发表过的著作,也选收了《湖南农民运动考察报告》、《红四军党的第九次代表大会决议》和 1937 年 5 月在延安召开的中国共产党全国代表会议上的报告和结论。全书共 29 篇,计 46 万字。虽然,它同后来出版的《毛泽东选集》相比较,内容没有那么完备,印刷也并非精美,但是它对广泛传播毛泽东思想,立下了开创性的业绩。在当时对于推动敌后根据地整风运动的开展以及抗日战争、解放战争的胜利,都起到了很重要的作用。

为了坚持不懈地宣传毛泽东思想，在抗战胜利后，1947 年 3 月，中共晋察中央局又出版了六卷本的《毛泽东选集》。时任局宣传部副部长的邓拓继续负责完成。这个选集，全书共 38 篇，约 60 万字。1948 年继续出版了《毛泽东选集（六卷本）续编》，收的是毛泽东在十年内战中的六篇文章。

建国初期，时任《人民日报》总编辑的邓拓十分重视马列主义、毛泽东思想的理论宣传工作。根据《中共中央关于改进报纸工作的决议》提出的“全国性的报纸应该根据党的总路线和各项政策决议；逐步做到对于国内国际发生的重大问题发表有高度思想水平的评论”的规定，邓拓积极提倡编辑人员大胆地写社论，并带头动笔撰写。1955 年下半年以后，《人民日报》几乎天天有社论。有的同志曾经统计过，邓拓担任总编辑期间，他写作的和经他重点修改过的《人民日报》社论，有 480 至 490 篇。据资料记载，邓拓在《人民日报》工作期间撰写的社论，经毛泽东审改的有 46 篇，经周恩来审改的有 153 篇。还有一些经过刘少奇、邓小平等中央领导同志审改或审阅过。邓拓指出，“由马克思列宁主义武装起来的我们党的机关报，只有通过社论这一战斗的文字体裁，才能够最便利地指导广大群众，用正确的立场、观点和方法，去对待和处理当前的每一个重大问题；向广大群众及时地明确地提出一项主张、一个行动方针、一个斗争任务，并要求为其实现而奋斗。广大群众所以重视阅读我们党的机关报的社论，就因为他们知道这些社论是代表我们党的领导思想。”②(P309~310) 在邓拓的组织领导下，《人民日报》成为贯彻党的“双百”方针和宣传马列主义毛泽东思想的坚强阵地，成为社会主义革命和建设中党中央的得力助手。

从 1958 年 9 月起，邓拓担任中共北京市委主管文教工作的书记，并主编了北京市委理论刊物《前线》，一直至 1966 年 4 月，共七年半时间。《前线》的第一篇文章《前线发刊词》，是彭真起草的。《发刊词》尖锐地指出，坚持一切从实际出发的实事求是原则，反对主观唯心主义和种种歪风邪气，这是刊物的指导思想。《前线》从创刊到终刊，每一期都坚持发表一篇类似《发刊词》这样的社论。正确地宣传党的方针政策，指导北京市下属党委的工作。每一期都有几篇理论文章，运用马列主义毛泽东思想回答解决当时思想理论战线上的实际问题。《前线》由始至终连续刊载理论基础知识讲座，系统地介绍辩证唯物主义和历史唯物主义的基本原理。这些社论、理论文章和讲座，使刊物体现了正确的政治方向、浓厚的理论色彩和强烈的战斗性。

（二）维护毛泽东思想的本来面目

邓拓不仅为宣传毛泽东思想做了大量的实际工作，而且提倡要用科学的态度宣传毛泽东同志和毛泽东思想。曾一度混迹于《晋察冀日报》并窃取副总编辑职务、后来乱党乱国的张春桥，曾在报社鼓吹“寻章摘句”地学习马列主义的庸俗化方法，他胡说，背下几句语录，就可以写出妙文。邓拓坚决予以反对，告诫大家学马列不要投机取巧。对于林彪鼓吹的“天才论”，邓拓多次在文章和讲话中予以批驳。1964 年 3 月，邓拓在包头市新闻和文艺单位座谈会上强调，“宣传毛泽东思想，宣传雷锋，既不能那么玄，又不能庸俗化，不要贴标签。一方面要提倡学习毛主席著作，一方面也不要轻易把一些事，都说成是学习毛主席著作的结果。你报道说是毛主席思想，实际不是毛主席思想，让毛主席本人看了也不舒服。”1965 年以后，林彪、江青一伙把宣传毛泽东思想引向造神运动的歧途。邓拓和这种不良倾向作过斗争。1965 年，他把反映推行“语录教学经验”的《简报》，分送给北京市委书记处各同志，指出不能推广这种经验。1966 年 1 月，他在北京市群众业余文学艺术创作会上作报告时，大声疾呼：“学习毛主席著作，不能形而上学，不要烦琐。现在有些人老是这儿念一段毛主席的话，那儿念一段毛主席的话。你们要具体分析毛主席的话是在什么历史条件、什么情况下讲的，不要死抠字眼。学毛主席著作主要是领会精神实质，要不就会妨碍你们的进步，你们将来会后悔的。”邓拓的这些见解，反映了他对待毛泽东思想的科学态度。在当时，邓拓能够提出这些意见，是有远见卓识的。

总之，邓拓号召，“一切干部，一切党员，虚心和细心地学习毛泽东同志的学说，用毛泽东同志的思想来武装自己，并用毛泽东同志的思想去战胜党内各种错误思想与党外一切反动思想，这是异常迫切的任务。这是使全党在思想上、政治上、组织上和行动上完全统一起来，使党成为完全巩固的广大群众性的和进一步布尔什维克化的一个异常重大的关键。”②(P49)同时呼吁：“在全党切实深入学习掌握毛泽东主义，真正灵活地把毛泽东主义的理论与策略，应用到一时一地的每一个具体问题与实际斗争中去！”②(P47)

邓拓在给妻子丁一岚和孩子的遗书中曾满怀深情地说：“盼望你们永远做党的好儿女，做毛主席的好学生，高举毛泽东思想的伟大红旗，为社会主义和共产主义的伟大事业奋斗到底！”①(P25)邓拓本人正是如此，把一个新闻战士、共产党员的炽热的心，献给了社会主义和共产主义的伟大事业，他终生不渝地维护着马列主义毛泽东思想的伟大旗帜，并为之做出了重要的贡献。

参考文献：

① 廖沫沙等.忆邓拓[M].福州：福建人民出版社，1980.

② 邓拓文集（第1卷）[M].北京：北京出版社，1986.

③ 关于建国以来党的若干历史问题的决议注释本[M].北京：人民出版社，1983.

原载《湘潭大学学报》2003年第2期

存　目

著　作

邓　拓　《燕山夜话》

北京出版社 1979 年

邓　拓　《邓拓散文选》

人民日报出版社 1980 年

邓　拓　《邓拓文集》

北京出版社 1986 年

晋察冀日报史研究会编　《人民新闻家邓拓》

人民出版社 1987 年

论　文

邓　云　《回忆我的爸爸邓拓》

1979 年 5 月 18 日《光明日报》

剑　清　《空谷回音——回忆邓拓同志》

《浙江文艺》1979 年第 5 期

傅　克　《死生继往即不来——怀念邓拓同志》

1979 年 3 月 15 日《北京日报》

人民日报记者　《邓拓和〈人民日报〉》

《新闻战线》1979 年第 5 期

顾　行　《邓拓和他的〈燕山夜话〉》

《新闻研究资料》1979 年第 1 辑

王　炜　《往事忆当年——怀念邓拓同志》

1979 年 10 月 12 日《天津日报》

张　帆　《文旗随战鼓——回忆邓拓同志在晋察冀日报对编辑记者的培养》

《新闻研究资料》1980 年第 2 辑

燕　凌　《分明非梦亦非烟——回忆邓拓同志在人民日报》

《新闻研究资料》1980 年第 5 辑

黄贤俊　《邓拓同志谈副刊》

《新闻战线》1980 年第 5 期

黄　真　《谈谈有关〈李大钊传〉的编写工作——沉痛怀念邓拓赵征夫同志》

《北京史苑》1982 年第 2 期

王必胜　《邓拓——新闻工作者的楷模》

《学习与思考》1983 年第 2 期

周胜林　《邓拓和〈晋察冀日报〉》

《新闻大学》1983 年第 6 期

田　流　《永恒的怀念——忆邓拓同志》

《新闻记者》1985 年第 11 期

陆　灏　《决胜于社门之外——纪念邓拓同志逝世 20 周年》

《新闻记者》1986 年第 4 期

周修强　《社论是报纸的旗帜——略论邓拓关于报纸社论的理论》

《新闻战线》1986 年第 5 期

李希庚　《清范教人长相思——回忆和邓拓在一起工作的日子》

《新闻战线》1986 年第 7 期

李海鸥　《邓拓办〈前线〉的追思——访丁一岚同志》

《支部生活》(北京)1988 年第 3 期

李海鸥　《〈前线〉杂志纪往》

《编辑之友》1988 年第 5 期

蒋曙晨　《邓拓与〈北京晚报〉的诞生》

1993 年 5 月 29 日《新闻出版报》

李乡浏　《文章满纸书生累——邓拓故居的忆念》

1994 年 8 月 27 日《新闻出版报》

庞　旸　《初进北平:邓拓和他的一家》

《纵横》1998 年第 3 期

庞　旸　《邓拓与顾行——两位著名报人的生死友谊》

《东方文化》1999 年第 4 期

张　帆　《邓拓主编的第一部〈毛选〉》

《世纪行》2000 年第 3 期

张　帆　《邓拓在〈人民日报〉的沉浮岁月》

《世纪行》2000 年第 5 期

苏双碧　王宏志　《1957 年邓拓为什么“按兵不动”》

《炎黄春秋》2000 年第 8 期

张守仁　《邓拓与〈燕山夜话〉》

《随笔》2002 年第 3 期

黎　辛　《邓拓在开封》

《河南大学学报》2002 年第 1 期

韩爱平　《邓拓:笔走龙蛇写春秋》

《河南大学作家群》,河南大学出版社 2002 年

王均伟　《书生之外的邓拓》

2003 年 7 月 24 日《南方周末》

王宜椿　《魂断燕山巨星落——记邓拓最后的岁月》

《名人传记》2003 年第 8 期

何其芳

何其芳（1912～1977），四川万县人。1930年在上海中国公学预科以优异的成绩考入北京大学和清华大学，后因无高中文凭被迫离开大学回家乡暂住，结识同乡杨吉甫，创办小型文学期刊《红砂碛》。1933年与朱企霞等商定，在《华北日报》附编了《每周文艺》，刊物停办后又在《华北日报》副刊办起了《文艺周刊》。1935年大学毕业后，先后在天津中学、山东莱阳市乡村师范任教。抗日战争爆发后回到万县，在《川东日报》附编了《川东文艺》周刊。《川东文艺》停刊后，于1938年初创办了《工作》半月刊。1938年到延安，在鲁迅艺术学院任教，同时，参与编辑了油印《战斗报》和《文艺战线》的期刊编辑工作。1944年至1945年先后两度到重庆，从事文艺界抗日统一战线工作，任四川省委宣传部副部长、《新华日报》副社长等，同时还接办了邵荃麟主编的《联合特刊》。该刊停刊后，又独自创办了《萌芽》双月刊。新中国建立后，他曾是《人民文学》的编委等。

何其芳是著名的诗人、文艺理论家。1953 年后先后任北京大学、社科院文学研究所副所长、所长。在此期间，他曾任《文学研究》(后改为《文学评论》)主编。他还主持成立了专门的编辑部，出版《古典文艺理论译丛》、《现代文艺理论译丛》，并编辑出版了《外国古典文学名著丛书》、《中国文学史》等著作。

何其芳集作家、理论家、编辑家于一身，他是一位典型的学者型严谨认真的编辑家。

毛泽东指导我撰写《不怕鬼的故事》序

何其芳

1959 年春季，我在文学研究所工作，一位中央书记处的书记同志来，给我们一个光荣的任务：从中国过去的笔记中，选编一本《不怕鬼的故事》，宣传毛主席的思想。这年夏天，这本书基本编成。在一次中央工作会议上，毛主席选了这本书的一部分故事，印发到会同志。我们请毛主席为这本书写序。毛主席指示，要我写。我起草了序文，经过几次修改后，呈送毛主席审阅。

1961 年 1 月 4 日上午 10 点 40 分，我在文学研究所办公。电话铃响了。我接了电话。我是多么兴奋呵！原来是毛主席办公室通知我，叫我立即到中南海去，毛主席对我起草的序文有指示。

11 时许，我到颐年堂毛主席住处。毛主席在里面一间卧房里接见我。一张普通的木框的沙发床，就像我在马列学院作国文教员时公家借给我的那种床。床头一边一个茶几，上面各放一盏景泰蓝座子的台灯，灯罩上半遮绿绸。卧床里面用两块长木板搁起来，上面放有许多书籍和文件。我想，我起草的序文的稿子，大概就曾放在木板上，跟许多等待毛主席深夜翻阅或批阅的书籍、文件在一起……

我坐下以后，在毛主席身边服务的同志送一杯盛在玻璃杯里的新沏的碧绿的龙井茶来，放在我面前的矮小茶几上。

已有两位同志在座。先到的同志中，有一位在谈当时农村的“辩论会”。他说，名字叫“辩论会”，实际成了斗争会。毛主席说：

以后叫商量和讨论的会，大家都可以讲话。

然后，毛主席对我说：

你不是也被辩论过？你服不服？

这是指1959年反右倾运动中，我在学术思想和工作中有右倾的错误，曾受到文学研究所、哲学社会科学部、作家协会等单位的同志们的批评。我回答：

“许多意见都是有道理的，对的。”

毛主席继续问我：

你现在还有威信吗？还能够工作下去吗？

我回答说：“还可以工作下去。文学研究所的同志过去可能有些盲目地信任我。经过这次运动，大家对我的错误能够辨别了。以后我正确的他们就相信，不正确的他们就不相信。”

毛主席又对我说：

你比在延安时候书生气好像少了一些。

然后说到《不怕鬼的故事》的序文，毛主席说：

你的问题我现在才回答你（指请他审阅稿子）。除了战略上藐视，还要讲战术上重视。对具体的鬼，对一个一个的鬼，要具体分析，要讲究战术，要重视。不然，就打不败它。你们编的书上，就有这样的例子。《聊斋志异》的那篇《妖术》，如果那个于公战术上不重视，就可能被妖术谋害死了。还有《宋定伯捉鬼》。鬼背他过河，发现他身体重。他就欺骗它，说他是新鬼。“新鬼大，旧鬼小”，所以他重嘛。他后来又从鬼那里知道鬼怕什么东西，就用那个东西治它，就把鬼治住了。你可以再写几百字，写战术上重视。

我听了毛主席的指示，才知道我那篇序写得很片面，只从“不怕”二字做文章,只讲战略上藐视。毛主席的思想却总是把战略上藐视和战术上重视统一起来讲。这说明我思想里很缺乏辩证法。以我这样的思想水平来写宣传毛主席的思想的文章,是很不相称的。

在这以后,毛主席就谈起别的事情来了。他谈到当时国内的形势。他对我说了一句:

我们现在在开中央工作会议,你没有参加。

这是我们伟大的领袖一贯的细致的照顾人的作风。他怕我不了解为什么要谈这些问题,就特地这样说明。

毛主席在讲当时国内工作中的问题的时候,我感到他是带有深深的忧虑的心思的。我感到他是那么关怀全国人民遭受到的困难,那么和人民的心相通。毛主席又说:

《易经》上有这样的话:“无平不陂,无往不复。”物极必反。现在就是适得其反。欲速则不达。

刚才那位谈农村的“辩论会”的同志说:

“这两年有些强调一个方面,如强调不断革命论,就忽视革命阶段论。”

毛主席说:

现在要强调另一个方面,要稳定下来。

后来谈到了逻辑学。毛主席说:

逻辑就是管写文章前后不矛盾。至于大前提正确与否,那是各种学科的问题。天文、地理、自然科学、社会科学,等等。逻辑哪能管那样多。

刚才插话的同志说:

“欧几米德的几何学虽然也是演绎法,却还是对于实际用处很大,可以从已知推未知,如从地球圆周推地球直径。”

毛主席说:

这个未知还是包含在已知之内。

最后,毛主席谈到他写了两首近体诗。他说:现在不能发表,将来是要发表的。他说:

我60岁才学作近体诗,所以作得不好。古体诗我过去倒学过。

我们伟大的领袖是多么谦虚呵!他说的近体是指七律。这两首七律虽然没有发表,后来我们是读到了的。那是两首批判现代修正主义的诗。我们从毛主席已经发表的近体诗,知道他的七律也是写得很好的。它们早已脍炙人口。它们是那样思想深刻而又艺术完美。

计算时间,已长达四小时。已是下午两点三刻了。我们都感到应该让毛主席休息了,就起身告辞。我已走出卧室,毛主席又叫我回去,对我说:

你把序文改好后,再送我看看。

我按照毛主席的指示,改了《不怕鬼的故事》的序,再送他审阅。我写了一封短信。我说:我按照指示作了修改,仅足达意,缺乏警策之处,但我又没有能力改得较好一些。这是表示我有这样的奢望:如果毛主席能亲自动笔改一改,那就最好了。

1月23日下午两点半,又接到电话通知,叫我到毛主席那里去。

毛主席还是在那间卧室里接见我。已经有四个人在座了。毛主席对我说:

你写的序文我加了一段,和现在的形势联系起来了。

他把加上的那一段念给大家听,像是征求意见。然后又传给大家看。传到我手里,我喜出望外。在稿子最后一页多的空白处,写满了毛主席亲笔加的一段文字。后来书出版了,序的最后一段,整整12行,都是他增加的。我又从头到尾翻看。他修改的地方还有好几处。其中有两处,特别引起了我的注意。一处是加了这样一长句：

难道我们越怕鬼，鬼就越喜欢我们，发出慈悲心，不害我们，而我们的事业就会忽然变得顺利起来，一切光昌流丽，春暖花开了吗？

这是使文章生动活泼起来的神来之笔。另一处是加了这样一句：

事物总是在一定条件下向着它的对方交换位置，向着它的对方转化的。

这是有深刻的唯物辩证法思想的警句。

大家传阅后，毛主席对我说：

你这篇文章原来政治性就很强，我给你再加强一些。我是把不怕鬼的故事作为政治斗争和思想斗争的工具。

我很少写政论性的文章。这篇序文我写得拘谨，也没有什么文采。我自己不满意。毛主席从我的信知道了我自己不满意。大概是觉得我还有一点自知之明吧，就从另一方面鼓励我，从政治性这方面来加以肯定。

我们伟大的领袖对一个自己感到自己的弱点、缺乏信心的干部的鼓舞是异常感动人的。接着他又对我说：

虽然有些同志批评你，我对你还是有好感。

毛主席说对我的批评，还是指反右倾运动中许多同志对我的批评。

然后他又谈起序文来。他叫我再增加几句，讲半人半鬼。他说：

半人半鬼，不是走到人，就是走到鬼。走到鬼，经过改造，又会走到人。

这以后，和上次一样，毛主席谈起国家大事来了。他说：

第一次大革命为什么没有成功，是因为缺乏舆论准备。抗日战争时期，有《论持久战》和《新民主主义论》，就有了准备。解放战争时期，有一些指示、文件，也是作了准备。社会主义革命和社会主义建设时期，却缺乏这种舆论准备。

毛主席讲的是一个头等重要的问题。按照我的理解，这是强调理论的指南作用。舆论准备，也就是理论的准备，也是广大的党员、干部和人民群众的思想准备。毛主席指出了这个问题，不久就解决了。就在第二年，1962 年 8 月北戴河中央工作会议上，9 月党的八届十中全会上，毛主席的讲话就规定了党在整个社会主义历史阶段的基本路线。我们党在新的历史时期有了总路线、总政策，同时根据毛主席的许多具体指示，也有了各项工作的具体路线，具体政策。

最后，毛主席谈了一个很重要的理论问题，美学问题。他说：

各个阶级有各个阶级的美。

也是上次那位插话几次的同志说：

问题在于也有一些相同的。

毛主席像是回答他的问题，也像是发表他思考的结果似地说：

各个阶级有各个阶级的美。各个阶级也有共同的美。“口之于味，有同嗜焉。”

这两次听毛主席谈话，我都感到讲了许多很重要的问题，但因为不是在正式的会议上，我都没有当场做笔记，而是准备回来追记。但毛主席讲了这段关于美的问题的话，我却忍不住从口袋里掏出笔记本来记上了。

毛主席继续说：

史沫特莱说，听中国人唱《国际歌》，和欧洲不同。中国人唱得悲哀一些。我们的社会经历是受压迫，所以喜欢古典文学中悲怆的东西。

他又说：

“刘三姐”反压迫，是革命的。

这次告辞时，我主动请示了，我问：

“把主席改的稿子誊清打印后,是不是再送主席看?”

毛主席说:再送我看看。

1月24日上午,我要通信员把稿子送到中南海。毛主席当天就看了,退回来了。他亲笔批示说:此件看过,就照这样付印。毛主席又说:此书能在2月出版就好,可使目前正在全国进行整风运动的干部们阅读。

在退回的稿子中,毛主席上一次增加的这句话,“事物总是在一定的条件下向着它的对方交换位置,向着它的对方转化的”,改了几个字,改成这样了:“事物总是在一定条件下通过斗争同它的对方交换位置,向着它的对方转化的。”毛主席的思想是多么细致、周密!这个修改的重要意义在于事物的转化除了其他条件而外,还有赖于“通过斗争”这样一个条件。

节选自《毛泽东之歌》,原载《人民文学》
1977年第9期,题目为本书编者所加

忆《不怕鬼的故事》

弥松颐

1961年出版的《不怕鬼的故事》,是影响一代人的大书(虽然是105页的小薄本),直到最近,龚育之同志还提到它,并且希望再编出一本《不迷信的故事》。1999年8月,中国社会科学院文学研究所和人民文学出版社通力合作,修订出版《不怕鬼的故事》,同时,还出版了一本《不信神的故事》。这两个选题是怎样提出来的呢?

今年6月底7月初,我参加全国政协文史委员会的审稿工作,到广州出差。7月1日,看到了江泽民主席《在纪念中国共产党成立七十八周年座谈会上的讲话》(1999年6月28日),江主席号召我们:“不怕鬼,不信邪,坚持真理,维护党的原则,旗帜鲜明地同各种错误思想、不良倾向和邪恶势力作斗争。”读到这一段的时候,我的心里一动:1961年,毛泽东主席也号召我们,要破除迷信,解放思想,不怕鬼,克服一切困难。遵从他老人家的意旨,中国科学院哲学社会科学部(中国社会科学院前身)文学研究所和人民文学出版社编辑出版了《不怕鬼的故事》。1978年和1982年重印,我又担任了此书的责任编辑。38年过去了,尽管国际、国内形势发生了很大变化,但是,提高觉悟、破除迷信、思想解放、不怕鬼不信邪的精神,还是应当继承和发扬的,《不怕鬼的故事》在当前仍有十分重要的借鉴意义和作用。为了响应党中央的号召,应该重印这本书;同时,为了便于广大群众理解和接受,1962年作家出版社(当时人民文学出版社的副牌)出版的张友鸾十分流畅生动的“译写本”,亦可列于原书之后,作为附录。

7月4日,我回到北京,便把这个设想分别和出版社副总编辑管士光同志、社长聂震宁同志谈了,他们二位都非常支持。聂社长还提出了一个设想:“重印的同时,我们还可以再编一本《不信神的故事》或《不信邪的故事》,一起推出。考虑再三,觉得对于大力宣传无神论思想,《不信神的故事》更为明确、有力,当然,要注意党的民族宗教政策,并要我所在古典文学编辑室承担此项任务。我觉得,无论从时间、人力等方面原因看,自己编选这本书,有诸多困难,不若仍请外面的同志来做比较合适。这样,仅仅是重印工作由古编室承担,自然,责任编辑又落到我头上。”

回到办公室,我把《不怕鬼的故事》出版以来历次的样书都摆在桌上,虽然只是105页的一本书,但是我却感到它异常的厚重,历史一下子回到了38年前。1961年的初印本,纸质是那样的黑,而且粗厚,钢笔字一写上去就要“洇”,这正是三年困难时期经济形势的写照。在这种形势下,毛泽东主席指示编辑《不怕鬼的故事》。在我的一本样书里，夹着两张卡片，摘录着当年编辑出版这本书的一些资料：1959年春季，中央书记处的一位书记，找到时任文学研究所所长的何其芳同志，下达任务，要他们从历代的笔记小说中，选编一本《不怕鬼的故事》，宣传毛泽东思想。这年夏天，书编成。一次中央会议上，毛主席还从这本书中选出了一部分故事，印发给到会同志。毛主席还指示，要何其芳同志撰写序文。经过几次修改，呈送毛主席审阅。1961年1月，毛主席两次召见何其芳，对序文修改作指示。据何其芳同志于1977年1月22日著文回忆（文载《人民文学》1977年第9期），毛主席在序文上有三处精彩的补充：

> 难道我们越怕"鬼"，"鬼"就越喜爱我们，发出慈悲心，不害我们，而我们的事业就会忽然变得顺利起来，一切光昌流丽，春暖花开了吗？
>
> 事物总是在一定条件下通过斗争同它的对方交换位置，向着它的对方的地位转化的。

还有一处，是序文的最后一大段，初版11行（2版12行），全是毛主席加的。

在人民文学出版社出版的《何其芳文集》上，我们看到了1961年1月24日毛主席对序文及全书所做批示的影印件。序文定稿后，毛主席送刘少奇、周恩来、邓小平及周扬、郭沫若同志看，征求意见，并作具体指示，出书的时候，把序言发在《红旗》杂志和《人民日报》上。另外，着手翻译几种外文，先翻序后翻书，序的英文稿先翻成，登在《北京周报》上。并要求在2月出书，可使目前正在全国进行整风运动的干部们阅读。

毛主席细致具体的指示，关注着这一本书的编辑出版，在当时的文化界就盛传着。最近，贾芝同志的女儿、我的北京政协朋友贾凯林同志告诉我，小时候她就听父亲讲过，毛主席两次召见何其芳，指示出版《不怕鬼的故事》。

1961年2月，《不怕鬼的故事》如期出版，同年10月又印行第2版，序文改排大字，内容也作了调整，从初版的70则故事，调整成66则，注释文字作了适当修订。1978年和1982年又印行了两次，对内容又作了部分修订。

1999年7月，重印《不怕鬼的故事》的设想，向原书编者社科院文学研究所提出（同时，《不信神的故事》也请文学所编选），文学所领导非常重视，所长杨义同志、学术顾问邓绍基同志，亲自挂帅，担任主编，决定对原书内容进行补充，编排体例也有更动，为了便于广大读者阅读学习，由文学所的数十位专家，将古文故事译成白话文，居前，古文原文居中，最后是注释。这样，《不怕鬼的故事》由原来的66则故事、6万多言，增加到100则故事、15万多言，是一次重大的改版。

文学所和出版社的专业人员，焚膏继晷，昼夜兼程，只用了短短20天，改版后的《不怕鬼的故事》，便印出来，与读者见面了。

今天，面对着案头上散发出油墨清香的新书，作为责任编辑，我深深地出了一口长气。银硃红的书签印在书的右上端，四周用暗纹托起，好像正朝着读者走来，洒金纸的封面，全布面的精装，这一切，远非1961年2月初版的印装质量可比。但是，我打开了序言，又看到熟读的最后一段：

> 但是读者应当明白，世界上妖魔鬼怪还多得很，要消灭它们还需要一定时间，国内的困难也还很大，中国型的魔鬼残余还在作怪，社会主义伟大建设的道路上还有许多障碍需要克服，本书出世就显得很有必要。……而在目前条件下的革命斗争的战略战术又已经为更多人所了解的时候，我们出这本《不怕鬼的故事》，可能不会那么惊世骇俗了。

尽管过去了38年,但是今天读来,这种思想仍然闪烁着熠熠光辉。《不怕鬼的故事》是政治斗争和思想斗争的工具,从前、现在和今后,始终一贯地鼓舞着和振奋着全体中国人民。

原载《出版广角》1999年第10期

何其芳与《工作》

卞之琳

何其芳一生总跟工作难解难分。他从1932年和我相识到他1977年去世,在我的记忆中,很少有不是工作的时候。闭门读书、伏案写书、上堂教书,是工作。凭他的神情看,闲谈也是工作。抗日战争后期到胜利后一个短时期,他两度衔党的使命从延安到重庆工作,是人所共知。他早先一度随军,后来在河北平山搞土地改革,当然是工作。他在"文化大革命"末期,搜罗外文旧书(我曾碰见他用手杖从灯市口蹒跚扛回东单)、自学德文、试按他的新诗格律主张来译海涅和魏尔特诗篇,是不被允许"工作"的替代。他1976年回四川,特别是家乡万县一行,是他打算写一部长篇小说的工作准备。他从1953年到"文化大革命"13年的主要岗位工作,是当中国科学院文学研究所(原为北京大学文学研究所,现改隶中国社会科学院)副所长、所长。他入党以后,组织性强,纪律性强。他头脑并不简单,但有时认真到有点天真。"文化大革命"初起,当我们还没有一齐被"揪出"为"牛鬼蛇神"的日子,记得有一次文学所"红卫兵"在院部(当时叫学部)旧食堂召开大会、宣布本单位党政领导"靠边站",其芳竟还坚持要参加领导工作,说"我毕竟是所长嘛!"这使我们外国文学所被召去旁听的同志直感到哭笑不得。他后来在“干校”也是认真工作——养猪。

所以毫不足怪，1938 年春，以其芳为主干，我们在成都自办一个小小的半月刊，就定名《工作》。我现在记不得在何其芳、方敬和我三个人当中究竟是谁首先想出这个刊名的。我想即使我首先提出，那也是完全根据其芳的一贯精神，而方敬又喜欢这个名字，可以证之以他后来在桂林主办过一个小小的出版社也就叫“工作社”这一个事实。办那个刊物确是其芳抗战工作的鲜明起点，开始不仅在言论上而且在实际工作上，全心全意转入抗战工作和革命工作的转捩点。创刊号记得开头第一篇文章就是其芳的《论工作》。

创刊号，根据我现在借到的前后不齐全的四期推算，应是出版于 1938 年 3 月 16 日（每月 1 日和 16 日出版）。刊物严格说不是同人性质，言明撰稿各人文责自负，但有一个共同目标——宣传抗日战争和支持社会正义。撰稿人极大多数是从沿海各地，特别是从沦陷后的北平和即将被敌占的上海（包括租界），先后初次到或重新回到成都的文教界人，以四川大学为中心。1937 年夏末，方敬和朱光潜（孟实）先到，朱先生被聘任为四川大学文学院长。我和芦焚在“八一三”前夕，从浙南雁荡山下来，8 月 14 日经绍兴到杭州，接着在空袭警报声中，在满载南下逃难的普通老百姓的火车拥塞中，逆流而上，以半天一夜的时间，好容易奔回了上海。我在租界里的李健吾家寄住了一些日子，9 月初乘长途汽车，沿苏嘉铁路线，绕行至南京，然后乘船上溯至武汉，承朱先生招去四川大学教书，记得是 10 月 10 日到的成都。后来也到四川大学的还有罗念生等。大约 1938 年初，其芳也从万县到了成都。我们几个人，包括原在四川大学外文系当教授的谢文炳，商定办这个小刊物，自愿每人轮流出五块钱对付每期纸张（通常用作手纸的浅黄土纸，当时在成都不是唯一；最流行的日报《新新新闻》也就用这种纸）和印刷费用。我最初是执行编辑，后来顾不来，只存名义了（刊名下注出的通讯处“成都四川大学菊园”即“皇城”内我和朱孟实、罗念生等所住的单人教员宿舍）。校对、发行，全是偏劳何其芳、方敬和其芳的妹妹等人。

刊物是16开8页，没有封面，仅在第一页靠右边（因系两栏直排）一通栏长方条内，上格用大字印刊名，中格用小字四行注明每期出版日期、编辑、发行者、通讯处、定价，下格印本期号和本期目录。这是早年在北京大学文学院（即尚存的沙滩“红楼”）传达室寄售的《语丝》的形式，更像后来1930年废名、冯至等编的《骆驼草》的格式，也就是完全像同年其芳（和杨吉甫）编的《红砂碛》的样子。刊物由来稿性质决定，除了第七期发表过其芳著名的《成都，让我把你摇醒》这首诗以外，全登散文，有杂感、随笔、报道、通讯，也偶有短小说。文章内容最初多记述从沦陷区或即将沦陷区冒险出来的切身经历，也有报道战区的目击情况，后来较多描述祖国大好风光，揭露社会阴暗侧影，抨击后方时弊。撰稿人在上述几个人以外，还有先后到成都或原在成都的邓均吾、周文、沙汀、陈翔鹤、刘盛亚、陈敬容、顾绥昌（好像还有周煦良）等人。

其芳是刊物的主力，差不多每期都有他的文章。文风从他的《还乡杂记》开始的渐变来了一个初步的突变。与思想内容相符，他的笔头显得开朗，尖锐，雄辩。我只在开头发表过一篇小文，没有发表过别的写作。每期或长或短都有我在1937年春住西湖西泠桥北陶社（当时芦焚住孤山俞楼）译出的纪德小书《新的粮食》。我从上海出来还把这本译稿带在身边。《新的粮食》就是些贯串起来的说理、抒情、随感的短则散文（偶尔插入一二首小诗），可以断续发表，正适于给刊物凑篇幅，补白。纪德发表《新的粮食》是他在30年代中叶举世瞩目的一度思想“左”倾的标志，虽然他不久又发表了《苏联回来》引起进步人士群起攻击为再“转向”，我认为，作为螺旋式发展的向上一个弧线，总是可珍惜的，不仅有历史意义，而且也有教育意义。也就因此，后来在1942年我还在陈占元主持的桂林明日社出版了这个译本的全部,并附我写的较长序文。当时作风、文风的一点不同,也就预示了其芳和我1938年暑假一同去延安,一同主要抱经延安去前方一行的愿望,而他就留下来工作(虽然他在1942年延安整风以前,还在《夜歌》一类抒情诗里直率表达了当时青年男女知识分子残存的一些内心矛盾),而很少曲折的前进了,而我到了那里,虽然思想上也大有变化,在延安访问(和参加临时性工作)并在前方主要是随军生活(和参加临时性工作)总共一年以后,以有"后顾之忧",还是坚持"按原定计划",回(原定暂回)"西南大后方"。

其芳思想、作风上的变化,原比我急剧。他在北京大学上学期间,虽然已在1931年初(?),在《新月》上用笔名("萩萩"和"禾止")发表过诗与小说,和所谓《新月》派人并无往来,接着在《现代》上用"何其芳"名字发表了几首诗,立即成名,也和《现代》派人没有接触。他除了关在银闸胡同大丰公寓的一间小屋子里读书、写作以外,最初只在北京大学、清华大学等的四川同乡以及李广田和我这个小圈子里活动。我虽然也不好活动,不善活动,但在1934年和1935年间,在郑振铎、巴金挂帅下,因为协助靳以单枪匹马编《文学季刊》(全国最早的大型文学刊物)及其附属创作月刊,已在北平与上海之间,保守学者与进步作家之间,开始交往自如,因为我常拉广田和其芳协助我帮靳以看诗文稿,其芳也才稍稍活跃。他两次还乡,对社会实际开始产生了不同的反应(早先至少对北伐战争的幻灭,我们这一代青少年也总感觉到的,其芳也不例外),写起《还乡杂记》来就和写《画梦录》不同了。但是大学毕业后,虽以在天津南开中学教书(靳以介绍去的)开始,却还是以1936年到胶东半岛莱阳师范教书(吴伯箫拉去的)才显出了进一步的思想转变。

1936年除夕,其芳是和我一起在青岛过的(现在想起来该说是冷冷清清的,当时却毫无此感)。我当时住小青岛对岸一个德国人开的消夏旅馆，正值暑后休冬闲，由看守的中国人廉价租给我一个房间，日夜埋头，以两个月工夫，一鼓作气，特约（实为自选）为中华文化基金会编译委员会到年底译出纪德长篇小说《赝币制造者》（翌年初整理一下就到北平交稿，结算稿费，还多出一笔足够我还优游大半年的生活所需，后来全面抗战爆发，全稿被编译会丢失了）。其芳趁学校放阳历年短假到青岛看我，带来了不少著名的莱阳梨。他就在我那个房间里住了几天。他对我闲谈的主要话题，就是他所接触到的莱阳学生及其家庭使他惊讶不置的贫困生活条件。但是忧愤情怀还是被刚在耶诞节和平解决"西安事变"，造成各地人民的欢腾的爆竹声里的吉庆气氛压倒了一时。

战争把我们许多人推移到成都。1937 年初春，原在外边工作的四川老乡和"下江人"回到或初到成都的还很少。成都在许多方面还保留了古旧风光。青羊宫的花会、草堂的门联"锦水春光公占却/草堂人日我归来"、当时还能观看畅行舟楫的望江楼、门口常停了几辆军政要人的小汽车的北门外临江开设的陈麻婆老豆腐店等等，确还对我们远离炮火连天的"下江人"具有吸引力而同时引起内心的不安与乡愁、国忧。当时成都物价低廉，即使我们难得光顾"不醉无归（成都戏称'乌龟'）小酒家"、镇江楼（成都人嘲为"镇猪楼"即"敲竹杠楼"）等一流饭馆，什么"吴抄手"、"赖汤元"、"邱老糟"、"王胖鸭"、"矮子斋"等等也使我们常得以品尝道地风味小吃。然而，例如至德号，敞开"餐厅"，展示有名的粉蒸牛肉一小屉一小屉接成一根根毛竹笋似的丛列在蒸锅上，尽管也吸引我，我是浅尝即止，不是因为味道不好，只因为桌子下有饿狗穿腿，桌子上有乞丐伸手。而清雅的少城公园茶座，桌脚边往往见一堆积到寸厚的浓痰也实在令人呕心。我们在"蜀"而实在难以"乐不思蜀"。四川出了那么多新文学大家，但是这里不仅抗战空气没有吹进来，连五四启蒙式新文化、新文学运动好像也没有在这里推得起微澜。所以其芳从万县到成都后，我们就考虑自办这个不限于宣传抗战的小刊物。

《工作》这一类刊物，在 1938 年春夏间的成都还是第一个，也是仅有的一个，所以销路不错，起过一定的影响，可惜我们无力多印。

而作为主力的何其芳给刊物写了最直捷、犀利的文章。例如，当时初传周作人在北平“下水”，《工作》刊物同人中想法就不同。有的不相信，有的主张看一看，免得绝人之路，有的惋惜。其芳感觉最锐敏，就断然发表了不留情的批判文章《论周作人事件》。不久事实证明是他对。刊物办到三个半月，我们把其芳写的《成都，让我把你摇醒》放在第七期头条发表。但是我们并不是革命组织中人，没有直接受过党的教育，不是党分派我们做“大后方”工作的，终觉在这方面力有不逮，自己还需要“摇醒”呢，终于把“摇醒”成都工作留给别人了，到第八期就发表了休刊声明。

休刊实在也因为我们顾不来了。其芳积极托周文、沙汀联系，心不在刊，我也跟着作出行准备。其芳在少城公园学过几个早晨骑自行车，我跟四川大学一些同事南游峨眉山，也心存练习爬山的不告人念头。刊物停了，其芳和沙汀夫妇（沙汀爱人是黄玉颀）以及我，一行四人，在 8 月中一个已略显秋意的凉飕飕的早晨，登上了去西安转延安的旅程。

1982 年 11 月 20 日

原载《新文学史料》1983 年第 1 期

与其芳同志的一夕谈

熊道光

文前小记

1945年冬天的一个晚上，我在重庆曾家岩50号会见了何其芳同志，同他长谈到深夜，使我受到很大的教育。谈话的第二天，我趁记忆犹新，赶紧追记了其芳同志谈话的内容。三四十年来，这篇记录稿一起珍藏在自己身边。1965年秋，我调来北京工作后，曾多次拜访过何其芳同志，但没有做过一次像三四十年前在重庆那样的长谈。在“四人帮”横行的十年动乱期间，我们更不可能见面谈话了。1977年2月，打倒“四人帮”以后的第一个春节，我到何其芳同志家去拜年。当时，他显得精神健旺，心情舒畅。刚坐一会儿，一批又一批客人相继到来，我不愿多所打扰，就告辞离去，其芳同志和他爱人牟决鸣同志亲自送我到大门口，其芳同志还很歉然地说：“我们今天还没有怎么谈话呢！”我说：“以后再谈吧，今天客人多。我以后再来看望您。”万没有料到，那是我和其芳同志最后一次见面了，几个月后就突然传来其芳同志逝世的噩耗。其芳同志和我们永别快六年了。我常怀着崇敬的心情，翻阅这篇三四十年前其芳同志在重庆谈话的记录，觉得其芳同志好像并没有离开我们。这篇谈话是当时的记录原文，因那时限于自己的水平，所记的不一定很完全、很准确。

难忘的往事

1938年上半年，其芳先生在成都联中任教，他教高二文组的国文课，我那时是高二理组的学生，但我曾多次到文组旁听其芳先生讲课。那时，成都一般中学的国文课，差不多都是采用《经史百家杂钞》或《古文辞类纂》之类作教材，在这样守旧的环境中，我们一批青年能听到何其芳先生讲授新文学，实在是难逢难遇的幸事，可惜时间不长，只有一个学期。

1938 年秋，其芳先生离开了那窒闷的成都，去到北方的新天地。七年来，他在那边学习、战斗。新的诗章，更深刻地启发、教育了广大的群众，尤其是青年，我自己也是其中的一个。七年来，其芳先生在那新环境中，也经历了一番自我更新的过程。现在，他已成为一位新社会的新作家，并且他还在不断前进。现在，我能同其芳先生再次晤面，再次亲聆他的教诲，我怎能不感到衷心的欢悦呢！

一个星期天的晚上，我们一见面，其芳先生就很亲热地和我握手，并说："今晚上你就住在这里，我们可以多谈谈。"我当然很高兴地同意了。我感到，现在的其芳先生比七年前有点不同，那时，我觉得他是很严肃的。现在，他除了严肃之外，还充满了感人肺腑的热情。他平易近人，没有一般"大知识分子"的那种架子。他的身体显然比从前更结实了。

我们对坐在桌旁的烛光下，其芳先生从自身、熟人谈到国事，谈到国际，特别是谈到边区、延安。我问其芳先生，几年来在延安生活的感受怎样，其芳先生说："我一到那边就感到非常自由和宽大。在那里，每个努力工作的人，都会受到各方面的尊重与爱护。"接着，根据我的提问，其芳先生简述了他自己的经历和奔赴延安前后的种种情形。他说，他出生在一个地主家庭，在学生时代是有些逃避现实的，这从他早期的著作《画梦录》可以看出来。这反映了政治压迫和一个死气沉沉的社会环境的影响。从北京大学毕业后，他颇为工作问题伤脑筋。最初，他曾在天津南开中学教书，那时正是"一二·九"学生运动发生之际，南开中学也罢了课，但那位校长不管教室里有无学生，迫令每个教员照常进教室讲课。在复课以后，那位校长又责令每个教员在第一次上课时，首先要对学生“严加训斥”。其芳先生没有奉行校长的命令，他没有讲一句训斥学生的话而照常讲课，就因为这样，他被加上“鼓动学潮”的罪名而遭到解聘，之后，他到山东莱阳乡村师范任教，也曾有过类似的遭遇。这种现实，使他感到在这个社会里，不但工作无保障，连一个人应有的尊严也是不被尊重的。抗战发生后，他回到家乡四川，先后曾在万县省立师范、成都联中任教，更同情于劳动人民的苦难生活。这从他写的《还乡杂记》可以看出来。1938 年秋，他便和另外几位作家一道去到那崭新的天地——边区。但是在那边长期留下来，也并非他原来的想法，这是有一个思想转变过程的。其芳先生说：“我们最初是打算经过那边到战地去搜集材料，准备写报告文学，万一情形不好，就还是要回到后方来，所以，成都联中的国文教员席位，我并没有辞去而是请人代课，以作为退路。到了边区，那时鲁迅艺术学院成立不久，很需要教员，我就被留在鲁艺教诗歌。我一开始在那边工作，就感到环境非常自由宽大，无论工作学习等，都不感到任何束缚或限制。凡是努力工作的人，都会受到大家的尊重，而不问他的人事关系如何。我在鲁艺任教员，后来又任文学系主任，还能得到各方的尊重，但我并没有任何人事关系。这是我第一阶段的感觉。

“后来，整风运动展开了。在这个运动中，我检讨了以往的工作，找到了自己工作上的缺陷，例如，训练出来的学生，都是准备当作家的，不适合于一个普通的工作岗位。但是，以当作家为职业而没有具体的工作，这在一般情形下是不可能的。他们写出来的东西，也不为一般读者所欢迎。这都是因为他们受的教育还不好。他们读的东西都是名著，练习写作也只是以写自己所熟悉的为原则，但是仅仅这一条，那是不够用的，我们固然要写自己所熟悉的，但我们更要写工农大众所需要的，如果我们还没有写工农读者所需要的东西，我们就应当努力去取得这种知识。

“经过整风运动以后，这才算是受到了真正的、严格的教育、对自己进行了一番改造，深感以往在大学里读的那些书，大都是落空的。这是我第二阶段的感觉。”

其芳先生见我端起茶杯，他怕茶已凉了，便亲自去弄来开水，添在我茶杯里。呷了几口茶以后，我们谈到了万人景仰的毛泽东先生。我问，为什么毛泽东先生威望那样高，其芳先生说：“这主要是因为他对政策的制定和执行，从来没有犯过错误。”我又问，毛泽东先生何以能有这样的本领，对此，其芳先生作了深入的阐释，他说：“这大概有两方面的原因。一方面，从辛亥革命到五四运动的那些年代，中国一般知识分子的民族意识非常强烈，对于中国问题非常关心，毛泽东更是这样一个特殊的典型，他从青年时代起，便热心于中国问题的研究，他时时刻刻都在探求如何解决中国的问题，如何把中国变成一个富强的国家，如何解除中国工人农民的痛苦。他无论读什么书，做什么事，都是以解决这些问题为中心，后来，他才找到了马克思主义，认识到只有马克思主义能够救中国。所以，有些人认为共产党人的国家观念淡薄，那完全是一种误解。从前，有人组织团体，用半工半读的方式，到国外去留学，毛泽东也很为这件事出力，尽量帮朋友们出国深造。有人问毛泽东，他自己为什么不到国外去研究呢，毛泽东的回答是：‘中国的问题已经够我研究了。’由于这种高度的爱国热情和刻苦努力的探求，才使毛泽东成为最精通中国事情的人，这是一个方面的原因。

“另一方面是因为毛泽东的实事求是的精神，非常重视调查研究。毛泽东在青年时代，为了要了解中国，就先从湖南了解起，于是他徒步走遍了湖南省的很多地方。他为了亲自体验一下人力车夫的痛苦，他有一次特别雇了一辆人力车，让拉到僻静的路上去，然后下车来叫车夫坐上去，他自己动手拉车，这在一般人会认为是可笑的事。

“过去土地革命时期，常常发生农民自动起来诛地主的事，当时党内有不同的意见，争执不下。毛泽东先不发表任何意见，而是亲自做调查去，看农民是把一个地区的所有地主都杀了，或者只是杀了一部分，看被杀的地主是什么情形，没有被杀的又是什么情形，经过他深入调查研究的结果，最后还是决定支持农民的行动，因为他发现，凡是被杀的地主，都是平时对农民压迫剥削特别惨重的，而没有被杀的，则是开明一点的。所以，农民的眼睛是雪亮的，他们绝不会认错了人。

“这些事例说明了毛泽东的实事求是的精神。‘实事求是’就是要我们凡遇一件事情、一个问题，必须先进行详尽深入的调查研究，然后作出结论或判断，这种结论或判断才是符合于客观事物的实际的，才是正确的，这种实事求是的精神就是辩证唯物主义的精神。

“毛泽东对一切重大问题，都亲自动手，作调查研究。前几年在延安，人们对文艺方面的一些问题，发生了争论，意见分歧得不到解决。毛泽东便邀请了许多作家学者来谈话，开座谈会听取了各种不同的意见，进行了深入的分析研究，然后总结起来，得出了正确的结论，发表了《在延安文艺座谈会上的讲话》，及时解决了大家的疑难问题。”

我说，毛泽东先生读的书一定是很多的。其芳先生说：“是的，他对于有些一般不大注意的书，也有独到的见解，如像《聊斋志异》，这种书在边区是不大看重的，但毛泽东认为，这书虽然不算好，但其中也含有一定的反封建的意义。”

不觉，蜡烛已经燃到快挨近烛台了，其芳先生再取了一支点上。接着，我们谈到其芳先生自己的作品。我说，其芳先生到边区以后写出的诗章，教育鼓舞了广大的青年读者，受到广大青年群众的热爱，我和许多友人也都非常爱读他的诗，常常选他的诗作为朗诵材料。其芳先生听了很谦逊地说，他写的某些作品，恐怕对于读者没有什么帮助。他说，他打算以一个知识分子走向革命作为主题,写一部长篇小说,但目前还不能动笔,因为他正忙于研究中国抗战以来的文艺。

其芳先生还征求我对《新华日报》的意见,他问:"你觉得这报纸还有些什么缺点?是不是觉得尖锐了一点?"我说,为了批驳谬论,揭露真相,《新华日报》的文章就必然要尖锐一点,这是必要的。其芳先生说:"有些消息,如像昆明'一二·一'惨案,别的报纸都不登,《新华日报》就必须报道,以使人们明了事情的真相。"他还谈到,《新华日报》比较缺少通讯,因为他们的外埠记者都派不出去。不过,"这些缺陷我们总是在想法改进"。其芳先生还谈到《新华日报》上登载的他亲自写的关于回忆延安的一组文章,他说,这些文章怕写得太浅显了,要用百多字、几百字的篇幅来写比较深刻的丰富的东西,确实是很困难的。比较高级的读者愿意看长篇的写得深刻的东西,而一般的读者比较爱看浅显的短小的东西。他准备根据材料的性质来决定篇幅的长短,把长篇和短篇适当间杂起来刊登,以照顾各种读者的需要。其芳先生那种谦虚的态度和严格认真的精神,使我很受感动。同时,我自愧没有什么很好的意见可以贡献给他。

最后,其芳先生还极其恳切地对我说:"我们应当为人民、特别是为工农大众的利益而努力工作,因为我们的一切都是来自工农,一个农民一年苦到头,还不免于饥寒。是谁剥夺去了呢?我们怎能容忍这样不合理的现象存在下去!"

我满怀着欢欣的激动的心情,聆听了其芳先生的一夕谈话,我觉得我的收获确实很大,受的教育确实很深刻,衷心感激之情激荡在我的脑海里。

我常和友人谈论:在不远的将来,一个光明的新中国一定会出现在我们眼前。……这次听了其芳先生的谈话,我的信心更加增强了,新中国必然要到来,我们一定能够争取新中国的到来。

夜很深了,其芳先生才结束谈话。并告诉我,为了安全起见,第二天天亮以前，我要很早就起床，在这里吃了早饭就走。其芳先生最后还说："这回我谈的话多，下次要听你的了。"我想，我将对其芳先生说，我决心为争取新中国的到来而贡献自己的一切力量。在谈话中，谈到了其芳先生的《星火集》，在就寝以前，其芳先生特地找到一本《星火集》送我，还用纸很整齐地包好，并表示因为环境的关系，不便在书上签名。不过，这本书有许多地方是其芳先生亲自作了校改的，这真是很好的纪念。

选自《何其芳研究资料》1983 年第 4 期

何其芳同志与1946年重庆的文学活动

苏　执

1946 年，一个明媚的春日的下午，在重庆张家花园文协（原中华全国文艺界抗敌协会）附近一家茶馆里，我第一次见到不久前从延安调来重庆工作的何其芳同志，在座的有艾芜、沈起予和诗人力扬。我这个在国统区做过多年文化工作的年轻地下党员，以往每当在某些公开场合，见到认识或不认识的《新华日报》的人，总不免于内心激动，在心里轻轻地呼唤着"同志"。这天，当力扬给我介绍了何其芳同志以后，瞅着茶桌对面这个有着胖胖的身躯、宽宽的额头、圆圆的脸庞的何其芳同志，心情就更加不能平静了，这不仅因为在我面前的是曾经写过不少优美的诗歌和散文的有名的《画梦录》的作者，还因为他是才从延安"家"里来，从他容光焕发的脸面和身着的那件边区生产的粗呢制服，使我嗅到那陌生而又亲切的延安"家"里的气息，从他浓重的万县口音的谈话中不时发出的爽朗的笑声，又使人感到他坦然的性格和踏上新的战场充满信心的战斗豪情。

1946 年是国内形势急剧变化的一年。这年春天离抗战胜利结束有半年了，国民党政府业已迁往南京，这个被他们命名为“陪都”的多雾的山城，仍留下暂时为腐败的国民党政府，以及大大小小的发国难财者们制造的畸形繁荣和破败不堪的景象。继“沧白堂”、“较场口”事件之后，沉寂多年的民主运动，在中国往何处去这个为广大群众所关心而为之忧虑的动荡局势下开始重新活跃起来。抗战期中大批集中于此的文化界的人士，不少人已先后离开重庆，原设重庆的文协总会也迁走了，年初，在原来总会的住地正式成立了中华全国文艺界协会重庆分会。其芳同志于头一年来过一趟重庆，这次党中央派吴玉章同志来渝主持四川省委，他又随吴老调来省委负责文化工作，在抗战时期南方局打下的基础上团结文艺界开展新的斗争。其芳同志来到重庆后，首先是接替了邵荃麟同志主编的《联合特刊》（过去在重庆出版的《中原》、《文哨》、《文艺杂志》、《希望》因胜利复员停刊而用此名），由于力扬的推荐，从这次见面以后，我就作了其芳同志刊物编辑工作方面的助手，并经其芳同志建议让我担负了文协重庆分会有关会务的具体工作。

这一年，其芳同志与艾芜、聂绀弩、沈起予、孟超、力扬等同志都在工作上有密切的联系（记得沙汀同志从川西来过两次，每次都急着要我通知其芳同志与他会见）。为加强文艺界政治上的团结，约在四五月份，在其芳同志组织下重庆文学界人士就当前时局与文艺工作者的责任为题，假中苏文协召开了一次座谈会，由我整理出纪要在一家有一定影响的民营报纸上发表，显示了在争取和平民主这一广泛的斗争中文艺界的力量。其芳同志很尊重茅盾同志对国统区文艺工作的意见，不久，他见到公开发表的茅盾同志谈抗战胜利后国统区文艺工作的一篇讲话，立即叫我在《联合特刊》上写篇文章加以介绍。

5 月，编完《联合特刊》最后一期，其芳同志对我说，我们要很快着手创办一个新的文艺刊物，除主要发表文学作品外，还要刊登一些指导青年读书、生活的文章，帮助广大青年树立正确的人生观、世界观。抗战胜利后我们党要在国统区大力宣传党的路线、方针，扩大革命思想的影响，我想其芳同志说的此项方针，就很可能是省委对我们提出的。几天后，他约了艾芜、沈起予、力扬等同志在文协商量办刊物的事，议论到刊名时，他建议用《萌芽》这个名字，说虽然当年鲁迅曾用《萌芽》作刊名编过杂志，但却没出多久，现在我们还可以用这个刊名。根据其芳同志意见，《萌芽》杂志以艾芜名义主编，以避免国民党反动派对他的注意引来麻烦，实际编务则由他负担，并由沈起予、聂绀弩、孟超、力扬、邵子南和他本人组成编委会，商定编委要负责给刊物写稿，定期开会。《萌芽》杂志的经费和出版发行工作他事先就与三联书店议妥概由书店办理。编辑部开初就设在三联书店，以后迁回原来《联合特刊》在文协用过的住房。其芳同志住上清寺中共代表团，这个地方周围都有特务严密监视，按规定我是不能轻易到他那里去的。记得一次他生病了，发稿正急，他只得托人带信给我要我去他那里一趟。我见他住在代表团办公的正房右侧一层低矮的楼房里，房间十分狭窄，临窗一张较大的书桌就占去整个房间1/3的地面。这天他躺在床上和我仔细研究了当期稿件的安排，他头部滚烫，还在发着烧呢！

7月，《萌芽》杂志出刊后，与《联合特刊》时一样，只我一人常住编辑部，平常他每周只能来编辑部一两次，发稿时连续几天都耽在编辑部和我一同处理稿子，工作很紧张，我们两人除交换对稿子的意见外，很少有功夫谈到别的事情。其芳同志很重视对青年作者的培养。一次从来稿中发现一个17岁的高中学生写的一篇反映四川农村凋敝景象的散文，他极力称赞文章写得漂亮，发表后要我约他来编辑部亲自与他谈话。在其芳同志鼓励下这个青年从此走上诗歌散文的创作道路。一位很早就在重庆编过报纸副刊的青年编辑，从西康回到重庆，带来一本反映草原生活的散文稿，我转给其芳同志看后，他在原稿上详细地批注了意见，还到作者住地与之作了长谈。《萌芽》刊用的稿件不少是由他向编委和他熟识的作家事先约定的。来稿中可供选用的虽为数不多，但我们都必须一一作复，有的复信还是他亲自动手写的。

置于上述方针，《萌芽》发表了一些指导青年阅读包括谈哲学的文章，在文艺问题的讨论方面，如何理解现实主义，是那两年进步文艺界主要论争的问题之一，他自己就写了关于现实主义问题和吕荧的通信在《萌芽》上发表。对于作品的评论和介绍，其芳同志很注意某些流行较广的读物的社会影响。当时翻译作品《简爱》吸引了一般追求个性解放的大学生，特别在女青年中很流行，他请聂绀弩同志写评论《简爱》的文章，帮助读者正确理解这部西欧名著。荒诞、色情小说《北极风情画》、《塔里的女人》在社会上广为流传，影响极坏，他请邵子南同志写了一篇文章予以尖锐批评，这篇文章是用何家宁的笔名在《萌芽》上发表的。《萌芽》以发表反映国统区现实斗争的作品为主，同时也少量刊载了反映解放区生活的作品，其中就有邵子南的短篇小说。当时以茅盾同志名义，实际上由叶以群同志主持其事的“中外文艺联络社”（该社成立于抗战胜利前，复员迁往上海，出有理论、批评、介绍性的刊物《文联》）经常给我们寄来国内作家的作品和翻译以供选用。其芳同志极其兴奋地读到郭老的《南京印象》一文，立即在《萌芽》上发表，首次与读者见面。

这段时间在其芳同志的组织和推动下，文协重庆分会的同志分别掌握了重庆大部分报纸副刊阵地。艾芜在大公报编《半月文艺》（这个副刊一直坚持到重庆解放），聂绀弩编新民报副刊，力扬还在新民报编了《虹》和《每周文艺》两个专刊，孟超、沈起予分别在西南日报、国民公报编了副刊和专刊。通过这些报纸副刊团结了一批进步作家和青年作者。

过去国统区的文学工作者很少在一起学习,为使大家认真理解党的文艺方针,其芳同志向我们提出每半月集中学习一次,由于种种原因只能把学习时间安排在晚上。张家花园是一条偏僻的小巷,夜深人静甚至可以听到户外荒坡唧唧的虫声。在《萌芽》编辑部那间小屋里,我们八九人围坐桌旁,面对国统区严酷的现实斗争,怀着对未来的憧憬和展望,学习和研究毛泽东同志的伟大思想。其芳同志很注重贯穿于这伟大思想中的实事求是的精神,他从多方面阐述了这一精神,讲解毛泽东同志对事物的科学态度,语气平静,充满着对真理的虔诚。当时他对这个问题的反复强调,现在回忆起来自然使我想到他一生无论做工作做学问以至待人接物,不就是那么一个诚诚恳恳,崇尚实事求是的身体力行者吗!

鲁迅逝世10周年到了,为发动文艺工作者发扬鲁迅战斗精神同国民党反动派作斗争,其芳同志提出举行一次集会开展纪念活动。力扬是一位与各方面都有联系的社会活动家,通过他的努力在基督教青年会找到一间可容百余人的会场,并由他设计了一张精美的入场券。这次纪念会事先商定由艾芜主持并讲话,其芳同志作主要发言。头天我被派去请画家汪子美连夜赶绘一幅炭精画的鲁迅像。那天到会的人真多,看来约两百人左右,青年会那间小小的礼堂被挤得满满的,当艾芜讲话时我们就发现有便衣特务闯入,一场捣乱破坏势在难免,几个人临时商定不让其芳同志上台讲话,把纪念会草草结束了。

11月,《萌芽》杂志仅出刊几期就不能再办下去了。早在前几年皖南事变以后国民党反动派就窒息言论加紧控制出版物,凡出版书刊都得申请许可方能发行。《萌芽》几期刊物都在封底印上一行“正呈请图书杂志审查委员会登记中”的字样,这是当时进步书刊对付国民党反动派一种常用的办法。《萌芽》第二期出版后书店就告诉我们已开始引起反动当局的注意,他们曾来查询过一次了。其芳同志给当时在南京的郭老写了信,请他帮忙。郭老复信说他将代表文化界并以西南人民的名义向南京有关方面交涉，不知是否由于郭老的活动而稍稍缓和了下来，但随着形势的日趋恶化，书店终于收到“明令查禁”的通知，追迫甚紧，在此情况下，其芳同志和大家研究只好停刊了。

《萌芽》停刊后，除文协成员掌握的各报副刊还能继续维持下去之外，其他活动就都不能开展了，其芳同志也不便常来文协，只是从他老家万县来的家信还一直寄到我这里，他有事找我或文艺界有人找他，都是托《新华日报》给文协送报的报童带张纸条给我，约到《新华日报》另一处办公地址“星卢”去。1947 年 1 月，《新华日报》在化龙桥山沟里报社的印刷厂举行了一次比较盛大的庆祝会，庆祝报社成立 9 周年。其芳同志满脸笑容出来接待我们。那天印刷厂的大厅里摆了十几桌酒席，他以主人的身份客气地招呼我们就座，饭后又陪我们欣赏了报社工作人员演出的秧歌剧。这是一次十分热闹的集会，几个小时里使我们把当时的紧张形势全然抛诸脑后了。活动结束，大家成群结队打着火把从山沟里出来，因为这样更能避免特务暗中抓人。3 月初，中共代表团、《新华日报》等党在重庆所设公开单位全部人员被迫撤返延安这一突然事件发生了，他们走后山城又一次被笼罩在白色恐怖之中。

从 1946 年春到这年底，我与其芳同志工作上的关系不到一年，他的思想、作风给我留下的印象却是深刻的。编刊物那阵，每次到印刷厂去校样我们都一同去的。承印刊物的那家印刷厂在南岸一个山沟里，清早我们经过闹市到江边乘船过江，傍晚方回。在城里大街上彼此很少说话，利用登岸以后往返步行数里的机会则可随便说话了。记得一次炎热的夏天从印刷厂出来，夕阳西斜，我们行走在凉风吹拂着的田野小径上，他同我说起刚读完的《约翰·克利斯朵夫》，他从积极方面分析了主人公个人奋斗的社会意义，他不喜欢作品最后一部大量讲述音乐理论，认为这是无助于刻画人物的生动形象的。接着，又说起巴金的《家》在青年读者中的巨大影响,从而使他产生想以自己青年时代的经历写一部长篇小说的强烈愿望。他想把那些当年他周围的旧制度的叛逆者,放在党领导的革命斗争的洪流中去表现他们的成长,以后的情况证明,他在创作上的这一强烈愿望持续了许多年。为搜集这一创作所需素材,约在 1959 年左右他到过重庆一次,找了几位老人谈大革命时期四川党的斗争,并作了详细的记录。在他溘然长逝的头一年,他又来过重庆一次,找到当年参加北伐战争,经历过"三三一"惨案的周钦岳同志。据说返京以后他的这部长篇已在健康条件不能允许的情况下动笔了。但他这个酝酿多年的创作计划没有得到完成,他还有更多的愿望也没有得到实现,但他相信中国必将有一个新的前程,他为之奋斗终生的共产主义事业则终归是要实现的。

其芳同志在他的一首题为《叫喊》的诗中写道:

我是一个忙碌的,
一天开几个会的,
热心的事务工作者,
也同时是一个诗人。

这是一种多么自豪但却毫不夸张的感情啊!1946 年他从延安来到重庆,在一个新的战场上进行着艰苦的斗争,他毫不拒绝一切事务而紧张地工作着。全国解放以后,他在繁重的行政工作中,辛勤地从事于理论和学术研究,以至连诗也不能常写了。但他不仅是一位在诗歌创作上有很大成就的诗人,而且是一位具有真正的诗人气质的诗人。为他在革命事业和文学事业上所做出的一切,我们将永远怀念着他。

原载《抗战文艺研究》1983 年第 5 期

“以自己的心温暖他人的心”

——何其芳的编辑生涯

蒋勤国

1976 年夏天的北京,余震不断。在北京日报社西面一栋已经震裂了一道大缝的楼房底层,一位中年人仍然坐在堆满了《全唐诗》的桌子旁全神贯注地审阅和修改书稿《唐诗选注》。在他身边的书架上,倒放着一个黑色的瓶子,那是为了安全起见安放的,一旦发生地震,瓶子会倒下起到警报作用。他就是鲜为人知的老编辑、我国现代著名的诗人、散文家和文艺理论家何其芳。

一

1930 年夏,18 岁的何其芳在上海中国公学预科以优异的成绩同时考入北京大学和清华大学。为掌握外语这把钥匙“去打开世界文学的宝库”,他进入了清华大学外语系。不久因无高中文凭被迫离开清华,只得暂住在四川同乡会“夔府会馆”。在那儿,他结识了同乡杨吉甫。两人志趣相投,情谊渐深,遂比邻而居。何其芳和杨商议创办了小型文学期刊《红砂碛》,何其芳以“秋若”作笔名发表了《发刊辞》以及诗歌、小说。其时已在北京大学读书、后来不久成为何其芳挚友的卞之琳先生多年后犹记得当时“在北京大学一院传达室里可以买得到”这小刊物。刊物虽然只办了三期便停刊了,但它是何其芳参与创办的第一个文学期刊,是他编辑生涯一个具有特殊意义的起点。

1931 年秋,何其芳发表了《预言》一诗,引起诗坛瞩目。亦在此时他进入北京大学哲学系。他以文会友,和卞之琳、李广田、朱企霞等常在一起谈论文学创作及其现状,互助切磋商议。1933年,何其芳、朱企霞等商定,在《华北日报》附编了《每周文艺》,废名、李长之、臧克家等都在上面发表了诗文,朱光潜、萧乾、沈从文、俞平伯等名家是该刊的特约撰稿人,足见联系面是很广的。刊物停刊后,次年他和朱企霞等又在《华北日报》副刊版办起《文艺周刊》。当时,何其芳、卞之琳、李广田三人和往来于京、沪之间的郑振铎、巴金等相处得很好。卞之琳协助靳以在北平编辑我国第一个大型文学期刊《文学季刊》,同时又附编了《水星》月刊。何其芳在学习、创作之余,常常去帮忙,协助看诗稿和散文稿。他认真处理每一件来稿,从不马虎。在朋友们的督促和他自己的努力下,何其芳创作了不少精美浓艳的诗文,这就是后来结集的散文集《画梦录》和收在诗集《预言》中的诗歌,为他在文坛上赢得了广泛的声誉。《每周文艺》、《文学季刊》、《水星》等刊物,那时在上海的鲁迅曾经给予过相当的注意,而何其芳是为这些刊物的编辑出版花费了不少心血的。

1935 年秋,23 岁的何其芳大学毕业。经靳以介绍,他到了著名的天津南开中学任教。1 年以后,他应吴伯箫之邀到了山东莱阳的乡村师范学校。不久,他踏着卢沟桥畔的隆隆炮声,带着责任感回到家乡万县,在省立师范学校教书。他和杨吉甫再度携手,在《川东日报》附编了《川东文艺》周刊,进行“启蒙的工作”,抨击时弊,唤起人民的爱国情绪和抗日热情。

《川东文艺》遭查禁后,何其芳到了成都。由于好友方敬和曹葆华的引荐,他到成都石室中学(今四中)任教。他感到即使在成都,他的启蒙计划依然是有用的。他便和当时在四川大学任教的老师和朋友朱光潜、冯文炳(废名)、罗念生、方敬、卞之琳等商议,于 1938 年 3 月 16 日创办了宣传抗日战争和支持社会正义、针砭黑暗现实、进行启蒙宣传的 16 开 8 页的小刊物——《工作》半月刊,共出 8 期,于 1938 年 7 月 1 日停刊。

1938 年 8 月底,何其芳由成都经西安到达延安。12 月,他和沙汀率领鲁迅艺术学院的部分学生到贺龙将军的部队实习。在前线,何其芳和鲁艺的学生在战斗之余,编油印的《战斗报》和战士教材。1939 年 7 月回到延安后,何其芳在教学、行政、创作之余,还担任了新创刊的由周扬主编的《文艺战线》的编委。他自己的不少报告文学如《日本人的悲剧》等就发表在《文艺战线》上。《文艺战线》是何其芳参与编辑的第一个革命期刊。

1941 年冬,何其芳和周立波、严文井、陈荒煤等成立了草叶文学社,出版《草叶》双月刊。何其芳是编委之一。他的短诗《河》和《黎明》就发表在《草叶》创刊号上,后来收入诗集《夜歌》。

1944 年 4 月和 1945 年 8 月,何其芳两度携命来到山城重庆,从事文艺界的统战工作。其间,他作为四川省委委员、省委宣传部副部长、《新华日报》副社长等,除负责《新华日报》副刊外,还接办了邵荃麟主编的《联合特刊》(由原在重庆出版的《中原》、《文哨》、《文艺杂志》和《希望》停刊后改用此名)。在《联合特刊》因稿件和印刷困难停刊后,又独力创办了《萌芽》双月刊。

1949 年春,何其芳参加了第一次文代会的筹备工作,主持大会宣传处。会后他负责编辑了大会纪念文集。稍后,他除在马列学院(即中央高级党校前身)教国文课外,又担任了新创刊的新中国第一家最大的全国性的文学期刊《人民文学》杂志的编委,负责审定诗歌和理论稿件。

1953 年 2 月,中央人民政府政务院文化教育委员会决定成立北京大学文学研究所(不久改为中国科学院文学研究所,后又改为中国社会科学院文学研究所),何其芳奉命离开中央高级党校到文学研究所任副所长、所长。从那时,一直到 1977 年 7 月逝世前,除 10 年浩劫期间无法工作外,何其芳后半生的全部心血都扑在文学所了。其间,他除了自己从事研究工作、主持文学所的日常事务外，编辑刊物与丛书花费了他大量的精力。

何其芳十分重视刊物的编辑工作。他作为中国作家协会书记处书记和古典文学部副部长，最初分工兼管《文学遗产》。1957年《文学研究》（季刊）创刊（后改名为《文学评论》双月刊），他又亲任主编。1958年又创办了《文学知识》月刊。何其芳还主持成立了专门的编辑部，编辑出版《古典文艺理论译丛》和《现代文艺理论译丛》（截至"文革"前共出16册）。他组织了专门的编辑委员会，编辑出版《外国古典文学名著丛书》约十余册。他热情组织并具体指导了以文学所名义编写的《中国文学史》（3册）、《十年来的新中国文学》等书。他仔细计划并组织出版了《文学研究所专刊》（5册）、《文学研究集刊》（6册）等许多书刊。

二

1945年秋的一天晚上，何其芳受命接郭沫若、茅盾到红岩村。毛泽东在一间会客室里一起接见了他们。他指着何其芳笑呵呵地向郭沫若和茅盾介绍说：何其芳这个同志有一点优点，认真。

何其芳确是个认真的人。从刻意"画梦"，沉湎于"梦中道路的迷离"，到由于现实荆棘的刺激"忘记了个人的哀乐"，他正是由于认真而执着的追求与思索才发生转变，一步步走向进步的。在创办《工作》时，何其芳非常热心。除撰稿外，他几乎包揽了刊物的编辑、付印、校对、发行等许多具体事务。他严格审查，在杂志上很难发现错、白、漏字。他亲自跑印刷厂，把刊物送到书店，月底自己带着折子到处算账，还到邮局把大包大包的《工作》寄回他曾任教的万县省立师范学校。创办《萌芽》时，他事先已和三联书店议妥由书店负责经费和出版发行工作。每到刊物发稿时，他往往连续几天耽在编辑部和协助他的王觉一块儿看稿。待刊物编好后，他每次都要亲自去远在重庆南岸山沟里的印刷厂去校样，清早乘船过江，傍晚方回。对于《文学评论》、《文学知识》、《文学遗产》等刊物的编辑工作他都亲自过问，对重要的文章和选题计划他都一一认真审查，决不草率从事。他在百忙之余，亲自审阅和刊发了大量立论扎实、论述严谨、有相当学术价值的论文，并亲自撰写了一批专论性的论文和有较强学术性的《编后记》等。在他的主持、组织和具体指导下，《文学评论》乃至改刊后的《文学遗产》在文学研究界享有很高的声誉，迄今仍是这一领域的权威性刊物。

在处理稿件时，何其芳非常认真，慎重而负责。《草叶》主要发表鲁艺师生的作品，作为编委，他看稿，审稿，改稿，有时甚至写出比原作还长的批语，详尽分析得失，朴质热忱，培养了鲁艺的一批文学新苗，赢得了鲁艺师生们的一致信赖和赞扬。在重庆时期他编《新华日报》副刊、《联合特刊》、《萌芽》时，坚持每稿必复，自己亲自动手复了不少信。解放初，编辑《人民文学》时，他尚在城外的马列学院教书，不时进城参加编辑会议。平时他所经手的稿子，无论用与不用，都提出具体而详细的书面意见或处理办法，态度很明确，决不含糊从事。如果他觉得对稿子把握不准，则提出应请茅公(即茅盾)审阅或和其他编委共同商量后决定，给编辑工作带来了很大方便。他主张每信必复，以尊重作者的创作劳动，向作者提出诚恳的肯定或建设性的批评意见。他自己就是身体力行，一以贯之的。“以自己的心温暖他人的心”，何其芳这样说了，而且这样做了。50年代末，吴奔星同志写了《试论新月派》一文寄给何其芳主编的《文学研究》季刊。何其芳感到新月派在我国现代文学史上占有重要的地位，不可一笔抹杀，但他又觉得在当时的政治条件下应采取十分审慎的态度。他三次给作者提意见，并且自己动手删改了多处。在发稿之即，他又亲自写信给作者，说明删改之处，“希望得到”作者的同意，“如不同意，请即来示，以便再加改正”。不久，反右斗争开始，政治气候急转直下，稿件显然难于问世，何其芳及时去信告知了吴奔星同志。20年后该文始得以在

《文学评论》上刊出。

三

何其芳十分注意在来稿中发现并扶持和培养文学青年，使他们在创作上稳步扎实地前进、提高。他常花不少时间约一些青年作者到编辑部长谈，诲人不倦。重庆时期，刚开始写诗的文学青年野谷托了《新华日报》的报童将他的二十多首诗歌习作带给何其芳。何其芳很快回了信，8 行书的信笺，密密麻麻写了 8 页，有四千多字。他找野谷，详尽询问他的生活、志向，评点他习作的得失长短，又亲自从他的诗本上抄了几首推荐发表。为了不致引来麻烦，何其芳亲自为他取笔名。青年诗作者陈虹给《新华日报》寄了歌颂解放区的《荒原上的歌》，何其芳复信认为他"不了解真实情况"，过分溢美，劝他不妨"实地去看看"，要他注意"凡艺术皆美，而诗艺尤最"。他留下陈虹的《夜歌》组诗准备在《新华副刊》发表，因稿挤便转给陈白尘主编的《华西日报》副刊发表。这使陈虹大为惊讶，也深受感动，从此走上了文学创作之路。退稿一般总难免使人灰心、沮丧，何其芳则认真、热诚，处理得让人心悦诚服，感到温暖和鼓舞。刚刚萌生的小草，正是需要阳光雨露滋润的时候。何其芳集作家和编辑家于一身，发现、扶持和培养了一批批文学创作人才和文学评论人才，为我国新文学事业的发展和繁荣竭尽全力。

四

何其芳不仅是杰出的诗人、散文家和文艺理论家，而且堪称远见卓识的编辑家。他十分重视文学研究的基本建设。为了促进我国文艺研究的发展，提高我国文化科学的水平，何其芳主持编辑出版《文艺理论译丛》(后来改为《古典文艺理论译丛》、《现代文艺理论译丛》),把有计划地、全面而又有重点地介绍、引进西方的文化理论,作为必不可少的借鉴。他重视外国文学名著的研究与介绍,不仅亲自撰写了一些评论文章,而且组织编辑出版了《外国古典文学名著丛书》。另外,他还主持编辑出版了《马克思主义文艺理论丛书》(6 册)、《外国古典文艺理论丛书》(5 种 4 册)。凡是译著的译文,他大都参与修改定稿,使之公允、客观、稳妥。这些属于基本建设性的工作,对文艺理论研究,外国文学研究水平的提高产生了很大和很好的作用,影响深远。如果这些丛书不是在"文革"前出版,而是在 70 年代或 80 年代出版,那么,我国目前的文艺理论研究和外国文学研究水平如何,实在是不难想象的。

何其芳很重视古典文学遗产的选注与整理工作。他也关心现当代文学的研究。无论是选注、整理、翻译还是研究,何其芳为一些书志的问世花费了大量心血,虽然这些书志并未署上他的名字。文学所选注、北京版的《唐诗选注》是一个很有代表意义的例子。何其芳在 1958 年提出了文学研究所的长远规划:在文艺理论方面,10 年内完成文艺理论专著 10 种;在外国文学方面,10 年内编写出苏联、英国、法国等 9 国文学史,还计划继续编辑出版汉译《外国文学名著丛书》,汉译《外国古典文学理论丛书》、《马克思主义文艺理论丛书》,在古典文学方面,10 年左右完成计达 14 卷的《中国文学史》。由于 17 年中"左"的干扰,尤其是 10 年浩劫的破坏,何其芳这些宏伟的计划当然无从实现。1971 年,他从干校回到北京,算是恢复工作。他又筹划文学所的研究工作。在粉碎"四人帮"后,何其芳心情舒畅,不顾病痛,拄着拐杖和青年人一起上街庆祝了 3 天。他精神焕发,雄心勃勃,要将过去被耽误的时间夺回来。他又积极组织力量,着手编写 14 卷本的《中国文学史》,制订新的系统研究马克思主义文艺理论的长远规划以及其他计划,准备《文学评论》复刊……孰料想,可恶的癌症夺去了他的生命,在

65 岁的盛年离开了我们。令他九泉之下欣慰的是，他的许多编辑规划或设想已经或正在成为活生生的现实。

原载《编辑之友》1987 年第 6 期

感念何其芳同志的扶持

炼　虹

1944 年夏，我和诗友李岳南、沈纪淙、周丽砂等在重庆办出版社，编《诗焦点丛刊》，有时也给《新华日报》投点稿。有一天，我收到一封由何其芳署名的退稿信，其中一段说："你这组《荒原上的歌》写得很有激情，可见你是多么热爱、向往解放区。只是你不了解实际情况，全凭想象，自不真实——你把解放区写得太理想化了，反而使人产生怀疑，不大相信，那就收不到预期的效果，甚至起反作用。"他当时虽是负担革命宣传工作，却不赞成失实溢美的歌颂（反对写得太理想化）而要求如实反映。他这样实事求是的态度，对我的创作和待人处事都是一次深刻的教育。

他在信中还说："我们欢迎你实地去看看，相信你会如愿以偿——写出你所希望的好诗来。你的另两组诗选留了四首，总题为《夜歌》你同意吗？拟在适当时候刊用。"我读了真是感激万分，喜出望外地把信反复看了又看，决定"再闯延安"，（因我曾经"闯"过一次——那是 1940 年秋，周恩来同志到我们育才学校动员过部分师生，我却没有走通）便去找其芳同志，未遇，接待我的同志说，可持何信去八路军办事处联系。于是，我第一次登上"红岩"，得到了指点，叫我再约几个同志结伴而行。我去约丽砂、纪淙，他们说走不成了。以后才知道，党给他们另有任务。而我当时正脱党，和他们无横的关系，只好一个人暂到成都等待机会。

到成都后,12 月 30 日那天忽见《华西日报》登出了其芳同志留下的我那一组诗《夜歌》,我感到意外,更觉得奇怪——怎么回事呢?当即写信询问编者,并附上包括《荒原上的歌》的几组诗。回信说:"尊作是由何其芳同志转来,因《新华副页》稿挤。你寄来的诗,我们也准备选用……"不久,《华西日报》被国民党"接收",编者转到《华西晚报》,我的一些诗便在《华晚副页》陆续刊出。又不久,我接到这位编者手迹的署名林兰(即苗家秀,本名程再华)的来信说:"我是《华晚副页》主编陈白尘的助手,现到了《新康报》。我很喜欢你的《荒原上的歌》,特地把它带到了这里。因全组七首一次发表太显眼,拟分散发出以免引起注意,不知你以为如何?我已发了一首《哨兵的话》,谨寄上剪报……"我复信表示感谢,也如实地把其芳同志的意见告诉他,以后便不见他再寄剪报来,不知是采纳了其芳同志的意见还是别的原因。后来,其芳同志给我寄来发表在《新华日报》的我的一首诗《难道我不是"公民"?》的剪报,附言说:"你这首长诗颇尖锐、辛辣,是从生活出发的,真实的,但不够艺术化——不美。要知道:凡艺术皆美,而诗艺尤最。"我把"艺术皆美,诗艺尤最"八字抄置于案头,长期作为"座右铭"。

退稿,一般总是叫人难受的,他却使你心悦诚服:既坚持原则,指出问题,又让你感到温暖和鼓舞;而且给你指引道路。由于他的鼓励,我始终充满信心,特别是,他把用不了的稿子推荐给别的报刊,为我打开了文学之门,才使我以后能继续努力下去作出点滴贡献。否则,他完全可以随便一退,不用操劳写一个字,更不必担当责任"欢迎"我去解放区。

以上这段与何其芳同志的因缘,使我终生感念不已。我认为,这很可以说明其芳同志爱护文学青年的高贵品格。

原载《何其芳研究资料》1983 年第 4 期

一位严谨认真的学者型编辑家——何其芳

王一如

提起何其芳,人们首先想到的是享誉文坛的诗人、作家和理论建树颇丰的文艺理论家,其实,他也是一位从事了多年编辑实践活动的严谨认真的学者型编辑家。长期以来,人们从作家和理论家的角度对他进行了全面而深入的研究,但对于他在编辑出版活动中所做的种种努力却少有问津。鉴于此,本文在梳理何其芳编辑出版实践活动的基础上试对其编辑思想做一简要评析。

何其芳原名何永芳(1912~1977),出生于四川万县一个偏僻山乡的封建家庭。他自幼喜好文学,1930年第一篇小说《摸秋》发表在《新月》第一期,初显文学才华,后发表成名作《预言》,引起诗坛关注。1931年何其芳和同乡杨吉甫共同创办小型文学期刊《红砂碛》,并以"秋若"的笔名撰写发刊词《释名》,从此便在编辑领域里耕耘不辍。1933年,进入北京大学哲学系读书的何其芳又与朱企霞商定在《华北日报》附编了《每周文艺》,刊物停刊后二人又在《华北日报》副刊版办起了《文艺周刊》。1935年大学毕业后何其芳先后到天津南开中学、山东莱阳乡村师范学校任教。1936年出版散文集《画梦录》,获《大公报》文艺奖金。抗日战争爆发后他回到家乡,再次与杨吉甫合作,在《川东文艺》附编了《川东文艺》周刊,后辗转到成都石室中学任教,并于1938年3月16日和朱光潜、卞之琳等共同创办了《工作》半月刊。1938年8月,何其芳奔赴延安,任教于鲁迅文艺学院。在延安,他编油印《战斗报》和战士教材,后又担任新创刊的《文艺战线》编委。1944年4月和1945年8月,是何其芳编辑生涯较为活跃的时期。他两度奉命到山城重庆工作,负责《新华日报》副刊,接办了邵荃麟主编的《联合特刊》,后又独立创办《萌芽》双月刊。

新中国成立后,何其芳任马列学院教员,同时担任新中国第一家大型文学期刊《人民文学》的编委,负责审定诗歌和理论稿件。1953 年起,他开始到文学研究所工作,任副所长、所长。在注重理论研究的同时,他亲任《文学研究》、《文学评论》主编。他还主持成立了专门的编辑部,编辑出版《古典文艺理论译丛》和《现代文艺理论译丛》;组织了专门的编辑委员会,编辑出版《外国文学名著丛书》;热情组织并具体指导了以文学所名义编写的《中国文学史》、《十年来的新中国文学》等书;并组织出版了《文学研究专刊》(5 册)、《文学研究集刊》(6 册)、《唐诗选》、《唐诗选注》等许多书刊。丰富的编辑活动为何其芳积累了宝贵的编辑经验,也形成了他独具特色的编辑理念。

一　反映现实生活　关注社会热点

何其芳秉承了中国文人“先天下之忧而忧,后天下之乐而乐”的忘我精神,在办报编书刊过程中他始终把握反映时代和服务民众两个鲜明主题,尤为关注社会热点,民生疾苦。结合自己在谈到作家的独创性时,何其芳认为:“每个时代的获得了较大成功的作品都有这样一个秘密,它总是表达了他那个时代的特点,它那个时代的精神。”①这种创作观无形之中融入到他的编辑理念,在《工作》创刊号上他明确表示:“我们相信脱离了人生、脱离了时代,脱离了为这民族的自由而战斗,而死伤,而受着苦难的群众,无论任何形式的文学作品都不会伟大起来。”②按照这样的办刊宗旨,由他作为编辑主力的《工作》刊物多是报道当时战区的实际情况,揭露社会黑暗,抨击后方时弊。民族的危难使何其芳忘记了“个人的哀乐,转而关注处于饥饿死亡中的民众”,时刻反映当时的社会现状,反映处于那个时代的劳苦大众的生活面貌。在他负责《新华日报》副刊时,《读者园地》是一个专门报道百姓问题的栏目。其中刊登了《和平乡乡长吞食民工伙食》、《保甲宴会农民出钱　佃农献金又没收据》等多篇与民众生活休戚相关的文章,竭尽全力地反映出当时“大半个旧中国人民的各种痛苦,各种要求”。[③]更为难得的是,这些都是从百姓给编辑的来信中挑选出来的,是民众讲述自己的切身经历,正如读者在来信中谈到:“我们是爱读《新华副刊》的,它帮助我们认识现实,做一个有用的人。”对于一个富有社会责任感的编辑而言,何其芳在遇到比较敏感的热点问题时,也是从帮助读者了解现状,明辨是非的角度如实报道。特别是在发生昆明“一二·一”惨案时,在别的报纸都不刊登的情况下,他提出“为使人们明了事情的真相,《新华日报》必须报道”。[④]编辑家何其芳从当时的时代氛围出发,着眼于民众的切身利益,始终将社情民意放在首位。这种高度的责任感、使命感对于新时期的编辑同样具有借鉴意义!

二　注重读者工作　正确引导读者

编辑出版工作最终的归宿是为读者服务,读者是刊物最权威的评判者。因此,何其芳尊重读者,贴近读者,尽一切可能地做好读者工作。在编辑过程中,他重视读者参与刊物的编辑活动,形成了编者读者互动。他在主编《新华日报》副刊时,“新华信箱”、“简覆”、“小问题”、“医药问答”等多个栏目都采用读者提问、编辑做答的方式,有效调动了读者的积极性,凸现了对读者意念的尊重。1957 年后,何其芳主编《文学研究》、《文学评论》刊物。他在《文学研究》创刊时谈到:“一家独鸣都是只会带来思想停滞和思想僵化的。”“我们的学术水平,我们这个刊物的质量,都只有在‘百家争鸣’的方针下广泛发表各种意见和自由竞赛,然后有可能逐渐提高。”[⑤]后来《文学研究》改为《文学评论》,他又专门设立“读者

作者　编者”和“通信”两个栏目,并亲自撰写了一大批学术性较强的“编后记”。“编后记”将每一期刊物的大致内容和具体的办刊宗旨作了简要介绍,为读者的进一步阅读提供了参考,也为作者的投稿指明了方向,是编辑部意图的最好展现。编辑活动不单是编者的活动,而是编者、作者、读者的一个连续互动活动。编辑语言的运用,为编者、作者、读者之间的沟通搭建了一座桥梁,也为其提供了一个共同参与的交流平台,促进各种观念的碰撞和启发。在相互启发中,编者、作者、读者都得到了提高,同时也促进了刊物的健康发展。

何其芳在编辑活动中还特别注重刊物的社会影响,积极引导读者需求。在《萌芽》创刊前,他便对助手苏执说该刊除发表文学作品外,还要刊登一些指导青年读书、生活的文章,帮助广大青年树立正确的人生观、世界观。当荒诞、色情小说《北极风情画》、《塔里的女人》在社会上广为流传,影响极坏时,他请邵子南写了评论文章发表在《萌芽》上,提高读者的鉴赏力。

1944 年 7 月,在分管《新华日报》副刊工作时,他组织的关于《风沙之恋》的讨论在当时引起了很大反响。为了帮助作者更好地理解作品内涵,他还写出了《评〈万世师表〉》、《评〈芳草天涯〉》、《〈清明前后〉的现实意义》等多篇文章发表在《新华日报》上,身体力行,起到了表率作用。新中国成立后不久,何其芳开始到文学研究所工作,不断增强的判断能力和鉴别能力使他更加注重作品的导向功能,重视培养读者健康向上的审美情趣。这一时期他主编《文学研究》刊物,专设“书评”一栏,并坦言“这工作十分重要,读者对这方面的要求也十分迫切,我们殷切地盼望各地作者支持我们,多多供给一些书评方面的稿件”。⑥编辑塑造着作品的风格,作品又塑造着读者的风格。因此作为精神文化产品的把关人,编辑在满足读者需求的基础上必须要提高读者的阅读品位。按照结构主义学家皮亚杰的理论,在编辑与读者之间有种顺应和同化的关系，编辑应该顺应读者，满足其心理需求，也应同化读者，对读者起到一定的引领和提升作用。编辑和读者就是在这种顺应和同化的相互作用下不断提高。何其芳尊重读者需求，但又不被动地迎合，而是在满足读者需求的基础上不断地超越读者需求，发挥着积极的引导作用。

三　独具学术眼光　实现选题创新

新中国成立后，何其芳在从事编辑工作的同时，又十分重视理论研究，学术成果独树一帜。此时，善于博采众家之长的何其芳将编辑工作与学术研究紧密结合，凭借深厚的学术素养，牢牢把握正确的办刊方向，在选题、策划等多个方面凸显自己的一家之言！

1957 年后受“左”倾思想的影响，文艺界刮起了一股否定文学遗产的歪风，很多人对“厚今薄古”的学术口号加以简单化、庸俗化理解，以至于当时出版的文学史把解放前七八百年的文学史编为上册，解放后十来年的文学史编为上册，解放后十来年的文学史编为下册，何其芳对这种做法提出了质疑。1961 年，时任文学研究所所长的何其芳同所里的同志召开全国少数民族文学史编写讨论会。在会上他指出：“我们在编写中对‘厚今薄古’的口号必须提而不必作什么讨论，只是盲目地执行就是了。这是不正确的。”⑦他认为在编写过程中要从两方面加以考虑，一是我们对“厚今薄古”这个口号了解得怎么样，是否全面；二是我们对编写工作的情况了解得怎样，在对待古和今的问题上有无缺点。在此基础上他对编写少数民族文学史提出要求：“文学史是要写出文学发展的全貌，古代、近代和现代的文学在篇幅上所占的比例仍应比较平衡，比较适当。并且这种比例应该根据各民族文学的实际情况去适当研究，不应该也不可能强求一律。”⑧这体现了何其芳对学术问题的科学态度，这种精神也体现在他的编辑活动中。在当时，虽然"左"的影响较大,但何其芳在编辑活动中坚持学术性、科学性,他编的刊物能够做到严把质量关,不跟风、不应景,始终坚持正确的编辑出版方向。

何其芳极为注重对外国文学的研究与介绍,组织编委会翻译出版了《外国文学名著丛书》;并成立专门的编辑部,出版了《古典文艺理论译丛》和《现代文艺理论译丛》,有步骤、有重点地引进外国文学理论,为广大的理论工作者了解吸收西方的学术思想元素打开了一扇窗口。这一举措对于当时成立不久、百废待兴的新中国而言是富有远见的,为饥渴的读者提供了丰富的精神养料。

学术研究和编辑工作是相辅相成的互动关系。深邃的学术洞察力使得编辑能够在把握学术发展趋的基础上洞悉最新的研究成果,实现选题的突破;"慧眼识珠"的鉴赏能力又利于从大量投稿中遴选出高质量的文章来,体现刊物的水平。作为新中国卓越的文艺理论家,何其芳精湛的学术造诣的确为他的编辑工作平添了不少亮色。敏锐的学术洞察力和不凡的前瞻判断力在他的编辑出版生涯中表现得淋漓尽致,使他在策划、选题、审稿过程中披沙捡金、鉴真辨伪!何其芳借助编辑活动完成和实现了自己作为一个优秀学者的思想和使命,同时从另一个方面又通过办刊编书促进了何其芳自身的学术研究。

四 严谨认真 一丝不苟

1945年秋,毛泽东在重庆红岩村接见郭沫若和茅盾时,指着在旁陪同的何其芳说:"这个同志很认真。"这既是毛泽东对何其芳工作作风的称赞,也是何其芳性格中最鲜明的特色。正是这种认真奠定了他在编辑出版方面取得的卓越成绩!

在创办《工作》时,他几乎包揽了编辑、付印、校对乃至发行等各项工作,并严格审稿,使读者在杂志上很难发现错字、漏字。在重庆编《新华日报》副刊、《联合特刊》、《萌芽》时，他更是坚持对读者每稿必复，自己亲自给读者写了很多具有启示意义的回信。

20 世纪 60 年代，我国处于经济暂时困难时期。为了鼓舞士气、战胜困难，毛泽东授权让时任文学研究所所长的何其芳从历代笔记小说中选编一本《不怕鬼的故事》的书，并要他写一篇序文。何其芳将序文写好后，经过几次修改呈送给毛泽东同志审阅。1961 年 1 月，毛泽东两次召见何其芳对序文修改作出指示。何其芳几易其稿，定稿后毛泽东又让他送清样给刘少奇、周恩来、邓小平、周扬、郭沫若五位同志一一审阅。[9]在编辑出版过程中，毛泽东的严格要求令人感动，何其芳这种一以贯之的严谨态度值得钦佩！

晚年的何其芳深受心脏病、高血压、脑意识障碍症等多种疾病的困扰。尽管如此，他仍然以极端负责的态度对待编辑工作，恪尽职守。病重期间，他还在对《唐诗选》、《唐诗选注》的注释和作家小传进行着认真的审核。有时为了一条注释，需要花费几个钟头，他却毫不马虎，严格查对，自己查不到的也要请别人查，直至准确无误。窥一斑而知全貌，何其芳在编辑出版工作中始终表现的是一种一丝不苟的认真精神，这反映了他治学态度的严谨，更流露出他对编辑工作的热爱！

需要指出的是，何其芳中年时代处在我国政治路线和文艺路线的“左”倾时期。作为他本人很难超越自己所处的时代，他的一些文章中不时地流露出“左”倾思想的烙痕，学术思想中也有着某些缺陷和偏颇。但平心而论，人们总是很难摆脱自己所处时代的影响，对此，我们并不能求全责备，更不能因此而抹杀他在编辑出版领域做出的突出贡献。

何其芳集作家、文艺理论家、编辑家三种身份于一身，作家与文艺理论家的显著成就使他深知创作和学术研究的艰辛，使他富有远见卓识的学术眼光和判断力、鉴别力，这有助于他审慎处理编辑工作中遇到的问题；出色的编辑活动又为他了解学术进程，把握学术前沿，深入开展学术研究提供了诸多信息和便利条件。对于今天的编辑工作者，我们可以从学者型编辑家何其芳身上得到诸多启示。

注释：

① 杨津华.何其芳论作家的独创性.方益中编.何其芳研究资料.1988.11.21

② 何其芳.论工作.工作.1938.01

③ 何其芳文集(四).北京：人民文学出版社，1983.111

④ 熊光道.与其芳同志的一夕谈.何其芳研究资料.1983.04.21

⑤ 文学研究编后记.1957.01

⑥ 文学研究编后记.1957.04

⑦⑧ 何其芳.少数民族文学史编写中的问题.文学评论.1961.05.80～81

⑨ 毛泽东书信选集.北京：人民出版社，1983.576

原载《出版史料》2005年第2期

存　目

著　作

何其芳　《何其芳选集》(1～3卷)

四川人民出版社1979年

何其芳　《何其芳文集》(1～6卷)

人民文学出版社1984年

论　文

荒　芜　《我所知道的何其芳同志》

《边疆文艺》1978 年第 7 期

孙　梨　《冀中生活片断——兼忆何其芳同志》

《广东文艺》1978 年第 3 期

余冠英　《哭何其芳同志》

《文学评论》1978 年第 5 期

王俊平　《春蚕到死丝方尽——回忆何其芳同志》

《文学评论》1978 年第 5 期

刘士杰　《生命的烈火——忆何其芳同志》

《文学评论》1978 年第 5 期

曾立慧　《珍贵的往事——回忆何其芳同志》

《武汉文艺》1979 年第 3 期

张梦阳　《一个青年求救者的回忆——追忆敬爱的何其芳同志》

《北京文艺》1979 年第 8 期

吕　剑　《忆何其芳同志》

《安徽文学》1979 年第 9 期

马靖立　《永远地怀念——回忆何其芳同志》

《何其芳研究资料》1982 年第 1 辑

张子仲　《何其芳散论》

《抗战文艺研究》1982 年第 2 辑

何海若　《何其芳琐忆》

《何其芳研究资料》1982 年第 1 辑

张子仲　《何其芳年谱》(初稿)

《何其芳研究资料》1982 年第 1 辑

朱光灿　《回忆何其芳老师——访王清同志》

《齐鲁学刊》1982 年第 4 期

朱企霞　《忆早年的何其芳同志》

《新文学史料》1982 年第 4 期

杜书瀛　《痛失良师——回忆何其芳同志》

《一个平常的故事》,百花文艺出版社 1982 年

扼　亭　《忆何其芳》

1982年9月29日《光明日报》

罗　泅　《何其芳与〈红砂碛〉半月刊》

《何其芳研究资料》1983年第2辑

野　谷　《忆何其芳同志》

《飞天》1983年第4期

劳　洪　《认真·严谨·朴质·热忱——回忆何其芳同志》

《新文学史料》1983年第1期

王平凡　《忆何其芳同志如何领导科研工作》

《新文学史料》1983年第1期

黄濂清　《回忆大哥何其芳——访何永纹同志》

《何其芳研究资料》1984年第5期

姬乃军　《何其芳在延安》

《延安文艺研究》1986年第1期

蒋勤国　《何其芳传略》

《新文学史料》1987年第2辑

冯　牧　《何其芳的为文和为人》

1987年12月22日《人民日报》

唐达成　《怀念何其芳同志》

1987年12月25日《光明日报》

王鸣剑　《何其芳在重庆》

《四川统一战线》1998年第1期

刘锡诚　《记忆中的何其芳》

2003年7月29日《文艺报》

金灿然

金灿然(1913～1972),原名金心声,山东金乡县人。青年时期就读于金乡县及济南等地,后曾从事中小学教育工作。1936年考入北京大学历史系。1937年卢沟桥事变后,奔赴山西临汾,进入山西民族革命大学学习,1938年到延安,在瓦窑堡中国人民抗日军政大学学习,同年加入中国共产党。后在抗大、马列学院历史研究室工作,当时曾协助范文澜同志编写《中国通史简编》。解放战争时期,任晋绥解放区绥南地委宣传部长、绥蒙区宣传科长。新中国建立前夕,曾在中共中央宣传部工作。1949年至1958年,在华北人民政府教科书编审委员会、人民教育出版社、中央人民政府出版总署文化部先后任秘书主任、副司长、局长等职,曾主编《人民日报》副刊“图书评论”专栏。1958年之后,中华书局改组为整理出版古籍和文史哲著作的专业出版社,金灿然同志担任该社总经理兼总编辑。

金灿然同志在主持中华书局8年时间,整理出版了许多著名古籍，在学术界产生了较大影响。1959年，在教育部的支持下，在金灿然同志积极倡导下，在北京大学中文系创办了古典文献专业，为出版界培养了新一代的古籍整理研究人才。金灿然同志在工作中尊重知识，重视人才，在人才使用上曾提出“人弃我取，乘时进用”的八字方针，显示了他的远见卓识。

反对对人民不负责任的出版者

——评“时代百科小丛书”

金灿然

京津沪解放以来，有个别书店，迎合一般读者日益增长的对革命理论、建设经验及历史知识的书籍的需要，出版了一些水准很低、政策思想错误很多的小册子。这些小册子的作者和出版者十分缺乏对人民负责的精神，丝毫没有革命的文化工作者应有的严肃态度，因而他们没有办法不堕落到投机商人的行列里。上海时代书局（不是时代出版社）出版的若干书籍，可以作出版界这种恶劣风气的代表。以下就把我所看到的时代书局出版的“时代百科小丛书”作材料，就思想、历史两方面略加论述，并附上一个校勘记。希望我的意见能够引起时代书局及与时代书局或多或少有类似情况的个别书店的注意，从而大家珍惜自己的名誉，提高对出版工作的责任心。

一　荒谬的思想

“时代百科小丛书”所包含的一些小册子，思想内容是颇不一致的，但有一个共通的特点，就是：在一些革命词句的掩饰之下，填塞着各色各样不正确的甚至反动的思想。现在以《社会的解剖》(廖觉著)、《怎样学习历史》(廖觉著)为例。

《社会的解剖》是用书信体写的,作者把通讯的时间定在解放前后,这本书出版的时期是 1949 年 12 月。通讯的一方是一个学生,另一方是那个学生的思想指导人,就是作者。书中首先谈到哲学。作者认为“哲学的目的,是在于寻求宇宙第一根本原理”(页 4),“哲学的任务在于解释科学家认为不必解释的事物”(页 5),哲学的工作是“所谓极深研几”(页 6)。在这些极端唯心论、神秘论的后面,作者也谈到立场问题:“因为人类有着自私的性格,一切议论和打算,都是要根据自身的利益出发的。同时,人体就是一具有定限的物质形体,所以也有着一定的立场、观点和视野。”作者竟无知到这个地步,把由社会生产关系所决定的人的立场问题,曲解作是由人类的性格与形体所决定的。由这个观点出发,他进而把立场当作偏见,把被压迫者对压迫者的斗争认为由“力学观念”出发的“多数主义”的“聪明的”行为,把统治者对被压迫者的斗争认为“从许多力学公式中运用出各种平衡手段,以谋缓冲”(页 14)。这是对于革命与反革命的斗争的恶意的歪曲。以无产阶级为领导的在全世界范围内所进行的阶级的与民族的解放斗争,是社会发展的必然结果。这个斗争必将获得胜利,反动统治者的任何平衡、缓冲、镇压手段都不能挽救他们的行将到来的不可避免的灭亡的命运。

对于中国社会,作者固然也说了一些这样的似是而非的空话:“控制中国的都是资本帝国主义”,“一般都在帝国主义经济的控制和资本主义文化的影响之下,但封建残余的势力和旧意识的蛰伏,却也不能忽视”(页 77);但他的认识其实并非如此。他对于这样一个资本家很表同情,这个资本家认为“实在我们这个国家太穷了,再也斗争不得,兵和兵要打仗,穷人和富人要斗争,这样下去真是不得了”(页 45)。他把这个资本家在某地所开的工厂“看作是一个典型”,认为这个工厂“表现着资本主义苗生的姿态,对于各方面，都是新生的欣欣向荣的气象，表现着一种转化的契机"，"向着新的资本主义社会开步走了"，"土地经营首先从拥有大量土地的开明人物中转向工业生产"，并进而闭着眼睛胡说道："一般说来，整个中国经济情形，也跑在如此的历史阶段"（页 63 ~ 64）。由此可见作者认为在帝国主义、封建势力、官僚资本控制之下，民族资本是可以畅快发展的，因此他劝那位学生"要争取被栽培的地位与机会"，不要"被人利用"，"且不可传染什么政治苦闷"（页 62 ~ 63）。他又十分担忧地悲鸣道："中国走向资本主义的链子一断，就是说中国的统治权崩溃，这散乱的图画是不容易描摹的"（页 72）。与作者通讯的那个学生走出学校以后首先被那位资本家所赏识，后来又在南京的一个与警察局有关的调查机关服务，最后，照作者的安排，又跑到解放区来作为一个地下工作者被派了出去。从这里不难看出，在许多谎言下，作者在肯定着一个怎么样的社会，教导着一种怎么样的人物。

《怎样学习历史》也是一本在思想上谬误百出的书。为了装点进步面貌，书中也引了一些列昂节夫讲社会发展史的话，说，"那末，我们更又多懂得了一种崭新的正确的历史观了"。不知道是这个断语违反了作者的心愿，还是排字房排错了，"正确"的"正"字在书中竟成了"不"字。这是小问题，且不去管它。我们来看一看作者怎样解释历史吧。在扉页上，用四号长仿宋字排了这样一句话："历史是人们继承文化遗产的权益书"，在正文中又说："所谓历史，就是故事。""历史是什么呢？历史是古往今来的事情。"这完全是庸俗的资产阶级的历史观点。用马克思的经典的话来说："一切至今存在过的社会的历史，是阶级斗争的历史。"这道理作者根本就不理解，恐怕他也不愿意理解。对于历史观，作者有的地方解释为历史的成见，根本加以否定（页 56）；有的地方又采取了诡辩的口吻，说"变是不可变的定理，不变的就是那变的法则"（页 62）；有的地方则将唯心的、机械的与唯物的历史观点并列，并且把唯物史观曲解为“是导源于圣西门的以生产事业为中心的观念”(页70)。对于中国历史,十分错误地解释为受地理环境所左右(页51)。更把阶级斗争与帮口、行会并列,说是由于“人与人间的利益不同”而引起的,而这里的所谓利益不同,作者竟曲解为工农对立:“谷价贱了,农民不合算,米价贵了,工人划不来。的确,有占便宜的,就有吃亏的;有吃亏的,就有占便宜的。”(页53)作者甚至于毫无国家观念与民族意识,说鸦片战争是英国与中国间的文明与落后的斗争(页54)。而且缺乏任何人民的感情,说:“譬如在北京和上海同时举行纪念天安门事件的仪式,在上海方面的情绪,一定及不来北京所表现的情绪”;“假使现在举行一次关于蒋介石的集会,不论其内容意义是属于毁或誉,一般的反应,必然是有情绪表现的”(页80)。把有空前伟大的历史意义的开国大典妄称为:“天安门事件”。对于人民公敌蒋介石,在作者笔下竟至于毁誉不分,作者的立场究竟何在!

二　错误的历史

“时代百科小丛书”中,共出了6册关于中国近代史的。为了节省篇幅,我这儿只按照历史的顺序将《鸦片战争》(刘大新著)、《义和团》(铭青著)略加批判,并在下一节中将《辛亥革命》(高韶先著)加以校勘。

《鸦片战争》的作者缺乏起码的历史及一般常识,如说鸦片是二年生草木呀,印度人把鸦片像柿饼一样待客呀,“人参贸易培养起满清的势力,并且铺开了清兵入关的道路”呀等等,简直幼稚得可笑。他又缺乏起码的分析问题的能力,如在列举了国民党政府所作的1000个烟民成瘾的情况调查之后,抛开一切社会条件与阶级关系,断定吸烟成瘾的原因“不外乎疾病和玩弄两种”。在使用材料上,更是随随便便,顺手牵羊,如用了一页的篇幅介绍鸦片的中外写法，用了两页的篇幅介绍了各色烟土，又用了一页的篇幅介绍烟具等等（均见第1章）。

对于鸦片战争这个有历史意义的事件的本身，作者的认识简直是错误百出。他认为"英国是一个产业革命的最先进的国家"，"一直是沿着征服农业诸民族的路线发展的"，英国"所以一定争着鸦片这一特殊商品的贸易自由，也实在因为没有别的商品可能大量运到中国市场来畅销"（见第2章）。这就是说，英国这个"先进国家"用鸦片来征服中国这个落后的国家，是情有可原的。据作者的分析，关于禁烟问题，三种人表现着三种不同的态度，即以林则徐为代表的严禁派即书生派，以许乃济为代表的变通派即官僚派，以穆彰阿为代表的贵族派。作者对于书生派的评价是"书生派是最能把握舆论的，当时舆论的压力实在不容轻侮，许乃济就完全被舆论所压倒的"。对于所谓官僚派，作者的评价是"他的见解终于有事实为之证明，为着要禁烟而和英国打仗，不仅打败了，打过仗之后，鸦片市场竟是更加扩大和繁荣，土烟的种植也兴盛起来了，洋烟土烟同时盛行"（均见第3章）。鸦片战争中我国怎样打败的呢？作者在页26上解答说，我们"竟大吃败仗，主要是由于我们的科学和技术落后，武器窳败"。由此可见，在作者看来，鸦片是不应该禁的，仗是不应该打的，主张禁烟的、主张打仗的都应该负战败的责任，我们之所以打败，并不是由于满清的腐败及以琦善为首的卖国贼的罪过，而是由于技术的落后。这个见解并不新奇，现任蒋匪在联合国的伪代表蒋廷黻在15年前已拿来替蒋介石的卖国行为作辩护了。

作者的民族立场是很叫人怀疑的。他在第5章中开列了一些马克思及恩格斯的对于鸦片战争的正确言论之后，竟无批判地引用了当时的反动的英国首相帕马斯顿及陆军大臣拉沙尔等叫嚣进行侵略战争的演说，还引用了侵略战争的代言人历史学家麦加忒及泰晤士报的侮辱中国人民的文章。在第6章中，更断定"中国地位之降落……产业革命所造成的世界情势,也实在是种不可抗拒的力量”。而在最后开列的讨论题中,也竟让读者讨论这样的毫无民族意识的所谓中心问题:“谁先开火”,“战斗力与战斗意识的比较”,“作战双方的宣传如何,暨其所宣传内容之比较”(注:本文中并没有记述中国的战斗力及人民的战斗意志,也没有叙述中国方面的宣传情形)。

关于义和团运动,作者的写作态度是很值得研究的,他把乾隆年间的白莲教起义称作“阴谋起兵”,把满清对于起义的镇压叫作“戡平”。对于义和团的反抗,称为“变乱”、“肇祸”、“真堪悲痛的愚蠢”,对于义和团因政治上的幼稚而受了毓贤的玩弄,称作“把他们纳入正轨”。对于运动的历史,作者竟将足以表现中国人民的反对帝国主义侵略的英勇斗争行为略而不提,反倒过分夸张地记述了落后的迷信的方面,称义和团“不是一种有机体的战斗力”,红灯罩是“相当暴露性心理行为的”,从而嘲弄道:“多么愚蠢而可悲的民族命运!”另一方面,对于侵略者,却专辟一章叫作“八国联军进京简记”,很超然地记载了一群侵略者如何“向北京进攻”,“7月17日破通州,18日再向北京进军”,并且特别交代“联军在北京城内分区设置民政厅管理民事”,这儿作者所说的“民事”,原来就是“搜杀义和团,尸如山积”。在专记侵略者“进京”的一章后面,紧接着的一章就是“皇帝逃难”。在这一章中,记载了屠夫卖国贼荒淫无耻的慈禧穿什么衣服,吃什么饭,在逃跑的路上,哪儿“供张草率”,哪儿“供张稍好”,谁“进荷包鸡蛋”,谁“进野黄花”,并且盛赞这个中国人民的公敌“多么豁达啊!”甚至将这样无聊的事也记上了:“大阿哥养了一条小狗,给皇上要了去,后来大阿哥又找太监去讨回,为这事大阿哥受了责罚。”读者切不要误会作者在写清宫秘史,因为他在最后的“结论”中,又把问题拉了回来,并且引用了侵略军队的首脑瓦德西的话“作为本文的总结”。瓦德西叫嚣道:“关于近年以来时常讨论之瓜分中国一事,若以该国现刻武备之虚弱，财政之衰竭，政象之纷乱而论，实为千载难得之实行瓜分时机。”一切有一定政治水平的读者，请三复斯言。

三 校 勘 记

这套丛书中所收集的各种小册子，也有内容错误不多，写作水平比较高的，《辛亥革命》便是其中的一本。原因何在呢？请看下表（为求清晰，行数从略）：

《中国民族解放运动史》（华岗著）	《辛亥革命》（高韶先著）	比较
页 159	页 2～3	叙述完全相同字句略有变易
页 167	页 14～15	完全相同，分段略异
页 168	页 15～16	内容相同，字句略有变更
页 166	页 19～21	字句略易
页 168～170	页 23～28	文字段落略异
页 174	页 31～32	同上
页 171	页 38～40	同上
页 176～179	页 58～69	同上
页 180～181	页 74～76	同上

我所根据的《中国民族解放运动史》是 1949 年 8 月东北新华书店的初版本，这本《辛亥革命》的出版期是 1950 年 1 月。应该声明，我的校勘是很粗率的，遗漏的地方恐怕还有不少。而且，这个小册子仿佛不是从一个底本抄来的，如页 6 至 11，全部是从延安出版过而现在已停止发行的《中国现代革命运动史》的页 52 至 56 抄来的；页 82 至 86，而 90 至 91，又是从宋云彬先生的《中国近百年史》页 120 至 122 及页 123 抄来的。

原载 1950 年 5 月 17 日《人民日报》

为古籍出版事业鞠躬尽瘁的金灿然

何双生

岁月流逝，为祖国和人民的文教事业，特别是为古籍整理出版工作兢兢业业、呕心沥血做出贡献的金灿然同志，与世长辞已经十多年了。

金灿然青年时期为了追求真理，毅然投身革命，在1938年赴延安。从1939年到1944年春，他在延安马列学院学习，随后在该院历史研究室任研究员。由于他早年就读于北京大学历史系，基本功扎实，所以作为范文澜同志的得力助手之一，参与编写《中国通史简编》。范老后来在回忆当年的工作时，曾推许说金所承担编写的部分“写得最好”。

建国后，他一直担任出版行政的领导工作，努力贯彻党的各项出版方针、政策，对人民的出版事业做出了重要贡献。

1958年1月，国务院科学规划委员会成立了以齐燕铭同志为组长的“古籍整理出版规划小组”，金灿然是小组的成员兼小组的办公室主任。同年3月，文化部决定中华书局是以出版我国古籍和文史哲研究著作为主要任务的专业出版社，不久，他受命到中华书局任总经理兼总编辑。

他刚到任，便和齐燕铭不断地研究计议，并积极地和学术界人士联系，争取有关领导部门的支持，从落实古籍整理出版规划和充实、培养编辑干部两个方面着手加强书局的业务建设和组织建设。到1961年底，机构面貌就有了很大的变化，业务开展很快，编辑队伍不断充实。除原有的编辑人员外，又相继调来了宋云彬、傅振伦、孙人和、马宗霍等不少专家，陆续补充了一些业务水平较高的青年编辑和大学毕业生。在此期间，他主持制定了《二十四史》和其他一些重要古籍的整理方案,并先后组织出版了《册府元龟》、《永乐大典》、《文苑英华》、《全唐诗》、《明经世文编》等卷帙浩繁的重要古籍。史籍中的鸿篇巨制《二十四史》的整理工作,继 1959 年《史记》、《三国志》出版后,已全面展开。在教育部和科学院的支持下,1963 年他向有关高等院校历史系聘请了著名史学家郑天挺、唐长孺、王仲荦、刘节等和在京的许多学者来局,分工合作,进行整理。金灿然很重视向青少年普及历史知识,进行爱国主义和历史唯物主义教育的工作,由吴晗主编的《中国历史小丛书》到 1962 年已出满 100 种。中华书局的工作,尤益为学术界重视,产生了良好的印象。

尽管中华书局的日常工作头绪纷繁、事务丛集,金灿然却能有条不紊地进行工作。他不说空话,多办实事,在出书方面着重抓规划和质量两个环节。他和齐燕铭在许多学术界知名人士和专家的支持协助下,反复商讨,先后草拟了《整理和出版古籍规划(草案)》和《三至八年(1960 ~ 1967)古籍整理出版重点规划(草案)》。他们亲自动手,对整理古籍的指导思想作了明确的规定,对若干重要项目,举凡请谁整理、具体的整理办法、完成时间,都是逐项研究、落实的。为影印《册府元龟》,他借来各种有关版本,然后约请专家介绍情况,经过认真研究讨论,才决定底本取舍。有些他自己觉得没有把握的书稿,就找来许多参考书弄清情况,提出问题,或者送请专家帮助审阅。在终审书稿时,他感到有什么问题,就在稿子中夹上纸条,找责任编辑来逐一询问,直至圆满解决为止,从不贸然签字发稿。但有些事情,例如编辑组内还没有提出具体意见的稿件、公文,他提出除指定要的以外,一律不要送给他,防止包办代替太多。新书出版,他不但抽查质量,还对装帧设计提出具体意见。对读者反映的意见和解决问题的结果,他也时常过问、催询。他反复强调,古籍整理决非单纯的圈圈点点的技术性工作,而是要在认真研究的基础上进行整理,使之成为新中国的“定本”。为了保证出书的质量，他一再提出要把中华书局办成学术机关，编辑干部应该刻苦钻研，成为内行。

他十分重视队伍建设。他重视、爱惜人才，善于团结、使用、关心、培养干部。对学有专长的老编辑，他尽量让他们发挥所长，并请他们“带徒弟”。例如陈乃乾先生精通版本目录学，他就是中华书局选择版本、开列书目、影印古籍方面的重要顾问。金灿然一再要青年编辑尊重这些老先生，虚心向他们学本领。为了培养古籍整理和编辑人才，1958 年他就和齐燕铭、翦伯赞与高教部联系，决定在北京大学中文系增设古典文献专业，由文字音韵学家魏建功负责主持。对专业的培养目标、课程设置，他都提出具体意见，还亲自去北大和同学们促膝座谈，了解教学情况。

对青年干部，他不但放手使用，而且注意培养和教育。每当看到哪位青年编辑对稿件的加工整理工作做得认真细致，哪位青年编辑写出经过认真研究思考的审稿意见、出版说明或文章书评，他都虚心地认为对自己的工作“有很大的帮助”，并予以鼓励。如果谁因为粗心大意，工作中出现差错，他除了自己承担责任外，也不讲情面地进行严厉而中肯的批评，使人得益匪浅，感到心悦诚服。

他始终和学术界保持密切的联系。他既熟悉有关学术界的情况，自己又熟谙编辑出版业务，不少专家学者成为中华书局工作的热心支持者。金灿然和郭沫若、翦伯赞、吴晗、侯外庐、何其芳等经常接触，共同研讨和古籍整理出版有关的学术情况和学术问题，还及时地把有关的情况、建议向编辑人员传达，使他们“了解学术行情”。他还经常以学术界一员的身份，参加各种有关的学术活动。通过这种联系和活动，他和全国各地的许多专家学者建立了友谊。

1963 年冬，金灿然积劳成疾，因脑病入院治疗。在住院期间，当病情有所好转时，就关心了解书局近况和某些重要书稿的进展详情，对报刊上的学术动态，要专人定时向他介绍，以便出院后能更好开展古籍整理出版工作。

1965 年冬,他的旧疾不幸复发。不久,十年内乱开始,金灿然无法幸免。种种莫须有的罪名和凌辱横加一身,使他失去自由,被迫放弃了所热爱的古籍整理出版事业。此后,他的体质日趋孱弱,记忆力减退。1969 年秋,他年近六旬,重病在身,仍被强制“下放”湖北,接受“再教育”。一年后,因为病情加重,他被批准返京。1972 年冬,他终因遭林彪、“四人帮”的残酷迫害而与世长辞。

选自《编辑记者一百人》,学林出版社 1985 年

金灿然同志对古籍整理出版事业的卓越贡献

俞筱尧

在我国学术界和出版界,金灿然同志的名字是学者和作者们十分熟悉的。他离开我们已经十几年了,但是他对整理出版古代文化遗产、建设社会主义文化的卓越贡献和献身精神,却长留人间。

1913 年 3 月,灿然同志出生于山东省鱼台县。他青年时代在山东济宁七中(现为济宁三中)上学的时候,便积极从事学生运动。1937 年“七七”事变时,他是北京大学历史系的学生。为了挽救民族危亡,他走出课堂,投身革命,离开北大到临汾山西民族革命大学学习。1938 年 2 月,临汾失陷,他和陈实、李炜、戈新(女)、孙哲等同志,于同年 4 月辗转到达革命圣地延安,在瓦窑堡中国人民抗日军政大学一大队学习。9 月,他参加了中国共产党。之后,曾在抗大、马列学院历史研究室(1914 年 7 月改组为中央研究院中国历史研究室)工作,先后担任文教干事、文教科副科长、研究员等职务。抗日战争胜利后,灿然同志受党的委托,在晋绥解放区绥南地委担任宣传部长。新中国诞生前夕到 50 年代,他先后在中共

中央宣传部、华北人民政府教科书编委委员会、中央人民政府出版总署新闻期刊司、文化部出版局和中华书局等单位担任领导工作。

灿然同志在延安期间，曾和尹达、叶蠖生、谢华、佟冬等同志一起，协助史学界前辈范文澜同志编著《中国通史简编》，灿然同志担任明清部分史料的搜集和整理。他还和齐燕铭等同志协助范老编辑了《中国国文选》，这是范老受毛泽东同志委托主编，供解放区干部阅读的书籍，1942年在延安出版时，毛泽东同志特地为这部书写了序言。在此期间，灿然同志还撰写了《苏维埃运动史》，这是阐述我国新民主主义革命史的较早的著作之一。全国解放后，灿然同志在繁忙的行政工作的同时，主持编辑《人民日报》副刊《图书评论》，为贯彻执行革命胜利初期党的出版方针政策起了积极作用。1958年初，为了加强领导和规划我国古籍整理出版工作，国务院科学规划委员会成立了以齐燕铭同志为组长的古籍整理出版规划小组，确定中华书局为整理出版古籍和有关古代、近代哲学及历史、文学研究等著作的专业出版机构，同时也是规划小组的办事机构。灿然同志由文化部出版局局长调任中华书局总经理兼总编辑，主持其事。从这以后，灿然同志在燕铭同志的积极支持下，广泛团结学术界人士，制订规划，组织出版，培养和充实干部，调整机构，做了大量卓有成效的工作。

灿然同志主持中华书局工作的那几年，经历了1958年的“大跃进”，1959年的“反右倾”和“拔白旗”，1963年的文艺整风和1964年开始的“四清”，直到1966年爆发“文化大革命”，政治运动一个接着一个，实际从事编辑业务工作的时间不过四五年，其间还包括了连续三年之久的国民经济困难在内。对古籍整理出版工作来说，处境是并不那么顺利的。但是由于灿然同志和燕铭同志的苦心经营和筹划，许多大型的重要古籍，如二十四史、《资治通鉴》、《续资治通鉴》、《册府元龟》、《太平御览》、《文苑英华》、《太平广记》、《全上古三代秦汉三国六朝文》、《全汉三国两晋南北朝诗》、《全唐诗》、《全宋词》、《全元散曲》、《明经世文编》和《永乐大典》,都组织专家学者进行整理、校订并相继出版。中华书局还编辑出版了一批历史上著名思想家、史学家、文学家的文集和论著,以及《中西交通史籍丛刊》、《古典作家作品评论资料汇编》、《历代史料笔记丛刊》、《晚清文学丛钞》、《中国近代反侵略文学集》、《近代档案史料》和《文史资料选辑》等丛书、丛刊。当代老一辈学者如朱希祖、孟森、杨树达、马叙伦、陈寅恪、顾颉刚、岑仲勉、陈垣、余嘉锡、李剑农、马衡、向达、嵇文甫、梁启雄、于省吾、王力、孙揩第、唐澜、陈乃乾等的专著或论文集,也有计划地组织编订和出版。1962 年,中华书局同《新建设》编辑部合作,由吴晗(召集人)、冯定、何其芳、金灿然和吉伟青同志组成编委会,编辑出版《文史》集刊,凡是史事考证或资料性的专题研究,古籍的笺释,稀见资料的辑集和有关版本、目录、校勘、训诂等方面的著作不拘篇幅,不拘文体,只要言之成理,持之有效,都尽可能予以发表的机会。这本集刊的出版,在知识界产生了广泛影响。

灿然同志长期从事宣传工作,十分重视广大干部阅读和欣赏古代文化的需要,《论语译注》、《孟子译注》和《左传译注》等古籍名著今译和注释读物的组织出版,就是在这个思想指导下进行的。为普及历史知识,宣传爱国主义思想,吴晗同志倡议和主编的《中国历史小丛书》也在中华书局出版,从 1959 年到 1966 年"文命"前夕,陆续出版了将近一百五十种。这类通俗性读物,深受广大干部、中小学教师和青少年读者的喜爱和欢迎。

1959 年,为了培养编辑力量,组成一支整理出版古籍的队伍,灿然同志和燕铭同志、吴晗同志、翦伯赞同志、魏建功同志等在国务院科委、教育部和北京大学的支持下,在北京大学中文系创办了古典文献专业。在那几年里,灿然同志在工作上遇到不少波折,有很多难处。许多有价值的著作一时难以出版,有的打成纸型后不得不存放起来。他和燕铭同志还曾设想在北京筹办一所编译馆,专门研究和整理古籍，编纂专题史料汇编和工具书，限于当时的历史条件，这个愿望也未能实现。但灿然同志开拓的局面，为发展我国古籍整理出版事业奠定了良好的基础。

灿然同志认为，在建设社会主义文化的斗争中，表现现实生活、研究和总结现实斗争经验，当然是工作的主导方面，但是对于前人所创造的文化进行批判继承，也是决不可少的。只有更多地批判吸收中国的和外国的文化遗产，才会产生丰富多彩的和高度发展的社会主义的新文化。他常常说这方面的工作不是做得太多，而是做得太少了。他认为，中华书局是通过古籍整理出版工作，推动社会主义学术文化的发展，在社会上发挥作用的。正因为这样，衡量中华书局的工作是否做得好，不是看它赚了多少钱，也不仅仅看它编辑出版了多少有价值的书籍，还要看它团结和培养了多少作者，给了作者什么样的支持和帮助。中华书局和作者之间的关系，应当是共同为批判地继承文化遗产，建设社会主义新文化的同志关系。中华书局有责任为作者提供和创造各种写作条件，使一切有真才实学的、下过功夫的作者，都能够得到出版著作的机会。他要求中华书局的编辑尊重作者，爱护作者，耐心地帮助作者，和作者交朋友，建立相互间的信任和友谊。他说，新中国建立才十年，我们应当估计到学术界的实际情况，有些稿件虽然还存在某些缺点，但在学术上资料上具有一定价值，处理时必须十分慎重。我们要以自己的工作，使作者乐于和中华书局建立经常的联系，帮助中华书局把工作做好。中华书局还应当依靠科研机关、学术团体和高等院校的支持和帮助，和他们打成一片，想他们之所想，急他们之所急。

在团结作者的问题上，灿然同志鲜明地提出，要求每一位作者必须首先精通马克思主义，然后才来工作，这种想法是不切实际的。如果有一些人，能够对古籍进行断句、校勘、集释、考证和今译，能够把古籍尽可能搞得容易阅读一些，我们就理应让他们把知识用到古籍整理工作中来，使他们不负平生所学。这有益于社会主义事业。当然，如果这些人能够学习一点马克思主义，在理论上认识上逐渐有所提高，他们所发挥的作用也就会更大。在1959年8月5日为《人民日报》撰写的《谈谈古典文献的整理与出版的问题》一文中，灿然同志对这个问题作了全面的阐述。

有人主张整理出版古籍必须密切配合当前的中心工作。灿然同志认为，一切革命工作都必须考虑中心工作，整理出版古籍不能例外。从事这项工作首先必须注意研究和了解党和国家关于社会主义建设的大政方针，不能忘记这个前提。但是读者的需要是多种多样的，配合中心工作的方式也应该是多种多样的，不能把它理解得很狭窄。整理出版古籍尽管初看大多不能直接配合这项或那项中心工作，但传播了历史文化知识，对读者提高文化素养、增长才干有好处，这也就为建设社会主义做出了贡献。灿然同志还认为，办出版社和办报有共同的方面，那就是它们都是团结教育人民的手段，都是以马克思主义理论和文化科学知识武装人民，鼓舞人民。但是两者又有各自的特性。我们不能以办报的办法来办出版社，尤其像中华书局这样的专业出版社。灿然同志一再强调，整理出版古籍既要照顾专家的需要，又要充分考虑广大干部和一般读者的需要。为了满足读者的需要，他特别强调做好古籍的精选、注释、今译，并且写好序言。

在培养干部问题上，灿然同志的着眼点首先是对青年干部的培养和提高。创办古典文献专业，就是他的这一思想最集中的反映。他十分关心课程的设置、师资的配备。他多次住在北大，到专业听课，和教师、同学谈话，实地了解教学效果。平时在中华书局，他提倡干部边干边学，不仅要求编辑干部钻研业务，也要求政工干部和行政工作干部学习文化，学习有关古籍整理出版业务知识，不断提高工作水平。灿然同志多次提出，政工干部和行政工作干部的本职工作固然有自己的规律，但如果不了解古籍整理出版工作和中华书局的方针任务，也就不可能在中华书局这样的单位里真正做好本职工作。灿然同志一再提倡练笔，鼓励干部读书和写作，关心学术动向，随时注意和了解提出了哪些新的观点或新的研究课题。他要求编辑立志当编辑家，而不是当编辑匠。中华书局要办成思想学术工作的机关，在中华书局周围，团结、组织和培养一支强大的作者队伍，这就要求每一位编辑都能成为编辑家。在灿然同志的倡导下，中华书局经过几年的努力，和学术界建立了紧密的联系。编辑部门广泛开展访问作者的活动，积极参加学术讨论会。灿然同志虽然工作很忙，又患高血压病，但在北京举行的学术活动，特别是史学界的活动，他都尽可能参加。1962 年前后，他除了到北大古典文献专业讲课，还应中共中央高级党校的邀请，讲授王船山的社会思想。外地的学术活动他虽不可能多参加，也总是鼓励编辑去参加。

1959 年前后，中华书局编辑部对古籍整理出版工作中如何贯彻批判继承精神展开了热烈的讨论。在讨论中，大家的思想很活跃，提出了多种看法和问题，如如何理解和区分古籍中的精华、糟粕；对待精华和糟粕，研究工作者和出版工作者应否有不同的态度和处理方式，等等。这类问题，在当时的条件下都未必能得出结论，但这种讨论对打开编辑人员的思路，启发深入的思考，显然是有益的。在灿然同志的引导下，中华书局的学术空气和民主空气是很浓厚的，在这样的环境里工作、学习，大家的心情都十分愉快。

不少知识分子在 1957 年被错划为“右派”，或作为“白旗”被批判，他们被迫离开了原来的工作岗位。在这些知识分子中，有的具有整理古籍的专长。灿然同志认为，从社会主义事业的全局考虑，应当重视这部分力量，让他们整理古籍。因此，他曾向有关领导提出“人弃我取”的建议，并先后调用了一些学有专长的当时被错划的“右派”或被作为“白旗”批判的人来中华书局工作。灿然同志并不是不知道，在当时他提出这样的建议和采取的措施，显然会遭到种种阻力和非议,但是出于对党对社会主义事业高度的责任感和实事求是的作风,他不计个人的利害得失。如果没有马克思主义的素养和胆识,这是不可能想像的。事实证明,这些人到了中华书局,在工作中贡献了力量,有的还编著了很有水平的书籍。

灿然同志尊重知识,爱惜人才,善于用人所长。同时,他对出版工作是极其严肃的。有的稿件论据不够充分,学术价值不大,或者研究方法过于陈旧,即使出于知名的作者,也从不迁就,而总是提出意见和作者商榷,请作者修改,或者退还作者。这类例子很多,例子之一如:林宰平先生的遗稿《帖考》,经名家阅看后,由陈叔通先生介绍给中华书局。编辑读了原稿,认为作者搜集有关宋帖文献资料颇见赅博,并对有些刻帖者的事迹有所考证,是下了功夫的。但作为一部专著正式出版,尚有不足之处。陈叔老出于对故旧的关切,曾一再催询,并亲自来中华书局看望灿然同志。灿然同志说这部遗稿可能是作者生前的未竟之作,不一定接受出版。陈叔老问这是谁的决定,灿然同志说就是他的意见。几天后陈叔老收到灿然同志的退稿信并附去详尽的审读意见,立即回信说:“我以为今胜于昔,此亦一证,宜其多费时日也。”这件事发生在1962年春夏之间,既说明灿然同志忠实于学术文化事业的原则精神,也使我们看到了陈叔老的高尚情怀,堪称士林佳话。后来这部遗稿由作者家属自费印制,作为赠送亲友的纪念品。与此相反,有位作者写了一部关汉卿戏曲故事的稿件,有些篇章生动,叙事适当;但也有的篇章较为逊色。编辑部对稿件的取舍意见不一。灿然同志知道了这一情况,阅读了原稿,发现确有可取之处,且作者是位青年,又表示愿意修改,因此考虑给以帮助。为慎重起见,灿然同志特地将部分稿件送请叶圣陶先生阅看,征求他的意见。叶老关心后学,提出了详尽的修改意见,并对出版这类稿件表示支持。后来经过作者重新改写,终于得以出版,受到读者的欢迎。

有的编辑人员不太安心于本职工作,灿然同志总是耐心地鼓励他们巩固献身古籍整理出版工作的信念。他常对这些同志说，一个人的一生，能做的事情十分有限，做研究工作，写作一部或几部著作固然是好事；但从事编辑出版工作，使许多作者的著作得以出版，这对整个社会主义事业来说，发挥的作用也许更大。灿然同志对燕铭同志有着深厚的革命友谊，工作上经常得到燕铭同志的支持，燕铭同志十分关心中华书局的工作，考虑问题总是那么具体、周到。灿然同志经常以燕铭同志忘我的工作精神和求实的工作作风教育干部，说这是周恩来同志的作风，作为共产党员和革命者，应当学习这种作风，才能把我们的事业办好。由于灿然同志以身作则，对干部以诚相待，他的意见受到同志们的尊重。

1963 年，灿然同志突然发现视觉不正常，经医生诊为脑瘤。手术后恢复很快，但 1965 年旧病复发，又动了第二次手术。不久，《评新编历史剧〈海瑞罢官〉》发表，一场“史无前例”的灾难即将降临。中华书局由于和齐燕铭、吴晗、翦伯赞等同志密切的工作关系和学术界的广泛联系，由于灿然同志珍惜人才的做法，由于所出版的古籍和学术著作的特定选题范围，竟然被判定为招降纳叛、为复辟资本主义制造舆论的“大黑窝”，正式文件宣布要对这个“大黑窝”进行犁庭扫院，彻底清洗。灿然同志虽然身患重病，也没有逃脱这场灭顶之灾。什么“黑帮分子”、“党内走资本主义道路的当权派”、“反革命修正主义分子”等等莫须有的罪名，都横加在他的头上。中华书局的古籍整理出版工作，包括二十四史的校点，老一辈专家学者论著的组织和出版，都受到批判。吴晗同志主编的《中国历史小丛书》，更在被声讨之列。中华书局的主要党员干部也就成了“黑帮”，大批业务干部成了“牛鬼蛇神”，被揪出来隔离审查和挨批斗的人数竟占中华书局总人数的 1/3 以上。“庙小神灵大，池浅王八多”那样的对联居然贴在曾经是我国古籍整理出版机构的大门两旁，令人瞠目结舌，不知是何世界。

1969 年 9 月，灿然同志作为“专政对象”挨了整整三年之久的批斗，又缺乏必要的医疗，已经是连自己的生活也不能料理的重病号，仍然被排除在“老弱病残者”之外，赶到了文化部湖北咸宁“五七”干校，继续接受审查和参加劳动。1971 年 2 月，他的爱人张苑香同志因长期患心脏病在北京去世，他才被送回北京，住在北京西郊原林业大学家属宿舍。在无人照料的情况下，次年冬季的一天，他一个人出了宿舍大院。这天傍晚，在北京百万庄的大街上，一个憔悴的老人摔倒在地上，他就是灿然同志。四周围着观看的人群议论纷纷；民警过来询问，老人只能含糊不清地说出自己的姓名和“出版总署”等几个字。民警经过辗转打听，通知了他的工作单位，答复是他的编制在“五七”干校，不属于他们的管辖范围。后经国务院出版口王敏同志做主，派车把灿然同志送进医院。三天后，1972 年 12 月 12 日，他便凄然地离开了人间。这就是为我国出版界和学术界建立了功业的金灿然同志去世前的情景。

灿然同志住院期间，胡愈之、叶圣陶、杨东莼、刘导生、尹达、夏鼐、徐光霄、黄河峰等同志闻讯赶到医院。尹达同志扶病而来，见到弥留之际的灿然同志，禁不住失声痛哭，老泪横流。后来在八宝山举行追悼会的时候，尽管当时的当权者不给发讣告，但灿然同志生前的老战友和学术界、出版界的友好都不约而同地赶来。也有不少同志，由于他们的“问题”还没有作结论，唯恐招惹麻烦，没有在追悼会的签名册上签名。中国科学院历史研究所、近代史研究所、考古研究所在北京的同志，几乎全体出动，把追悼会的大厅和大小接待室挤得水泄不通。内蒙古大学和内大蒙古史研究室全体同志特地给中华书局和灿然同志家属送来了慰问信。在外地的许多老战友，也纷纷拍来电报，表达了痛失战友的悲愤之情。下放在湖北咸宁“五七”干校第 16 连劳动的中华书局干部，惊悉灿然同志不幸逝世的噩耗，他们不可能到北京来参加追悼会，还是设法派来了代表。周建人同志这天恰因有事不能分身，特地送了花圈。

灿然同志去世时才 59 岁，生当盛年，遭此劫难，对一位有理想、有作为的革命者，该是莫大的悲剧。党的十一届三中全会给中华民族带来了无限的光明和希望，修我长城，振兴中华反映了全国人民的共同愿望；实行体制改革，建设具有中国特色的社会主义，已成为不可阻挡的历史潮流。在学术研究的各个领域里，在古籍整理出版工作的园地里，百花争妍，新人辈出。我们的前人在当时的历史条件下所难以实现的美好理想，正在陆续实现，在许多方面且远远超越了他们可能的设想。但是，前人修路后人行，我们不能也不应当忘记我们的前辈为了建设社会主义的文化，曾经付出了多么重大的代价，作出了多么巨大的牺牲。灿然同志、燕铭同志生前苦心经营古籍整理出版工作的献身精神和求实作风，他们对批判地继承中外文化遗产采取的态度，他们为出版学术化、团结作者、培养编辑队伍而提出的主张和作出的实践，是留给后人的宝贵财富，值得我们认真地学习。

原载《中国史研究动态》1986 年第 11 期

回忆灿然同志

李 侃

到 1982 年元旦，就是中华书局成立 70 周年的纪念日了。“人生七十古来稀”，活到 70 岁要算“高寿”。一个出版社，能够经历 70 个寒暑，跨越新旧中国两个历史时代，在饱经忧患、历尽沧桑中生存、发展、衰落、新生，并且以整理出版祖国的历史文化遗产，为社会主义的文化教育事业贡献自己的力量，开辟着美好广阔的前途，这也是很值得纪念，很值得庆幸的了。

中华书局在它成立以来的 70 年当中，无论是新中国诞生以前的 37 年，还是建国以后的 33 年，都有许许多多的编辑、校对、排版、印刷以及其他各种不同岗位上的职工,日夜辛劳,埋头苦干;同时也有不少书局的主持人,为祖国和人民的文教事业,为做好书局的工作,而兢兢业业,尽心竭力。在这些历代的主持人当中,我作为中华书局晚辈职工的一员,怀着尊敬的心情,怀念金灿然同志。

1958 年 4 月,中央文化部作出决定,规定中华书局是以出版我国古籍和当代文、史、哲研究著作为主要任务的专业出版社。曾经担任过出版局副局长的金灿然,调任中华书局总编辑兼总经理。在此以前,同年一月,国务院科学规划委员会,成立了以齐燕铭同志为首的“古籍整理出版规划小组”,金灿然既是这个小组的成员,又兼任小组的办公室主任。中华书局既是出版单位,又是古籍整理出版规划小组的办事机构。

我是 1958 年 7 月到中华书局的。从这时开始,就认识了金灿然,并且在他的直接领导之下工作了 8 年之久。1966 年 6 月,“史无前例”的十年大动乱开始了,他和我都失去了自由,失去了工作。不过,直至 1972 年 12 月,他受林彪、江青两个反革命集团迫害致死,我们一直是一起在那昏黑苦难的岁月中熬煎。令人哀伤惋惜的是,他没有等到熬出头来,就在悲愤和寂寞中与世长辞了。不然的话,他若是能够活到今天,亲眼看到林彪、“四人帮”覆灭的可耻下场,看到社会主义的阳光又普照祖国大地,他费尽心血、苦心经营的中华书局,也在科学的春天恢复了勃勃生机,他纯朴浑厚的面庞上又该浮现出充满喜悦的笑容吧!

据我所知,金灿然同志是山东鱼台县人,青少年时代就学于金乡县和济南等地。从 1932 年到 1935 年夏,先后在聊城、济南的中小学任教,随后到了北京,在华北日报社做校对,直到 1937 年的下半年。其间,他在 1936 年考进北京大学,在历史专业学习。抗日烽火骤起,他中辍了学习,奔赴山西临汾,进入民族革命大学学习。1938 年上半年,金灿然转赴革命圣地延安,进抗日军政大学学习,毕业后担任抗大的教育干事。

1939 年到 1944 年春，他在延安马列学院学习，并从事历史方面的研究工作，具有相当广博的历史知识，曾作为范文澜同志的助手，参加《中国通史简编》的编写工作。此后，他还曾在延安中共中央党校工作过，担任过绥蒙地区地委宣传部长。全国解放前夕，他曾在中共中央宣传部工作过一个短时期。

新中国成立后，金灿然从 1949 年夏到 1956 年期间，曾先后担任出版总署编审局办公室主任、图书期刊司副司长、出版局副局长等领导职务。

我和金灿然第一次谈话，是我到中华书局向他报到。在东总布胡同十号大院他的一间设备简陋的办公室里，时值盛暑，天气很热，他穿着一件半旧的针织圆领汗衫，手里拿着一把蒲扇，操着山东口音向我简单地谈了中华书局的方针任务和人员情况。我表示自己对整理古籍一无所知，对编辑出版工作也完全是外行。他说："那就边干边学吧，只要你有兴趣，决心干这一行，是可以慢慢熟悉的，也不要把它看得那么神秘，只要肯下工夫，就能学会。"他笑了笑，又说："说实话，干这一行，我也是个半瓶醋，可是我感到做这个工作比在出版局更有意思。"经过这次简单的谈话以后，我就被分配到近代史编辑组。

当时的中华书局是刚刚从财经出版社分出来，与古籍出版社合并不久。办公地点就在十号大院东北角的一个自成院落的小四合院里。全部工作人员不超过 50 人。编辑部分成四个编辑组，文学组的组长是徐调孚，古代史组的组长是姚绍华，近代史组的组长是张静庐，哲学组的组长由副总编辑傅彬然兼任。刚到书局，给我一个突出的印象，就是老年人太多。那时候正是全国"大跃进"的年代，出版社也在鼓干劲、争上游、搞竞赛。"反右派"的斗争虽然基本结束，可是余波未息，又搞起什么"拔白旗"。因此会议是很多的。因为没有礼堂，也没有较大的会议室，每次全体职工大会就在小院的天井里开，人们有的坐在台阶上，有的搬个凳子坐在角落里，有的坐在窗台上。一眼望去，不是秃头顶、长胡须，就是驼背腰。青年人简直寥寥可数。再就是南方人、特别是江、浙人多。开会发言或平时谈话，经常听到的是江南口音。我心想：这恐怕就是整理出版古籍编辑队伍的特点吧。同时又想：靠这支“老弱残兵”能够担负起整理出版古籍和学术研究著作的任务吗？想到这里，真有点暗暗替金灿然着急。可是，据我侧面观察，金灿然不但不着急，反而像是有些“悠然自得”从容不迫的样子。他有时参加全体职工大会，坐在那里听一些同志在“挑战竞赛”中发表的豪言壮语，他只是淡淡地笑一笑，既不给大家泼冷水，也不给大家鼓劲加油。我想，他真沉得住气。不久，我就发现，我的那种忧虑和焦急是多余的；我对金灿然的观察也是一种错觉。就在这时，他正在和齐燕铭同志不断地研究计议，并且积极与学术界人士联系，争取有关领导部门的支持，从落实古籍整理出版规划和充实、培养编辑干部两个方面，来着手加强中华书局的业务建设和组织建设。在短短三年多的时间里，中华书局的面貌改变了。

1961 年 10 月，书局从东总布胡同的小四合院迁移到西郊翠微路二号大院。这里原来是文化学院的校舍，在文化学院之前是北京农业大学的旧址。有宽敞明亮的编辑室，有整洁方便的图书馆和阅览室，有花木成行、绿树成荫的庭院，在庭院周围有职工的宿舍，环境是幽美而安静的。这里，还要补充一点“小事”，金灿然患有高血压症，医生叫他多活动，于是他就在工余之暇，养花种树，慢慢地他懂得了许多有关花木的习性和栽培知识，并且养成了养花植树、美化的习惯。搬到翠微路的第二年春天，他就弄来了许多花木树苗，把个宽阔的庭院，打扮得更加整齐幽美。一些熟识的朋友，看到书局的变化，往往要半开玩笑、半认真地说：“金老板真有办法，中华书局真的是鸟枪换炮了！”其实，书局的最大变化还不在于它的工作环境和物质条件的改善，更为重要的是业务的开展、队伍的充实壮大和它与学术界联系的加强、影响的扩大。拿领导班子来说，3 年之中先后调来了曾任全国教育工会副主席、当过之江、大夏大学历史教授的萧项平同志和曾任上海《解放日报》副总编辑的丁树奇同志来担任副总编辑；调曾任高等教育出版社副社长、具有多年出版工作经验的梁涛然同志来担任副总经理。曾任人民教育出版社总编辑、在历史学方面很有造诣的巩绍英同志，也调来参加书局的领导工作。与此同时，编辑干部的状况也发生了显著的变化，除了原来的几位出版界知名人士和有丰富经验的老编辑如徐调孚、张静庐、卢文迪、章锡琛、陈乃乾、曾次亮、姚绍华等人之外，又先后调来了宋云彬、杨伯峻、马非百、傅振伦、孙人和、马宗霍等学有专长的专家。陆续补充了一些业务水平较高的青年编辑和大学毕业生。在出书方面，先后出版了《册府元龟》、《永乐大典》、《文苑英华》、《太平御览》、《全上古三代秦汉三国六朝文》、《全唐诗》、《国榷》、《明经世文编》、《宋会要辑稿》以及其他许多重要的古籍和专题资料。二十四史的整理工作，继《史记》、《三国志》出版之后，已全面铺开，聘请了著名史学家郑天挺、唐长孺、王仲荦、刘节、卢振华、张维华等来书局和在京的许多史学家分工合作进行整理。吴晗主编的《中国历史小丛书》到 1963 年，也已出满了 100 种。1960 年到 1967 年的古籍整理出版重点规划中所列项目，基本上都已落实，并且陆续完成。中华书局这个旧的出版企业，又以崭新的面貌出现了。从 1961 年到 1963 年，虽然有一段时间正是国民经济严重困难的时期，物质生活条件是很艰苦的，但是书局的工作和生活却是充满活力和愉快的，政治空气和学术空气也是健康的、活跃的。直到现在，不少同志在追忆“翠微路”前几年的工作和生活，还感到那是解放以后中华书局的“黄金时代”，是令人感奋和怀念的年代。

如今，在回首往事的时候，想起和金灿然同志相处的日子，想起他为了办好中华书局而呕心沥血、日夜辛苦的情景，想起他认真严肃的工作态度和实事求是的思想作风，想起他的音容笑貌，还历历在目,恍如昨日。然而,要对他在主持中华书局期间的工作,做一个全面的回顾,这对我来说,实在是力不从心的事,甚至不知从何说起。在灿然同志生前,我虽然和他接触较多,但是却从未听到他说过自己的工作有什么成绩,有什么经验,和有什么“诀窍”之类的话。他很少或没有做过长篇大论的报告、演讲,也很少写文章。他对于个人的名利得失,可以说是很淡泊的,可是在这种“淡泊”之中,却有着一颗炽烈的事业心。只要是在书局和他共事时间较久的人,都会对他有一个深刻的印象:他是把自己的全部心血和精力,都倾注在怎样办好中华书局上面了。如果后人在谈起中华书局变迁史的时候,也要评论主持人的是非功过,那么,我敢说,公正的历史是不会让他的辛劳成果,随着时光的流逝而泯灭的。

主持一个出版社的工作,固然算不得什么了不起的事业,也说不上“千头万绪”,但是也不能说是一件轻而易举、简单容易的事情。单是书籍的生产过程,就要经过确定选题、组稿、审稿、加工、发稿、排校、印制等许多工序和环节,此外,还有政治工作、人事工作、职工生活和经营管理等许多问题。在这种头绪纷繁、事务丛集的日常工作中,金灿然是怎样工作的呢?我觉得给我印象最深的是他着重抓了三件大事。

他始终不懈、抓住不放的第一件事就是出书。办出版社要出书,这本来是人所共知、不成问题的事情,然而出什么书,怎样出书,这里面就大有文章,不那么简单了。根据中华书局的方针任务和业务分工,金灿然在出书问题上,是集中力量抓住两个环节:一是规划;二是质量。他到中华书局办的头一件事,就是和齐燕铭同志一起,取得许多学术界知名人士和专家的支持协助,分别制订了古典文学、中国历史和古代哲学三个古籍整理出版规划草案。这三个规划草案中所开列的古籍有数千种,几乎可以说是把经、史、子、集的重要古书都包罗在内了。它的好处是全面、系统而又有所选择,缺点是数量太多,重点不突出,要求不明确,很多项目短期内难于落实。因此,经过广泛征求意见,反复研究讨论和多次修改,又在1960年制订了《三至八年(1960~1967年)古籍整理出版重点规划(草案)》。在这次制订规划的过程中,他和齐燕铭亲自动手,对整理古籍的指导思想作了明确的规定,对每一类古籍,也都根据不同的内容和不同读者的需要,提出了明确的要求和具体的整理办法。为了落实规划,对一些重要项目,请什么人整理,什么时候完成,几乎是逐项研究,逐项落实。

金灿然反复强调,整理古籍决不是单纯的圈圈点点的技术性工作,而是要在认真研究的基础上进行整理。齐燕铭曾提出:凡是列入重点规划的重点古籍,都应经过精心整理和不断修订完善,使之成为同书所有版本中最好的版本,力求成为"定本"。为了保证出书质量,金灿然一再提出要把中华书局办成学术机关,要求编辑干部一定要刻苦钻研,成为内行。他要每个编辑处理一部经过整理的古籍,首先要对本书的内容有个基本的了解,每部重要古籍出版,最好能够结合本书的内容及其学术价值、史料价值,写出分析中肯、评价得当、情况清楚、文字通畅的序言或出版说明;如果一时还写不出这样的序言或出版说明,那么,至少也要对书籍作者的生平、成书经过和成书年代、前人对本书的整理和评论以及版本源流、整理情况等等,交待清楚。每当一种书出版之后,他不但要抽看整理质量,有时还要对装帧设计等提出具体意见。这里顺便举几个例子,看他是怎样重视书籍质量的吧!

1959年,为了影印《册府元龟》,他通过各种途径,把能够找到的各种版本的《册府元龟》都借了出来,然后约请专家唐长孺加上书局的陈乃乾、赵守俨等,介绍情况、比较各本的长短、异同,经过认真地研究讨论,才决定以中国民族音乐研究所收藏的崇祯初印本为主,参用北京图书馆、中国青年出版社和周村同志等所藏的四部较好的印本,逐页比对,细心整理,作为底本,照相影印。1959年为了编辑出版《海瑞集》,他指定当时的青年编辑程毅中同志承担这个工作，并对编辑要求、体例等提出具体意见，程毅中经过查阅各种有关海瑞的著作的版本，广泛征求有关专家的意见和搜集资料，终于编成了迄今为止最完备、最齐全的《海瑞集》。金灿然很高兴地对程毅中说："你可以称得起是研究海瑞的专家了！"有些他自己感到没有把握的书稿，送到他那里，他决不贸然签字发稿，或者自己找来许多参考书弄清情况，提出问题，或者送请研究有素的专家审阅。在他审阅书稿时感到有什么问题，就在书稿里夹上纸条，找编辑组长或责任编辑到他那里谈对某种书稿的处理，就会看到，在他看过的书稿里夹着许多大大小小的纸条子，他根据这些条子记明的问题，逐一询问，逐一商量解决。总之，他的那道"关口"是很不容易通过的。中华书局新老编辑，在处理书稿过程中，没有被他"留难"、"询问"甚至批评的人是很少的。这里使我想起了至今难忘的一件事。1960 年夏季，我当时签发了一本《中国历史小丛书》中的《诸葛亮》的稿子。我在通读原稿之后，觉得史事写得还清楚，文字也比较活泼生动，又是经过小丛书编委会讨论通过了的，于是就签字发稿了。送到金灿然那里，他说他先不看了，等排出校样再看。不久，清样校改完毕，送他签字"付型"，他把我找去，劈头就问："《诸葛亮》这部稿子你看了吗？"我说："看了。"他又问："你看有什么问题？"我说："我看写得不错，没有什么问题。"这时，他忽然有些严肃起来了，说道："这部稿子里有好几个地方说到荆州，你说说三国时期的荆州都包括哪些地方？"这下子可把我问住了，我只好承认：说不清楚。于是他一手拿起校样，一手拿着铅笔，指着校样对我说，稿子里面几个地方讲到荆州的地理概念，前后不一致，而且相差很大，文字叙述和地图的画法也不一致。然后，他说经过查对一些参考书和历史地图，三国时的荆州都包括哪些地方。这时我才发现，他的桌子上堆着好几本有关三国的参考书和历史地图，校样上画了好几个问号和铅笔杠杠。最后他说，这部稿子要修改，地图也要重画。又说："不要因为普及读物就马马虎虎，要给青少年准确的历史知识，讲历史知识不准确，会以讹传讹，贻害青年的。”我被他严肃认真的精神打动了，当场向他检讨了自己粗心大意的毛病。

有一位青年编辑负责处理的一部书稿，作者在书中多处引用苏联一本教科书上的话，用来证明自己的论点。金灿然在看了稿子以后，找这位同志说：写文章或写序言，在必要的时候，适当引用马克思主义经典作家的论点，来说明和印证某些理论问题是完全可以的，但是却不能轻易引用外国教科书上的话作为自己立论的根据和助力，因为教科书并不是研究著作，引用外国教科书上的话，不但不能提高自己的研究水平，反而可能降低自己的研究水平。他的这个意见，使这个同志感到很受启发、很有帮助。诸如此类的事例，是很多的。

金灿然身为总编辑，确实是为如何出好书绞尽了脑汁，付出了极大的精力。1959 年 8 月 5 日，他在《人民日报》上发表了《谈谈古典文献整理与出版的问题》，从理论上和实践上，就如何批判地继承文化遗产；整理古典文献的必要性和重要性；不同古籍的不同读者；古籍整理的现状和前景等几个问题，作了扼要的论述。这实际上是对古籍整理和中华书局的工作带有方针性、指导性的文章。为了把方针和规划变成现实，他和书局的全体同志一起，同心同德，脚踏实地地努力工作。怪不得在 1962 年初纪念中华书局 50 周年的时候，有位同志写了一篇通讯，题为《为书辛苦为书忙》。我想这个题目是颇为真切地说出了金灿然和书局编辑们的工作和精神面貌的。

然而，以出书为业，以出好书为乐的安定局面并没有持续多久。翠微路大院并不是像后来有人描绘的“芙蓉镇”和“世外桃源”。1964 年，开始了政治风云的变幻。书局有近 1/3 的人员到农村去参加“四清”运动。文化部因为被说成是“帝王将相部，才子佳人部”，还有什么“死人洋人部”而开始了“整风”，而被整的主要对象之一，则是对中华书局和古籍整理出版工作最热心、最积极的指导者、支持者齐燕铭同志。金灿然作为中华书局的主要负责人和齐燕铭的亲密朋友，在这场突如其来的狂风暴雨中，他能不感到惶惑和恐惧吗！

整理出版古籍和文、史、哲研究著作，甚至出版普通的历史书，如果抛开“帝王将相”和“死人”，那该怎么办呢？金灿然当然没有本领解决这个难题。结果，书是越出越少、越出越难了。有些书已经整理好了、甚至已经排版或付型了，却莫名其妙地改为“内部发行”；有的只好存放起来，暂不出版。同志们也开始觉察到政治气候开始变了，金灿然也不像以前那样开朗活跃了。他的“胆子越来越小”，甚至变得“谨小慎微”沉默寡言了。过了不到 2 年，“史无前例”的“文化大革命”开始了，这次灾难，用急风暴雨来形容已经远远不够了，它仿佛是在整个中国大陆发生了一场强烈地震，一下子天昏地暗，乾坤翻转。中华书局和金灿然的 8 年心血，在“横扫”和“砸烂”声中濒于毁灭。“谨小慎微”、“胆小怕事”也罢，“内部发行”、“暂不出版”也罢，所有这些，都没有使中华书局和金灿然幸免于难。8 年心血，尽付东流；无数艰辛，都成噩梦。彼时彼地，谁也不能预卜，在神州大陆，是不是还能容纳一个中华书局；在未来的年代，是不是还会有人记起金灿然？浩劫过后，砸而不烂的中华书局，又要迎接自己的 70 岁生日了，我也可以在这里信笔直书怀念金灿然的文字，抚今追昔，不禁感慨系之！话扯远了，现在回过头来，再说金灿然着重抓的第二件大事，简括言之，就是队伍的建设和干部的培养。“知人善任”、“选贤与能”；“登用贤俊”、“乐育英才”这些褒辞，加在金灿然头上虽然与他的身份、地位是不相称的，而他也根本无意得此“美名”。不过至少可以说他是很重视人才、很爱惜人才，而又很善于团结人、使用人、关心人、培养人的。与我同时到中华书局的还有从商务印书馆古籍编辑室调来的章熊、周云青、郝光炎等人。有一次他问我，商务能搞古籍整理的还有什么人,我说有一个中年人叫赵守俨,他虽然没有什么著作,也没有什么名气,但是,据我所知,这是一位出色的编辑,对中国历史和中国古籍不但知识广博,而且工作认真细致、干净利落,对中华书局来说是个不可多得的编辑。我还举出他过去处理过的一些书稿为例,来说明我的看法。他当时似乎将信将疑,表示不妨调来试试。不久,果然把赵守俨调来了,经过几次工作的考验,金灿然对赵大为激赏,很快就任命他为古代史编辑组的副组长,并且负责草拟整理二十四史的具体方案和组织工作。他后来私下对我表示,如果书局多几个像赵守俨这样的人,工作就好办得多了。他还曾不止一次颇有些内疚地对我说过,说他自己在出版界的负责岗位上工作了许多年,辛辛苦苦、忙忙碌碌,成绩和缺点都不能说没有,但是他认为自己的一个最大错误,就是没有下决心有计划地培养出一批编辑干部。他举出平素为他十分尊敬的范文澜同志培养干部的事例来自我谴责,他说:范老进城以后,在继续修改和编写《中国通史简编》的工作中,有意识地选择和带动、培养了一批青年研究人员,很有成效。也许是从他自己感到的"错误"中吸取了教训,或是出于工作的需要,或是两者兼而有之,不管基于什么考虑,总之他是把做人的工作和培养人的工作放在头等重要地位的。

中华书局当然也是所谓"知识分子成堆的地方",和别的单位比起来,这里的知识分子,因为天天和古书打交道,未免更显得"老气横秋"一些。但也不能一概而论,因为在他们之中也逐渐补充进来一些新中国培养起来的一代青年。金灿然对人也和对书一样,是个"外粗内细"的人,他很注意执行党对知识分子的政策,平时给人们一个深刻的印象,就是他为人"实在",说话直来直去,不会拐弯抹角。相处以诚相待,使人感到热情诚恳。对学有专长和有丰富经验的老编辑,他尽量让他们各得其所,发挥所长,并且请他们"带徒弟"。比如张静庐是中国近代出版史的专家,他就设法帮助他搜集资料,给他足够的时间,请他继续编辑"中国近代出版史料”。曾次亮是古天文学专家，就请他专搞古天文历算史料。还有陈乃乾，这位先生有一副胖胖的似乎微有浮肿的面孔，手里拿着手杖，平时见人就频频点头微笑。他很少说话，也很少参加会议，颇有些“与世无争”自甘寂寞的样子。一般搞古书的人大都知道他是精于版本目录的专家，可是却很少有人知道，他除了对古书识多见广，编过《清代碑传文通检》、《室名别号索引》之类的工具书以外，对他经手或经眼的许多古籍的内容也有很好的见解。他在中华书局，既是选择版本、开列书目、影印古书的重要“顾问”，而且也是一位得力的编辑，二十四史中的《三国志》就是他整理标点的。金灿然一再要青年编辑尊重这些老先生，虚心地向他们请教，学习他们的本领。

为了培养古籍整理和编辑人才，1958 年他和齐燕铭、翦伯赞与高等教育部联系，决定在北京大学中文系设置古典文献专业，由魏建功负责主持。从 1959 年开始招生，到 1966 年，先后有三个班相继毕业。在这个专业的设置和教学过程中，他从培养目标、教学内容、课程设置都提出具体的意见，还亲自到学校去了解教学情况，和同学们谈话。为这个专业聘请校外教师。使古典文献专业与中华书局建立起十分密切的联系。先后有三十多位毕业生分配到中华书局，其中不少同志现在已成为业务骨干。

在老年和青年编辑中间，有好几位在 1957 年被错划为“右派分子”。这些人有的是学术界的知名人士，有的是解放后培养的“业务尖子”。他认为把这些学有专长的人弃置不用，或者用体力劳动的办法去进行“改造”，是太可惜和得不偿失的事。而中华书局又是多么需要这些人啊！于是他就同齐燕铭商议，多方设法，把他们调到书局来。为了这件事，他在给齐燕铭的一封信中，用诙谐而认真的口吻提出，对这些人要采取“人弃我取，乘时进用”的“方针”。实践证明，这些同志到书局以后，都很好地发挥了自己的才能，起到了应有的作用。如今，这些同志的问题都已彻底改正，我相信，他们中间不论是哪一位，都不会感到曾受过金灿然的歧视和冷遇，相反，他们会从与金灿然的交往中，意识到他对自己不幸遭遇的痛惜，从他那里感受到关怀、温暖和帮助。现在谈起这些往事，好像很平常，然而在金灿然，当时是要冒很大风险的，因为他这样做，轻则可能被视为“重才轻德”，“重业务，轻政治”；重则就可能被扣上“丧失立场”、“重用右派”的帽子。果然，到了“文化大革命”的时候，这就成了他的一条弥天大罪，说他“推行了一条招降纳叛、网罗牛鬼蛇神的反革命修正主义组织路线”，把中华书局变成了“大黑窝”、“右派集中营”，是为“复辟资本主义，推翻无产阶级专政作组织准备”。就这一条罪名，他也足够被“打倒”而“永世不得翻身”了。幸而真理不会泯灭，正义尚在人间。历史和人民对这场公案已经作出自己的裁判。

对于青年干部，他不仅放手使用，而且很注意培养。他虽并不常来办公室上班，但他对青年编辑们的情况是很熟悉的。他不但了解青年们的思想情况、业务水平、工作态度，甚至对他们的家庭情况、个人性格，也都有所了解。他熟悉干部情况，不是靠看档案、听汇报，而主要是通过工作实践和工作接触。他虽在家里，但基本上知道哪一编辑组的哪些编辑，现在正在处理什么稿子，谁处理哪方面的书稿合适，哪些人看过的书稿可以放心。每当他看到某一位青年编辑发的稿子，加工整理工作做得认真细致；哪一位青年编辑写出了较好的审稿意见、访问报告、出版说明、文章书评，就由衷地感到高兴，加以称赞表扬。如果谁由于粗心大意，在工作中发生了差错，他批评起来也是很严厉的。在他领导下面工作时间较长的同志，都有一个共同的感觉：他的事情真多，总是不断地给你交任务、“下条子”、要结果；工作是紧张的，精神却是愉快的。在他严格的要求下和紧张的工作中，许多同志受到了锻炼，得到了教益。书局的许多同志在回想自己成长过程的时候，该不会忘怀金灿然对自己的帮助吧！

金灿然同志不仅十分重视在书局内部培养干部，而且也十分重视发现和培养青年作者。每当他看到一部青年写作的书稿，如果感到这位作者有一定的学术水平和写作能力，他就与责任编辑商量，请这位作者再写其他适当的题目。有时他参加学术讨论会，看到有的青年发言有水平、有见地，就叮嘱有关编辑室向他组稿。中华书局联系的中青年作者中间，有好几位就是经过他推荐的。现在，这些同志有的已经是有相当学术成就的专家了，庞朴同志就是其中的一位。

说到金灿然着重抓的第三件事，那就是他与学术界的密切联系。金灿然在大学时代是学历史的，在延安协助范文澜同志编写《中国通史简编》，全国解放以后，一直做出版行政的领导工作。他虽然多年不搞历史专业了，但他并没有脱离学术界，特别是对史学界更是非常熟悉，由于他既有相当广博的文史知识和有关中国古籍的知识，又懂得编辑出版业务，由他来主持中华书局的工作，够得上是一位“内行”。他清楚地知道，中华书局虽然是一个出版单位，但是它要真正担负起整理出版古籍和学术研究著作的任务，用通常办一般出版社的办法是很难完成这项任务的。因为整理古籍本身，就带有很强的学术性，古籍整理工作做得好坏，与学术水平的高低有非常直接的关系。根据这样的特点，为了取得学术界的支持和帮助，金灿然和齐燕铭充分发挥了他们自身的有利条件，因为他们自己就是学术界中人。从他到书局伊始，就同学术界建立了密切的联系。郭沫若、范文澜、翦伯赞、侯外庐、吴晗、尹达、翁独健、何其芳等等，都成了古籍整理和中华书局工作的热心支持者，这里说的还仅是在京的一些著名学者，外地许多学者专家还未包括在内。金灿然和这些同志常常聚集在一起，谈论、研究与中华书局出版业务有关的学术情况和学术问题，并且及时地把有关的情况、意见和建议向书局的同志传达，用他的话说就是“了解学术行情”。除此而外，他还经常以学术界一员的身份，参加各种有关的学术活动和学术会议。通过这种联系和学术活动，他与全国各地的许多专家学者建立起友谊，中华书局的工作也逐渐引起了学术界的重视。几乎可以说，全国各地的文科高等院校和文、史、哲研究机构，与中华书局没有业务联系的极少。“为科学研究和教学工作者服务”，“把中华书局办成学术机关”，不只是一句口号，而是变成为现实。金灿然及其主持下的中华书局，在学术界留下了良好的、深刻的印象。直到现在，学术界的一些人士，提起金灿然，还对他表示敬佩，表示怀念。

如果说金灿然同志在他主持中华书局工作期间，也开创了一种风气，也建立了一种传统，那么，我觉得，这种风气是纯正的，这种传统是优良的。尽管这种风气和传统，在十年浩劫中被加上种种罪名，被践踏扫荡，但是在粉碎“四人帮”以后，特别是在党的十一届三中全会确定的路线、方针、政策指引下，随着社会主义物质文明和精神文明的加快建设，金灿然在中华书局留下的这种风气和传统，是会被继承和发展下去的。

《学林漫录》的编者张忱石同志，执意要我写一点回忆金灿然同志的文字，用以表示在纪念中华书局成立70周年的时候对他的怀念。我想，这不论于公于私，都没有理由推却。由于时间的紧迫，我没有去查阅什么档案，也没有去专门搜集什么材料，只是凭着一些记忆和印象，随想随写。这些由片断记忆和片断印象构成的粗糙、零乱的篇章，就当做一个后来者和学生献给金灿然同志“墓”前的一束素淡无味的山花吧！

1981年3月8日深夜

选自《回忆中华书局》下编，中华书局1987年

追怀中华书局总编辑金灿然同志

邓广铭

一

从我进入“高等小学”之日起，也就是说，从我开始接受近代化的启蒙教育之日起，我就和中华书局结下了不解之缘。

进入高等小学之前，我是在乡村的私塾中念四书五经，以及据说是王凤洲编的《纲鉴》之类的东西。也开始学写文章，塾师所出的题目却仍然是从《四书》中的话语摘取来的，仅仅不再要作八股就是了，所以，那时候所受的虽然也可叫做启蒙教育，但与近代以来所说的启蒙教育的意义却是大有区别的。

我是在五四运动之后的一年，从乡村到县城中进入高等小学的。这所小说中师资的质量并不甚好，但所用课本则全部都是中华书局编印的：国文、英文、历史、地理、算术、理科（后来改称自然）、农业、修身，一律皆为《新式中华教科书》。这些教科书使我的耳目一新，扩展了我的视野，也开拓了我的思路。例如，这时我才知道世上的伟大人物并不只是尧、舜、三王、周公、孔子、孟子、朱熹等人，而英国的物理学家牛顿（课本中译为奈端）、生物学家达尔文以及发现美洲大陆的哥伦布、美国的首任总统华盛顿等人，也同样是一些伟大人物，如此等等。当然，在当时，商务印书馆（据我所知，当时似乎再无其他编印课本的书店了）所出课本中可能也同样讲到这类事件和人物，然而我之所以得到这些知识，都是从中华书局编印的课本中得来的。

高小毕业后，我考济南的山东省立第一师范，在那里，在所采用的教科书中，有很多依然是中华书局编印的。

30年代初期，当我在北京大学史学系读书时，中华书局正陆续出版梁启超的《饮冰室全集》，我也先后购买了许多分册，其中的《辛稼轩先生年谱》（未完稿），对于我后来从事于《稼轩年谱》的编撰，也很有启发和导乎先路的作用。

二

我和金灿然同志的相识，是北京解放以后不久的事。当时他是在出版总署工作。我记得在我们第一次相见时，就谈了很多历史方面的问题。那时候历史学界的教条主义倾向非常严重，有一位很有影响的历史学家就曾在一次史学家们的会议上提出，搞历史不在乎能罗列现象，排比材料，而只应当按照马列主义的指导，去寻求历史发展的规律。我当时刚开始学习马列主义的理论，对这个意见虽不能指明其不对，但内心总期期以为不可，因而就把这一问题提出与灿然同志商榷。他的具体答复我已记不清楚，但大意是说：为了要符合历史事实，则搜集和排比历史资料，乃是一种最基本的工作，从具体的历史事实中引出的结论，才是最符合于历史唯物主义的结论。他的这番话使我由衷佩服。所以我在50年代初期写成的《王安石》和《岳飞传》这两本小册子，都把原稿首先送给他去看。他都提了一些意见，我也都照他的意见做了修改。

当金灿然同志还在出版总署任出版局长时，北京的史学者们正在整理和标点《资治通鉴》。这项任务是毛主席提出来的，通过吴晗、范文澜两同志组织了在京的十来位史学工作者参加点校和整理，由顾颉刚先生总其成，而其出版工作则由金灿然同志负其全责，此书先由古籍出版社出版，后来中华书局继续重印。我也是参加整理、校点人之一，为此与金灿然同志有较多的接触。当时的校点整理工作是用胡克家所刻《通鉴》作底本的，但用何种方法重新排印，金灿然同志在当时是很费了一番考虑的。他同时采用两种版式试排《通鉴》的一卷文字:一种是把《通鉴考异》和胡三省的注文都双行排印在《通鉴》正文之下;另一种是把《考异》和胡注一律用单行排印在《通鉴》正文之下。结果证明,第二种办法既较疏朗醒目,而且节省篇幅,遂即选定了这一办法。从这一件事可以看出灿然同志对出版事业的严肃认真、负责态度。

金灿然同志当时以一身而兼任中华书局的总经理和总编辑的,当时的中华书局和商务印书馆的分工是:商务负责出版国外各种名著的译本,中华负责出版中国的古籍以及与中国历史、哲学史、文学史等有关的著作。根据我当时所得印象来说,为求能很好地完成出版中国古籍这一任务,他大概是想做到像抗日战争以前商务印书馆所印行的《四部丛刊》、《百衲本二十四史》、《四库珍本》和《丛书集成》那样,也编印一系列的古籍丛刊。商务之所以能刊布那许多大部头的书,是因为有一位张元济老学者主持其事,灿然同志大概也想找一位类似张元济那样的学者与他一同进行这项工作。他与齐燕铭(他先任国务院副秘书长,后任文化部副部长)、翦伯赞(他是北大历史系主任)两位同志多次磋商之后,决定邀请北大历史系的张政烺教授去担任此事。那时学术界总的气氛,是极左思潮占主导地位,一会儿"厚今薄古",一会儿拔除白旗,灿然同志本人虽未被这种狂潮逆风所吓倒,可是绝大多数学者却都因此而不敢向着传播中国的古老传统文化这一工作问津了。张政烺同志对此也不免多所顾虑,不肯去冒可能发生的风险,因此,在接受了中华书局的聘任之后,一直不肯到局内供职,却转到历史研究所埋头于研究工作去了。总之,灿然同志的宏伟计划未得实现,也可以说这也是他生前壮志未酬的憾事之一。

在整理古典文献方面,齐燕铭和金灿然都一致认为需要培养一大批人才。经过一段时期的酝酿,到 1959 年就由他们两人来和北京大学的中文系、哲学系、历史系的一些同志共同开会,商定在北京大学成立一个古典文献专业,由上述三系合办,而设置在中文系内。在开办初期,灿然同志曾不断到北大来,参加制定教学方案及延揽主讲专题课程的人员等事,有时他留住北大长达三数星期之久。自这个专业成立以来,至今已为中国古典文献的整理和研究培育出了不少人才,其中的很多人已成为这个学术领域的骨干力量。这种栽培作育的首功,当然非灿然同志莫属了。遗憾的是,在十年浩劫当中,他竟因此而成为"破四旧"的勇士们的主要批斗对象,被迫害致死。他当然是死不瞑目的,但即使如此,他也不能目睹今天在古典文献的研究整理方面所出现的桃李芬芳的景况了。

三

有一件和我个人关系较多的事,是关于《宋人文集篇目索引》的编辑工作。这部索引本来是在抗日战争以前,由燕京大学的哈佛燕京学社开始编辑的,负责人是聂崇岐。在抗日战争期内,这工作全部停顿。太平洋战争爆发之后,哈佛燕京学社所作这套索引的卡片,被日本人全部搞乱。到1962年,在聂崇岐去世之前,我和他商议,应当把这件工作重新搞起来,但那时正在大讲"千万不要忘记阶级斗争",不但大学里不敢答应此事,一些出版社也很难有此胆量。但是当我向灿然同志提出时,他却满口应承,由中华书局承担全部编辑费用,由我负责组织录制卡片的工作人员。工作地点也设在中华书局里边,经我物色到十来名工作人员之后,就按期以支付稿费的名义,由我出面向中华书局预支一笔款项,作为这些临时工作人员的工资。到1965年夏天,卡片的制作已经基本完成,只把其中的传稿部分排出了校样,却已面临着风雨如晦的严峻形势,只得把卡片收存起来,把排版的工作停顿下来,把临时工作人员一律遣散。在前后将近3周年的时间内,由中华书局支付这批临时工作人员的工资共为两万元稍多一些。到"文化大革命"

的暴乱一开始,灿然同志就受到冲击,支持我编制《宋人文集篇目索引》便是他的罪状之一。有专门揭发和批判此事的大字报,说他和反动权威(指我)狼狈为奸,浪费了人民的财富两万多元。随后,卡片箱也因“碍事”而被一再野蛮搬迁,最后是全部卡片又被搞乱,有许多竟至散失了。

在 1961 年,灿然同志看到我的工作繁杂的情况,便从北大历史系的研究生中聘请了一人做我的助手,编制归中华书局,由她帮助我搞一些校点古籍的工作。后因人事调动,此人随同其夫去内蒙工作。此后我便再也未曾配备得第二名助手。

四

从上面举述的大大小小的事件当中,可以反映出金灿然同志的为人及其作风。他有胆有识,能够站到高处,看到远处。对于他所担负的职务,对于振兴中国的学术研究,特别是对于发扬我国的光辉灿烂的传统文化,他是具有责任感和使命感的。他具有在古文献的研究整理方面开拓广阔领域的魄力,也具有在逆流当中承担风险的勇气。可惜的是,“障百川而东之,回狂澜于既倒”的事业,终于还不是一手一足之力所能奏效的,因此他竟不可避免地为狂澜所吞没!

灿然同志在60年代之初就患有良性脑瘤,经过“文化大革命”时期内百般折磨,听说他的精神已日益恍惚,成了一个糊里糊涂的人了。在他去世之前的一两年内,据说有一次出门上了公共汽车,售票员要他买票,他说,我没有钱了,我现在正是要到北大去找邓广铭借钱去,幸好当时车上还有中华书局的另一位同志,听到这番话后便又把他扶下车去,送他回家了。我虽一直没有勇气去找中华书局的同志对证是否确有此事,但我认为,不会有人凭空编造这类故事的。直到今天,我每一想到这一传闻,还深深感到凄凄惨惨戚戚的隐痛。

选自《回忆中华书局》下编，中华书局 1987 年

一代史学家与出版家的革命情谊

——记翦伯赞与金灿然的交往

张传玺

翦伯赞同志在建国后的 17 年中，为新中国的史学和文化建设做了许多工作，也和一度统治着史学、文化界的极左思潮进行了艰苦的斗争。翦老的工作和斗争曾得到不少领导和群众的支持，其中中华书局和当时的总编辑金灿然同志的支持与帮助，是他长期念念不忘者之一。

一

北京大学和中华书局于 1959 年合作创办"古典文献专业"是中国文化史上的一件大事，在翦老的生活史上也是一件大事。翦老是创办这一专业的主要倡议人之一，也是主要筹备人之一。对他个人来说，此专业的创办，实现了他的宿愿。

翦老早在 20 年代后期，就是在他刚刚踏上史学战线不久，就深感中国的古典文献既多又乱，需要整理。可是当时的社会动荡不安，多数学者的生活萍踪无定。即使有人有志于此，面对浩如烟海的古典文献，竭尽其毕生之力，恐怕也难得有所成就。固然有些所谓的"国学家"也编过一些"菁华"、"大全"之类的东西，但或版本、文章的选择欠妥，或校勘、断句错误，胡拼乱凑、粗制滥造者亦

有之。翦老说:“这不是整理古典文献,而是骗钱。用鲁迅先生的话说,是‘拆白’。”(《翦伯赞历史论文选集》第56页,以下简称《选集》)

抗日战争时期,翦老在重庆从事革命工作。重庆是临时国都,学者云集。翦老曾借在复旦大学做学术讲演的机会,以《史料与历史科学》为题,讲述了中国的古典文献与收集整理的方法等问题,很受听众欢迎。可是当时的复旦大学虽为著名学府,却局促于荒郊一隅,连一部二十四史都难求得;欲大规模地整理古典文献,谈何容易。至于翦老本人,处境更加困难。必要的图书极缺,还要为柴米油盐而操心。不仅这样,还随时要与国民党特务相周旋。用于学术上的有效时间实在不多。但是5月间在复旦大学讲演的,直到7月底,才整理出讲演稿的1/3。这时,政局又将发生重大变化,直接影响着他的工作。所以他在8月2日写下了这样一个书签:“我很早就想写一篇关于史料的论文,但总是没有着笔。月前复旦大学文学院约我作一次学术讲演,我就讲《史料与历史科学》这个问题。惟讲演时,为时间所限,不能作较详之发挥。近因书店之约,要我写一本关于史料学方面的小册子,我就开始把这次的讲演稿加以整理,计有3篇:一、中国文献学上的史料;二、中国考古学上的史料;三、与收集整理史料有关的各种学问。现在我还只写成《中国文献学上的史料》1篇;其余两篇,假如我的生活不发生变动,也想继续写出来。”(翦伯赞《史料与史学》增订本第14页)此后,翦老的生活漂泊无定,先到上海,又到香港,再回大陆到石家庄。1949年2月,又来北京。他虽于奔波的间歇整理出了第三部分,于1946年10月以《略论搜集史料的方法》(同上书)为题发表,可是事实证明,“整理古典文献”这样的巨大工程在旧社会中,是不可能实现的。

解放以后,中国的情况发生了根本性的变化,社会安定,百废俱兴,随着社会经济的恢复和发展,文化建设也很快提到了日程上来。这时翦老和范老(文澜)等以中国历史学会的名义发起并主持整理了中国近代史资料,编成《中国近代史资料丛刊》11 种,共约有两千多万字,由上海神州国光社出版。又与中央民族学院研究部的部分同志合作,编有《历代各族传记会编》,由中华书局出版。有些单位的专家学者也整理出版了一些古典文献,如聂崇岐、齐思和、容肇祖等标点《资治通鉴》,就是由古籍出版社初版、中华书局重印的。

这些整理工作无疑是很有益的,但也是很不够的。翦老说:“整理古典文献要有人,要有一定数量的专人来做这种工作。不可想象,没有一个整理古典文献的队伍,只靠少数学术工作者的业余劳动就能翻动这座几千年堆积起来的古典文化的大山。”(《选集》第 53 页)翦老倡议并参加“古典文献专业”的创办,就是想为新中国培养出一支能够运用马克思主义的观点和方法整理古典文献的队伍。

“文化大革命”以前的中国,极左路线一直存在着,时而隐蔽,时而猖獗。头脑稍稍清醒的人都知道,“整理古典文献”不是一项太平事业。一有风吹草动,就是责难的对象。严重时,还会遭到灭顶之灾。尤其是从 1958 年 2 月起,对整理古典文献这一事业来说,形势更加严峻。正是在这个 2 月,陈伯达曾在中国科学院以《厚今薄古,边干边学》为题,发表了一篇歪曲党的文化政策、哗众取宠的讲话。由于他的地位特殊,这个讲话被奉为神明,于是,中国古代历史文化的价值从此被人为地一再降低,有时低到几乎等于“0”。

可是,次年翦老等就倡议并创办“古典文献专业”了。他们为了前进,不得不“堑山堙谷”,“披荆斩棘”。他们要回答“厚今薄古”论者的责难,要从理论上为“古典文献专业”争得立足之地。筹备组公推翦老著文,阐明办学宗旨。最热心促驾的是灿然同志。翦老的文章于这年 7 月 17 日在《光明日报》上发表,题为《从北大古典文献专业谈到古籍整理问题》。文章说："我们既反对那种认为凡古皆好而否认正当批判的右的复古主义，也反对那种认为提倡厚今薄古就可以对历史遗产、文化遗产问题采取粗暴的态度，甚至否认对于文化的继承的'左'的幼稚病。"这无疑是给予陈伯达散布的虚无主义、极左论调当头一棒。文章又说："在古书中，既有糟粕，也有精华。""只要用马克思主义的观点和方法来整理古典文献，就可让古书为今人服务，死书为活人服务。""现在北大设置的这个'古典文献专业'正是为了把整理古典文献工作变成科学。"(《选集》第54、55、58页)这个办学方针，认识正确，旗帜鲜明。这篇文章极为灿然同志所称赞，也深得中华书局广大同志的好评。

二

翦老对中华书局的专业方针和工作态度的评价是很高的。1962年4月，他在苏州曾对柴德赓先生说："有些出版社是要利不要名，中华书局则要名不要利。"翦老讲了一个故事。他说：《北京大学学报》(人文版)在"文化大革命"以前不出国，也不登广告，因之销路窄，印数少，每期只印数千份。起初，北大自印，问题很多，困难很大。后来请其他出版社出版，每出一期，北大要付给出版社补贴数千元，是学校的一大负担。"学报"有时濒临危境。1960年以后，翦老任学报主编，将此情况告知灿然同志。灿然同志当场表示愿由中华书局出版，而且不要补贴。翦老说："出'学报'是要赔钱的！"灿然同志回答说："赔钱没有关系，我们不要钱，就是要'北京大学'这个牌子。"灿然同志的话很诙谐，意思不是说中华书局要借光于北京大学的名气；情况恰恰相反。当时各大学多在试办学报，但各学报的境况都不佳，各有各的问题。他愿以中华书局之力，重点帮助一下《北大学报》，以使我国这一方兴的事业坚持下来，发展下去。就这样，北大唯一的这块社会科学园地得救了，对全国的学报事业确实也起了推动的作用。翦老说到这里，深有感慨地说："真是有眼光，有魄力，有胆有识！"翦老的这一赞叹不限于"学报"一事，因当时还谈到灿然同志代表中华书局积极参加筹办"古典文献专业"和整理古籍等事。

翦老对中华书局承担《历代各族传记会编》的出版任务也很满意。翦老是维吾尔族；建国以后，又任中央民族事务委会员会员，很关心民族史的研究和有关史料的收集、整理。《会编》包括了"二十四史"和《清史稿》中的全部民族传记和外国传记。编纂时，要对所收资料一一进行认真的校勘、注释和标点。毫无疑问，出版此书的意义是重大的。可是，此书的专业性很强，能使用的人不多，因此每版印数不过两千来册。从经济观点来说，也是赔钱的生意。可是中华书局于 1958、1959 两年，连续出版了第一、二两编共 3 册(第二编分上、下册)，约有一百二十余万字，收入了从《史记》到《隋书》(无《陈书》、《北齐书》)共 13 部正史的有关资料，印刷和装帧都很好。

中华书局出版的与翦老有直接关系的大宗图书，是高等学校通用教材中的资料性教材和参考书，如《中国通史参考资料》和各种"史学名著选"等。这些教材和参考书的编选和出版都是 1961 年 3 月全国文科教材编审工作会议上决定的。在这次会议上，翦老被推举为历史教材编审组组长，计划编选的历史教材和参考书共有三十余种，分别由人民出版社和中华书局等单位出版。如翦老主编的《中国史纲要》，就是由人民出版社出版的；他与郑天挺先生主编的《中国通史参考资料》则归中华书局出版。此一《参考资料》共分 8 册，已出版第 1 至第 6 册和第 8 册，为自原始社会至元朝和清朝的资料，共约有二百万字。第 7 册为明朝，尚未出版。"史学名著选"已出了多种，有《左传选》、《史记选》、《汉书选》、《通鉴选》等。

翦老主编的《中外历史年表》一书,约有一百四十多万字。此书是50年代前期编撰的,1958年由三联书店出版。后来版归中华书局,自60年代初至今,又多次再版。

三

中华书局帮助支持翦老反对极左思潮的斗争,事例很多。主要方式是为翦老提供战斗阵地。

一件突出的事例是中华书局以专刊的形式于1961年7月将翦老的《对处理若干历史问题的初步意见》一文,发表于《古籍整理出版情况简报》(内部刊物)上。这是此文第一次铅印发表。

《初步意见》一文是翦老于1961年4月写成的,其基础是他在审阅《中国史纲要》初稿时的批语。全文分为八个部分:一、如何处理历史上的阶级关系;二、如何处理历史上的民族关系;三、如何处理历史上的国际关系;四、怎样对待发展观点;五、怎样对待全面观点;六、人民群众与个别历史人物;七、政治、经济与文化;八、理论、史料与文章。这些问题都是当时史学界、学术界和高等学校中存在的重要问题,也是极左思潮反映比较严重的问题。此文的写法虽不是批判式的,而是以正面论述为主,可是通篇都贯穿着反对主观主义、教条主义、虚无主义、浮夸、浮躁等不正之风的精神,是批判极左思潮的重发炮弹。

此文的观点,在当时的知之者,有些人是赞成的,也有不少人持怀疑或反对的态度。这些人中的多数,或一时迷信于极左思潮,或因怕触犯天条而态度暧昧。翦老虽坚决反对极左思潮,但也有后顾之忧。他知道逆风而行者,后必有灾。正是灿然同志的一再鼓励和动员,此文才在《简报》上刊出。同年8月,内蒙古自治区翻印。11月,《文科教材编选工作通讯》(内部刊物)第一期又登出。12月22日,《光明日报》公开发表。此时,北京历史学会年会正在举行。23 日，在吴晗会长的主持下，组织与会者对此文进行了大讨论。所有这些翻印或发表稿，都是以《简报》刊出的文章为依据的。

此文发表后，在学术界的反响很大。应当说给予极左思潮以全面而沉重的打击。这就是为什么戚本禹等在 1966 年 3 月 24 日发表的《翦伯赞同志的历史观点应当批判》（见当日出版的《红旗》杂志和《人民日报》）一文中，给翦老扣上了“资产阶级史学的代表人物”的大帽子；还把《对处理若干历史问题的初步意见》和翦老的另一篇题为《目前史学研究中存在的几个问题》两文诬为“两篇反马克思主义的史学纲领”。这真是他们的反动的阶级仇恨的大暴露。

中华书局为翦老发表的第二篇文章是《关于处理中国史上的民族关系问题》，是刊在《古籍整理出版情况简报》1962 年第六号（6 月 18 日出版）上。撰写此文的目的虽然不是完全为了批判极左思潮，但所谈的问题都与极左思潮有关系。

撰写此文的起因，是和 1959 年 1 月在北京召开的全国少数民族社会历史调查汇报会议有关。因为与会者对不少重要理论问题存在分歧。这些问题如果不解决，就会严重障碍着学术界对于少数民族社会历史的调查和研究，也会影响对民族关系史的研究。翦老的文章主要谈了如下五个问题：一、民族平等与汉族在历史上起主导作用问题；二、民族同化与民族融合的问题；三、民族之间的战争与和平的问题；四、历史上各族劳动人民的友好往来问题；五、民族英雄问题。其中分歧最大的是第二个问题。因为有人在论述中国古代的民族关系时，尽量避免使用“同化”一词，而是使用“融合”。“例如有人把魏晋南北朝时期的民族同化说成是民族大融合，把辽金元时期的民族同化也说成是民族大融合。好像自古以来中国各族之间就只有相互融合，不曾有过落后部族或民族同化于先进民族的史实。”翦老认为这样的观点不符合马克思主义。他说："他们所说的'民族大融合'，其结局又往往是某些比较落后的部族或民族消失本部族或民族的特点，融合于汉族的汪洋大海中。像这样的情况，如果照列宁的说法，就不能说是融合，只能说是同化。"(《选集》第115页)

1959年10月，北大历史系参加过民族调查的教师和学生对此文进行过讨论，多数发言者持反对态度，在学术界也流传着不少反对的意见。总的说来，这些反对者的思想状况和对待《初步意见》一文差不多。翦老的意见于1962年4月和5月，先后在上海和南京的学术报告会上讲过，上海《文汇报》(5月18日)和南京《新华日报》(16日)分别作了详细报道。至此时，学术界虽仍有不同反映，但大多数人是赞成的。可是翦老的文章却一直未发表。还是灿然同志说服了翦老，将全文刊于《简报》，从此公之于世。1979年《中央民族学院学报》第一、二期合刊发表之稿，就是来自《简报》。这篇文章在"文化大革命"中，也遭到严厉的批判，罪名是"鼓吹大汉族主义"，"挑拨民族关系"等等。可是正直的学者、专家直到今天仍认为此文是研究中国民族关系史的重要文献。

四

翦老与中华书局之间的关系所以如此密切，是和灿然同志在工作上积极主动，观点上全面稳妥分不开的。

在三年困难时期，也就是史学界、文化界的思想状况最复杂、最混乱的时期，由翦老、范老、吴晗等同志发起，邀请党内的主要史学家和主管文化工作的负责同志定期聚会，介绍史学界、文化界的思想状况，研究贯彻党的思想、文化方针、政策等。经常参加的同志有金灿然、吕振羽、齐燕铭、尹达、黎澍、刘大年、刘导生等。这样的活动得到当时中宣部主要负责同志的赞扬，也起了积极的作用。这就是在"文化大革命"中，被污蔑为"裴多菲俱乐部式的反动聚餐会"，翦老、金灿然和其他与会同志都因此而获大罪。

灿然同志还热心于少数民族文化历史的研究工作。1961 年 3 月，民族历史研究工作指导委员会成立，刘春为主任，翦老为副主任，灿然同志以委员身份经常出席会议，参加活动。这年 7 月至 9 月间，指导委员会应乌兰夫同志的邀请，组织委员们访问内蒙古自治区。翦老为访问团团长，灿然同志作为成员同行。其他成员还有范老、吕老、翁独健、夏康农、刘大年、王冶秋、韩儒林等十余人。访问团先到西蒙，后又到东蒙，在回到承德时，已是 9 月 11 日了。因为访问即将结束，灿然同志建议翦老，要写一份"访问活动纪要"。此"纪要"即由我执笔，在避暑山庄烟雨楼写成，灿然同志主动承担了打印任务。后由"指导委员会"转发各委员和有关同志。

1965 年秋，社会上的"批翦"运动进入高潮，很快就要揭开"文化大革命"的序幕了。翦老以"待罪"之身，深居简出，埋头于编写《中国史纲要》一书，想充分利用他所剩无多的时日，为广大青年学生留下一部合乎要求的中国通史。当时，灿然同志脑部生瘤，视力也很不好，他还是拖着病躯远道前来探望翦老。这是他们最后的一次会面，真是"愁云黯惨，叠嶂嶙峋"。当时我也在陪坐。次年 6 月 1 日天刚破晓，"文化大革命"的黑潮就陡然而至，翦老和灿然同志都以"反党黑帮"的"罪名"被打翻在地。此后，他们又都在人间少有的折磨中相继死去。但是，一代史学家和出版家的革命情谊却至今牵动人心，留给人们永恒的怀念。

选自《回忆中华书局》下编，中华书局 1987 年

以诚待士三十年

——一个政治工作者的回顾

王　春

我在1954年由广东调到北京古籍出版社工作。不久,古籍出版社并入中华书局,我也成为中华书局的一员。其间除1975年至1978年在《诗刊》工作的三年以外,一直在中华书局主管干部工作。30年来,我从一个年轻的政工人员变成了即将离休的老干部,回首往事,瞻望前途,感慨和喜悦之情紧紧交织在一起,真不知道从哪里说起为好。这30年来,中华书局除了出书业务以外,最尖锐的矛盾就是编辑队伍的建设问题。为此,"文革"中加给中华书局类似于"大黑窝"的帽子不下五六顶。经过实践的检验,时至今日,是非得失早已有了结论。今天中华书局的编辑力量,在社会上,特别是同行之间也有了比较一致的评价。建设这支队伍,上有齐燕铭、金灿然同志制定的方针原则,下有魏子杰、张斯富同志的具体协助,我个人所做的一点事情本来微不足道,然而这中间的艰辛、经验、教训,我这个首当其冲者也许体会得更加具体。正是在这个意义上,我才有勇气在同志们的鼓励下写一篇回忆,并兼怀逝去的燕铭、灿然同志。

当时的古籍出版社,是一个刚刚筹备的专业出版社,全社仅二十余人,编辑人员不足十人。社长是叶圣陶先生兼,由于社会活动太多,很难用全力来处理社务。编辑人员中有张静庐、徐调孚、章锡琛、陈乃乾等好几位很有声望的老编辑,不论学识和经验,在出版界是人所共知的,但都已年过半百,而且人数太少,只能做一点手工业式的工作。为了集中力量,1957年,古籍出版社合并于中华书局。当时中华书局与财经出版社为一单位,1958 年,中华书局独立出来。文化部对几个直属的出版社作了专业分工,规定中华书局的任务是整理出版中国古代文、史、哲著作,并适当出版现代作者有关上述范围的研究著作。同年,国务院科学规划委员会成立古籍整理出版规划小组,指定中华书局为办事机构。当时中华书局全体职工仅六七十人,根本无法承担这样艰巨的任务。而在此以前,古籍出版社曾集中了几位史学家校点《资治通鉴》,原书精装 10 册。毛泽东同志读到以后深为赞许,表扬这本书出得好,是一件很有意义的工作;同时,又风趣地批评了该书装订太厚,像砖头一样,只能给大力士看。毛泽东同志一言九鼎,肯定了古籍整理的成绩和意义,又从一个读者的角度提出了使用不便的问题,这就极其有力地支持了中华书局的编辑出版队伍必须加强的这一合理要求。

为了加强中华书局的领导,中宣部、文化部把金灿然同志调来担任总经理兼总编辑,同时负责古籍整理出版规划小组的具体工作。灿然同志抗战前是北京大学历史系学生,到延安参加革命后,在马列学院历史研究室任研究员,协助范文澜同志编写《中国通史简编》,以后又长期从事党的宣传工作,具有很强的事业心和责任感,头脑冷静,从不计较个人得失。正因为如此,灿然同志身上有一种为别人所不易企及的工作魄力。学术界的同志亲切地把他称为“金老板”,恐怕主要也是表示了对这种魄力的赞赏。他从来中华书局直到“文革”,始终抓紧不放的工作,除了出书,就是编辑队伍的建设。

这里不能不提到 30 年前的“历史”条件。虽然这些都是为人们所熟知的事实,可是具体到中华书局,却又有它的特殊情况。

全国解放初期,我们党对绝大多数的国民党旧军政人员采取了“包下来”的方针,收到了化敌为友的效果。可是,随着一次一次的政治运动,我们的一些朋友又一次一次地成了“敌人”。1957

年以后,一大批知识分子被错划为“右派”,另有一大批知识分子被错定为“内控对象”。中华书局是个老牌子的新单位,业务要大发展,一下子到哪里去找那么多称职的编辑人员?在这种情况下,金灿然同志以过人的胆识提出了他的八字方针:“人弃我取,乘时进用。”灿然同志已在“文革”中不幸逝世,他思想深处的想法,我理解得并不十分具体,不过有一个原则意见他曾经不止一次和我讲过。他认为,“右派”中间有不少人是具有真才实学的,应该利用起来为社会主义文化建设事业服务;在政治上,可以改造。许多单位要把“右派”赶出来,我们可以从中精选出一批业务素质好的人到中华书局工作。我完全赞成他的方针,而且在他的领导下,具体地、十分积极地执行了这一方针。今天,被颠倒了的是非已经再颠倒过来,我再说这样的话很容易被人误解为给自己脸上贴金。其实说来可笑,这几句话就是我在“文革”中“认罪”“检查”的原话,一个字也没有改动。我之所以这样做,当然并不是什么先知先觉,在当时就能判断出这场运动的严重扩大化,相反,我也曾经毫不含糊地批判过“右派”。不过,我接受过多年党的教育,对人民的事业有自己的良心,对是非善恶有自己的辨别能力。用当时的政治语言来说,我的“活思想”就是:一、“右派”中间实际上有许多人对党并没有什么“刻骨仇恨”,只是有的老头子在旧社会生活久了,对党的某些领导方式不习惯;有的年轻人狂妄自大,不知天高地厚,对党的领导不够尊重。他们不是什么坏人,相反,有的人个人品质还很正派,成为“右派”挺可惜的。现在整一下,认识了,改正了,也就算了。二、既然作人民内部矛盾处理,你能把他们关进监狱或是送到台湾?在共产党领导下,总要给饭吃,给工作做。他们真有本事,中华书局也真需要他们,为什么不使用?自然,这些念头只能在自己脑子里转。但是,我既然在思想感情上和灿然同志的八字方针合拍,又是个具体执行者,少不得要有一套在任何场合下拿得出来的语言。我首先在“内部”二字上大做文章,按人民内部矛盾处理，那就必须让他们工作。同时，我“创造”了一个“三线论”，即意识形态工作部门，按照和现实政治的密切程度，其顺序应当是新闻战线、教育战线、文化战线这三线，而在文化战线之中，中华书局搞古籍整理的这一摊子，又和现实政治隔得更远。这样，别的部门不能使用的，中华书局可以使用。而且除了理论还有事实，毛泽东同志在上海，不就让中华书局过去的编辑所长、代总经理舒新城先生当“右派头”，搞《辞海》么？

我之所以要回顾金灿然同志和我自己的想法，目的只是想说明中华书局建立干部队伍这一历程的艰辛，以及表示对燕铭、灿然同志爱护人才的衷心崇敬。说真的，我当时万万没有想到党内还存在不同的路线，我只觉得燕铭、灿然同志敢于这样做，想必得到了更高级领导的支持，这就是党的方针政策，何况又和我的想法符合，所以就坚决照办了。

就在上述的认识基础上，1958 年下半年开始，我们陆续调进了错划为“右派”的宋云彬、马非百、傅振伦、杨伯峻、李赓序、傅璇琮、沈玉成、褚斌杰等同志，总数将近二十人，加上由于各种原因被视为“不可靠”的同志，再加上原有的章锡琛、卢文迪、童第德、郝光炎、吴翊如等同志，还有失去公职的临时工王仲闻、戴文葆、石继昌、王文锦同志。这样的队伍在当时确实是足以令人吃惊的。商务印书馆的陈翰伯同志就坦率地对我说过：我没有你们灿然同志的胆量。翰伯同志尚且这样，其他同志的心情就可以想见了。然而，就是这支队伍，其中包括了老一辈中身怀绝学的专家和年轻人中素质极好的业务尖子，相当出色地完成了中华书局的出书任务。实践证明，灿然同志做对了。他之所以敢于那么做，我想，除去对党和人民的赤子之心以及对知识与人才的爱护以外，恐怕找不出别的理由。至于我自己，因为从小失学，对知识、对人才一向尊敬，甚至有些崇拜。看到那么多有学问的人“犯错误”，心里总有点不是味道。主管干部工作，利用手里的权力，去执行灿然同志的意图，充其量也不过是尽了一份应尽的义务和责任而已。

关于调进这些同志，有些情况也值得说一说。一些年轻人，没有多大社会影响，调进来比较容易。可是有的是著名的“大右派”，事情就不那么简单了。比如宋云彬先生，解放前就是进步文化人士，解放后在浙江当文联主席，社会知名度很高。他本来是开明书店的老编辑，自己愿意重操旧业。我们在齐燕铭同志的支持下，费了不少周折，把他调到北京，这在当时的出版界是一条不大不小的新闻。这件事惊动了上级机关的某位领导同志，对我们严辞质问。我抬出齐燕铭同志，事情才得以善罢甘休。又比如杨伯峻先生，是相当著名的古汉语专家，1957 年后由北京大学调到兰州大学，因为对气候不适应，旧病复发而吐血。他本人要求调回北京。灿然同志十分高兴，赶紧让我办理。又是费了不少周折，由文化部转高教部，才在 1960 年把他全家调来，还为他的爱人安排了工作。他刚刚离开兰州，原来在北大担任副校长的江隆基同志因为“反右”中“右倾”，调到兰大当校长。江隆基同志就职伊始，就问北京来的杨伯峻怎么样，得到的回答是刚刚调走。据说江校长当时一拍桌子，疾言厉色地说：“你们怎么能把他放走？”由这一件小事，使我更加懂得了一位有感情和正直的共产党员应该怎样对待不正常的现实。还有马非百和傅振伦先生，一位是秦汉史专家，一位是博物馆学家，1957 年以前都在中国历史博物馆工作。1959 年，中国历史博物馆新址落成，面对天安门和人民大会堂，内部人员必须纯而又纯，马、傅二位自然不能再在那里工作。接受他们来中华（特别是马非百先生，解放前在国民党内担任过职务，属于“双料反动”），若不是灿然同志胆识过人，是很难办到的。

自然，中华书局除了“搜罗”各式各样“有问题”的人才，还有一个为自然规律所决定的新陈代谢——即接班人的问题。1959 年，齐燕铭同志主持召开古籍整理出版规划小组第二次会议。会议决定，在和高教部协商并取得同意以后，委请北京大学中文系设置古典文献专业，培养古籍整理和编辑的专门人才。在老帅聂荣臻同志的支持下，经过中宣部和高教部的同意，金灿然同志和北大党委以及翦伯赞、魏建功先生作了多次商谈，最后由阴法鲁先生和我分别代表北大和中华书局在协议书上签字。这个专业设置的版本学、目录学、校勘学、历史要籍介绍等课程，都是建国以来第一次在中文系开设。由于注意基本功的训练和强调实践，一般来说，学生的学风都比较扎实、谨严，符合中华书局工作的要求。“文革”前，这个专业有三届毕业生，其中将近一半分配在中华书局工作，共三十余人。除此以外，从1958年起，还陆续从复旦大学、南京大学、中国人民大学、中山大学和北京大学历史系调进了十几位大学毕业生和研究生。对这些大学生，灿然同志的要求是严格的。首先是当面谈话，了解思想和业务水平；其次是看他们写的文章（包括毕业论文），并让他们审稿，从审稿意见中了解处理问题的能力；最后是经常听取编辑组组长对他们工作的评价。经过反复考察，实在不适合在中华书局工作的就坚决调出，以便他们在更合适的其他岗位上发挥作用。留在中华书局的同志，大部分都是今天的编辑骨干。这种做法，对搞好工作是完全必要的，对干部本身来说也可以促使他们奋发图强。然而到1964年以后，由于政治形势的变化，就再也没有可能继续执行了。

就是这样，到“文革”以前，经过以上两个方面的努力，中华书局近似于白手起家地建立了一支相当整齐的编辑队伍，年龄上有老中青，知识结构呈多层次，当时的出版界称其为“兵强马壮”，应当说基本上是符合实际的。

建设队伍是为了使用。“使用”这个字眼，今天听起来不太顺耳，然而从广泛的意义上来说，我们每一个人都在被国家和人民使用；从一般的意义上来说，则是一个机构、一个组织把它的成员安排在最恰当的岗位上。因此，这并不存在谁使用谁的问题。对于这个问题，我有几点感受：

第一，必须尊重知识分子。在1957年以后的政治压力下，中华书局对知识分子，特别是“有问题”的知识分子，有过简单、粗暴的缺点，但是从整体上来看，根据几位同志当时和我坦率的谈心，他们在中华书局的日子是比较好过的。人人都有自尊心，知识分子的自尊心更强，常常考虑别人是否重视自己，尊重自己。“文革”一开始，中华书局出现过一条“勒令”，禁止称呼“先生”、“老”、“公”等“封建”、“资产阶级”的称呼。事实上，当时的中华书局，对年长的知识分子，哪怕是“右派”也是这样称呼的，我这个支部书记也不例外。这并不纯粹是形式，而是由我上面那些思想基础决定的。政治上即使有“错误”，可是人并不是坏人，既然按规定不能叫“同志”，何妨尊之为“先生”或者“老”呢？

这种尊重应该发自内心，应该真诚。金灿然同志是一个个性很强的人，脾气不小，动不动就要严厉地批评干部。可是在我的记忆里，他只对工作中出错的党员干部发脾气，对党外的知识分子从来没有过任何训斥，更没有说过一句不尊重他们人格的话。我是做政治工作的，短不了要和各种各样的知识分子谈话，在谈到他们“政治问题”的时候，我也尽可能选择缓和的语言。因为同样是把“问题”说清楚，何必非在感情上损伤别人呢？即使是改造吧，损伤别人的感情只能收到相反的效果。

第二，要合理安排，发挥他们的积极性和专长。这一方面主要是灿然同志的权限，我管不着，也不大懂。但是有时候牵涉到超越“政治身份”的使用，灿然同志也找我商量。“文革”中批判中华书局的干部路线，不仅是搜罗而且是重用了“有问题”的人。这种批判在某种意义上是有事实根据的。当时灿然同志的原则是，各编辑组的组长必须是党员或者政治上没有辫子的人担任，但是具体工作则要求组长根据业务能力和专长来分配，不要去考虑“政治上”如何如何。他有一句口头禅：“他（指‘有问题’的人）能干这个，你为什么不让他干？”1958年底，中华书局曾经在编辑部开展过一次“右派能不能当责任编辑”的讨论。灿然同志为了安抚一部分同志的激烈情绪,做出了如下结论:右派是不能当责任编辑的,可是他们既然审稿,就应该让他们负责任。这种近似于语言游戏的结论,不妨叫做“有实无名”,今天想来不免感到一阵阵苦涩,但它却是金灿然同志当时所能做到的最大限度。

对待老专家,中华书局给了他们充分发挥专长的条件。徐调孚、曾次亮先生是党员,自然不必说。老教授孙人和先生,灿然同志请他来讲授考据学,奉为上宾,而且每次都亲自去听课。陈乃乾先生是全国知名的版本专家,灿然同志把他当成顾问,有关的问题都向他请教。“有问题”的章锡琛、杨伯峻、卢文迪等先生,实际上所承担的都是“编审”级的任务。陆高谊先生是老出版家,安排在影印组,实际上主持业务。对中年骨干,像李侃、赵守俨同志,分别让他们负责近代和古代两个大组的业务,倚之如左右手。至于对傅璇琮、沈玉成等同志的“重用”,则一直遭到某些同志的指责。这时我的工作就是出面说服那些想不通的人,讲一番能够自圆其说的道理,以免增加灿然同志的压力。

第三,要在工作条件上、生活上关心知识分子。我们对年老体弱的同志,允许他们不上班,在家里工作,比如章锡琛、陈乃乾、杨伯峻、曾次亮先生等等,大约将近十位。有人说俏皮话:“专家,就是专门在家里。”我听后只是笑笑。因为“有问题”的人还要享受特殊待遇(包括如住房等其他待遇),难免会有种种议论;然而这样做可以更好地发挥他们的作用,这些“不平之鸣”也只好由它去了。对学有专长的同志,还在力所能及的条件下为他们配备助手,一方面协助工作,一方面学习业务,像张静庐、陈乃乾、曾次亮先生,都曾经有过助手。杨伯峻先生整理《左传》,我们也出钱为他请来了抄写人员。还有一件事也值得提一下。傅璇琮、徐敏霞两位同志,早在北大就确定了爱人关系。1958 年傅璇琮同志调来中华,北大却把徐敏霞同志分配去青海。对这种不恰当的做法,灿然同志和我都大不以为然。所以,虽然徐敏霞同志是现代汉语研究生,和中华的专业不很对口,我们还是坚决把她调来,避免了一次不必要的悲剧。

第四,要正确对待知识分子的缺点。“金无足赤,人无完人”,人总是有缺点的。但是在当时的环境里,要实事求是地理解这一条平凡的真理,也并不是很容易的事。上面说到,我对这些同志有过简单、粗暴的做法,但做完了以后又常常感到不是味儿。我不敢、也没有怀疑当时一整套“左”的做法,可总觉得对不同的人要作具体分析。人家有“历史问题”或者 1957 年成了“右派”,可现在不都在老老实实为社会主义工作吗?为什么老揪住不放?有些老知识分子从旧社会过来,对共产党领导下的一套方式不习惯(今天看来,其中有我们工作中的失误、缺点),也不应该操之过急。总之,对他们的弱点和缺点需要及时地指出,要紧的是同志式的关心(哪怕是对于“有问题”的人),使他们感到你是在为他好而不是在整他。尽管在今天,衡量缺点的观念已和当时有了某些不同,但作为一个党的干部,对待同志所应有的真诚、善意、耐心,我认为永远是应该保持的。

以上所说的建设干部队伍的方针和方法,在“文革”期间受到了暴风骤雨式的批判,提到了“为复辟资本主义而集结反革命队伍”的吓人高度。中华书局的全体人员下放到湖北咸宁干校劳动。当时,我们能不能再回北京工作还是一个未知数。由于种种原因,例如两地分居、外单位需要以及“不再适合回到首都北京”,一时人心浮动。眼看一支经过千辛万苦建立起来的队伍面临解体,我曾不止一次向出版口的领导者反映,要求除实在不适合工作的以外,比较完整地保留这支队伍。不知是出于中华书局是撤销单位,还是这支队伍“问题”太多,或者还有别的不知什么样的考虑,出版口否决了我的建议。幸好当时周恩来同志以高度的斗争艺术,提出在干部问题上不能“以邻为壑”这一策略性口号,中华书局的编辑队伍才得以基本上保存。然而还是走掉了十几个人,其中有的是不应该走,也有的是可以不走的。离去的同志,由于他们的才能和有过在中华书局工作的经验,像王代文、俞筱尧、金涛、董校昌、黄葵、孟庆锡等都成了所在单位的业务领导。“文革”后期,下放人员基本上回到北京,但处境仍然困难。原来的业务领导像李侃、赵守俨同志被解除职务,从事一般编辑业务;有的老编辑像马非百、傅振伦、卢文迪等先生被勒令退休。中华书局只能干“评法批儒”,出版一些小册子和活页文选。又幸而在毛泽东、周恩来同志的亲自关怀下,“二十四史”的点校工作仍在进行,这才使得许多编辑人员不至失业。和有的兄弟单位比较,中华书局编辑队伍在“文革”中的损失还是比较小的,可以说没有大伤元气,也算得上是不幸中的大幸了。

粉碎“四人帮”,濒临瘫痪的中华书局又开始运转。十一届三中全会以后,水涨船高,业务较之“文革”前有了更大发展。局领导小组在新的形势下对编辑部门和队伍进行恢复、发展和调整。在这项工作的进行过程中,我们尽量排除“文革”中一些个人恩怨的干扰,把认识统一在绝大多数的同志(不论是批判别人的还是受批判的)都是“文革”的受害者这一基础之上。任用干部的唯一标准是品质和能力,而且打破了领导同志必须是党员的条条框框。这些认识和做法,是金灿然同志贯彻任人唯贤的干部路线在新形势下的继续和发扬。灿然同志如果还在人间,我想他肯定会十分高兴地看到这种兴旺发达的局面。

我在中华书局做了30年干部工作。如果撇开我个人,从整体上来看“文革”前10年干部队伍的建设,作出这样的估价,即在力所能及的情况下或多或少地抵制了极左思潮,大抵并不过分。至于我个人,由于水平的限制,工作中有不少缺点和错误,从今天的认识高度来看,问题就更多了。不过有一点,我至今仍然引为欣慰。50年代刚到中华书局,因为自己的文化水平不高,身份虽是党员，职务也算领导，但在内心深处有一种自卑感，认为很难和知识分子相处好。灿然同志了解到我的这些思想活动以后，曾经诚恳而温和地帮助我，说我并不了解知识分子。知识分子愿意靠拢党，一个党员干部只要和他们真正地以诚相待，他们会感到信任、温暖，他们同样会诚心诚意地欢迎我们。我试着按照他的话去做，工作和生活告诉我，事情确实是这样的。章锡琛先生在公余之暇有时爱玩麻将，一次我去看他，碰上三缺一，我就坐下来凑成一桌。我并没有想到借打麻将来做什么工作，只是觉得老人很寂寞，陪他玩玩有什么不可以？没有想到章先生竟大为感动，此后每年春节都不顾年高体弱，由人扶着上我家来拜年。当时还有几位“右派”，在长期的相处中竟然也成了朋友，道理就在于我真心希望他们好，他们也觉得我真心希望他们好。时至今日，中华书局的知识分子和我相处得不错，有意见愿意跟我交换，不把我当外人，而且在工作中支持我。在即将离休之际，回顾这30年，我确实感到高兴，并且以依依不舍的心情对这些同志给予我的信任表示衷心的感谢！

选自《回忆中华书局》(下篇)，中华书局1987年

忆昔午桥桥上饮

——金灿然时代的中华书局编辑部

张国功

按照老出版家、学者胡道静先生在《片断回忆业师陈乃乾》(收入《回忆中华书局(上)》)中的说法，上世纪50年代中期，毛泽东同志对出版工作规划作出指示：过去影响很大的两家书店商务

印书馆和中华书局两块招牌还是应该保留，"顾名思义，中华就搞祖国古典……"1957 年，出版局决定将古籍出版社并入中华书局；1958 年 2 月，国务院决定成立古籍整理出版规划小组，中华书局为其办事机构。不久，中华书局明确定位为"整理出版中国文史哲古籍，并适当出版现代学者有关古典文学、史学、哲学的研究著作"的专业性出版社。至此，民国年间影响深远的中华书局终于摆脱了在 50 年代初公私合营浪潮中一度从属于财政经济出版社的附庸地位，老树新花重获生机。这一借助于行政力量的重新定位与全盘规划，对中华书局产生的最大影响，就是使其在天地玄黄间一度大面积萎缩的编辑力量（按《我与中华书局》所收、谢方撰《改造定位创业——记 1950～1956 年的中华书局》一文的说法，就是在北京搞文史的编辑只剩下卢文迪等"四员老将"）大为加强，一大批学者及编辑出版家开始得以重新向中华集结。在国务院副秘书长、文化部党组书记、古籍整理规划出版小组组长齐燕铭等的大力支持和中华书局总经理兼总编辑金灿然等中华书局领导的具体主持下，50 年代后期以来的中华书局编辑部集中了一批知名的编辑出版家、版本目录学家、古文字学家、古天文历算专家，如来自原古籍出版社的章锡琛、徐调孚、张静庐、曾次亮、丁晓先、陈乃乾、陆高谊（原世界书局总经理）等；还有从商务调来的李侃、赵守俨、傅璇琮等，从人民社调来的戴文葆等；从人民教育出版社调来的巩绍英；从上海调来的张静庐等。上面提到的谢方一文中就说，解放前上海民营四大出版企业：商务、中华、世界（书局）、开明（书店），现在除商务外，其他三家的负责人都聚集在中华了。同时，金灿然还从全国各地抽调来孙人和、马宗霍、宋云彬、杨伯峻、马非百、傅振伦等知名学者（前二位宿儒是中华的特级顾问）；还有从高校毕业生中遴选来的程毅中、李思敬、褚斌杰、沈玉成等后起之秀，甚至还有以临时工的身份来中华上班的学者王仲闻（王国维之子）……到"文革"前，"中华书局近似于白手起家地建立了一支相当整齐的编辑队伍，年龄上有老中青，知识结构呈多层次，当时的出版界称其为'兵强马壮'"（王春《以诚待士三十年——一个政治工作者的回顾》，刊《回忆中华书局（1912～1987）下》）。及至1958年起开始实行《二十四史》点校工程，从全国各大专院校陆续组织、抽调来郑天挺、王仲荦、唐长孺、刘乃和、傅乐焕、罗继祖、翁独健、冯家昇、王永兴、刘节、董家遵、卢振华、王树民、高亨、邓广铭、罗尔纲、邵循正等知名学者参与其事，中华更是群英汇聚。"忆昔午桥桥上饮，座中多是豪英"，正是在这样一种难得的学术气氛和有声有色的队伍建设中，中华在山雨欲来风满楼的前夜中把握时机，创造条件，开创出了新中国古籍整理出版难得的新局面，奉献出了《二十四史》、《册府元龟》、《资治通鉴》、《明通鉴》等大批、多层次、影响深远的古籍，在风雨飘摇的政治环境中为古籍书香的绵延辟创了一方难得的天地，更为新中国的出版史、古籍整理史、学术史写下了浓墨重彩的一笔。新时期里曾担任中华总编辑的李侃在《回忆灿然同志》一文中说：不少同事都感到那是解放以后中华书局的"黄金时代"。

当半个世纪过去，中华书局的编辑群体和他们贡献出的惠及数代学人的累累硕果，已经凝成了一段可圈可点的历史，在今天的出版人与读者的深情遥望中熠熠生辉。在中华书局供职二十余年的俞筱尧先生在《书林随缘录》一书中，对金灿然时代的中华书局以编辑出版推动学术文化的集体性努力及其成果进行了反映。文中作者多有提及的一点，就是中华以继承和传播学术文化为己任、潜心学殖的现代出版人精神。齐燕铭"不止一次鼓励中华书局的工作人员说：'我希望中华书局不仅是一个出版社，还要把整理古籍的力量团结起来……社会上还有一些能读古书的人，其中有的是专家学者，有的并不是。希望以中华书局为中心，把这些人都团结起来。这些人如果真正对某一种古书有研究，有著作，即使跟目前需要结合不起来，也可以让他们先写出来。写出来以后即使暂时不一定能出版,也应该把它保存下来。这是为了抢救资料,要把目光放得远一些。团结对古籍有素养的人们,形成一个全国整理古籍的中心,这一点还有待中华书局努力去做'"。当时中华书局的不少青年编辑因顾虑"白专道路",不敢钻研业务。齐燕铭批评说:"个人主义和个人钻研、个人负责要区别,集体研究要有个人钻研作基础。一个人千方百计要把工作做好,很负责,这不是个人主义。今天我们需要各方面的专家,不学习不钻研怎么有可能成为专家?"他认为金灿然根据中华书局几年来的工作总结出来的"出好书、培养干部、团结作家"三点很重要。而"提倡尊重知识,爱惜人才,广泛团结和组织培养社会著作力量,把中华书局办成思想学术工作的机关,这是金灿然同志的一贯主张,也是他工作的出发点"。金灿然"提倡干部边干边学,不仅要求编辑人员钻研业务,也要求政工干部和行政干部学习同古籍整理出版工作有关的业务。他多次指出,政工干部和行政干部的本职工作固然有自己的规律,但如果不了解古籍整理出版工作和中华书局的方针任务,就不可能在中华书局这样的单位里真正做好各自的本职工作……要把中华书局办成思想学术工作的机关,编辑要立志当编辑家,而不是当编辑匠"。

金灿然是曾就学于北京大学而后在延安革命中成长起来的知识分子,曾经帮助范文澜先生编写《中国通史》,他始终保持着一位文化人的本色。在运动不断的年代,不少知识分子被打成"右派"或"资产阶级反动学术权威",金灿然却认为"在这些知识分子中,有的具有整理古籍的专长,使用这部分力量来整理古籍,是应当引起重视的,从社会主义整体利益权衡,也有必要这样做"。因此,他曾向有关领导提出过"人弃我取"这一建议,调用当时被错划的确有一技之长的"右派分子",以及被作为"反动学术权威"批判的具有真才实学的专家来中华书局工作。这就是为后人广泛称道的"人弃我取,乘时进用"的用人原则。这种在今天看似寻常的做法，在当年的特殊社会氛围中却有可能被冠以“重才轻德”甚至是“立场错误”的罪名（“文革”中这就成了金灿然“招降纳叛”、“搞右派分子集中营”的罪状）。在金灿然这种用人方针下集结来的专家，自然十分珍惜自己得人所用、能一展所长的机会，在古籍整理出版工作中都表现出了极高的积极性。年逾花甲的宋云彬经常工作至深夜十二点；杨伯峻在干校劳动仍无法忘情《春秋左传注》；陈乃乾身体不适应北方气候，但他毅然同意加盟中华，从上海调到北京时请求将其藏书一起运至北京，竟包了一节车皮。在今天，出版人习惯了单向度地提倡“为他人作嫁衣”的奉献精神，而在业余写文章有可能视为追求名利的上世纪50年代，金灿然却鲜明地提倡编辑练笔，希望编辑会写书编书。编辑胡宜柔在《平生佩服金灿然》一文中曾饱含感激之情提及一桩旧事：金认为当时还是青年编辑的胡业务基础不错，为了给他创造“作些研究，写文章，编书”的条件，提出要他搬到中华的空房子来住，以节省上下班路上耽搁的时间。胡说这样自己在中学教书的妻子就不方便了，金又说可以借与吴晗、翁独健等北京市领导熟悉的条件，将胡的妻子调到西郊邻近中华的中学去。为培养古籍整理人才，中华与北大合作先后开办了三期古典文献专业本科与研究生班作为中华的人才基地。专家们都踊跃将自己的学问授予学生，使两届毕业生此后成为我国古籍整理战线上的骨干，中华在栽培教育古籍人才方面功莫大焉。中华还举办各种专题讲座和学习班，就古籍整理如何批判继承等展开热烈的讨论，如请启功先生讲八股文，请孙人和先生讲“三礼”。喜欢参加学术会议以了解“学术行情”的金灿然，在会后总是以简报的形式向书局传达。身处在这样的环境中，中华的编辑们都感觉到一种难得的熏染。戴文葆先生在《我爱中华》的回忆文章中说，中华是他“大学毕业后接受再教育的新学园”，他“如同进了研究院一样，咧嘴欢笑……”这种集出版、研究、教育于一体的中华气度，可谓是一种精心擘画的文化大手笔。

以“开启民智”为宗旨的中华书局建立之初,担任编辑的大多是饱学之士,如梁启超、于右任、马君武、田汉等。新中国成立以后,中华书局转变为一家出版古籍整理和学术著作的专业出版社,同样仰仗一大批文史哲古籍整理学科的专家型编辑,如金灿然、徐调孚、陈乃乾、杨伯峻、周振甫等。这些人既是名学者,又是名编辑,既有沙中识金的学术慧眼,又有锦上添花的案头功夫。正是这批卓有学识的名编辑,才成就了中华书局 90 年的辉煌业绩。可见在中国出版史上,中华的专家型编辑的人才模式,已是有不易之定评了。

按照许多学界中人的说法,出版是一种“势力”。以今天的眼光来看,五六十年代金灿然主持下的中华书局编辑部,真算得上是一个大家汇聚、志同道合的学术编辑群体。金灿然时代的用人之道,很值得今天的出版史研究者抛开“厚古薄今”的学术观念,从“编辑生态学”、“编辑人才学”或“编辑群体研究”等角度来审视它的存在与意义。

原载《出版广角》2003 年第 9 期

存　目

李　侃　《漫忆金灿然同志》

《读书》1980 年第 2 期

俞筱尧　《为出版事业奋斗终生的忠诚战士——怀念金灿然同志》

《出版工作》1987 年第 3 期

俞筱尧　《金灿然和中华书局》

《回忆中华书局》下编,中华书局 1987 年

俞筱尧　《金灿然同志在中华书局的日子》

《书品》2001 年第 6 期

郭预衡　《怀念金灿然同志》

《我与中华书局》,中华书局 2001 年

胡宜柔　《平生佩服金灿然》

《我与中华书局》,中华书局 2001 年